美国生活中的
反智主义

Anti-Intellectualism
in American Life

[美] 理查德·霍夫施塔特 著
（Richard Hofstadter）

李佳妮 译

中国原子能出版社　中国科学技术出版社
·北　京·

图书在版编目（CIP）数据

美国生活中的反智主义 /（美）理查德·霍夫施塔特（Richard Hofstadter）著；李佳妮译 . — 北京：中国原子能出版社：中国科学技术出版社，2024.3

书名原文：Anti-Intellectualism in American Life

ISBN 978-7-5221-3027-9

Ⅰ.①美… Ⅱ.①理…②李… Ⅲ.①文化研究—美国 Ⅳ.① G171.2

中国版本图书馆 CIP 数据核字（2023）第 208602 号

策划编辑	方　理	责任编辑	付　凯
文字编辑	杨少勇	版式设计	蚂蚁设计
封面设计	东合社·安宁	责任校对	冯莲凤　吕传新
责任印制	赵　明　李晓霖		

出　　版	中国原子能出版社　中国科学技术出版社
发　　行	中国原子能出版社　中国科学技术出版社有限公司发行部
地　　址	北京市海淀区中关村南大街 16 号
邮　　编	100081
发行电话	010-62173865
传　　真	010-62173081
网　　址	http://www.cspbooks.com.cn

开　　本	710mm×1000mm　1/16
字　　数	403 千字
印　　张	30
版　　次	2024 年 3 月第 1 版
印　　次	2024 年 3 月第 1 次印刷
印　　刷	北京盛通印刷股份有限公司
书　　号	ISBN 978-7-5221-3027-9
定　　价	98.00 元

（凡购买本社图书，如有缺页、倒页、脱页者，本社发行部负责调换）

序

其他作者通常放在导言中的内容，我将尝试在前两章中完成，即阐释本书渊源、写作目的以及关键术语。但首先，有一件事尤当予以明确：本人所做一切，仅仅是将反智主义观念作为一种观察手段，以此窥探美国社会与文化的不同方面，深入那些相对阴暗、不那么光鲜亮丽的角落。本书尽管在多处存在文献引用，却绝非一部正式的历史著作，而更多意义上属于一部个人作品，其中的史实细节皆是根据本人个人观点组织铺排。至于主题本身的展开则甚为随心所欲，故支离破碎之感在所难免。

如果有人想要运用长篇大论的文字，从底端来审视像我们这样的社会，那么他必须冒着伤害国民自尊的风险，不过这种自尊也只会转移我们的注意力，令我们忽略了当务之急：揭开我们文化痼疾的冰山一角。除此之外，他也必须下定更大的决心，敢于承担少许这样的风险：助长那虚伪而自大的反美主义。在当今的欧洲，这种反美主义普遍都披着这样一件外衣——"知情人士对美国的批判"。美国人惯于自夸又极度敏感，即便称不上最有自我批判意识，至少也算得上是世界上最为自觉、最有忧患意识的民族。他们永远都在关注各种事情的不足之处，无论是关于他们的国家道德、国家文化还是国家目标。而正是这种不确定感，赋予了美国知识分子某种带有特殊利益的批判能力。某些人会对这种自我批判的思想断章取义，有意夸大其词或歪曲其意，这种风险难以规避。然而，仅仅因为担心隔墙有耳，担心遭人滥用，便将这种卓越进取的自我纠错精神束之高阁，这样的理由更是站不住脚。在这一点上，笔者格外赞赏爱默生的看法，他曾写道："我们要实事求是、实话实说。我们美国人素有肤浅的恶名。那些伟大的人、伟大的民族，他们从来不曾自吹自擂、当众出丑，他们深谙世间的恐怖，但他们不做现实的逃兵。"

理查德·霍夫施塔特

目 录
Contents

第一部分　导读　001

　　第一章　我们那个时代的反智主义　002
　　第二章　论智识的不受欢迎　022

第二部分　心灵的宗教　051

　　第三章　福音派精神　052
　　第四章　福音主义与信仰复兴主义者　077
　　第五章　对现代性的反抗　111

第三部分　民主政治　133

　　第六章　绅士的没落　134
　　第七章　改革者的命运　159
　　第八章　专家的崛起　183

第四部分　实用性文化　215

　　第九章　商业与智识　216
　　第十章　自立与励志技术　235
　　第十一章　主题的变奏　253

第五部分　民主制度下的教育　277

　　　　　第十二章　学校与教师　278
　　　　　第十三章　生活调整之路　298
　　　　　第十四章　儿童与世界　329

第六部分　结论　359

　　　　　第十五章　知识分子：疏离与顺从　360

注释　401

附录　美国历届总统及其任期、党派　471

Anti-Intellectualism
in
American Life

第一部分

导读

PART 1

第一章
我们那个时代的反智主义

1

本书内容主要涵盖美国历史初期的某些方面，探讨核心则为20世纪50年代的政治局势以及知识分子的生存境况。在那个年代，"反智主义"这个曾一度非常冷门的词语，已俨然成为国人用来自我批判和形容内部压迫的流行热词。过去，美国知识分子常因智识在国内不受尊重而倍感懊丧或愤慨，但人们也常常忘记历史上还曾有过这样一个时期：知识界之外的人们心怀与知识分子同样的忧虑，或者就此展开举国上下的自我批判。

那时，人们担心批判性的头脑在这个国家已无立足之地，而催生这种情绪的元凶正是麦卡锡主义。诚然，知识分子并非麦卡锡长期压迫的唯一对象——他的野心可远不止如此，但知识分子也确实在其打击范围之内，而每一次打击得逞，似乎都能带给麦卡锡的追随者们别样的快感。在全国范围内，一些底层检察官上行下效，竞相模仿起麦卡锡对知识分子和大学院校的攻击。之后，在麦卡锡一连串指控掀起的毒泷恶雾和枯燥痴愚的氛围中，1952年的大选借两位候选人生动形象地诠释了智识与庸俗之间的反差。一边是阿德莱·史蒂文森（Adlai Stevenson），一位才智过人、剑走偏锋的政治家，其对知识分子的吸引力之高在整个近代史上可谓无出其右。另一边是德怀特·D. 艾森豪威尔，他思想保守，相对而言不擅辞令，还与招人厌恶的尼克松联系在一起；掌控这位上将的竞选活动的明里是其本人，暗里则是他的竞选伙伴以及党内的麦卡锡主义信徒们。

无论是在知识分子还是反智者看来，艾森豪威尔的决定性胜利都意味着知识分子已被美国彻底抛弃。舆论周刊《时代》(Time)以一种苍白的忧虑口吻对大选结果表示了不满，称艾森豪威尔的胜选"揭露了一个令人毛骨悚然的真相，印证了大家心中长久以来的顾虑：在美国，知识分子与人民大众之间横亘着一条巨大而危险的鸿沟。"小阿瑟·施莱辛格（Arthur Schlesinger, Jr.）在大选落幕后不久发表了一篇言辞犀利的抗议，指出知识分子"正面临百年未有之剧变"。在民主党掌权的 20 年间，知识分子还享有基本的理解和尊重。但在这之后，商业重据主导，随之一同而来的还有"商业霸权近乎必然的产物——庸俗化"。如今背负着"蛋头"和"怪胎"骂名的知识分子，不仅要受制于一个对他们既不需要又缺乏理解的政党，还要充当万事的替罪羊，小到所得税政策，大到偷袭珍珠港事件。施莱辛格坦言："反智主义，一直以来都是商人中的反犹主义。……在当今偌大的美国社会，没有一处知识分子的容身之地。"[1]

新政府上台后，这一切似乎都得到了充分证实。用史蒂文森的话说，汽车贩子取代了新政分子，仿佛是对知识分子及其价值的最终否定——他们的光芒已然被杜鲁门时代的法院政客们所遮掩无遗。如今，迎接这个国家的是查尔斯·E. 威尔逊（Charles E. Wilson）对纯研究的嘲讽、艾森豪威尔爱读西部小说的传闻及其对知识分子"自命不凡的贫嘴"的定义。但在艾森豪威尔执政期间，国家情绪达到了一个转折点：麦卡锡势力的狂暴在共和党总统面前逐渐偃旗息鼓；这位来自威斯康星州的参议员孤立无援，饱受谴责、萎靡不振。最终，在 1957 年，苏联发射的人造卫星引发了美国公众容易产生的那种周期性的、对国家自觉的重估热潮。人造卫星不单对美国的民族虚荣心给予沉重一击，还让人们深深关注起了反智主义对学校体系乃至整个美国生活所造成的影响。骤然间，整个国家对智识的厌恶似乎不再仅限于感到耻辱，而是成为对生存的威胁。多少年来，国家始终认为对教师的主要关注点是检验他们的忠诚①，但现在则担心起他们的微薄薪水了。数年以来，科学家们一直在说，对安全问题的日益痴迷会削弱研究的积极性，但现在，他们也冷不丁找到了乐于接受自己看法的听众。先前，抗议美国教育松懈的呼声只由少数教育评论家发出过，而现在，电视、大众杂志、商人、科学家、政治家、海军将领和大学校长们也纷纷采纳了这种观点，并很快演变为一场举国齐鸣的自我谴责。

当然，这一切并未立即抹去民间自卫思想，也没有驱散反智主义这股美国生活中的势力。即使在受影响最为直接的领域，即教育领域，公众的主要热情似乎是制造更多的人造卫星，而不是培养更丰富的智识；某些关于教育的新言论几乎做出了如下建议——天才儿童应被视为冷战的资源。但气氛确实发生了明显变化。1952年，似乎只有知识分子才对反智主义的幽灵感到芒刺在背。而到了1958年，大多数有思想的人都相信"反智主义或许是一项重大甚至是危险的全国性弊端"。

如今，我们或许会以一种超然的态度来看待20世纪50年代的政治文化。如果当年还可能在麦卡锡主义，甚至艾森豪威尔政府中窥见知识分子在公共生活里的末日，放到现在则是不可能之事，因为华盛顿已再度对哈佛教授和前罗德学者予以盛情款待。如果曾经有人质疑智识，认为它会不可救药地妨碍在政治或行政方面取得成功，那么如今他必然会放下这份质疑——新总统约翰·肯尼迪对思想兴致盎然，对知识分子尊重有加，且他在各类仪式上的姿态亦能将这种尊敬体现在国家事务层面。除此之外，他还乐于与知识分子为伴并纳谏如流，尤其自执政初始，他便对杰出的人才展开了长期而周密的网罗。另外，如果曾经有人过度肯定招募这类人才会彻底改变我们的事务处理方式，

---

① 1947年3月21日，美国总统杜鲁门签署了《忠诚调查令》，据此，联邦调查局和文官委员会对所有的250万机关职员、学校教员和研究人员等进行"忠诚调查"，凡不忠诚者，立即强迫辞职，所有雇员必须宣誓"效忠政府"。——编者注

那么时间必然已不可避免地让人醒悟过来，不再抱有幻想。我们现在已经到达这样一个阶段——知识分子可以不带夸大的党派偏见或自怜自哀来探讨反智主义。

2

20世纪50年代的政局动乱和教育争议使"反智的"一词成为美国人自我评价的主要修饰用语；它的定义不甚明确，但已悄然成为我们惯用的词语，一般用来表示各种不受欢迎的现象。那些突然意识到其存在的人通常会认为，反智主义是生活中这个或那个领域的一股新生势力，而且作为近期形势的产物，它可能会发展为压倒性的、不可抗拒的力量（可悲的是，美国知识分子的历史感相当薄弱；现代人长期生活在某种末日或其他灾难的阴影下，因而知识分子甚至会把社会变革中的细小水涡视为惊涛骇浪）。但20世纪50年代如此普遍的反智论调，在美国文献学者听来并不新鲜，而是相当熟悉。美国反智主义的首度抬头并非在20世纪50年代。事实上，我们的反智主义比我们的国家身份更古老，有着悠久的历史背景。对这个背景的研究表明，在美国，对知识分子的尊重并非持续走低，亦非在近期骤然下降，而是受到周期性波动的影响。它还表明，知识分子在我们这个时代所遭受的怨恨，并非体现在其地位的降低，而体现在其重要性的提高。我们对这一切缺乏系统性的了解，对这个问题也没有进行过多少基于丰富史料的推敲。关于美国知识分子与其国家之间的长期纷争已有了大量著作论述，但这些著作主要探讨的是知识分子眼中的美国，而很少论及美国眼中的智识和知识分子。[2]

反智主义甚至不具有明确的定义，其中一个原因在于，其模糊性使它可以作为争论中的修饰语发挥更大作用。但无论如何，都很难对它给出确切定义。作为一种观念，它并非单一的命题，而是一系列相关命题的综合体。作为一种态度，它通常不以纯粹而是以矛盾的形式呈现——对智识或知识分子纯粹的厌恶态度并不多见。作为一种历史主体（如果可以这样称谓的话），它并非恒定不变的直线，而是一股力量持续波动、动力来源多变的势力。在本书中，笔者并不执着于严格或狭隘的定义，而且这种定义亦不适合放在此处探讨。笔者看不出这种在逻辑上正当，但在历史上武断的定义有什么好处；它要求从种种特征的综合体中提取出一种特征，而本人感兴趣的恰恰是这个综合体本身——各类态度、观念之间历史关系的综合体，而且这各种关系间还存在诸多共同点。将笔者称之为反智的态度和观念联系在一起的共同特征，是对思想生活和那些被认为代表思想生活的人的怨恨与质疑，以及一种不断贬低这种生活价值的趋向。关于这种公认的表述，笔者认为可用作定义一试。[3]

一旦研究程序确定，就会明白反智主义不能像人的生活、制度的发展或社会运动那样作为正统历史的主题。在探讨孕育美国思想的环境和氛围时，笔者不得不采用那些印象派的手法，试图再现某种环境或捕捉某种氛围。

在举例阐释笔者所说的反智主义之前，或许可以解释一下笔者认为不是反智主义的内容。除非偶然，笔者探讨的并非美国知识界的内部不和及争吵。和其他地方的知识分子一样，美国的知识分子常常对自己的角色倍感不安。他们不仅会自我怀疑，甚至会自我憎恨，有时还会对他们所属的整个群体做出尖刻而笼统的评论。这种内部批评极有启发性，也很值得探讨，但并不是笔者主要关心的问题。而一个知识分子对另一个知识分子无礼或考虑欠周的批判亦非笔者所关注的。例如，没有人比 H. L. 门肯（H. L. Mencken）更鄙视美国教授群体，也没有人会在小说中刻画其他作家时比玛丽·麦卡锡（Mary McCarthy）下笔还要恶毒，但我们不会因此想要把门肯归为和威廉·F. 巴克利（William F. Buckley）一样的"教授公敌"，也不会将麦卡锡小姐和最近那位同姓参议员相提并论。[4] 毕竟，批判其他知识分子是知识分子最重要的功能之一，而且一要批判还会相当来劲。我们或许希望——

但很难指望知识分子在批判时也会保持仁慈、优雅和精准的态度。毕竟知识分子的职责是保持多元及对立思维，我们必须接受这样的风险，即他们有时只会单纯地争吵不休。

最后——重要的是——如果我们不想总是一味混淆，就要明白反智主义在这里并不等同于笔者更喜欢称之为反理性主义的一种哲学教义。像尼采、索雷尔、伯格森、爱默生、惠特曼、威廉·詹姆斯这样的思想家，或者像威廉·布莱克、D. H. 劳伦斯或欧内斯特·海明威这样的作家，他们的观念可以被称为反理性主义，但在笔者所使用的这个词的社会学和政治意义上，这些人并非典型的反智人士。当然，反智主义运动的确经常援引这些反理性主义思想家的观念（仅爱默生就为他们提供了大量素材），但只有在勉强算得上是这样的情况下，笔者才会将知识分子的反理性主义纳入探讨范畴。在本书中，笔者主要探讨的是普遍的社会态度、政治行为、文化教养一般者和欠缺者的观念，明确的理论则仅附带提及。本人最关注的态度是那些在某种程度上对我们的事务产生影响的态度，它们会严重地抑制或削弱智识和文化生活。从我们近代史上摘取的若干例子，或能使本定义从单薄变为有血有肉、形象而充实。

3

我们可以从那些对美国知识分子极度不满者搞出的一些定义开始。

例一：在1952年的大选中，国家似乎需要一些词来表达对知识分子的蔑视，这在当时已经成为美国政治中一项自觉自发的主题。"蛋头"一词在最初使用时并无恶意的联想，但它很快便沾染上了这种联想[5]，并且比传统的"卖弄知识者"有了更尖锐的意味。竞选结束后不久，秉持右翼政治信仰的通俗小说家路易斯·布罗姆菲尔德（Louis Bromfield）提出，这个词有一天可能会被这样收入词典：[6]

> 蛋头：自诩具备智识的骗子，通常是教授或教授的门徒。浅

见寡识的灵魂。在任何问题的反应上都过于情绪化、娘娘腔。不可一世、骄傲自大，对更明智、更有能力者的经验视如粪土。本质上思想混乱，沉湎于多愁善感和狂热传道的糅杂中不可自拔。拥护中欧社会主义的教条主义者，反对希腊－法国－美国的民主和自由主义观念。服从于尼采的旧式哲学道德，却常常因为这种道德而沦落囹圄或受尽耻辱。装成一副不自然的正经样，却因过度纠结于研究一个问题的各个方面，故而困于原地，彻底凌乱。心境匮瘠，却血流成河。

"最近的大选，"布罗姆菲尔德称，"表明了许多事情，其中最重要的是'蛋头'与全体人民的思想和感情极度疏远。"

例二：差不多两年之后，艾森豪威尔总统似乎正式认可了对知识分子类似的轻蔑看法。1954年，他在洛杉矶的一次共和党会议上发表讲话，讲述了一位工会领袖向他表达的观点，即人民只要得知全部真相，就会永远支持正确的事业。总统补充道：[7]

> 满地所谓的知识分子四处游走着、冷嘲热讽着，证明着每个与其意见相左者都是多么错误。这个时候，能听到这位劳工领袖的这番话真是令人倍感欣慰。
>
> 顺便一提，我听过一个关于知识分子的定义，自认为颇是有趣：见识短而口水长、口水长而意义短者。

例三：在20世纪50年代的争论中有一项利害攸关的议题，即关于专业知识在政治生活中的地位这个老问题。1957年，连锁商店董事长麦克斯韦·H. 格拉克（Maxwell H. Gluck）被任命为驻锡兰（今斯里兰卡）大使，专家失势、外行得势的情形或许就在这时达到了顶峰。据格拉克自己估计，他曾在1956年为共和党的竞选活动（最终，艾森豪威尔成功连任）资助了两万到三万美元，但就像之前许多类似的受

任者一样，据悉，他并不具备任何政治或外交经验。在被富布赖特参议员问及其担任该职位的资格时，格拉克回答得并不流利：[8]

> 富布赖特：你认为你能处理好锡兰的哪些问题？
>
> 格拉克：人民就是其中之一。我相信我能——我认为我能建立起与美国的良好关系和良好感情，除非我们——那个，除非我遇到一些我以前没有遇到过的情况……
>
> 富布赖特：你知道我们的驻印度大使吗？
>
> 格拉克：我知道约翰·谢尔曼·库珀（John Sherman Cooper），前任大使。
>
> 富布赖特：你知道印度总理是谁吗？
>
> 格拉克：是的，但是我不会念他的名字。
>
> 富布赖特：你知道锡兰总理是谁吗？
>
> 格拉克：我现在还不太清楚他的名字，叫不上来。

人们对格拉克是否准备好担任这一职务表示怀疑，有人因此认为他是凭借对共和党竞选活动的资助而得到这份委任的。在1957年7月31日举行的记者招待会上，一名记者提出了这个问题，艾森豪威尔总统对此回应说，以竞选资助换取任命简直就是无稽之谈。关于格拉克的能力，他对此声称：[9]

> 鉴于人们对其知之甚少，现对其受任过程做如下说明：我所尊敬的人们极力推荐了一批候选人，他正是从中精挑细选出来的。他的从商经历已受过审查，联邦调查局对他的报告也显示一切良好。诚然，我们知道他从未去过锡兰，他对这个地方不是很熟悉。不过，他可以学习，假使他具备我们期望的那种品格，是我们想要的那种人的话。

需要补充的一点是，格拉克先生在锡兰的任职于一年后因其主动辞职而终止。

例四：美国科学家的一大怨言便是，他们意识到美国对纯科学的蔑视不仅妨碍了科学调查研究，而且还阻滞了国防部研发的进展。1954 年，在参议院军事委员会对国防部长查尔斯·E. 威尔逊（Charles E. Wilson）进行审查时，来自密苏里州的参议员斯图尔特·赛明顿（Stuart Symington）援引了部长早些时候的话作为证词。其中，威尔逊称，如果要进行纯研究，就应该由国防部以外的其他机构资助。他还说："我对研究'为什么土豆在油炸时会变成棕色'这种军事项目不太感兴趣。"为了给威尔逊部长施压，参议员赛明顿又搬出他先前声称研究资金不足的证词，但是缺乏足够经费的是轰炸机、核动力装置、电子设备、导弹、雷达及其他项目的研究，而不是土豆的研究。部长回应道：[10]

> 所有这些领域都在开展重要的研发……
>
> 另外，很难让这些总是企图仰望星空的人脚踏实地、深入实际，列出他们的项目和期望得到的东西……他们就想要一罐能拿到手的钱，还不受多少监管……
>
> 首先，如果你知道自己在做什么，就会明白为什么不资助纯研究了。你们把事情复杂化了。

例五：20 世纪 50 年代，政界所表达的那种反智主义主要是传统商人对在他控制之外任何领域工作的专家的质疑，无论这些领域是科学实验室、大学还是外交使团。极右翼对知识分子的敌意则更为尖锐和广泛，这是一种针对受教育阶级以及一切体面、权力、名门或教养的绝对平民式厌恶。20 世纪 50 年代的右翼运动充满了关于"国务院里的哈佛教授和思维扭曲的知识分子……"的激烈言辞；那些人"享有美国大学优秀生全国性荣誉组织的钥匙和学术成就"，但"不具备同等的诚实和常识";他们是"当代美国受人敬重、社会出身背景高贵、文化层面广受认可、大学文凭傍身的正宗绅士和学者……是支持阿尔杰·希斯（Alger Hiss）①的'最优秀的人';是那些"套着条纹裤子、操着假英国口音的自负外交官";是那些试图"在香扑扑的客厅戴着羊羔皮手套"与共产主义作战的人;是那些"侮辱了美国心脏——伟大的中西部和西部的人民"的东部人;是那些"祖宗可以追溯至18世纪甚至更早"但忠诚之心仍有待考察的人;还是那些懂得"希斯–艾奇逊之辈的格罗顿②话"的人。[11]《自由人》的一位社论撰稿人抓住了这种修辞上的**暴动精神**:[12]

> 真正骇人听闻的现象是对约瑟夫·R.麦卡锡发起攻击的、受过大学教育的暴徒的非理性行为……假设麦卡锡先生确实是"可敬的"媒体所描述的那种无赖,难道这……就能解释将近一年来,纽约和华盛顿特区那些编辑部如灾难般喷涌的言论攻击吗?……这一定是麦卡锡的个人特质所致。他似乎拥有某种动物的负极磁场,与哈佛、普林斯顿和耶鲁的校友们相斥。我们认为——我们知道那是什么:这个年轻人天生就不会向社会等级俯首帖耳。

麦卡锡本人发现了美国社会地位最稳定地区的问题的主要根源。他在著名的威灵演讲的发行版本中称,问题在于:[13]

> 那些被这个国家如此善待的人的背叛行为。出卖这个国家的并不是那些穷苦人民或少数群体,而是那些享有这世间最富有的国家所能提供的一切福利的人——最好的住房、最好的大学教育

---

① 阿尔杰·希斯（1904—1996）,罗斯福时代的政治红人,1948年被指控为苏联间谍,最终入狱。——编者注

② 艾奇逊在杜鲁门执政时期担任国务卿,希斯曾为其顾问。格罗顿指马萨诸塞州格罗顿中学,以优良教学闻名于世,出过诸多知名校友,包括富兰克林·罗斯福。——编者注

和我们所能提供的最好的政府工作。这在国务院里是最明白的事实——在那里,这些含着银汤匙出生的聪明年轻人便是最恶之徒。

例六:大学——尤其是那些比较知名的大学——经常被右翼评论家列为攻击目标,但是根据《自由人》一位撰稿人的说法,对常青藤联盟的歧视似乎出自一个武断的因由,因为他认为共产主义正在我们所有的大学中蔓延:[14]

> 我们的大学是未来野蛮人的训练场,这些人打着学识的幌子,往后将带着无知和愤世的干草叉涌现横行,损毁人类文明的遗迹。拆墙的不会是地铁里的乡巴佬:他们只会听命于我们那博学的兄弟们……他们将从人类思想的账簿上抹去个人自由……
>
> 如果你把自己的儿子送到今日的大学,你便将造就明日的刽子手。理想主义的重生必须来自星罗棋布的非学院式思想的修道院。

例七:右翼对大学的敌意一方面是出于对顺从和社会等级的质疑,但另一方面也反映了那种老杰克逊①式的对专业人士和专家的厌恶。以下是业余经济学家弗兰克·乔多罗夫(Frank Chodorov)关于普通男性(在这种情况下是普通女性)与所谓的专家之间能力相当的典型断言,他是《所得税:万恶之源》一书的作者,也是右翼代言人中最有号召力的一位:[15]

> 洛克菲勒兄弟基金召集了一批卓越的经济学家,请他们来诊

---

① 老杰克逊,指安德鲁·杰克逊(1767—1845),美国第七任总统(1829—1837),绰号"老山胡桃",美国民主党创建者。他在任期间反对精英政治,推行大众民主政策,他所带来的民主方式后来被称为"杰克逊主义"或"杰克逊式民主"。——编者注

断国内被称为经济衰退的小病小痛。他们提出一则处方，尽管稍加精简，却仍占据《纽约时报》两页的大部分篇幅。鉴于这些大夫的名气，让一个没有"主修"经济学的人去研究他们药饵配方的成分，未免颇显放肆。然而事实是，我们所有人未免都是经济学家，因为我们所有人都在谋生，而这就是经济学的全部内容。任何识字的家庭主妇，但凡有一点常识，就应该有能力评价处方中的具体内容——只要能透过外层的重重冗词提取出这些内容即可。

例八：虽然有识别能力的读者可能会认为以下内容属于反文化而非反智范畴，但笔者仍然不能对密歇根州国会议员乔治·唐代罗（George Dondero）的这些言论视而不见，这位社会改革运动的斗士长期以来都警惕着学校中的共产主义，以及立体主义、表现主义、超现实主义、达达主义①、未来主义和其他艺术运动：[16]

> 各种主义的艺术——俄国革命的武器——都被移植到美国，如今已然渗透和充斥了我们的许多艺术中心，威胁着要恫吓、压倒和控制我们的传统及遗产中的优秀艺术。在我们自己心爱的国家当中，所谓的现代或当代艺术包含着万般邪恶、堕落和毁灭的主义……
>
> 所有这些主义皆来自国外，不该在美国艺术中占得一席之地。……这些都是毁灭性的工具和武器。

例九：既然在本书中，笔者有诸多关于福音派传统中反智主义

---

① 达达主义是兴起于第一次世界大战期间的艺术运动，首先出现于瑞士苏黎世。它更多地表现为思想态度的共识，而不是统一的风格，在诗歌、音乐与绘画中都有表现。达达主义者反战、反理性、反逻辑，鼓吹直觉和非理性。——编者注

的内容要探讨，那么似乎很有必要援引至少一则关于这种传统残余的例子。这些简短的语录出自我们这个时代最成功的福音传道者——比利·格雷厄姆（Billy Graham）。1958年，美国公众在盖洛普民意测验中投票将他选为仅次于艾森豪威尔、丘吉尔和阿尔伯特·施韦策的"世界上最受尊敬的人"：[17]

> 如果没有所谓的"知识分子"的支持，那么对诸多个人来说，昨日的道德标准就不再适用于今日了。
>
> 我诚挚地相信，如果我们只教育思想而不教育灵魂，那么在世界范围内的这种部分教育会比完全无教育糟糕得多……任他在这世间去吧，他没有比自身能力更高级的能力；他是畸形的，只受过一半教育，比完全没受教育要危险得多。
>
> 你可以在美国每个城市的每个街区中央建立公立学校和大学，但你永远无法仅凭智识教育就让美国免于道德沦陷。
>
> 在过去的几年中，人类的理论摧残了智识的支柱，即便是普通的大学教授也愿意倾听传教士的声音。
>
> 我们用理性、理性主义、心灵文化、科学崇拜、政府权力、弗洛伊德主义、自然主义、人本主义、行为主义、实证主义、唯物主义和唯心主义［代替《圣经》］。［这就是］那些所谓的知识分子［干的好事］。成千上万这样的"知识分子"公开宣称道德具有相对性——没有规范或绝对标准……

例十：在苏联人造卫星发射升空后，人们对美国教育怨声载道，其中最受批评的学校系统之一便是加州的学校系统，其以对课程开展的实验而闻名遐迩。旧金山学区委托一组专业学者来调查该地区的学校，为此目的而成立的委员会敦促学校恢复更严格的学术标准。六家教育组织发起了猛烈反击，他们批评旧金山报告作者"在学术上浅薄而势利"，并且逾越自己的职权将教育的目的局限于"教授知识和发展智力"。与此同时，他们还重申了"其他教育目标的价值，例如公民预备、职业能力、成功的家庭生活、伦理、道德、审美和精神方面的自我实现，以及享受身体健康"。这些教育家们认为，美国教育一个尤其值得称道的特点便是：[18]

  试图避免高度僵化的教育制度。这样做并不意味着学术能力在哪个社会就不享有重要地位，但这确实代表着人们意识到，从历史层面看，**强调为知识本身而囫囵吞枣汲取知识的教育系统往往会带来堕落**。那些欲"固定"课程、定格教育目的者理解错了教育在美国民主制度中的独特功能。

  例十一：以下是一位家长报告的节选，最初是为回应一位教师对当代教育标准松懈的抱怨而写。这位家长完全认同儿童教育去学术化以及实施新式教育，笔触生动，整篇文章都值得一读。正如下文所述，此处体现的对学校教师的刻板印象有着深远的历史渊源。[19]

  但幼儿园教师懂孩子。他们的项目皆以儿童为宗旨。上学的时光是一串绵长的喜乐，满载游戏、音乐、色彩和友谊所带来的愉悦。一年级、二年级、三年级都在欢快的生活中度过……然后就来了算术！失败就如鬼魂般侵扰我们的昼与夜。老爹老娘开始参加心理学讲座，苦读有关自卑情结的书籍。我们硬撑着从四年级爬入五年级。不能坐以待毙了。即便老爹他也不是全能超人。我决定和老师谈一谈。

  那所学校的地垫上没写"欢迎"。没人招呼陌生人，也没人注意到他的到来。一条阴森森的走廊映入眼帘，每隔一段距离就有一扇紧闭的门。陌生的声音从深处悠悠传来。我向一个行色匆匆的年轻人问好路后敲响了那扇令人生畏的门。我向老师报上姓名，尽可能亲切地微笑着。"哦，好。"她说，好像她早已知晓我的来意。之后，她伸手去抓点名簿，动作之快，仿佛电影里的歹徒掏枪一般。

学生们的名字按照严格的字母顺序整齐地写在一张横格纸上。老师伸出她那惨白无色的手指头，沿着页边空白处向下挪动，找到了我闺女的名字。每个名字后面都有小方格。方格里有我看不懂的小记号和符号。她的手指头在纸面上四处游移着。我闺女的记号和其他孩子的记号有所不同。她耀武扬威地抬起头来，仿佛一切不言自明。我在想的是，她把一个如此活泼的儿童的全部活动压缩进了那咫尺方格之中。我在意的是整个人生、整个人格，而这位老师在意的仅仅是算术能力。我真希望我没有来过。我离开了——离开得一无所获，惆怅满怀。

例十二：以下这段话已因亚瑟·贝斯特（Arthur Bestor）而家喻户晓，但此处仍需予以重述。在发表并出版摘录于此的这段演讲后，其作者——伊利诺伊州的一名初中校长——并未丧失其职业地位，反而在长岛大颈获得了在全国中学里都颇具吸引力的类似岗位，随后还受邀成为中西部一所大学的教育学院客座教员。[20]

多年来，我们为阅读、写作和算术（reading, writing, arithmetic, 3R）构建了某种光环。我们曾说，人人都应该掌握这三样东西……无论贫穷还是富有，无论聪明还是智力天分欠佳，无论喜欢还是抗拒它们。老师说，这些是"每个人都应该学的东西"。校长说："所有受过教育的人都知道如何写字、拼写和阅读。"当有孩子表示不喜欢某门神圣的学科时，他就会被警告说，如果不能掌握它，长大以后就会成为如何如何的样子。

3R 为孩子，孩子为 3R！就是这样。

我们在摒除那个口号方面取得了些许进展。但时不时地，某位获得过美国大学优秀生全国性荣誉组织的奖项的母亲，或者雇了一个不会拼写的女孩的雇主就会激起一阵对学校的大惊小怪……然后一切归零……

当我们认识到并非每个孩子都必须去阅读、计算、写作和拼写……而且其中的许多人并不能或并不愿意掌握这些杂七杂八的东西时……我们就走上了改善初中课程的道路。

在那一天到来之前，必须做大量的宣传工作。而那一天就快要到来了。我们总有一天会接受这样一种想法：假设每个男孩都必须会阅读，就像假设每个人都必须会拉小提琴一样不合逻辑；要求每个女孩都要拼写得好，就像要求每个人都能烤出美味的樱桃派一样没有道理。

我们不可能、不喜欢也不愿意都做同样的事情。当成年人最终意识到这个事实时，每个人都会更快乐……学校也会成为让生活更美好的居所……

如果我们能够说服点人，让他们相信掌握阅读、写作和算术并非通往幸福、成功生活的唯一道路，那么下一步就是削减耗费在普通初中课程中这些内容上的时间和精力……

东部的一所初中经过长期的细致研究，已经接受了这样一个事实：他们的学生中有大约20%的人在阅读方面不达标……他们正在为这些男孩和女孩做点其他的事情。这才是想到点子上去了。相比之下，有些初中还坚持着"每个学生在毕业前都必须通晓乘法表"这样的说法。

这些案例的来源和意图虽然各不相同，但是共同展示了反智主义的典型设想。知识分子可能被认为是矫揉造作、骄傲自大、娘里娘气、趋炎附势的，而且很有可能是缺乏道德心、危险性十足的颠覆分子。普通人单纯的判断力——尤其是如果成功通过实践工作的某些苛刻条件的检验——完全可以替代、实际上还优于在学校学到的正规知识和专业知识。因此，以知识分子为主导的机构（例如大学和学院）质量都差得没治了也没什么好奇怪的。无论如何，心灵的纪律、宗教和道德的老式原则，比旨在培养头脑理解思想和艺术新趋势的教育，能对生活提供更可靠的指导。即使在初等教育阶段，那种过于强调单纯知识的获取而非身体和情感生活蓬勃发展的学校教育，不仅在教学模式上缺乏人情味，并且还有造成社会堕落的危险。

4

为了避免误解，或有必要作如下说明：一部专门探讨这类主题的作品，因为要达到突出该主题重要性的效果，所以难免不会以整部美国文化史作为探讨根据。笔者只能说，自己没有妄想美国历史的错综复杂可以圆满地简化为蛋头和猪头之间的一场无休止的斗争。此外，我们的历史在某种程度上可以被视为一种文化、智识方面冲突的演进，但公众并非可以简单地分为智识和反智识两派。大部分公众——甚至大部分聪明而警觉的公众——都并非知识分子，他们内心充满对智识和知识分子的矛盾情绪，因此在当前的文化问题上会瞻前顾后、摇摆不定。他们对蛋头的不信任根深蒂固，但也真诚地渴望着启蒙和文化。此外，人们很难相信，一本关于美国反智主义的书会对我们的文化作出折中之论，就像破产史很难被认为是我们商业生活的完整历史一样。虽然笔者确信反智主义在我们的文化中无处不在，但是也相信它很少能称得上是占优势力。笔者时常注意到——正如我希望读者会注意到的那样，经过证实，最为普遍的是那些较为温和无害的反智主义，而最邪恶有害的反智主义则主要来自那些规模很小但极能闹腾的少数群体中。

再次重申，本书并非人们想象中的那种比较研究：笔者对美国反智主义的关注，不过是出自对美国社会一种特殊的、狭隘的兴趣。本人并不认为反智主义不存在于其他地方。在笔者看来，这是美国的一个异常尖锐的问题，但同时也相信它以某种形式和程度存在于大多数社会中。它的呈现形式极为多样，或者是实施毒芹死刑①，或者是市民和大学师生暴动，或者是审查与纪律机制，又或者是国会调查。本人倾向相信，尽管反智主义有其自身的普遍性，但它可以被认为是我们英语文化遗产的一部分，而且在英裔美国人的历史中尤为突出。数年以前，伦纳德·伍尔夫（Leonard Woolf）曾经说过："没有哪个民族比英国人更鄙视和质疑智识和知识分子。"[21] 也许伍尔夫先生没有充分考虑到美国人自称是这方面的权威（这点可以理解，因为一个多世纪以来，英国人已经厌倦了美国人的自我吹嘘），但是，一个阅历如此丰富、对自己国家的文化生活如此了解的英国知识分子竟然能说出这样的话来，不禁让我们陷入沉思。虽然美国知识分子处境这个问题极其紧迫和尖锐，但是他们的诸多不幸也是别处知识分子们共同的境遇，况且在美国生活的某些情形中也能多少得到一些补偿。

　　本书为批判性研究，而非为知识分子控诉美国社会的案情摘要。知识分子有时会因自认是降临于巴比伦城②的纯粹美德之人而自怜自哀，而笔者无意鼓励这种情绪。人们无须如此断言，也无须断言应该对知识分子彻底放纵或让他们行使巨大权力，以此来坚持这样的说法：尊重智识及其功能对任何社会的文化和健康都至关重要，而通常情况下，我们的社会明显缺乏这种尊重。生活在知识分子之中的人不会将他们过度理想化，但他们作为也会犯错的人，其与智识的重要功能之间的关系，令我们想起教会中的一种普遍看法，即虽然神职人员容易犯下肉体上的错误和罪恶，但是教会本身仍然是神圣的。但即便在这一方面，笔者也没有忘记智识本身是可能被高估的，也没有忘记在人类事务中将智识安插在其应有位置这种合理尝试不应该被称为反智。没人会反驳 T. S. 艾略特（T. S. Eliot）的说法："不带多少人性的智识能力尽管也受人钦佩，但只

---

① 据称，苏格拉底在被雅典陪审团判处死刑后，便是服下毒芹汁而死。——编者注

② 巴比伦城，代指享乐和奢靡的罪恶社会。——编者注

会被当作国际象棋神童的才华那样罢了。"[22]但在一个危机四伏的世界里，"美国社会整体上会高估智识，或者将其作为一种至高无上的价值来取代其他合法价值"这种危险对我们来说几乎不足挂齿。

而这种危险的最大害处或许是鼓励这样一种观念：反智主义普遍以纯粹而未混杂他物的状态存在。显然，那些与智识有过冲突的人几乎总是对此持矛盾心理：他们一半是尊重、敬畏，一半是质疑、怨恨，这在人类历史的诸多社会和阶段中都是如此。无论如何，反智主义都不是那些绝对敌视思想者的产物。恰恰相反，就像受过良好教育者最棘手的敌人可能是受教育程度不高者一样，主要的反智分子通常都是那些深陷于思想之中的人，他们经常痴迷于这个或那个过时的或废弃的思想。很少有知识分子没有过刹那反智的思想，也很少有反智分子没有执着过对于智识的激情。只要反智主义的显现有力到足以在历史长河中留下痕迹，或者传播广泛到足以在当代争议中有所论及，它就必然有至少在某种程度上说得过去的代言人。总体而言，这些代言人既非未受教育者，亦非无智识者，而是边缘知识分子、冒牌知识分子、被剥夺身份或心怀怨恨的知识分子或领导半文盲人士的有文化之人，他们对能使自己受到全世界瞩目的事业相当认真，怀有崇高的目标。

笔者发现，反智分子的领袖中有福音派牧师，其中的许多人都非常聪明，有些人甚至很有学问；有能清晰表达自己神学观念的原教旨主义者；有政治家，包括其中一些最为精明的人；有商人或其他美国文化实际需求的代言人；有胸怀强烈智识主张和信念的右翼主笔；有各类边缘作家（参考垮掉一代的反智主义）；还有被过去知识界大部分异端邪说所冒犯的反共专家；就这一点而言，还有那些在可以利用知识分子的时候对其大加利用，而对其所关心之事不屑一顾的政治领袖。这些人的情绪中所凸显出来的敌意，既非针对思想本身，又非总是针对知识分子本身。反智主义的代言人几乎总是专注于某些观念，尽管他们可能非常憎恨当代人中占主导地位的知识分子，但他们也可能是某些早已逝去的知识分子的信徒，例如亚当·斯密、托马斯·阿奎那、约翰·加尔文，或者卡尔·马克思。

那些不时高举反智主义旗帜的男男女女都必然是其忠实支持者，仿佛将其作为某种积极的信条或者原则——这样想便是大错特错、过严过苛了。事实上，反智主义通常是其他某些意图的附带产物，而且通常是某些正当的意图。几乎没人认为自己会与思想和文化针锋相对。人们不会清晨起床，对镜子中的自己龇牙一笑，说："呀，今天我要去折磨一个知识分子，扼杀一种观念啦！"只有在极少数的情况下，我们才会（疑虑重重地）将一个人定性为天生的反智者。无论如何，对个人进行分类或强加罪名对本书而言皆无意义，当然也不是笔者所关注的事情，重要的是评估某些态度、运动和观念的历史趋势。[23] 在这些问题上，有些人会瞻前顾后，立场摇摆不定。实际上，反智主义往往具有"两股水火势力并存"的特点。商人和劳工领袖对知识阶层的看法可能惊人地相似。同样，进步主义教育自身亦含有强烈的反智元素，然而其最难对付的仇敌——右翼民间自卫团体——也表现出了他们自己的反智主义，尽管风格有所不同——更加明确，且更加激进。

一种纯粹而绝对的恶无疑十分少见，但本书所探讨的情况却并非如此。如果说反智主义如笔者认为的那样，已俨然成为我们文明中广泛传播的一种特质，那是因为它经常与正派的或至少是正当的事业相联系。它首先牢牢地抓住了我们的思维方式，因为它萌生于同样传递诸多人道、民主情感的福音派宗教。它之所以能进入我们的政治领域，是因为它与我们对于平等的热情相互联系。它之所以在我们的教育中势不可挡，在一定的程度上是因为我们福音风格平等主义的教育信仰。因此，必须尽可能地将我们的反智主义从其赖以生存的善意冲动中剔除，方法便是借由持续、精巧的智识手术来避免这些冲动本身。唯有如此，方能挫败、遏制反智主义。笔者不是说将其彻底根除，因为本人相信，这不仅超出了我们的能力范围，而且为了消灭这种或那种邪恶而不加节制的激情，其危险程度可能无异于我们这个时代的任何妄图。

第二章
论智识的不受欢迎

1

我们社会中的某些特质导致了智识的不受欢迎。在试图评判这些特质之前,似乎有必要谈谈人们对智识通常是如何理解的。如果想理解某种普遍的偏见,那么最好是从其中普遍的用词入手。带着这种想法,任何人在阅读美国通俗文学作品时,都会意识到智识(intellect)和智力(intelligence)在概念上存在着巨大差别。前者常常被作为一种修饰词使用,后者则不会。没有人会质疑智力的价值;智力作为一种抽象特质广受尊重,而且似乎智力超群的人获得的评价也会很高。有智力者有口皆碑;至于有智识者,他们虽然偶尔也会收获赞扬——尤其是在别人认为智识跟智力挂钩时,但在更多时候,他们遭到的还是怨恨与怀疑。背负着"不可信赖、虚有其表、伤风败俗、危险分子"骂名的不是有智力者,而恰恰是有智识者;尽管他们拥有智识,但有时甚至还会被斥为"缺乏智力"(unintelligent)。[1]

智力与智识这两种特质间的差异更多是源自假设,而非基于泾渭分明的界定。尽管如此,我们依然可以通过普遍用词的语境提取出两者区别的本质,而这似乎也正是大众对此普遍的理解:智力指的是头脑的优越,运用范围相当有限、直接而且可预测;这种特质可控制、可调整且始终具有实用性——这是动物身上最显著,也最讨喜的一项优点。智力在具备有限但明确的目标的框架内发挥作用,并且会将头脑中那些似乎无助于完成目标的问题快速予以剔除。智力的用途如此普遍，故而在日常工作中，智力的影子也总是无处不在，无论是头脑简单还是复杂的人都会对其赞赏不已。

相反，智识代表头脑中批判性、创造性和沉思性的一面。智力追求的是掌握、控制、重组和调整，而智识则是检验、推敲、好奇、推理、批判与想象。智力会抓取某一情境中的直接意义并对其进行评估。智识则会对评估本身进行二次评估，从整体上寻找情境的意义。智力可以被誉为动物的一种特质，而智识则是人类高贵性独一无二的体现，是人类身上毁誉参半、褒贬不一的一种特质。在明确了这两者的区别之后，便更容易理解为什么我们有时会说，一个公认具备敏锐智力的人相对来说"缺乏智识"（unintellectual）；同样也更能懂得，为什么那些明确具备智识的人也拥有相当出色的智力水平。

这种区分似乎过于抽象，但在美国的文化中却屡有体现。举个例子，从来没有人质疑过我们的教育为何将智力的选拔与培养作为核心目标；相反，教育应该在多大程度上培育智识却一直是争议最为激烈的话题，不仅如此，在大多数的公共教育领域，智识的反对者都掌握着绝对的权力。不过，最有力的佐证或许还是美国人对于发明技能和纯科学技能所秉持的截然不同的态度。托马斯·爱迪生是我们最伟大的发明天才，是美国公众心目中几近神的存在，堪称传奇之人。爱迪生的神奇发明对人们的日常生活产生了巨大而直接的影响，收获了公众的连声喝彩。而在笔者看来，人们绝不会指望纯科学领域的成就也能得到同样的待遇。但人们可能会期待约西亚·威拉德·吉布斯（Josiah Willard Gibbs）在受过良好教育的公众中也能享有和爱迪生一样的赞誉。吉布斯为现代物理化学奠定了理论基础，是纯科学领域最杰出的天才人物之一。尽管吉布斯的研究在欧洲享有盛誉，但是他本人终其一生都默默无闻，就连在教了32年书的耶鲁大学，他所做的工作也无人知晓。纵观19世纪，耶鲁大学可谓美国大学里科学成就方面的排头兵，然而尽管如此，在这32年中，耶鲁大学也没分给吉布斯几个能够理解他的成果的研究生，更别提费心授予他什么荣誉学位了。[2]

每当我们谈及智识在社会中的命运，都会遇到一道特殊的难题。而难就难在，即使我们意识到智识不单单是职业方面的问题，也必须从职业的角度来谈论智识。在一般的用词中，智识被理解为某种专业和职业的一种属性，我们会认为有智识者从事着作家、批评家、教授、科学家、编辑、记者、律师或牧师之类的职业。正如雅克·巴尔赞（Jacques Barzun）所说，知识分子（有智识者）就是拎公文包的。这样理解确实方便，人们很难摆脱这种印象，知识分子的地位、角色就这样与所有拎公文包的一类专业联系在一起了。但我们之中很少有人相信，某个专业的从业者——即使是知识性专业——就必定是一个符合特定意义或严格意义的知识分子。在大多数专业中，智识或许会有用武之地，但即使没有智识，智力也能够独当一面。例如，我们知道，并非所有学者都是知识分子，我们还时常对这个事实扼腕叹息。我们也明白，智识当中蕴藏着一些与专业训练出来的智力迥然相异的事物，它并不依附于整个职业，而仅寄托于个人。当我们为美国社会中智识和知识分子阶层的地位而忧心时，我们所考虑的不单是某些职业群体的地位，而是某种思想特质被赋予的价值。

在美国文化中，大部分被称为"熟练工种"（journeyman）的职业——律师、编辑、工程师、医生，当然还包括一些作家和大多数教授——虽然极度依赖于"观念"，却并非独具"智识"。任何一个从事知识性或类知识性专业的人都必须掌握大量的固有观念来开展工作。假如有所成效，那他必定是通过智力运用上述观念。但考虑到其专业能力，他主要应该是将这些观念作为工具来使用。借用马克斯·韦伯的政治区分理论，问题的关键就在于，这种专业人士是**靠**观念而活，而非**为**观念而活。无论是他的专业角色还是专业技能，都无法让他成为一个知识分子。他是一位脑力劳动者，是一位技师。他可能碰巧会成为一个知识分子，但即使如此，也是因为他在自己的专业里融入了一种该专业所不需要的、对于观念的独特的情感。作为一名专业人士，他掌握了一系列可供出售的精神技能。尽管他的技能炉火纯青,但是如果他的工作缺乏某些特质,例如无私的智慧、归纳能力、自由思维、独到的观察能力、富于想象的创新能力和激进的批判能力,我们就不会认为他是知识分子。在家里,他可能碰巧是一个知识分子;而在工作中,他只是一个受雇的脑力劳动者,运用自己的头脑来追求给定的外在目的。正是这一点,即"目的是依据智识过程本身之外的某种利益或优势设定而成"这个事实,将狂热者和脑力技术人员各自的特点展现得淋漓尽致。前者痴迷于某种单一的观念并为之而活,后者则将心灵用于可出售目的而非自由思想。这种目的是外在的,并非发自内心,而智识生活则具备某种自发的性质和内在的决定性。其本身也具有一种特殊的平衡,在笔者看来,这种平衡源自知识分子对待观念的态度中所蕴含的两种基本特质之间的均衡——关于这两种特质,我们可以称之为"玩性"与"虔诚性"。

要想界定知识分子的独特性,就必须学会确定——打个比方——是知识分子的教授或律师和不是知识分子的教授或律师,他们之间的区别何在。或者换一种更恰当的说法——我们必须学会区分,一位教授或律师什么时候是在按照纯粹的常规专业方式行事,什么时候又是在以知识分子的身份活动。其中的区别并不在于他在工作中运用的观念的性质,而在于他对待这些观念的态度。

笔者曾经提过,在某种意义上,知识分子是为观念而活——这意味着他具备一种针对精神生活的献身精神,与对宗教信仰的虔诚十分相似。这并不奇怪,因为在很大意义上,知识分子的角色便继承自牧师一职:它暗示着人类认识活动终极价值的特殊意义。苏格拉底曾言,未经审视的人生不值得过。这句话抓住了人生的本质。我们可以听到历史上不同知识分子的同一种声音,他们在各自的时空和文化中以相同的口吻重复着他们对于这种感觉的意识。但丁在《论世界帝国》(*De Monarchia*)中写道:"总而言之,人类的真正使命就是实现智识蕴藏的全部潜能,首先是在思考中实现,然后是通过拓展智识并奉其为目的,在行动中实现。实现之路,永不停歇。"因此,最高尚、最有可能接近神性的事物,就是认识活动。这不过是洛克《人类理解论》(*Essay Concerning Human Understanding*)第一句话的更世俗、更激进的版本:"正是**理解**,让人类凌驾于其他有感受的生物之上,并赋予人类高于它们的一切优势与支配权。"霍桑(Hawthorne)在《福谷传奇》(*The Blithedale Romance*)临近结尾的一段话中指出,自然为人类设下的最高目的就是"有意识、有智识的生活以及感受之力"。最后,与我们同时代的安德烈·马尔罗(André Malraux)在他的小说《希望》(*L'Espoir*)中提过这样一个问题:"如何活出最精彩的人生?"他自己的回答是:"将无限大的经验转变为有意识的思想。"

尽管智识主义不是怀疑者的专属,但往往是怀疑论者唯一的信条。几年前,一位同事请笔者帮忙看一篇短文,那是他写给即将在他的领域继续从事高级研究的学生的。从表面上,这篇文章旨在展示他如何在自己的学科框架内培养精神生活,而实质上是从个人角度抒发他对于献身智识工作的强烈热忱。尽管同事是一个彻头彻尾的怀疑论者,但在笔者看来,面前的这篇文章字里行间都是虔敬的流露,从某种意义上来说可以与爱尔兰政治家理查德·斯蒂尔(Richard Steele)的《商人的使命》(*The Tradesman's Calling*)或新英格兰清教牧师科顿·马瑟(Cotton Mather)的《谈谈行善》(*Essays to Do Good*)相媲美。因为在文中,知识分子的工作被描述为一种**使命**,并且在很大的程度上沿袭了上述早期新教作家的风格。他将自己的工作当作一套虔诚的仪式,一种个人的训练,而他之所以能以这种方式理解自己的工作,是因为这项工作不单单局限于技艺的熟练与专业的范畴:它是为思考而进行的工作,是为服务真理而完成的工作。在这一点上,智识生活具有一层重要的道德意义。关于知识分子对待观念的态度,在这个方面,我称之为虔诚。知识分子永远**奋不顾身**——坚定守誓,尽心尽力,披坚执锐。所有人都愿意承认观念与抽象概念在人类生活中意义重大,但对于知识分子而言,这却是他必须直面的感受。

当然，其中包含的不仅仅是一种纯粹的自律能力，也不局限于沉思生活和理解生活本身。这是因为，思想生活虽然可以被视为人类活动的最高形态，但是它同时也是一种媒介，可以让其他价值在人类社会中得到完善、重申和实现。知识分子作为一个集体，常常试图充当本民族的道德触角，他们会在基本的道德问题侵入公众意识之前进行预测并尽可能澄清这些问题。这些思想者会认为自己应该成为理性、正义等价值的特殊守护者，去守护这些与他们对真理的追求息息相关的价值。有时，他们还会因为自己的身份似乎遭受到某种粗暴压迫的威胁而作为公众人物挺身而出、大声疾呼。在这一点上，人们会想到伏尔泰为卡拉斯一家做辩护①，左拉为德雷福斯而发声②，以及欧美知识分子因为萨柯和万泽提的受审而满腔义愤③。

如果关心这些价值的只有知识分子，则实属悲哀，况且他们的热情也会有遭遇打击的时候。但相比其他人，知识分子又确实能对这些价值观予以更积极的回应。除此之外，知识分子阶层在任何意义上都可以称为享有特权，而尽管如此，在所有这样的阶层之中，它对自己之下社会阶层的福祉表现出来的关怀都最为深刻而恒久，可谓现代西方知识分子阶层流芳百世的荣光。在知识分子的献身精神背后存在着这样一种信念：世界应该在某种程度上对他们的理性能力、他们对正义和秩序的热爱作出回应。正是这种信念创造了知识分子对于人类的

---

① 1761 年，法国图卢兹市一个新教商人被诬告为杀害自己长子的凶手，遭法官错判，受车裂之刑而死。1763 年，伏尔泰通过各种渠道搜集证据为其平冤昭雪。——编者注

② 1894 年，犹太裔法国陆军上尉德雷福斯被指控出卖法国陆军情报给德国，军事法庭裁定其犯有叛国罪，判以终身苦役并流放外岛。事后虽经证实纯属诬告，军事法庭却因德雷福斯的犹太人身份而拒绝改判，引起左拉等知识分子的抗议，并演变成一场运动。——编者注

③ 1920 年 5 月 5 日，美国警方为打击工人运动，指控积极参加工人运动的意大利移民萨科和万泽提抢劫杀人并将其判处死刑。审判期间，罗曼·罗兰、爱因斯坦等知识分子为其奔走呼吁。——编者注

大部分价值，但与此同时，他们大部分捣蛋作妖的本事也由此产生。

2

然而，"知识分子具有一种特别的捣蛋作妖本事"这种暗示也让人难免会这样想：知识分子仅拥有虔诚是不够的。他们也许是为某种观念而活，但就像笔者先前所说，必定存在其他东西阻止他们只为一个观念而活，防止他们因此变得偏执或荒诞。尽管我们可能仍将某些狂热者视为知识分子，但狂热只是这一类人的缺陷，而非知识分子本质上的缺陷。当一个人关注起观念来——无论多么专注和真诚——只要这种关注仅仅服务于某种具有核心局限性的偏见或某种完全外在的目的，那么智识便终将被狂热吞噬。不能独立坚持某种观念对于精神生活而言是巨大的威胁，但如果说有什么比这更危险，那便是极端地执着于某种特殊而狭隘的思想。这都会在政治和神学领域造成极大的冲击，在一个过于狭小的参照系中，过度的虔诚可能会将智识功能压垮。

正因为如此，虔诚需要一种平衡，需要某种东西来防止它被过于僵化地运用。在大多数的智识气质当中，这种东西就存在于笔者所说的"玩性"这个特质里。我们所说的是精神游戏，当然，知识分子会出于它本身的原因而喜爱这种精神游戏，并从中发现人生的主要价值。我们这里说的是智识活动中纯粹有趣的部分。从这个角度来看，智识可以被视为精神的健康活力，而工作谋求的是实用和单纯的谋生，当过剩的精神能量从此类工作中被释放出来时，这种活力便会被激发出来。席勒（Schiller）曾经说过："只有在游戏时，人才是完全的。"他的这句格言是要告诉我们，他认识到在纯粹的谋生之外还存在可供运用的过剩精神。索尔斯坦·凡勃伦（Thorstein Veblen）[①] 经常将智识能

[①] 索尔斯坦·凡勃伦（1857—1929），挪威裔美国著名经济学家，制度经济学鼻祖，代表作为《有闲阶级论》。——编者注

力称为"闲散的好奇心",但"闲散"这个词使用得并不恰当,因为在游戏的头脑中,好奇心反而处于极度亢奋且活跃的状态。而正是这种亢奋与活跃,赋予了它独特的真理认知与对教条的不满。

在理想情况下,追求真理可以说是知识分子事业的核心,但这其实是对他事业的过度褒奖,而且说明得也不够充分。就像追求幸福一样,追求真理本身是一个非常悦人的过程,但圆满的结局却往往可望而不可即。真理一经寻获便魅力顿失,长期为人所知并广为所信的真理甚至会随着时间的推移而变得站不住脚。简单的真理令人生厌,其中的大部分则会沦为半真半假。无论知识分子过分确信的是什么,如果他是以健康的方式进行游戏,就会开始不满足于此。他智识生活的意义不在于掌握真理,而在于探索新的不确定性。文艺批评家哈罗德·罗森堡(Harold Rosenberg)对精神生活的这方面做出了精彩的总结概括,他坦言,知识分子就是将答案转换为问题的人。

在各种各样的精神作品中都不乏这种玩性元素的身影,例如阿伯拉尔[①](Abelard)的《是与否》(*Sic et Non*)和达达主义的诗歌。但在使用"玩"和"玩性"这两个词语时,笔者并不意在暗指严肃性的缺失,而是恰恰相反。任何观察过孩子或大人玩耍的人都会意识到,玩和严肃其实并不矛盾,某些形式的玩耍会形成一定程度的专注,这种专注是工作所带不来的。而玩性也并不代表着实践性的缺失。在美国的公共讨论中,智识经常接受的一种考验就是是否符合实践性的标准。但原则上,智识是既不实用又不脱离实际的,它属于超实践性。对于虔诚到不能自已的狂热人士和只关注可兜售精神技能的观念熟练工来说,观念的开始与结束在于它们对智识过程之外的某些目标产生的效能。知识分子在一开始并不关心这些目标。而这并不能说明他们蔑视

---

① 阿伯拉尔(1079—1142),法国著名神学家和经院哲学家,他的《是与否》提出了156个神学论题,每个论题都有肯定与否定两种意见,而每种意见都具备同等的权威性。——编者注

实践：许多实践问题的实质都关乎智识，这也完全吸引了知识分子的注意。这更不代表他们脱离实际，他们只是在关注一些其他东西，关注问题中与实践性无关的某种特质。"知识分子本质上是脱离实践的"这个观点几乎经不住推敲：人们很容易就会想到亚当·斯密、托马斯·杰斐逊、罗伯特·欧文（Robert Owen）、瓦尔特·拉特瑙（Walter Rathenau）和约翰·梅纳德·凯恩斯等知识分子，从政治家或商人的角度看，他们都展现出了卓越的实践性。然而，实践性并非知识分子对观念感兴趣的本质所在。阿克顿（Acton）以一种极端的方式表达了这种观点，他说："我认为，我们的研究应该毫无目的。它们渴望以纯洁的形式被追求，就像数学那样。"

数学家和理论物理学家詹姆斯·克拉克·麦克斯韦（James Clerk Maxwell）对电话这个发明的回应是极佳的例证，可以体现知识分子对于纯粹实践性的观点。麦克斯韦曾受邀就这种新型仪器的工作原理发表演讲，在当时，他的开场白如下："刚听说美国发明出电话的时候，简直难以相信，这种东西居然真的被设计出来了。"但随后，他话锋一转，称："这台小仪器由我们熟悉的部件组成，就算是一个业余爱好者都能把它组装起来。它横空出世，穷酸的外表叫人心生失望，在发现它真的能说话时，这种情绪才稍稍减轻了一些。"电话的外表简陋，令人心灰意冷，但或许其中蕴藏的"某些深奥难解的物理原理，值得花上一小时给学院里的听众讲讲对此的研究"，也许可以用来弥补它外表的遗憾。但是这样的原理并不存在，麦克斯韦还没有遇到过一个不能理解电话物理过程的人，就连日报社的科学记者也几乎能弄懂！[3] 这多么叫人气馁、生厌，它跟深奥、难解、深刻和复杂一点不沾边，在**智识层面**，这可不算什么新事物。

笔者并不十分赞同麦克斯韦的这个回应。他从一个纯粹的科学家视角，而不是从一个历史学家、社会学家甚至一个家庭住户的视角来看待电话，便等于限制了自己的想象范围。不管从商业角度、历史角度还是从人文的角度来看，电话都是一项激动人心的发明，它未来的多种可能性——作为通信工具或刑讯手段——必会为人们的想象打开大门。但麦克斯韦沉浸在他自己限定的关注领域（物理学）之中，以一种固执而大胆的口吻谈论了知识分子对于这件事的看法。他的思维方式是物理学家的思维方式，对于他来说，这种新仪器不具备任何可玩性。

也许人们会问，在智识气质的这两种特质——玩性和虔诚之间是否存在某种致命的矛盾。诚然，这两者之间确实存在着一种张力，但绝非致命：这只是人类性格中激发创造性反应的一种张力。事实上，正是那种理解和表达不同甚至对立观点的能力，正是那种在想象上认同乃至包容对立的感觉和想法的能力，创造出了涵盖人文表达的各个方面以及诸多研究领域的一流作品。人类本身便是矛盾综合体，就连知识分子的生活也并非符合逻辑，而是——借用法学家霍尔姆斯（Holmes）的话——经验。想想那些以前的或现在我们身边的知识分子吧：浮现在我们脑海中的，有些人以玩性为主，而有些人则以虔诚为主。但在大多数知识分子身上，这两个特征都是互相限定与制衡的。思想者的张力强度可以根据他维持自己头脑中这两方面的均衡能力来衡量。就天平的一端而言，过度的玩性可能会使事情流于表面，造成智识能量消耗在单纯的技术上，导致涉猎浅薄，还会引发创造性流失。而在天平的另一端，过分虔诚也会导致僵化、狂热，推动弥赛亚主义的形成。除此之外，还会推动养成道德刻薄或者崇高的生活方式，而这两者均非智识的生活之道。[4]

从历史角度来看，还可以将玩性和虔诚分别想象成智识功能的贵族背景与神职背景残存。玩这个元素似乎根植于有闲阶级的精神特质中，在创造性想象和人文知识的历史中始终居于核心地位。而虔诚元素则让人联想到知识分子对神职的继承：对真理的追求和掌握属于一项神圣的职责。作为他们的继承者，现代知识分子沿袭了贵族的特点，即极易蒙受来自清教主义和平等主义的敌意，同时也承袭了神职人员的特点，即极易遭受反教权主义和民众对教会统治阶级的攻击。故而，如果知识分子在以民主人士和唯信仰论者为主的国家里四面楚歌，便也没有什么好值得惊讶的。

知识分子最看重的自身和自己事业上的东西，与社会最看重的知识分子身上的东西截然不同，这也不失为知识分子的一种悲剧。社会之所以看重他们，是因为他们在实际中可以被用于从大众娱乐到武器设计的各种目的。但是社会几乎不能正确理解他们气质中的那些方面，笔者先前说过，这些方面正是其智识精神的本质所在。知识分子的玩性有多种表现形式，而在大多数人看来可能是一种有悖常理的奢侈。在美国，精神游戏或许是唯一一种不会被温柔对待的游戏形式。知识分子的虔诚可能看起来令人恼火，尽管这实际上并不具备什么危险性。在人们看来，这两种特质都对实际生活事务用处不大。

3

笔者已经提过，在美国，人们对于智识与知识分子最首要的一个疑问就是关于他们的实践性。反智主义在我们这个时代发生变化的一个原因就是，我们对于智识不可实践性的认知发生了转变。在19世纪，当商业标准几乎畅通无阻地主导了美国的文化时，当大多数商业和专业人士没有受过多少正规教育就取得了卓越成就时，人们便常常将学术性学校教育贬得一文不值。当时普遍的看法是，学校教育的存在不是为了培养某些独特的精神特质，而是为了促进实现个人的进步。出于这个目的，人们认为立即投身于生活的实际工作对于教育更加有益，而智识和文化追求则是不接地气、缺乏阳刚和不切实际。这种论调尽管时常在措辞上粗鄙庸俗，但是它在某种程度上却以一种简单粗暴的方式符合着美国生活的现实和需求。这种针对正规教育培养而成的智识的怀疑论调一直持续到20世纪。

当然，在我们这个时代，美国社会的复杂性以及与世界其他地区的联系都大大增加了。在生活的大部分领域，正规培训俨然已经成为成功的先决条件。与此同时，现代生活的复杂性已经逐渐削弱了普通公民在智力和理解上体现的个人作用。在最初的美国平民梦中，普通人的全能发挥着根本且不可或缺的作用。人们坚信，自己即使没做太多专门的准备，也可以从事专业工作和管理政府。而在今天，他知道如果不使用那些对他来说多少有点神秘的设备，他甚至连一顿早餐都做不了，而专业的知识则让他能够得心应手地使用这些设备。在坐下来吃早餐、看早报的时候，他会读到一系列重大而令人眼花缭乱的新闻。如果他对自己坦诚点，他就会承认自己还没有掌握判断其中大部分内容的能力。

因此，在实践方面，训练而成的智力已被认为是一种具有压倒性的重要力量。以往针对智识和正规培训的戏谑以及善意的讥弄，如今已经转变为对具有专家身份的知识分子的怨恨。诚然，关于"知识分子头脑糊涂"的老旧观念依然存在，而这种观念正来自对那些心不在焉、健忘的教授们的刻板印象。但在今天，它越来越成为一种一厢情愿、苍白无力的防御手段，抵御着内心深处某种巨大的恐惧。曾经，知识分子因为不被需要而遭到温和的嘲弄，而现在，他们则因为被过度需要而蒙受着强烈的憎恨。他们变得太实用、太有效了。人们对他们恨之入骨是因为他们的命运有所改善而非下滑。让他们成为众矢之的的不是他们的抽象、无用或无助，而是他们的成就和影响，是他们现实中的舒适和想象中的奢侈，是社会对他们技能的依赖。智识因为被视为一种力量或特权而遭到憎恨。

也许有人马上会说，此处我们真正想到的与其说是知识分子，不如说是专家。许多知识分子并不是在公共生活中扮演重要角色的专家，也没有对公众意识[5]造成巨大的冲击。这是无可争辩的，但笔者的观点是，对知识分子的主流态度在很大的程度上是由那些影响公众意识的知识分子造成的。总体来说，当知识分子以两种身份之———专家或意识形态专家——进行活动时，他们就会对公众思想产生影响。在这两种身份下，知识分子都会激发深刻的、一定程度上还算合理的恐惧与怨恨。两者都加剧了我们社会中普遍存在的无助感：专家加深了公众对自己不断受到操纵的怨恨之情，与此同时，意识形态专家激起了人们对于颠覆的恐惧，并加剧了现代性带来的其他所有严重的精神压力。

近30年来，任何对公共事务稍有了解的人，都必然意识到了让专家用来表现自我的那套机制。起初，在罗斯福新政期间，为了应对大萧条，大肆宣传的智囊团和所有相关管理机构相继建立起来，在战争期间还设立了战略情报局和科学研究发展局。如今，中央情报局、原子能委员会、兰德公司、总统经济顾问委员会以及各类研究战争手段和战略的机构，都在处理着那些普通人无法进行监督、但又常常决定着普通人命运的问题。在一个不能指望自己作出合理判断的世界中，很大一部分公众都心甘情愿地接受自己在政治上的被动地位。过去，小政客和小商人常常认为自己掌控着公共事务和私营企业管理中的大多数事务，而自罗斯福执政以来，这些人便不得不面对受过良好的教育、经验更为丰富的专家，这始终令他们倍感挫败。与普通大众一样，这些人现在在重要决策的制定中越来越无足轻重，信息也越来越闭塞，他们对权力世界的内部了解得越少，就越容易对权力的运作产生一致而广泛的质疑。对于被选为国会议员的来自小镇上的律师、商人，他们虽然不能指望剥夺专家的核心顾问地位，但是可以借助国会的调查和干扰来达到报复的目的。而且可以理解的是，他们这样做是出于一种崇高的使命。毕竟，专家发起的政策已经遭受过不计其数的挫折和失败，而这些失败在数百万人的眼中不单单意味着人为错误导致的后果，而且还是冷酷自私的操纵、阴谋，甚至叛国造成的恶果。阿尔杰·希斯等人在众目睽睽下的所作所为便给予了这种感觉以具体对象，而曝光的几起惊人的、涉及科学知识的间谍活动似乎也证实了他们的判断，即整个世界由神秘权力掌控，窃密者无处不在。[6]

这些专家本身或许可疑，但自然科学领域专家的建议会被认为不可或缺。另外，出自社会科学领域专家之口的意见则可能会被视作无厘头的胡言乱语，甚至是不祥之兆。一位国会议员反对将社会科学纳入国家科学基金会，他称：[7]

除了我自己，我想其他人都认为自己是社会科学家。我确信除我之外，每个人似乎都觉得自己具有某种特殊的天赋权利来决定其他人应该做什么。……普通美国公众不希望专家四处探听自己的生活和私人事务，也不希望专家为他决定他应该如何生活。想象一下吧，这项法令将建立某种组织，在这个组织中会有很多短发女人和长发男人胡乱干涉每个人的私事和生活，询问他们是否爱自己的妻子等。假如国会的各位普遍存有这种印象，那就请不要通过这项法令。

从政治家的角度来看，在罗斯福时代，专家已经够让人恼火的了，他们似乎可以自由出入白宫，而总统却与政客保持距离。在冷战时期，这种情况变得更糟，事关公共利益的头等大事只能由专家来作出判断。正如社会学家爱德华·希尔斯（Edward Shils）所指出的那样，在这种平民文化中——这种文化崇尚由普通人管理、依据常识判断并且深信民意之神圣的政府——所有的这一切都让人更恼怒。在这里，政治家表达了大部分公众的感受。公民不可能不需要专家，也不可能不再受专家的摆布，但他们可以通过嘲笑激进的教授、不负责任的智囊或癫狂的科学家，并通过支持那些追查有颠覆倾向的教师、可疑的科学家或被称为叛国的外交政策顾问的政客来实施某种报复。在我们国家的历史中，始终存在着一类人，他们会将仇恨上升为信条。在这类人看来，群体仇恨在政治中占据了类似于其他一些现代社会中的阶级斗争的位置。他们牢骚满腹、自暴自弃，迷失了自我，满脑子充斥着挖空心思构筑的秘密和阴谋，这样一群心怀不满者在不同的时期找到了不同的替罪羊：共济会成员、废奴主义者、天主教徒、摩门教徒、犹太人、黑人、移民、酒类利益集团或国际银行家。而最终，在我们这个时代，在这群"一无所知主义"传统的追随者们选择的一系列替罪羊中，知识分子也获得了"一席之地"。

如果说我们这个时代的反智主义在很大的程度上源于公众对知识

分子不断被暗示为公共事务专家而感到的震惊,那么知识分子对他们这个阶层的名声的敏感,则很大意义上源于他们神圣和世俗两种角色并存的尴尬。作为先知、学者或艺术家这样的神圣角色,知识分子受到某些约束的限制——当然,这些约束并没有得到足够的关注和尊重,但仍然发挥作用:在现代城市文明的夹缝中,他享有自己的隐私,或许还享有匿名权;他要求人们对他(似乎是)忘我的品质予以一定的尊重;如果他是一名学者,他就会受益于不完善但却行之有效的学术自由原则;而且除了大学,还有基金会、图书馆、出版社以及博物馆为他提供服务。他的生活具有一种节制而体面的尊严。如果他以专家的身份介入公共事务,扮演着世俗的角色,那么他可能会惊恐地意识到,作为一个公众人物,他极易受到来自我们政治中盛行的低级行为准则议论,以及我们整个社会对隐私普遍缺乏尊重的伤害。他甚至可能忘记,他所受到的恶意和诽谤并不是专门针对他个人或他这类人的,而是几乎任何一位正在执政的杰出政治家都可能经历过的,甚至连我们最伟大的政治领袖,例如杰斐逊、林肯和富兰克林·D. 罗斯福也未能幸免。正如爱默生曾经问过的那样:"美国人的首要特点和特质,不就是只要一出名,就会遭受辱骂和诽谤吗?"[8]

4

作为专家的知识分子即使被人畏惧也仍然被人接纳,与之相比,作为意识形态专家的知识分子却会毫无疑问地遭受怀疑、怨恨和不信任。专家的威胁在于他会控制并摧毁普通个体,但人们普遍相信,意识形态专家摧毁的是整个备受珍视的美国社会。若想理解这种信念的背景,则有必要回顾一下知识分子是如何始终如一地在政治上反对右翼思想的。当然,这不是美国政治独有的特点。现代观念认为知识分子构成了一个阶层,成为一种独立的社会力量,甚至"知识分子"这个词本身都与政治和道德抗议的意思相一致。在这个术语最广泛的意义上，知识分子是始终存在的，但在工业社会和某种观念市场出现前，人们认为将智识生活分离成一项独立的职业并没有什么意义，而且当时对知识分子团结一致的需求较低，更不需要对他们进行动员。因此，尽管他们在19世纪中期为1848年革命、俄国农奴的解放和美国黑奴的解放做了许多准备工作，但是在当时的英语中，仍然没有什么通用的表达方式将他们描述为一个群体。

"知识分子"一词最早是在法国使用的。它很快便传播到国外——在德雷福斯案发生时，相当大一部分知识界人士被激发起来抗议针对德雷福斯的阴谋，并参与到了一场针对法国反动派的意识形态圣战。[9]当时，双方都使用着这个词——右翼分子把它当作一种侮辱，支持德雷福斯的知识分子则将之视为一面骄傲的旗帜。"让我们用这个词吧，"1898年，其中一位知识分子如此写道，"因为它蕴含着崇高的神圣。"次年，威廉·詹姆斯（William James）在一封信中提到了法国知识分子在德雷福斯事件中的作用，他写道："我们美国的'知识分子'必须齐心协力，捍卫我们宝贵的个人主义的天赋权利，以及摆脱这些制度（教会、军队、贵族、皇室）影响的自由。**每一种强大的制度都必然导致腐朽**——无论它做了什么益事。只有在自由的人际关系当中，理想才能得到充分的实现。"[10]在我们国家的历史中，这个术语的早期用法——我所知道的在美国的首次使用——竟然是在这样一个"激进的"、乌托邦式且反体制的语境中出现的，而这样的做法具有十分重要的意义。至少从进步时代[①]开始，美国大多数知识分子领袖投身其中并矢志不渝的政治事业可以被描述为自由的（按照这个词语的美国式用

---

① 美国史学界一般把1900—1917年间美国所发生的政治、经济和社会改革运动统称进步运动，该时代即为进步时代。进步运动以中产阶级为主体，有社会各阶层参与，在联邦、州和市三级展开，从政治上的争取妇女选举权、市政改革到经济领域的反托拉斯运动，从救济穷人和改善工人待遇的社会正义运动到自然资源保护运动，囊括社会生活的各个方面，影响深远。——编者注

法)、进步的或者激进的。[11]（当然，美国的政治光谱非常狭窄，与法国相比，其中心相当偏右，但知识分子相对于中心的位置则与法国相似。）我不愿意否认，我们的许多知识分子十分保守，有几个甚至非常反动，但是，如果说在美国有什么东西可以被称为知识分子的建制派，那么这个建制派即使不是非常激进（这与建制派不太匹配），也属于政治中心的左翼。它还招致了右翼长期而难以平复的怨恨，后者一直热衷于模糊温和的进步派与革命派之间的界限。

只要知识界的进步主义或多或少地与公众广泛认同的抗议精神保持一致，就像进步时代和新政时期那样，那么知识界遭受极右翼伤害的可能性就会很小。但到了 20 世纪 30 年代，知识界的大部分人士是共产主义忠实的拥护者和同路人[①]，这给了右翼敌人以口实。在这一点上，公正对待反智情况中明显的现实因素十分重要。尽管可以说，知识分子在这方面的弱点已经在右翼宣传中被过度利用了；或者说，20 世纪 30 年代知识分子对共产主义的同情程度被夸大了；甚至说，上一代最有决定性影响的知识分子不是共产主义者，也不是共产主义同路人，但这些都于事无补。尽管所有这些说法都是正确的，但是人们如此坚决地反对知识分子的理由是基于这样一个事实：在 20 世纪 30 年代，共产主义在知识分子中的吸引力比在任何其他阶层中都要高；在几起轰动性的案例中，对共产主义的信仰也的确导致了间谍活动。笔者相信，人们必定首先意识到，共产主义者及其同路人在智识和道德上的前后不一致，给予了反智者以强有力的武器，而且出于对曾经盲从的羞愧感和对昔日参与政治的负罪感，许多知识分子陷入了一种麻木不仁的状态，使他们在 20 世纪 50 年代的大审查面前茫然无助，甚至有时还会激烈地相互指责。例如，有些人会不情愿地、痛苦地回想

---

① 同路人，美国反共狂潮期间，麦卡锡主义者以此来指代在情感、观念和行为上同情共产主义或帮助共产主义的人，但这样的人并不是正式的共产党员。——编者注

起，1939 年 8 月，在纳粹德国和苏联签订《苏德互不侵犯条约》的前夕，约 400 名自由知识分子在一份宣言上签名，谴责"苏联基本上等同于极权主义国家"这种荒谬言论，并将苏联描述为和平的"堡垒"。这份宣言在条约签订的那个星期重刊于《国家》杂志。[12] 于是，被抓住短处的知识分子在历史、道德和心理上都未能占据最佳位置，无法对麦卡锡主义作出有力回应。

但笔者认为，对于任何希望理解美国反智主义背后冲动的人来说，重要的是，这种对知识分子作为意识形态专家的不满，远远不止是在指责实际中的共产主义思想或追随举动。新政时期的实干知识分子——雷克斯福德·盖伊·特格韦尔（Rexford Guy Tugwell）就是绝佳的例子——与共产党毫无瓜葛，却和那些追随者一样饱受非议。如今，共产主义思潮在美国国内生活已然微不足道，在这片土地上，经常可以听到让知识分子重新成为替罪羊的呼声，而因为无法查到目前任何有关共产主义的蛛丝马迹，调查人员就会诉诸唤起关于共产主义追随者的记忆空壳，或者尽可能彻底地模糊自由主义者和共产主义者之间的差异。事实是，右翼分子非常需要共产党人，而且可怜兮兮地不肯撒手。[13]20 世纪 50 年代大审查的真正作用不是单纯出于理性地去揭发间谍或防止间谍活动（警察机构大概已经足以应对这些事），甚至也不是去揭发真正的共产党人，而是借此去释放怨恨和沮丧情绪，去惩罚以及去宣泄根源不在共产主义问题本身而在其他地方的仇恨。这就是大审查如此不顾一切又不加区分地疯狂搜寻迫害对象以及它似乎更热衷于针对受人尊敬和颇具影响力的目标，而不是它找到的那些甚少露头又籍籍无名的布尔什维克的原因。麦卡锡主义的追随者们宣称他们虽然不认可麦卡锡的方法，但赞同他的目标。这些人没有抓住重点：对麦卡锡的忠实信徒来说，他真正吸引人的恰恰就是他的方法，而他的目标总是模糊的。对他们来说，麦卡锡不断抛出的五花八门的指控颇有裨益，因为这些指控扩大了怀疑的范围，许多已经不是或从来就不是共产主义者的受害者因此被捕。麦卡锡的霸凌行径之所以广受欢迎，是因为它让那些渴望复仇的人得以心满意足，也让那些意图诋毁新政时期杰出领袖们的人终于如愿以偿。

如果大审查针对的只是共产主义者，那么它会尽力在搜寻目标的时候更加精确并加以甄别。而事实上，大审查的主要领头人似乎对怎样确定共产主义者并不怎么在意。当时国内真正的共产主义者通常无足轻重，不值得长期追捕。麦卡锡之所以耗费那么多心思去关注军队提拔的一名默默无闻、立场激进的牙医，是因为他能利用这个事件打击军队本身，甚至军队背后的艾森豪威尔政府。调查员试图挑战自由主义者、新政拥护者、改革者、国际主义者和知识分子，最后甚至试图挑战未能撤销自由政策的共和党政府。其中首要牵涉到的是一系列政治敌对关系，而这种关系将新政与福利国家、福利国家与社会主义、社会主义与共产主义联系到了一起。在这场讨伐中，共产主义并不是目标，而是武器。正是出于这个原因，众多热衷于搜捕国内毫无作为的共产主义者的调查员们，却丝毫不考虑如何在真正重要的世界政治舞台上抗衡国际共产主义力量。

除此之外，大审查的信徒们还热衷于一些其他方面的问题，可以充分揭示大审查更深远的历史渊源：对富兰克林·D.罗斯福的仇恨、与新政改革的针锋相对、废除或摧毁联合国的渴望、反犹太主义、黑人恐惧症、孤立主义[①]、对废除所得税的热衷、对供水系统氟化物中毒[②]的恐惧以及对教会现代主义的抵触。麦卡锡自己的表述，"20年的背叛"，暗示了这群运动斗士长期以来的不满，不过右翼代言人弗兰克·乔多洛夫（Frank Chodorov）说得更为透彻，他称，这种对美国的

[①] 美国早期在外交上奉行孤立主义，孤守美国大陆，不介入欧洲事务。直到第一次世界大战爆发后，美国参战，这一传统逐渐被打破。——编者注

[②] 1951年起，美国政府开始在饮用水中加氟，以防止龋齿，但也被反对派指责会造成氟中毒。2011年美国公共卫生服务部降低了饮用水氟化物标准。——编者注

背叛随着 1913 年所得税修正案获得通过就已经真正开始了。

显然，对这些人来说，比 20 世纪 30 年代的异端邪说和冷战的安全问题更危险的是——甚至比朝鲜战争的可怕挫败更危险的是长期以来反抗现代性的几股力量的集聚在麦卡锡时代达到顶峰。直至 19 世纪 90 年代以前，在某些方面到 1914 年为止，早期的美国一直处于与世隔绝的大陆、乡村社会、新教教派和繁荣的工业资本主义的安全环境之中。但年复一年，在之后的几十年间，美国被不情愿地拖进 20 世纪，被迫面对一系列令它不快的现实：首先是世界主义和怀疑论的入侵，其次是美国孤立环境和舒适军事安全的消失，传统资本主义的崩溃以及中央集权福利国家的取而代之，最后是第二次世界大战、朝鲜战争和冷战造成的无尽消耗和财政紧张。由此带来的后果是，美国的中心地带充斥着这样的人：在宗教上为原教旨主义者，在偏见上为本土主义者，在外交政策上为孤立主义者，在经济上为保守主义者，他们一直紧锣密鼓地酝酿种种秘密活动，枪口直对现代困境为我们带来的所有这些苦难。

一个人——即使不喜欢他们的反应——也不可能完全不去同情一个民族面临的困境。迄今为止，他们仍然极度专注于国内的物质发展，在许多方面是如此天真。他们不得不远离"日常"关注的事务，被推入一个全然陌生而严苛的世界，被迫在这么短的时间内尝试学习这么多东西。或许在普通美国人对现代世界的反应中，真正引人注目的地方便是其耐心和慷慨。在仅仅两代人的时间里，第一次世界大战前仍然普遍存在的乡村新教个人主义文化就一再遭受各种变动的冲击。它必须面对宗教、文学和艺术上的现代主义，道德上的相对性，作为伦理和公法原则的种族平等，以及我们大众传播中无穷无尽的性诱惑。很快，它又被迫面对纷至沓来的达尔文主义（见斯科普斯审判[①]）、弗

[①] 斯科普斯审判，也称"美国猴子案件"。1925 年田纳西州颁布法令，禁止在课堂上讲授与《圣经》相冲突的进化论。生物教师斯科普斯违反了该法律，引发了轰动美国的审判事件，最终斯科普斯败诉。——编者注

洛伊德主义、马克思主义和凯恩斯主义,并在政治、品位和良知方面屈服于一种新型的受过教育的、坚持世界主义的美国人的领导。

作为意识形态专家的知识分子,在给国家带来新观念、新事物时经常在促进国家接受变革方面发挥主导作用,自然而然地被认为是打破美国原有模式的重要角色,并因此承受了过度的非难。毕竟在早期历史上,我们国家旨在实现的命运不在于建立种种意识形态,而在于成为一个国家。到了18、19世纪,随着针对欧洲的敌意在美国的土地上逐渐减弱并丧失意义,人们便不会认为这个新国家还保有这些源自对立情绪的意识形态,而会认为它转向了意识形态之外的其他目标,证明了和解与坦率的天赋,以及对勤劳与常识的偏爱,比致力于寻求那些不着边际且引发分裂的抽象概念更胜一筹,也更为实用。在这方面,美国的一次重大失败——向信仰分裂的屈服——导致了内战。这证实了这样一种观念:生活中最好不要对政治的抽象概念和意识形态的概论抱有太多的信仰。美国人总是庆幸自己有能力搞定一切而无须借助通常所说的"外国主义"的便利,就像他们总是庆贺自己可以避开欧洲的"腐败"和"堕落"一样。

但是,在过去的几十年里,美国公众痛苦地意识到,政治和军事孤立的瓦解必然导致需要解除智识层面的孤立主义,而且世界上普遍存在着一种被称为意识形态的强大力量,其后果是我们无法回避的。同时,世界各地还有数千万人被殖民主义、种族主义、民族主义、帝国主义、法西斯主义等信念所驱使着,其中隐藏着一种我们无法理解的讽刺意味。美国人对于世界最初的希望——就早期美国对世界的看法而言——是世界可以通过效仿美国的制度来拯救自己,也就是说,通过摒弃正统的意识形态,接受美国式的民主制度,全身心地投入劳作,努力地追求幸福以及遵循常识的指引。但讽刺的是,无论这种愿望最终实现还是落空,美国人如今都在承受着它所带来的痛苦。除了美国式的行动主义精神,除了相信生活可以变得更好,殖民地人民可以像美国人那样解放自己,不必再忍受贫穷和压迫,落后的国家可以实现工业化并享受高水平的生活,追求幸福是属于每一个人的事——除了这些,还有什么东西在世界上生根发芽呢?那些以桀骜不驯的好斗姿态抗拒我们领导的殖民地国家正试图效仿我们的范例,而正在挑战美国力量的苏联人也一直对美国的工业化赞不绝口。但这种效仿已经沾染上了我们所不承认的意识形态色彩,并导致了让我们始料未及的后果。一直在被模仿的是美国的行动主义范例,而非我们所谓的美国生活方式。

在思想最狭隘的美国人看来,似乎只有那些被抽象概念蒙蔽双眼、对常识麻木不仁的民族才无法看见、无法接受美国制度的所有优点,而一些致命道德弱点的错综纠结则阻碍了外国社会制度的运作,特别值得注意的是其中对邪恶意识形态的接纳。但是苏联那持久稳固的力量,加之"斯普特尼克1号"人造卫星和其他太空领域的成就,给美国人的自信心带来了猛烈一击,因为美国现在面对的是一个物质力量极其强大的国家,足以对其发起永久的、不可攻克的挑战。不仅如此,这种物质力量显然是在某种致命的外国主义的刺激下发展起来的。美国人在这个全然陌生、危机四伏、似乎毫无道理的意识形态世界中感到如坐针毡,对于在其中如鱼得水的知识分子满腹猜疑。知识分子甚至被想象成是这种世界的创造者——在某种意义上他们确实是。有些人认为20世纪的变化恰恰是一场阴险谋划和操纵的邪恶运动所致,或者至少是一系列致命的愚蠢错误的恶果,知识分子这时便不可避免地成为他们宣泄怒火的出气筒。也许正是知识分子褫夺了我们曾经的强盛所依赖的特质。当然,在所有这些不愉快的变化发生的时候,他们俨然已经成为世界性的重量级人物。即使他们不是真的有罪,他们也要受到人们的处处防备。

5

对于那些怀疑智识是一股颠覆社会的力量的人来说,即使回答说

"智识实际上是一种安全、温和、能够带来平静的东西"也收效甚微。在某种意义上，多疑的保守派和好勇斗狠的腓力斯丁人①说得没错：智识是危险之物。如果放任不管，没有什么是智识不会反思、分析和质疑的。[14]"让我们承认保守派的说法吧，"约翰·杜威（John Dewey）曾经坦言，"我们一旦开始思考，就没有人能保证结果会是什么，唯一能确定的是诸多目标、目的和制度将在劫难逃。每个思想家都把一个表面上稳定的世界的某一部分置于危险之中，没有人能完全预测在那里会出现什么。"[15] 此外，也没有办法保证知识分子阶层在发挥其影响力时会保持谨慎与克制。但对于任何一个社会来说，唯一可以保证的是，如果禁止自由运用智识的力量，那么境况将比允许自由运用智识的力量糟糕得多。可以肯定的是，与文化自卫队的臆想截然相反，知识分子对于整个社会而言几乎不具有破坏性。但智识又总是在反对某些东西：某种压迫、欺诈、幻想、教条或利益，它们不断地受到知识分子阶层的审视，并最终沦为他们进行揭露、抨击或嘲讽的对象。

一代又一代遭受智识活动伤害的人，以及那些害怕它、憎恨它的人，已经发展出了一种关于何为智识及其在社会中扮演何种角色的反神话。我们这个时代那些给出过反智理由的人没有必要拿出什么新的论据，因为这种神话已经深深根植于我们的历史经验中。接下来的章节将详细说明这个神话是如何在美国发展、延续和展现的。但在这里，笔者想简单概括地说明，反智主义者的理由中常用的假设是什么以及笔者认为应该从什么角度来看待它们。

反对智识的理由是建立在一套虚构的且完全抽象的对立之上的。理智与情感是相互对立的，理由是智识与温暖的感情互不相容。智识亦与品格对立，因为人们普遍认为智识仅仅代表聪明，而聪明很容易变质为狡猾或邪恶。[16] 智识还与实践性对立，因为理论被认为与实践

---

① 腓力斯丁人，地中海沿岸一个神秘种族，在公元前 5 世纪突然消失。——编者注

对立,"纯粹的"理论头脑是非常不受重视的。除此之外,智识还与民主对立,因为智力被认为是一种蔑视平等主义的明显的表现形式。一旦人们认为这些对立言之有理,智识乃至知识分子就丧失了立足的根本。谁会甘愿牺牲情感的温暖、性格的坚定、实践能力或民主的观念,而去向这样一种人表示敬意呢?这种人往最好里说是单纯的聪明,往最坏里说甚至可谓危险。

当然,这些虚构的对立最根本的谬误在于,它们并不是建立在寻找智识在人类生活中实际界限的基础上,而是建立在把智识与其他所有可能与之结合在一起的人类特质简化分割开来的基础上。无论是在个性的发展还是在历史的进程中,问题都不是以如此简单而抽象的方式体现的。出于同样的原因,接受这种质疑的形式,以及在默认智识与情感、品格或实践性对立的前提下为智识辩护,这些都是毫无意义的。智识不应该被理解为与人类其他优点的一种代价高昂的对立,而应该被理解为对这些优点的补充,没有它,这些优点就无法得到充分的完善。很少有理性的人愿意否认运用智识力量是人类尊严的基本表现之一,或者至少是生活中诸多合理合法的目标之一。如果头脑不被视为情感的威胁而被视为其向导,如果智识既不被视为品格的保证也不被视为其命中注定的危险,如果理论被视为有用之物而未必从属或低于实践,如果我们实事求是地准确定义我们的民主志向从而使它可以接纳卓越,那么所有这些假设的对立都会变得不堪一击。用上述概括的言辞陈述,这个事实似乎显而易见,但从历史上看,却很少有人能看清楚这一点。本书的写作目的在于追溯我们历史上的一些社会运动,在这些运动中,智识被从与人类其他种种美德同等的地位中剥离出来,并被划归到特殊的邪恶之列。

首先,我们应该从宗教历史框架中去寻找反智主义的踪迹。这不是因为理性主义和信仰需求之间始终存在着一种历史张力(尽管这本身就是人类长期面临的问题),而是因为现代思想的模式(无论是宗教的还是世俗的),都在我们更早期的宗教历史中有所预示。在任何一种文化中，宗教在很大的程度上是关乎心灵或者头脑直觉性的事情，而理性的头脑则与之风马牛不相及甚至稍逊一筹（只要萌生这样的观念，人们就会相信理性的功能是无用或许甚至危险的）。如果一个社会对知识型的或专业的神职人员持怀疑态度，那么它就会倾向于否定知识阶层并剥夺其地位，无论该阶层属于宗教领域还是世俗领域。在现代文化中，福音运动是这种宗教反智主义及其唯信仰论冲动的最有力的载体。当然，美国并不是唯一的文化受福音主义影响的国家。但在美国，宗教文化在很大的程度上源自福音精神，因为在这里，福音主义和正统宗教之间的力量天平很久以前就压倒性地倾向于前者。要了解这种说法的真实性，我们只需要与英国宗教的历史发展进行比较即可。在英国，国教对于吸收和改良福音派大部分思想和内容有备而来，而在美国，福音派则是迅速颠覆、超越或压倒了旧式的礼拜式教会。

与福音主义精神的影响类似的是一种原始主义，它在美国赢得了非常广泛的信任。此处需要特别关注这种主义，部分原因是笔者在本书中并未将之作为一股独立的力量来处理。原始主义与基督教和异教均存在关联，也许它对大众的吸引力可以归结于这样一个事实：通过原始主义，一个人既可以成为基督徒，同时又将难能可贵地享受到一点异教的风格；或者反过来讲，骨子里是异教徒的人可能会在原始主义中找到些许信仰带来的慰藉。原始主义在某些地区表现为对原始基督教精神的追寻，同时也表现为对恢复人身上"自然"力量的需求，通过它，人们可以接近大自然或神——这两者并不总是泾渭分明。但在原始主义中，人们始终更偏爱直觉的"智慧"——认为它是自然或上帝所赐，远胜于后天培养、人为塑造的理性。

在西方历史和我们自己国家的历史中，原始主义作为一种力量，始终以不同的面目反复出现。只要知识分子阶层本身对人类打造的理性秩序的生活感到失望或怀疑时，只要他们试图摆脱伴随文明而产生的乏味、冷漠或精致时，原始主义便有可能凸显。在美国，许多人因为受过良好的教育和太有教养而不与边疆的信仰复兴主义者为伍，但却同情后者对各种文明形式持有的深深的不信任感。而原始主义影响的正是这一类人的思想。这在先验论中便可以看出——先验论主义有时会自诩为知识分子的福音主义。[17] 原始主义始终是一股强大的力量，贯穿于从帕克曼（Parkman）、班克罗夫特（Bancroft）到特纳（Turner）的美国历史著作中。[18] 它是美国作家对待印第安人和黑人态度中一个永恒的主题。从丹尼尔·布恩（Daniel Boone）和戴维·克罗克特等边疆人物①的民间传奇，再到现代西部故事和侦探小说中的主人公们，到处都遍布着它的身影——以及所有的那些孤胆冒险家们。他们身上凝聚的神话色彩引出了 D. H. 劳伦斯（D. H. Lawrence）的一席夸张言论，他以一种犀利而睿智的口吻称，美国灵魂的本质便是"冷酷、孤独、残忍的杀手"。原始主义还作为一种性神秘而存在，且俨然已经成为美国文学中一股强大的推动力量，近年来均以最为浮夸的方式出现在那些对威尔海姆·赖希（Wilhelm Reich）②的理论印象深刻的作家身上。它同时也成为美国政界的一股力量，其影响从安德鲁·杰克逊（Andrew Jackson）、约翰·C. 弗里蒙特（John C. Frémont）③、西奥多·罗斯福（Theodore Roosevelt）和德怀特·D. 艾森豪威尔等诸多公众人物身上可见一斑。

所有的这一切都不足为奇：那些来到美国的男男女女之所以选择在此定居，原因之一就是希望与欧洲文明的压迫和堕落一刀两断。在这里他们还发现美洲海岸上最令人惊叹的事物并不存在于其正在形成

---

① 丹尼尔·布恩（1734—1820），美国著名拓荒者，肯塔基州垦荒先驱。戴维·克罗克特（1786—1836），美国政治家和战斗英雄，曾当选代表田纳西州西部的众议员，在得克萨斯独立运动中的阿拉莫战役中战死。——编者注

② 威尔海姆·赖希（1897—1957），美籍奥地利心理学家，"生命能"和"性革命"理论的提出者。主要著作有《辩证唯物主义和精神分析》《性高潮的功能》《法西斯主义的大众心理学》和《性革命》。——编者注

③ 约翰·C. 弗里蒙特（1813—1890），美国著名探险家，参议员，1856年成为共和党第一位总统候选人，但败选。——编者注

的粗犷原始的社会形态里面，而是存在于自然而荒蛮的世界之中。从文明逃往阿卡迪亚①、从欧洲逃往自然的过程，在不断从东部逃往西部、从定居之地逃往边疆的周而复始中得到延续。一次又一次，美国人焦虑不安地抵抗着组织有序的社会的侵蚀，他们认为这是在将曾经摆脱的枷锁重新套回到自己身上。对于文明，虽然它几乎不可能被全盘否定，但是人们仍然坚信它包含着某些有害之物。

如果说福音主义和原始主义推动了反智主义根植于美国人的意识，那么商业社会则能够确保它继续扎根在美国人思想的前沿当中。自托克维尔②时代以来，美国学者普遍认为，商业行动主义已经对这个国家的反省产生了压倒性的抗衡作用。托克维尔注意到，美国民主而务实的生活方式带来不断行动和决策的生活，更看重简单粗暴和现成的思维习惯，看重迅速作出决定、立刻抓住机遇，而所有这些活动都不利于思考上的审慎、缜密或精确。[19]

赢取这片大陆并建立其产业的任务要求势不可挡，吸引人们争相追逐更高也更容易获得的利益和名誉。但其原因还不止于此：处于巅峰状态的美国商业不仅勾起了人们对物欲的贪婪和对权力的渴望，还激发了他们的想象力；通过激发人们心中去创造、去博弈、去支配的本能，它提供了比狩猎更多的运动，比政治更多的权力。正如托克维尔所言，"在民主国家，没有什么比商业更伟大或更辉煌了"，而那些热衷于商业的人之所以投身其中，"不仅是因为它为他们创造的利益，也是因为对这种追求所带来的持续刺激的热爱。"[20] 除了几个较老的社群之外，那里没有能够与之相抗衡的阶层或价值体系——没有可以与之联姻的名门望族，没有除了商业野心之外的令人肃然起敬的

---

① 阿卡迪亚，希腊地名，也称乌托邦，是西方传说中世界的中心位置。传说当人们的互相压迫、剥削消失时，这里将再次变成人间天堂。它也是古希腊神话中神使赫尔墨斯的出生地。——编者注
② 托克维尔（1805—1859），法国历史学家、政治家和社会学奠基人。代表作有《论美国的民主》《旧制度与大革命》。——编者注

民族抱负。商业不仅吸引着精力充沛、雄心勃勃的人,而且还为社会的其他行业设定了主导标准,因此法律界、医学界、教育界甚至神职界的专业人士都竞相仿效起商人,并将自己的行业标准调整为与商业行业标准相适应。事实上,美国知识分子长期以来一直在抱怨的一件事情,就是他们不能与这些专业阶层保持密切关系,因为后者都被纳入了快速运转的商业轨道。最终,正是商业,通过构建这种阳刚的神话,即男性不应该关心智识和文化世界里的事情,从而对文化进行了孤立化并打上了女性化的标签。智识和文化世界的事情是留给女性去做的——通常是留给作家艾迪斯·华顿(Edith Wharton)所说的那种女性,她们惧怕单独面对文化,故而会成群结队地对其展开搜寻。

我们的宗教和商业都受到了美国生活中无处不在的平等主义的积极影响,但在政治和教育领域,平等主义精神发挥的效力更加显著。[21] 先前被我们随口称之为杰克逊式的民主彻底推翻了某段时间以来一直有名无实的贵族领导阶层。早先,文学和知识被污蔑为无用贵族的特权——而尽管大部分美国知识阶层实际上都支持民主事业,这种论调却仍然大行其道。美国普通公众的目标似乎是建立这样一种社会,来证明没有文化和学问也能做成多少事情——或者更确切地说,让里面的文化和知识在很大的程度上仅限于普通人能够掌握和使用的基础水平。因此,19世纪早期的美国更以广泛普及的文化素养和普通公民所拥有的超大信息量、独立自尊的人格以及公共意识而闻名,而非因其对一流科学或文学的鼓励,或者一流大学的创立等举措而知名。

特别是在近年,人们一次又一次地注意到,在美国,智识遭受憎恨是因为它被视为一种高高在上的优越,是一种出类拔萃的自我标榜,是对平等主义的挑战,几乎必然会褫夺男人或女人身上平易近人的品质。这种现象在教育领域体现得尤为突出。美国的教育在诸多方面都值得称赞,但并非无可挑剔。但笔者相信,我们的教育系统在这个方面堪称世上独一无二:它的命门掌握在那些兴高采烈、好战激进地宣称敌视智识的人手中,与此同时,他们还急不可耐地对那些在智识方面最为欠缺的孩子表示认同。本书的最后一部分——尽管在历史方面，支离破碎之感在所难免——将展示这种教育力量是如何建立在我们思维中广泛接受的前提之上的：对实用主义和"科学"的狭隘偏好，一种错误的平等主义以及对于儿童的原始主义观点。

Anti-Intellectualism
in
American Life

第二部分

心灵的宗教

PART 2

第三章
福音派精神

1

早期现代新教教义对美国式思想的形成影响重大。宗教是美国智识生活的第一个舞台,因此也是反智势力的首个竞技场。任何事物,只要能严重削弱理性和学识在早期美国宗教中的作用,后来也都会衰减其在世俗文化中的地位。那种认为"观念首先应该发挥实效"的想法、对教义和观念改良的不屑一顾、有思想者对有情感力或操纵技巧者的屈从,这些统统不是20世纪涌现的新生事物,它们都继承自美国新教教义。

思想和心灵、情感和智识之间存在着某种张力,这是全世界基督教历史中无处不有且长期存在的特征。既然如此,那种认为"宗教反智主义独具美国特色"的看法可谓大错特错。早在美洲大陆被发现之前,基督教群体就一直分为两派:一派相信智识在宗教中必须占据重要地位,另一派则认为智识应该服从于情感,或者实际上应该听命于情感,被弃如敝屣。笔者并不是说在新世界发现了一种新型或更恶劣的反智主义观念,而是说在美国的环境中,传统建制宗教与信仰复兴运动或狂热运动之间的天平急剧地倒向了后者。学识型专业神职人员因此地位尽失,他们自认为与其相适应的理性宗教作风亦随之受创。在美国历史的初期阶段,对新教和反国教惯例的沿袭带来了这样一幅图景:围绕宗教性质展开的普遍历史斗争,在此体现为一场异常激烈的地方角逐,在这里,狂热运动和信仰复兴运动摘得了最为骄人的硕果。美国的反智主义如此强盛、如此广泛的原因在于美国宗教生活的某些特殊性——尤其是欠缺固若金汤的体制性权势集团,它能够为知识分子及其他与美国福音教派竞争的宗派主义提供适宜的环境。

教会或教派的作风在很大的程度上是社会阶级的产物,适合某个社会群体的崇拜形式和宗教教义可能不适合另一个社会群体。有产阶级通常十分热衷于将宗教理性化并举行高度成熟的礼拜形式。被剥夺祖产的阶层,尤其是在未受过教育的情况下,更容易被感性宗教所打动。有时,对宗教作风、礼拜仪式和上层教会神职人员的反抗会触发感性宗教,这同时也是对贵族礼仪和道德的反叛。[1]下层阶级的宗教可能会流行相信世界末日或太平盛世的情感爆发,强调内在宗教经验的有效性而反对学识型和正规化的宗教,推崇简化礼拜仪式,排斥"学识型神职人员"这种观念——有时甚至会拒绝任何专业神职人员。

美国在早期吸引了诸多心怀不满和被剥夺了祖产的欧洲人,摇身变为先知——当时的批判者称其胸怀宗教"狂热"——的理想国度。该狂热的主要推动力源于"个人可以直接通达上帝"这种感觉。[2]狂热分子通常保有神学信仰或圣礼,但他们首要寻求的是与上帝相通的内在信念,因此对他们来说,礼拜式表达或宗教信念的智识基础可谓毫无必要。他们对待智识工具的态度与对待美学形式别无二致:建制派教会相信艺术和音乐会引导思想向上通达神性,而狂热分子普遍认为,艺术和音乐往好里说会干扰心灵纯粹而直接的活动,往坏里说则会对其造成障碍——尽管也存在重大的例外,那就是卫理公会教徒对赞美诗价值的发现。狂热分子对内在经验有效性的依赖,总是潜藏着某种无政府式主观主义的隐患——一种对传统和外部宗教权威的彻底毁灭。

这在某种程度上解释了狂热宗教为何始终倾向于不断进行宗派分裂。但与其说狂热是在根除权威,不如说是在分裂权威。这个或那个传教士总能赢得某种权威,因为他具备一种异乎寻常的能力,能够唤起内心信念所需要的感情。因此,狂热的权威往往基于个人和魅力,而非制度。像卫理公会派那样由狂热发展而来的教会,其创始人需要非凡的组织本领来将其追随者归拢于同一制度的屋檐之下。可以肯定的是，较为稳定的福音教派并不支持猖獗无度的主观主义。他们认为真正的宗教权威源自经过正确解读的《圣经》。但不同教派对"正确解读"的理解各不相同——有些相信学术和理性的专业知识起着至关重要的作用，有些推崇一系列不断高涨的狂热和反智主义，还有些甚至认为人人都能拿起他自己的《圣经》并拒绝学术的声音。随着高等批判（Higher Criticism）[①]的出现，这种《圣经》个人主义解读的有效性对原教旨主义者来说成了事关存亡的问题。

在美国还是英国的一个小小前哨、游离于西方文明的边缘之际，英国的宗教抗议运动就开始浮现出种种将在美国宗教中凸显的特质。当英国的宗教改革家们开始相信宗教改革并不足以满足信徒们的社会和精神需求时，一波又一波的千禧年教徒、浸信会教徒、求正教徒、喧嚣派教徒和贵格会教徒着手攻击建制派教会的秩序及其神职人员，同时宣扬穷人的宗教，主张直觉和灵感，反对学识和教义，将普通信徒传教士提升为领袖并排挤专业神职人员，将他们斥为"毫无效用、毫无权威"。在英国革命时期，新模范军[②]的传教士从反专业和反智识的层面对神职人员、大学教师和律师开展了毫不留情的猛烈抨击。可以肯定的是，大多数清教徒都由衷地认可受过良好教育的神职人员；但与平均派和掘土派[③]走同一路线的左翼牧师，效仿杰拉德·温斯坦利（Gerrard Winstanley）将大学称为"臭烘烘的死水潭"，并指出文科教

[①] 高等批判，一种对《圣经》的阐释法，指着眼于对历史环境和条件进行研究，确定《圣经》各卷的作者、时代、地点、文体、记事与说教的来源等。——编者注

[②] 新模范军，英国革命时期议会组织的军队。1645年组建，称"新军"，后被称为"新模范军"。基本由自耕农组成，由奥利弗·克伦威尔负责指挥。在英国两次内战中发挥巨大作用。——编者注

[③] 平均派和掘土派，英国革命期间的激进派别，主张绝对平均主义，后来遭到克伦威尔的镇压。温斯坦利就是掘土派代表人物。——编者注

育并不能减轻人们的罪恶，也不能激起穷人向往平等的热忱。[3]

在美国，圣公会、长老会和公理会凭借其严格的教会组织标准及经过正规召集且通常受过高等教育的神职人员，起初成功地控制住了这种均等化趋势。但这些教会刚建立起来，某些持异见者就开始对它们吹毛求疵。许多人——尤其是南部边境的人——就这样一度利落地斩断了与教会的所有联系。其他人则诉诸批判和煽动，这种情况在宗教激进主义已成为主要生活原则的新英格兰尤为多见。打个比方，马萨诸塞湾殖民地甚至建成未满20年，就被安妮·哈钦森夫人（Mistress Anne Hutchinson）的活动严重动摇，她对学识型牧师和大学教育的敌意在权威集团内激起了阵阵强烈焦虑。[4]这个不走运的女人之后受到迫害，部分是因为她自己的勇敢和不妥协，但主要还是因为该地区相信她是一个不折不扣的颠覆分子。直到18世纪的大觉醒①时期，这些狂热分子才延展至该殖民地之外的地区并取得全面的重大胜利。也就是在那个时候，他们在这片美国海岸上不仅为19世纪反复出现的福音主义浪潮，也为反智主义传统本身留下了先例，因为这种传统正是承载于宗教信仰的母体之中的。但要想弄懂觉醒运动，我们就必须看看殖民地中建制派神职人员的状况如何，在这里，清教神职人员的地位尤其值得关注。因为清教神职人员几乎就约等于一种知识分子统治阶级，或者更确切地说，一种与统治权力密切相关的知识分子阶级，就像美国历史上曾经有过的那样。

2

与大多数知识分子群体一样，清教神职人员也会犯下严重错误，

---

① 指发生于18世纪30年代到40年代的一场思想启蒙运动，是反对宗教专制、争取信仰自由的思想解放运动。发起者以宗教复兴为旗帜，反对官方教会——南方的圣公会和新英格兰的公理宗，以"灵魂自由"为口号，宣扬民主平等、信仰自由、人民主权和反暴政的革命思想。这也是美国历史上的第一次大觉醒运动。——编者注

而当牧师们掌握权力时，这些过错就会带上危险性质。但对我们来说重要的是——这可以作为反映美国知识分子处境的范例——人们几乎只会记得清教牧师的过错，而应为这些错误受责备的甚至不是牧师，而是他们所处的社会。此外同样重要的是，这种可憎的清教神职人员形象——科顿·马瑟（Cotton Mather）的名字是他们的代名词——左右了我们关于美国知识分子的流行历史故事和历史见解。他们作为首批美国知识分子阶层俨然已经声名狼藉，后来的几代知识分子也常常带头发起反对他们的运动。

很难相信有任何一个社群会比马萨诸塞湾更相信学识和智识的价值。摩西·科伊特·泰勒（Moses Coit Tyler）曾在其美国殖民文学史中写过这样一段话，略有夸张但可以接受：[5]

> 在创立伊始，新英格兰并非农业社会，亦非制造业社会，更非贸易社会：它是思考的社会，是观念的舞台和市场；它独有的器官不是手，不是心，也不是肚囊，而是头脑。……或许再也没有其他拓荒者社群会如此尊重研究，如此崇敬学习的符号和工具。他们的社会结构是以书本为基石的。……就在约翰·温斯洛普（John Winthrop）① 到达塞勒姆港6年后，马萨诸塞的人民便从他们自己的积蓄中拿出资金建立了一所大学。因此，在他们最初收刈的田地里，树墩还没有因风吹雨打而发黄的时候，在他们村庄的荒郊野外，每夜的狼嚎还没有消停的时候，他们就已经未雨绸缪，即使在这四野荒芜，年轻人也可以立刻投身于对亚里士多德、修昔底德、贺拉斯、塔西佗以及希伯来圣经的研读之中。……在他们当中，知识阶层实属位高级贵。

---

① 约翰·温斯洛普（1588—1649），英国殖民者，1630年前往马萨诸塞湾殖民地，曾先后12次担任马萨诸塞湾殖民地总督。他是1636年建立的哈佛大学的创始人之一。——编者注

在第一代美国清教徒中，有学问者既人数众多又备受尊敬。每四五十个家庭就有一人是受过大学教育的学者，通常来自剑桥或牛津。清教徒希望他们的神职人员能以学术成就著称，而在整个殖民时期，新英格兰公理会的神职人员中有 5% 拥有大学学位。这些清教徒移民依靠《圣经》和他们灿若繁星的博学领袖，建立了一种智识和学术传统，使新英格兰在之后的三个世纪成为全国教育和学术成就领域的排头兵。

不能想当然地以为哈佛最早的几届毕业生接受的只是狭隘的神学教育。"哈佛和其他殖民地大学在创立之初不过是神学院"[1]这种观念已然广为流传——清教神父们担心培育出"文盲牧师"的恐惧似乎证实了上述观点。然而事实上，培养出哈佛学院创办者的牛津大学和剑桥大学早已满浸于人文主义学术之中。在殖民地教育的奠基者们看来，适合神职人员的基础教育，与适合其他任何受过文科教育者的基础教育并无区别。"独具神学特色的神学院"这种理念源自现代专门研究、教派竞争以及对学院中世俗主义威胁的反应。这样的理念超出了他们的理解范畴。比起其他专业的学识型人才，他们更迫切地需要学识型牧师，但他们希望自己的牧师能与其他公民领袖和实业家一起接受教育，学习同样的文科知识。而结果证明，事实果真如他们的预期：在哈佛的前两届毕业生中，只有大约一半的人成为牧师，其余的则从事了世俗职业。

在建立了学识型文人阶层之后，清教社群赋予了该阶层充沛的空间来发挥他们的才干。清教牧师与社群为彼此提供良好的服务。随着国家日益安定，神职人员也因此获得充足的闲暇通过写作表达自己的

---

[1] 哈佛大学（Harvard University），简称"哈佛"，建立于 1636 年，最早由马萨诸塞州殖民地立法机关创建，初名"新市民学院"。为了纪念在成立初期给予学院慷慨支持的约翰·哈佛牧师，学校于 1639 年 3 月更名为"哈佛学院"（Harvard College）。1780 年，哈佛学院正式改称"哈佛大学"——编者注

思想，其中某些人的高产令人称奇。作为一派崇尚《圣经》的宗教，清教非常强调解读和理性论述，同时对喧嚣的感情主义退避三舍。清教徒的布道融淬了哲学、虔诚与学术；清教大众教育的目标之一就是训练普通信徒理解这些话语。这个目标——至少在早期——似乎已经完成。

但成就远非止步于此。在评价清教殖民者在智识方面的成就时，不要忘记即使是在1700年，历经70余年的定居，人口也只有大约10.6万，而且其中的大部分都分布得非常稀疏。波士顿——最大的城镇——1699年的人口数也仅为7000左右。17世纪70年代，在与印第安人爆发的一场惨烈且代价高昂的战争中，他们饱经摧残，每16名适龄军人中就有1人牺牲，半数城镇遭到破坏。尽管如此，他们仍然力排孤立、贫穷等万难，建立了一所学院，培养出诸多公民领袖和牧师，这些人的学位在该学院成立后不久就被牛津大学和剑桥大学作为同等学力所认可。在这所学院中，年轻人的学习内容不仅是阅读、解读《圣经》及神学著作，还要研读赫西俄德、荷马、索福克勒斯、阿里斯托芬和其他古典作家的作品。有各种证据表明，马萨诸塞湾殖民地的知识阶层都成为对人文学科和神学备感兴趣的有教养人士，他们成功地将欧洲文明的诸多最优秀遗产带到了新世界。除却哈佛学院，他们的领袖还建立了一套语法学校和小学系统、一家出版社及若干一流图书馆。牧师们创作出精彩非凡的布道文、历史著作和诗歌，而随着时间推移，他们笔下关于政治的思考和争论也成为革命时期的政治作品。他们奠定了教育系统的基础，也许还可以说是在学术研究层面奠定了社群士气的基础，使新英格兰和新英格兰思想在美国文化史上享有卓越地位长达三个世纪之久。神职人员在传播宗教的同时也传播启蒙思想，培育科学和神学，并在小村庄里树立个人为思想事业献身的榜样，否则这里是不会出现这类模范的。[6]

现代社会对清教神职人员最普遍的看法是，他们不仅与自己的社群犯下共同错误，而且还在其社群展开的迫害活动中起带头作用。这个判断需要严格的限定条件。的确,按照开明的现代思想的标准,他们的时代是一个不宽容的时代,而神职人员也同样不宽容。此外,神职人员——尤其是第一代神职人员——表现出知识分子在政治事务中有时容易出现的一种弱点,即幻想自己能够使整个公民社会致力于实现超越性的道德和宗教标准,并在这个社会中维持某种统一且有力的信条。他们甘愿穿越大西洋和荒野来证明这并非纸上谈兵。诚然,他们在尝试实现自己的愿景的过程中有过不少越轨之行,最终也以失败告终。

但是,评估任何一种像清教牧师这样的知识分子群体,最公平的方法不是让他们接受最先进的宽容和启蒙标准的考验,而是用他们所处的时代、他们所生活的社群以及他们所服务的世俗人士来衡量。现代自由思想倾向于认为,作为社群领袖的神职人员是诸如塞勒姆女巫审判①这类最令人不安的事件的主要推动者。他们对这个社群的暴行负有根本责任。

而事实要更加复杂。神职人员本身并非构成单一的群体,因为随着第一代人的逝去和社群的扩大,他们的人员构成极其多样化。[7] 或许导致多样化的最主要原因在于世代更迭与地理分布。老一代的神职人员——尤其是那些来自偏远乡下社群的神职人员——都坚守着清教社群早期严格的正统教义。但到了17世纪末,还出现了一批年轻的神职人员,他们视角开阔,宗教倾向相对自由,且熟悉欧洲最新的智识方面的大动态。其中的大多数都在日渐壮大的沿海城镇担任牧师。

有充分证据表明,作为知识阶层,更博学、视角更国际化的神职人员(包括英克里斯·马瑟和科顿·马瑟等人)赢得了特权地位。他们的领导称不上完全发挥效果或具有多大权威性,但他们利用自己的

---

① 1692年,马萨诸塞州塞勒姆镇一名牧师的女儿和其他女童先后出现种种癫狂症状,当地人认为是女巫作祟,开始大肆抓捕女巫,而审判过程中采信的证据往往十分荒唐。随着案情扩大,周围城镇也卷入其中。最终共有19人被处以绞刑。——编者注

影响力促进更大程度的宽容和更广泛的求知,同时发展科学教育,并对乡下普通信徒领袖、公众以及不太开明的神职人员的某些偏执倾向进行管控。到 17 世纪末,相比于那些控制着诸多乡下教会的未受教育的老一代普通信徒,或者那些经常援引宗教原教旨主义(因为这在人数不断增长的选民中很受欢迎)的地方政客们,神职人员领袖的思想要自由得多。

1680 年之后,相比波士顿公众,清教神职人员对浸信会教徒和贵格会教徒等持异见者更加宽容和包容,波士顿有影响力的牧师——包括马瑟一家——在这方面比乡下的老一代牧师更为开明。当世界主义的神职人员从英国引进最新的宗教自由主义书籍,并逐年背离加尔文主义更为严厉的传统时,普通信徒领袖往往会抵制这些变化。就对科学的鼓励而言,大约在 18 世纪中期以前,几乎完全仰赖神职人员的资助[哈佛大学的首位普通信徒科学家是约翰·温斯洛普(John Winthrop)教授,他于 1738 年开始教书]。在当时最有争议也最热门的科学问题上——即天花疫苗的接种问题,杰出的神职知识分子再次带头捍卫创新。其中最突出的当属科顿·马瑟,即使 1721 年反对接种的煽动者往他的书房扔了一枚炸弹,他也仍然坚守自己的立场。即使是在备受争议的巫术审判问题上,神职人员的表现尽管优劣参半,但也比普通信徒法官和公众要好。大多数神职人员相信巫术本身这种观念——就像西方世界的一些杰出人物一样,但他们强烈反对可怕的塞勒姆审判所采用的极不严谨的证据标准,并且诸多神职人员都在这方面起到了抑制作用。[8]

17 世纪末,清教的宗教感觉中已经显现出某些影响牧师生活和地位的特点。之前,清教总是要求智识与情感之间保持某种微妙的平衡,而智识在英格兰被认为是真正宗教的基本要素,情感则是清教徒虔诚的力量和持久性的必需之物。这种平衡被证明是不稳定的,同时宗教社群内部也产生了分裂的趋势。教会的其中一方倾向于遵守社会秩序,在思想观点上见多识广、自由而能容纳不同声音,在宗教上则冷漠和拘谨。另一方则容易受到复兴主义的影响，会同时为观念和宗教激情所打动，但其信徒在最狂热的时候却转向了唯信仰论和反智之路。乔纳森·爱德华兹（Jonathan Edwards）从所有神职领袖中脱颖而出，因为他代表了新英格兰的旧智识精神和虔诚，并且还将这两者融入创造性地对待新观念的能力之中。到了18世纪中叶，新英格兰的宗教与其他殖民地宗教一样，已经成熟到可以觉醒的程度，这将对学识型神职人员的地位产生深远影响。

3

受过教育的神职人员受到全盘否定的首个重要时期是在18世纪中期，即大觉醒时期。诚然，这些宗教复兴并没有对智识和学识产生明显的不良影响，但它们为后来对学识型神职人员的攻击以及"让宗教去正规化、其领袖去专业化"的运动树立了重要的先例。

美国的觉醒运动与欧洲类似的宗教变革相对应，尤其是德国虔敬派和英国卫理公会教的兴起，但美国的宗教觉醒时机尤其成熟。许多美国人或者是持异见者，例如浸礼会教徒，他们不安分地生活在建制派圣公会或公理会的屋檐下；或者是未入教者，不隶属于任何教会，也没有上教堂的习惯。无论是从地理还是精神层面来讲，美国民众都已经超出牧师的影响能力及范围。在某些地区（尤其是弗吉尼亚）圣公会大部分神职人员的所在地都极为偏远，很难发挥其影响力。甚至连新英格兰的宗教也丧失了热度。到了18世纪30年代和40年代，新英格兰的公理教会（通常还有中部殖民地和其他地方的长老会）已然流失了不少最初的士气，并沦为塞满建制阶级正统信仰的死水潭。由于其传统具有抽象性及高智商性，这些教会已然无力控制普通民众。宗教改革争论孕育了这些教会对教义的热忱，而如今这些争论已经失去了大部分意义。[9]清教第一代信徒及其受过良好学校教育的子女，他们的狂热也早已消失殆尽。牧师们自己也动力全无，早年积攒的声望亦随之荡然无存。他们都是高度文明、多才多艺的人，但在某些情况下，他们又会过于文明、过于多才多艺、过于世俗，以至于无法扮演其最初的角色。他们那令信徒昏昏欲睡的布道，通常都是对旧教条争论枯燥而难懂的演绎。正如觉醒者乔治·怀特菲尔德（George Whitefield）所说："信徒之所以这样死气沉沉，是因为向他们布道的都是些死家伙。"[10] 从马萨诸塞往南到弗吉尼亚甚至更远的地方，人们沉睡的宗教能量，已随时准备着被任何有能力影响它们的传教士所唤醒。

大觉醒运动始于 1720 年，当时新泽西州的荷兰归正会信徒们被一位名叫西奥多·弗雷林海森（Theodore Frelinghuysen）的年轻传教士的布道所唤醒。弗雷林海森是受到英国和荷兰清教主义的启发而来到新世界的。他在新泽西的复兴活动也再度焕发了中部殖民地苏格兰－爱尔兰长老会教徒们的热情。1726 年，其中一名教徒威廉·坦南特（William Tennent）在宾夕法尼亚州的内沙米尼建立了一所基础神学院"木屋学院"。在接下来的 20 年里，他在那里培养了大约 20 名年轻人，让他们把复兴精神带入长老会的神职工作中。1734 年，信仰复兴主义在新英格兰自发萌芽。乔纳森·爱德华兹是觉醒传教士中的独特人物，他将旧派清教徒对教义的尊重和书写布道文的清教习俗，与信仰复兴主义者的激情和宗教狂热相互结合。爱德华兹的复兴布道虽然在 1734 年和 1735 年期间点燃了北安普顿镇和周边乡村的热情，但是与乔治·怀特菲尔德的布道相比，其影响范围仍然有限。怀特菲尔德是英国卫斯理会一位巧舌如簧的年轻同僚，分别于 1738 年和 1739 年来到美国传教。他的第二次活动从佐治亚州开始，两次北上，他最终在 1740 年秋天来到了新英格兰。大卫·加里克（David Garrick）曾说，怀特菲尔德一说出"美索不达米亚"就能让听众激动不已，而他在美国的布道也得到了狂热的回应。成千上万来自穷乡僻壤的人朝他举行演讲的城镇聚集，其中有许多人深刻意识到罪的存在，并经历了精神上的重生。继怀特菲尔德首次来到英格兰，威廉·坦南特的儿子吉尔伯特亦跟随前者的脚步来到此地，将复兴发展至疯狂的程度，这让很多乐于接受早期精神觉醒迹象的人倍感厌恶。

詹姆斯·达文波特（James Davenport）代表了信仰复兴更为狂热古怪的一面。他毕业于耶鲁大学，在长岛担任牧师，于1742年和1743年在康涅狄格州和马萨诸塞州巡回演说，因为大肆抨击建制派牧师并做出其他违反礼仪的行为（例如在赶赴集会的路上高歌不已）而与教会当局发生冲突。1742年夏天，他在康涅狄格州受审，罪名是假借举行宗教集会的名义破坏治安，但却得到宽待，因为被认作"大脑理性功能紊乱"而免于受到比驱逐出该地区更严厉的惩罚。几个月后，他又现身波士顿，因为诽谤牧师而入狱，但再次被认定为**精神不正常**而得到释放。回到长岛后，又因为对自己的教区疏于管理而再度受审。在康涅狄格州新伦敦市的又一起过于恶俗的事件（号召信徒烧毁很多被认为亵渎宗教的书籍）之后，他终于被说服辞职。1744年，他写了一篇有些自相矛盾的悔过证明。曾用布道点燃达文波特最初热忱的吉尔伯特·坦南特对其进行了全盘否定和严厉谴责，这个事实表明中间派觉醒者几乎和正统牧师一样，对这场运动释放出来的疯狂叫嚣倍感惊惶。[11]

至于正统牧师，起初他们当中的绝大多数都对巡回演说的信仰复兴主义者表示欢迎，将其视为可以给他们的教民注入更热忱宗教精神的使者，甚至连波士顿的本杰明·科尔曼（Benjamin Colman）这样杰出的自由知识分子也加入了欢迎的行列当中。但直到觉醒运动顺利开展后，正统牧师们才意识到，觉醒者并不把他们当作共同精神事业的同僚，而是当作竞争对手——而且是低劣至极的竞争对手。

吉尔伯特·坦南特在《未皈依牧师的危险》这篇布道文中，表达了信仰复兴主义者对老一代神职人员（那些"正统、咬文嚼字、拘泥形式的法利赛人"）的看法，他抨击他们是狡猾残忍、冷酷偏执、毫无信仰、蔑视人民的伪君子。坦南特认为那些未觉醒牧师们的动机和虔诚性令人怀疑，并将其视为仇敌，而非同僚。（"但凡有办法，他们是不会让一个有信仰之人成为牧师的。所以有人反对他们，可谓鼓舞人心的迹象。"）坦南特的做法算不上受欢迎，但他相信自己提出了一个真正的问题，而且也很难否认，他所倡导之事的确可以被称为宗教民主。如果在现有的教会组织中，信徒们面对的是冷漠而未皈依的牧师，而且未征得其同意就禁止接纳觉醒的牧师，那么信徒又怎么可能有机会接近"有信仰的牧师"呢？[12] 就像真正的新教徒一样，坦南特再次着手解决一个重要问题——如何在宗教垄断的环境下传播信仰。对于当权神职人员来说，问题则以另一种形式呈现：在世代沿袭的教会原则约束下，面对坦南特和怀特菲尔德这样的热血传教士——特别是他们还执意视正统牧师为敌，他们是否能与之匹敌？

事实上，建制派牧师发现很难应对觉醒者的挑战。正统牧师们年复一年地和他们的教众生活在一起，欠缺特别的宗教激情，因此他们面临的任务是在严肃的日常环境下保持教众的精神意识不失活力。面对像怀特菲尔德那样的激情福音传教士，甚至像吉尔伯特·坦南特和达文波特那样大吹大擂、捶胸顿足的次等布道者，他们的处境有点像个自己的男人勾搭上合唱队前排的小荡妇、自己又年老珠黄的家庭主妇一样不利。信仰复兴主义者们——除了爱德华兹，他是一个与自己的教众关系疏远的知识分子——都觉得不太或根本没有必要去影响听众的理性或致力于讲解疑难的教义问题。他们省去了（当然，要再次排除爱德华兹）布道文的书写，自发地与听众进行直接交流。他们直面宗教经验的终极现实问题——罪恶感、对救赎的渴望以及对上帝的爱与仁慈的希望——并且毫不犹豫地左右听众的感觉。癫痫式抽搐、疯狂叫嚣、呻吟滚地以信仰复兴主义后期特有的偶发性痴呆都纷纷呈现出来。打个比方，坦南特就经常把他的听众吓到皈依，因为他会反复重重地跺脚，最终陷入语无伦次的状态。他这样的表演显然很吃香，在为期三个月的新英格兰之旅中，他经常在足有 30 厘米深的雪中布道，同时让自己的信徒们匍匐在地。正如一位颇有偏见的圣公会见证人蒂莫西·卡特勒（Timothy Cutler）所述说的那样："继他（怀特菲尔德）之后，又来了个坦南特——怪物一个！厚颜无耻、吵吵闹闹——

告诉他们说,他们都要**下地狱**、**下地狱**、**下地狱**!这把他们弄得神魂颠倒。在那个我所见过的最叫人毛骨悚然的冬日,人们不分昼夜地在雪地里滚来滚去,听他那豺狼熊罴般的嚎叫;不少伙计就这样生生给累死啦。"[13]

不久后,信仰复兴运动的极端倡导者们开始挑战现有教会的一切设想,无论是公理会、荷兰归正会、长老会还是圣公会——这俨然已经成为一个非常明显的事实。正如笔者所说,新英格兰的公理会教徒和其他地方的长老会教徒都认为,牧师必须由学识渊博的专业人士担任。他们的牧师历来都因为其虔诚和精神品质而非单纯学识备受尊敬。但学识也被认为是必不可少之物,因为学识和对教义的理性理解都被视为宗教生活的关键。此外,正统教会亦井然有序地运行着。牧师必须经过邀请和委任,他们与信徒的关系犹如稳定、庄严、有序的婚姻。未获许可的传教士不予考虑,不请自来的布道会被彻底禁止。

而所有这些设想现在都受到了挑战。最极端的信仰复兴主义者正在用他们的个人行为蚕食这个专业的尊严。他们侵入建制派牧师的会众之中并从中离间,同时试图诋毁当权神职人员,指责他们的冷漠和冥顽。[14]他们当中的许多人布道称,想要救赎,要紧的不是学识,而是精神。最终(尽管有些像坦南特这样的觉醒者并不赞成),他们还威胁要通过委派普通信徒——也就是他们所谓的普通信徒劝诫者——来进行劝人皈依的工作,从而摧毁牧师的专业基础。不久,诸多信徒群体分裂为两派,像公理会和长老会这样的大教派则被分裂成纷争不断的不同派系。事态显然已经失控。正如埃兹拉·斯泰尔斯(Ezra Stiles)在近20年后回忆的那样:"当时,很多人都严肃地、清醒地、庄重地失智了。"[15]

4

没过多久,觉醒者就不再受建制派神职人员欢迎了。到1743年,牧师们自己也发生了争执——不是因为像委派普通信徒或不请自来入侵教区这样的过火行为（没有一位要人支持这些行为），而是因为觉醒运动本身的意义。强劲的少数派（或占人数的三分之一）认为，尽管具有种种缺陷，但它却是"一场皆大欢喜的宗教复兴"，但大多数人已经开始把它看作迷信狂热的爆发，是反智性质的对传统与理性权威的对抗。传播最广泛的反对觉醒者的宣传短文由其最顽固的敌人之一查尔斯·昌西（Charles Chauncy）所撰，他是波士顿神职人员的领袖，有些古拙，但思想开明。他在1743年发表的《关于新英格兰宗教状况的适时思考》这篇作品中，面对那些来自各行各业的挑战牧师职位的狂妄之徒，对这些人的**傲慢无礼**表示了愤慨——他们完全不具备任职资格，但却不可一世、独断专行。他抱怨说，复兴运动为普通信徒劝诫者敞开了大门："无论是干什么工作的，他们都虚荣到认为自己能给别人当老师；有些人虽胸无点墨、能力有限，却自以为无须学习，便能大谈那些愿意倾听他们的人所获得的精神上的裨益。"[16]

"不用学习亦可！"此处，我们已接近大觉醒运动的一个核心问题。昌西断言称，"旧时代"的错误正卷土重来，这是那些异教徒和大众传教士的谬误——他们说："自己不需要书籍，只需要《圣经》。""他们辩解说，布道不需要学问，他们当中随便哪个人凭精神就能比牧师凭学问做得更好，好像精神和学问针锋相对、水火不容似的。"昌西认为这是信仰复兴主义者的根本错误：[17]

> 他们仰赖精神的帮助而轻视学问。因此，不少人对我们的学校和学院持不屑论调；只要在力所能及的范围内，他们便会将这些统统夷平，并以此作为上帝的恩典。可能出于同样的原因，在这片土地上，大批劝诫者鱼贯而出，尽管其中许多人连常识都说不清道不明，却仍受到人们的尊敬和追捧……与此同时，许多牧师不读经、不学习便去布道，他们对此的辩解是，预先准备是对"灵"的束缚。

对于提倡以经立教并将正确阅读《圣经》视为重中之重的人来说，以下观念便代表着终极异端邪说：一个拥有精神的人，无须学习和学问，就可以有效地解读上帝的话语从而救赎他人。在这里，我们能看到觉醒者和建制派教会代言人之间的关键区别：是从历史层面上正确且理性地理解《圣经》——即上帝的话语——更重要，还是培养正确的情感、正确地领悟内在信念以及与上帝的关系更重要？

一个由信仰复兴主义的牧师组成的协会这样阐述他们的观点：[18]

> 凡蒙神平等授权的弟兄，均有权按信仰程度布道，且布道的基本资格皆由上帝精神所赋，语言及人文科学的知识并非绝对必要。它们可带来便利，而若使用得当，无疑也将带来裨益。但若是为了满足对上帝精神的需要，它们便会化作陷阱，将其利用者和一切追求者尽数网罗。

保守派认为这完全否定了学问在宗教中的作用，而在这种来自感性倾向者布道的感性宗教中，他们看到宗教生活中所有的理性均毁灭殆尽。"因为只有理性的生命才能拥有宗教，"一位反对福音主义的南方人士写道：[19]

> 因此，真正的宗教在于理性的运用；在宗教中始终存在两种东西是必须理性判断的，即**真理**和**意义**。我们宗教的优越必在于思想内在的信仰，因为如果我们把我们的宗教归于出身、性情、利益或任何外在环境或动机，就等于把所有宗教拉到了同一个级别。虽然借由教育，我们可以有幸自称信仰了真正的宗教，但是如果我们不融会贯通其道理就将其作为自己的信仰，那么宗教便对我们毫无益处，上帝不喜我们献上愚人的祭品。

可以理解的是，在受影响的殖民地，许多最初期望信仰复兴会为宗教带来好结果的保守派牧师，很快就开始与之势不两立，认为这些复兴活动威胁到了他们自身地位、教会本身以及所有真正的宗教。基本信条遭到忽视，正统神职人员亦饱受无视和中伤。即兴布道威胁要将宗教中的一切理性因素铲除殆尽，因为许多福音传教士承认，他们的布道来自"'圣灵将一长串思想放入他们的头脑，将一长串话语放入他们的口中'这个直接影响"。保守派认为，即使是受过良好教育的牧师也有过这样的恶劣行径，但对于那些"没有组织也没有受过教育，对知识和伟大的福音书教义知之甚少"的普通信徒劝诫者来说，这种做法就危险得多。[20] 最终，这些侵扰在诸多信徒群体中造成了分裂和争执，与此同时，建制派教会的牧师也开始担心福音传道者会绕过学院和牧师培训的通常程序，从源头上打击受过教育的神职人员群体。

这种恐惧有所夸大不假，但信仰复兴主义者的确曾试图恐吓学院，且在某些极端的情况下还曾推崇焚书。即使是温和的怀特菲尔德也曾煽动烧毁某些书籍，并成功说服他的某些追随者将其付之一炬。1743年3月，詹姆斯·达文波特敦促新伦敦的人们收集并烧毁自己的珠宝和私人奢侈品，以及英克里斯·马瑟、本杰明·科尔曼、查尔斯·昌西和其他正统牧师撰写的书籍与布道文。某个周日清晨，随着小镇码头上的大片柴堆熊熊燃烧，达文波特及其追随者们高唱起《荣耀颂》和《哈利路亚》，吟诵着如下祷文："这些执笔时亡于同一信仰的作者，他们的苦痛之烟……现在一如这些书本的炊烟在地狱升腾而起。"[21]

就直接影响而言，觉醒运动对于教育利害参半。像长老会这样的组织，由诸多来自苏格兰大学的受过良好训练的牧师组成，即使是里面的复兴主义者也会对"敌视学问"的指控持敏感态度。威廉·坦南特在他的"木屋学院"里培养了一批有能力的学者，其子吉尔伯特也并不是人们口中常说的那种无知粗鲁之人。更重要的是，复兴派长老会教徒还在1746年建立了新泽西学院（后来的普林斯顿大学），以确保他们拥有自己的学识中心，后来的布朗、罗格斯和达特茅斯等其他院校都是受信仰复兴运动影响的人所创办的。只是在这之后，信仰复兴主义传统便开始对教育采取长期的敌对态度。但必须补充的一点是，觉醒运动的影响是使教育从属于宗教派别主义，并巩固教派控制学院的传统。狂热的宗教派别主义者最渴望的不是学识中心，而是他们自己的教学工具，他们以牺牲人文知识为代价推动教义和虔诚两个考量因素的发展。甚至学识渊博的乔纳森·爱德华兹也曾攻击哈佛和耶鲁，斥责其没有成为"虔敬的摇篮"，称其将心血都耗费在"教给学者们人文知识"，而不是宗教教育上。[22]

怀特菲尔德本人——另一位负责任的福音传道者——也对这两所新英格兰院校倍感不满。他抱怨称，这些院校的光芒已然变为"黑暗，触手可及的黑暗"。当他于1744年返回新英格兰时，那些曾在他首度造访时向其敞开讲坛大门的牧师，现在大多数都坚决抵制他进行布道。耶鲁和哈佛的教员也派发宣传册谴责他，否认他对学院的指控并提交了反指控书。怀特菲尔德的某些反对者甚至怀疑他意欲"毁损并颠覆"这些新英格兰的学院，以推翻其建制派教会牧师，并创造全新的方式来培养其继任者——这种观点着实让人难以相信。但许多当地牧师在其信徒面前被觉醒者谴责缺乏真正的虔诚，甚至是魔鬼的代言人，因此这种对彻底颠覆的恐惧是可以理解的反应。[23]

当然，焚书和侮弄院校代表的并非觉醒者的典型行为，而是越轨行为。觉醒者并未着手分裂教会、攻击院校或败坏智识和学识，就其所作所为而言，这只是在为其根本目的服务，那便是复兴宗教，把灵魂交给上帝。而且，抛去昌西这类人的尖刻批评不谈，新英格兰和中部殖民地觉醒运动因为发生于"学识与理性在公理会和长老会中极受尊敬"这个大背景下，故而其反智效应可谓极其有限。但大觉醒运动——即便在新英格兰——也显示出这种复兴近乎失控地走向各种极端的趋势。昌西等反对派称，觉醒运动的感性狂热和反智主义便是其本质。而信仰复兴运动的支持者则认为，这些只是一场本质良好、推崇基督教皈依的运动的附带小毛病。从短期且仅从新英格兰教会本身的限制来看，正确的一方可能是觉醒运动的拥护者们，但反对派更准确地预测了这种复兴的内在倾向和未来方向——特别是当信仰复兴主义脱离新英格兰的传统和限制进入广阔的美国内陆时。最近一位研究新英格兰觉醒运动的历史学家在写及该运动时明显笔下留情，仍然总结称它"证明了一种不具有智识准则的狂热福音主义的可行性并同时使之风靡开来"，还称"在觉醒运动中只有少数人败坏'人文知识'，但这后来却成为大多数新教教派的典型作风"。[24]

下列传统判断毫无疑问是正确的：觉醒运动实现了一种适合普通人的宗教风格，在由闲适阶层掌控并为闲适阶层服务的建制教会之外提供了替代选择，从而加快了美国民主精神的发展。通过告诉人们他们有权聆听自己喜欢和理解的布道者，甚至在某些情况下有权宣传自己的观点，信仰复兴主义者打破了建制教会的桎梏并增强了自信心和独立自足感，这是后来一批批外国游客在美国人身上看到的独特色彩。此外，推动人道主义事业——反对奴隶制，以及奴隶与印第安人的皈依——也必须归功于大觉醒运动。崇高的觉醒者关心每一个人的福祉。但宗教中智识和知识事业的成本（尽管成立了新学院）也必须计算在内。觉醒者并非首批贬低头脑优点的人，但他们却助长了反智主义；他们让美国的反智主义获得了首场短暂的斗争胜利。伴随着觉醒运动，美国宗教的清教时代画上句号，福音时代拉开了序幕。随后的信仰复兴运动在更广阔的舞台上重新演绎了18世纪复兴的优与劣。

5

随着后来的信仰复兴主义从新英格兰和中部殖民地、从公理会教派和长老会教派转移到南部及西部的负鞍袋、啖熊肉之地，它变得更原始、更感性、更倾向于"狂喜忘形"的表现形式。传教士受教育程度较低，更热衷于利用肢体动作劝人皈依，他们匍匐抽搐、疯狂叫嚣的行为更加频繁。怀特菲尔德的事业自伊始就在南部殖民地卓有成效。福音运动在他的布道和中部殖民地长老会的大批信仰复兴主义者的推动下，于18世纪40年代和50年代蔓延至弗吉尼亚、北卡罗来纳和南部腹地。在那里，信仰复兴主义者发现了大量未入教者。居住在乡下的圣公会牧师曾一度日渐式微，因此控诉建制派教会牧师的理由比在北方要充分得多。同时由于圣公会的建制派与上层阶级联系在一起，信仰复兴主义的民主和异见意味更加突出。在南方，尽管像日后成为普林斯顿大学校长的塞缪尔·戴维斯（Samuel Davies）这样杰出的长老会传教士也在开展活动，但却是浸礼会教徒与之后的卫理公会教徒发挥了主要作用，而这些群体并不像长老会和公理会那样热衷于学识型的神职人员。在这种复兴现象的道路上只存在些许微小障碍，例如不收取报酬的巡回传教士、向民众布道的普通信徒以及对建制派教会神职人员的谴责。

南方的信仰复兴主义者将福音之光传递给一群不仅未入教，而且往往还未开化的人。圣公会牧师查尔斯·伍德梅森（Charles Woodmason）于18世纪60年代和70年代在卡罗来纳的边远地区广泛游历，描绘了他所目睹的令人毛骨悚然的野蛮生活画面，并以发人深省但颇具偏见的笔触记录道："这些满地游荡的教师煽动人民的头脑反对建制派教会及其牧师，把任何一位绅士的处境都搅得充满窘迫、苦恼和不快。"

> 在这片辽阔的土地上，除了宗教会议集，教理问答，瓦茨的赞美诗，班扬的《天路历程》，罗素、怀特菲尔德和厄斯金的布道集外，几乎或根本找不到什么书。他们不像我们英格兰的平民那样喜欢读历史书或听别人读历史书，因为这些人轻视知识，不尊重有学问的人或任何有智慧、有知识的人，无论是在艺术、科学还是语言方面，他们都轻视并恶劣对待这些人——这种思想十分普遍，甚至当地的领袖人物都抱有这样的态度。

对于浸信会中的复兴派或新光派，他几年后表示，他们完全反对权威，在成功打击建制派教会后，现在正试图摧毁这个国家。"法律领域的绅士们现在似乎引起了他们的注意：就像 1381 年英国农民起义中的约翰·拉克斯特劳（John Rackstraw）和瓦特·泰勒（Wat Tyler）一样，他们意欲废除所有的学识型专业。人文知识是与上帝精神相悖的。"[25]

18 世纪伍德梅森在卡罗来纳边境所目睹的情况，虽然不乏夸张成分，但是仍然代表着人口流动日益增多的趋势。美国革命结束后，随着向西迁移，人们永远摆脱了稳定社会的各种制度，制度不可能像人口那样快速或持续流动。1790 年，横跨阿勒格尼的人口约为 10 万人，30 年后则猛增至 225 万人。诸多家庭在短短几年内的迁移频率不止一次，而是高达两三次。组织溃散，限制解除。各类教会、社会纽带和文化机构频频崩溃，唯有在边疆家庭再次跃迁到荒野或草原后方能重建。塞缪尔·J. 米尔斯（Samuel J. Mills）——后来的美国《圣经》协会的主要组织者之一——在 1812 年至 1815 年间与两位同伴去西部游历，发现了多个已然定居多年的社群，这些社群既没有学校，也没有教会，而且对建立这些机构毫无兴趣。在伊利诺伊首府卡斯卡斯基亚，他们甚至找不到一本完整的圣经。[26]

约翰·梅森·佩克（John Mason Peck）是首位在伊利诺伊和密苏里地区工作的浸信会传教士，他后来回忆说曾于 1818 年在极端原始的环境下发现了"一类生活在远疆的寮屋族"：[27]

> 大约九点钟，我找到了我要找的那种家庭。该家庭是早期生活在边疆地区的一类寮屋族，部分具体描述可能会令读者忍俊不禁，因为我认为现在（1864）在密苏里边界内已经找不到一类这样的家庭了。玉米地旁，一栋小木屋子然而立，屋体结构散发着极其原始的味道。一家之主及其妻子，两个已嫁人的女儿和她们的丈夫，三四个小孩，以及一对已经长大成人的儿女，有的人在屋里，有的人在屋外周边。老汉说他识字，但水平"非常差"。老妪想要一本赞美诗集，但却看不懂。这个奇怪家庭的其他成员不

需要书籍或"任何这类垃圾"。我介绍自己是浸信会传教士,周游全国向人们传播福音。老汉及其妻子都是浸信会教友,住在"定居地"的时候起码还是某些浸信教会的成员。当时,这些居民所谓的"定居地"指的是弗吉尼亚和卡罗来纳的边远地区,在某些情况下还指肯塔基和田纳西较老旧的区域,他们早年曾在那里生活过。但是浸信会在他们所住之地布道的"机会少得可怜"。老人能向我讲述他在圣弗朗索瓦参加过的一次浸信会集会,还能告诉我法勒长老在圣米迦勒附近的住所在哪儿。老妪跟那些年轻人自打在这片土地上住了80年以来,还没有见过一个浸信会牧师。他们偶尔也去参加卫理公会的集会。这就是当时散布在密苏里边境定居点的众多居民的情况。"旅行传教士"受到了老人们所能提供的或知道如何提供的所有热情款待。年轻人十分腼腆,执意待在屋外,不管如何劝说都不肯进屋听传教士朗读《圣经》、做祷告。家里的方方面面都明显透出落后或其他某些气息……

没有一张桌子、一把椅子,也没有任何家具。缺少家具是边疆地区常见的现象,因为从"定居地"迁出的人往往以驮马作为交通工具,除却最不可或缺的炊具、床具和一两件换洗衣物以外,不能运输任何其他的家庭用品。但这位一家之主必是个懒汉,没有一点开拓技术和进取心,都做不出一张供全家使用的桌子。在我提到的那个时期,桌子这种必要的物件有两种制作方式。一种方法是从一块大原木上劈下来一块4英尺长、15到18英寸[①]宽的厚板——或者当时所称的"半圆木料"——砍成木板那么厚,再按照板凳或长凳的样子在适当的高度安装上四条腿。另一种方法是在粗糙的架子上安装桌腿,再在上面盖上刨平和劈好的隔板,最后用小木钉固定。我们在数百间弥漫着勤奋气息的整洁小木屋里都能找到一种这样的桌子……

---

① 1英尺 ≈ 30.48厘米,1英寸 ≈ 2.54厘米。——编者注

完成寮屋族真实生活精确画卷的最后一笔是对其饮食的描写。臭熏肉在烹煮时散发出来的恶臭能弥漫整个院子——如果有院子的话。作为配菜的芸豆连半熟都不到。从搅乳器中取出的酸酪乳"难以下咽",因为从奶牛挤出的牛奶保存在里面长达一个季度。上午十点过后,一盘丰盛的早餐被端到旅行者面前——清水煮玉米。

有时,传教士简直会崩溃。其中一位传教士描写了 1833 年 1 月其在印第安纳契那镇遭遇的困境:[28]

> 无知,以及她肮脏的一窝崽子。普遍缺乏智识。人人不读文学。除了怀尔德兄弟和我本人,这儿就没任何一个文人。而且据我所知,没有一个语法或地理方面的学者,也没有一个教师能够教授这些知识。有些社区从来就没有建过任何类型的学校。父母和孩子都无知到令人发指。其他人则是一年中接受个把月的阅读、写作和算术教学,而且这种教学还是以最过时、最无理的形式进行。他们简直就是和"无知大师"一个模子里刻出来的。他们从不教授"纯粹学校教师的学问",而且丝毫不对此感到内疚。当然也没有半点想要改善的意思。男人、女人和儿童都觉得,不识字并不比长了个长鼻子更丢脸。某天,我们的教会还推选了一个读不懂《圣经》的人做长老。我数不出十个订阅报纸的家庭——无论是什么类型的报纸,政治还是宗教类——他们给邮政部门贡献的子加起来还不及我一个人多。这潭死水真可谓这窝恨人爬虫的绝佳温床——这点不必我再提醒了吧!炉火喧嚣;冥顽不化;猜忌错综;盲目如蛆;恶毒如鳄!……

但生活在贫穷和艰苦劳动中的男男女女,他们面临着印第安人的袭击、热病和疟疾的危险,在威士忌和争吵中长大,因此负担不起教育和文化。他们发现,与其承认自身缺乏这些东西并将该欠缺视为自己的缺陷，拒绝自己不可能拥有的东西反倒要容易得多。

与此同时，附近印第安纳城镇的一名传教士以更富有同情心的笔触写道："人们穷困潦倒、远离市场、勤勤恳恳，努力改善及耕耘自己的新土地。"但他所目睹的文化情形在某种程度上与前者并无差别：[29]

> 这里的社会由美国五湖四海的人组成，还处于尚未成形的状态。……宗教派别众多，盲目的引路人多到足以吞下阿拉伯所有的骆驼。其中有些人不识字，有些人劳心费神地贬斥安息日！其他人则褫夺着基督的神性！所有人都沉瀣一气诋毁教育学历，因为它是公共教师的必需。同时毁谤学识型神职人员，因为他们的服务收取报酬。西部何时才能终结这种无知和谬误的盛行？

当然，描述美国的状况恰好为福音传道者提供了最好的辩护。必须指出的是，他们并不是在拉低高等文化的水平，而是试图把文明社会的一般约束和制度带到一个几乎不存在任何文化的地区。他们当中最优秀的人显然在智识和文化上都比其所处的环境优越，而他们当中最低劣的人也几乎不可能使环境变得更糟。宗教组织派遣的国内传教士长期与社会解体过程中的各种表现作着斗争——缩减未入教者和无宗教信仰者的人数，抵制不经教会认可的"婚姻"，反对不加约束的生活、狂饮和野蛮的斗殴。尽管受欢迎是常态，但是他们仍然需要顶着与自己针锋相对的势力开展工作，而这种对立的表现轻则为起哄，重则为确确实实的危险。声名远扬的卫理公会巡回传教士彼得·卡特莱特（Peter Cartwright）描述称，营地集会上曾闯入一批暴徒，他们手持刀具、棍棒和马鞭，横竖要破坏集会。某个周日早晨，卡特莱特的布道被一群恶棍打断，他不得不亲自带领信徒发起反击。那些身负用鞍囊将宗教带到西部这个重任的人，如果他们是那种适合东部稳定教会的牧师，就不会有所作为。如果他们不能发展出一种民间风格的布道，如果他们不能在某种程度上共享或模仿听众的感情和偏见——反权威、反贵族、反东部、反学识——他们就无法有效地使流动人口皈依。不同的教派以不同的方式回应这种需要，但总体上可以说信徒们得到了提升，而传教士的价值却有所下降。简而言之，文化传播所仰仗的精英正因为野蛮社会的秩序要求而横遭贬值。如果我们的目的是评判福音派牧师，那么可以根据他们的真诚、勇气、自我牺牲精神及聪慧对其作出正面评价。但由于我们的主要目的是评估文明的转型和文化的发展，因此就必须对这个新兴的美国社会加以考量。这是一个充满勇气、个性、磨炼与务实技巧的社会，但或许并非诗人、艺术家或学者的摇篮。

第四章
福音主义与信仰复兴主义者

1

回顾过去,一个对于我们以及那个时代的一部分人而言都似乎显而易见的事实是,19世纪早期美国发展的状况催生了一种新的、独特的基督教形式。在这种形式中,教会的组织结构和牧师团体的标准都是非常独特的。几个世纪以来,基督教的首要传统并非多个宗教"教派"并存,而是**统一的教会**传统。但是从一开始,就有各种不同的移民群体来到美国殖民地定居,这些移民群体代表着后宗教改革时期欧洲各地发展起来的为数众多的不同的宗教信仰派别——既有"左翼"教派,也有"右翼"教派。在这些海岸上,要维持一种垄断高压的教会建制是极其困难的,这一点在初期就可以清楚地看到。到了18世纪中期,殖民者们才开始逐渐认识到宗教包容的种种好处以及宽容的法律政策能够给予的和平和安宁。

随着多个教派并存导致宗教分裂的局面,美国人根除了教会建制,拥抱了宗教自由。从18世纪末到19世纪初,在蔓延美国各州的主流自由氛围之下,那些从最初由各个纷争的教派衍生的宗教团体渐渐发展成为稳固的组织。它虽然不像过去的教会那样正规,但是其稳定的结构和严密有序的组织又有别于教派。在一个自愿且自由竞争的宗教环境中,升级的教派和被降格的建制派如今都在发挥着各自的作用,且两者之间旗鼓相当,构成了人们口中所称的宗派主义。[1] 美国宗派主义的本质在于教会成为**自愿**的组织。在一个教会不享有强制会员资格特权的社会中,在一个并不看重传统的信徒身份继承的社会中,作为一名普通信徒,他可以在诸多教派中自由**选择**自己究竟愿意效忠哪一个。按照以往的教会模式,普通信徒从呱呱坠地之日起就从属于某个教会,国家会强制要求其保留该教信徒身份,并依据这个教会的礼拜形式获取宗教体验。然而,美国信徒则不是生来就从属于某个教派,也不必注定要继承某种特定的圣礼形式。对这些普通信徒而言,教派往往是他们在经历了脱胎换骨的宗教体验之后自愿选择加入的团体。

这种情况并非空口无凭。18世纪末期,美国人的生活状况是如此起伏不定,革命后的局势是如此动荡不安,以至于在1790年可能有高达90%的美国人没有信仰宗教。在随后的几十年里,这种令人惊愕的宗教无序状态在相当大的程度上得到了改善。信徒们似乎已经各自理清了头绪,其中的大多数都分别加入了这个或那个不同教派的行列。但在这个过程中,无数人在做出加入某个教会的选择时都曾反反复复、举棋不定。普通信徒选择的是一个已经被前人的选择塑造了的宗教教派,它承载了美国人对与过去决裂的渴望,对未来的憧憬,以及对历史与日俱增的蔑视。在美国的政治信条中,人们普遍奉行的理念是,欧洲代表着昔日的腐败,亟待整肃。新教教派在对基督教过往的看法上也持有类似观点。[2] 人们一致认为,基督教的历史发展并非制度规范与实践经验的珍贵积累,而是一个腐化和堕落的过程,其间原始基督教的纯粹已经消失殆尽。因此,虔诚信仰的目的不是维系其原有模式,而是要大刀阔斧、改弦更张,以重新获得这种纯粹。1844年,著名的福音派长老会成员阿尔伯特·巴恩斯(Albert Barnes)写道:"这是一个自由的时代,人们**渴望**获得自由。拘泥形式的宗教体现的是以往迂腐僵化的智慧或者说是愚蠢,它本身无法适应这个时代自由的思潮、开阔的视野以及千变万化的蓝图。"[3]

福音传教士的目标是要回归原始基督教的纯粹状态,他们认为,只有《圣经》才是打开通往这个目标大门的钥匙。即使是那些对美国宗教中这种倾向不以为然的人也能意识到这个目标的核心地位。1849年，一位德国归正会发言人发表评论指出，各教派对个人判断和《圣经》的诉求[4]

> 必然涉及对以往历史权威的反抗，除非后者看起来与当前被发现的真理相一致。当然，在这种情况下，人们认为衡量真理的唯一真正标准只是某个特定教派本身的思想而绝非历史的权威……一个真正的教派，无论在它成立之初还是后续发展阶段，从来都不会因为缺乏恰当的历史根基而窘迫不安。恰恰相反，它的宏图大略是在这方面展现出本土性、原始性，从《圣经》中自行生发，或者借助《圣经》从天而降……教会生活中历史连续性的观念对教派意识的影响根本不值一提。

因此重要之处在于，将大多数教派联结在一起的纽带不必是传统的、传承下来的信仰——也就是说，并非教义信仰的历史体系——而是或多或少前所未有的新构想或确立的目标或动机。既然在各个教派间仅仅只需要维持一种信仰统一的虚幻表象而已，那么关于神学问题的理性探讨——从前是教会智识准则的重要来源——如今就被看作造成干扰、引发分歧的诱因。因此，尽管此类理性探讨并没有被摒弃，但却必须从属于被认为相比它而言重要得多的实践目的。[5]如果某个教派的特有的观点或实践行为被视为有悖于大众福祉或共同使命，那么因为传道使命而牺牲它也不会有过多惋惜之情。[6]这项使命本身由福音主义定义。在一个世事如此变幻无常，人员流动如此频繁往复的社会里，有那么多没有教会组织的人，他们的信仰需要被争取，因此各教派的基本宗旨是吸纳皈依者，而所有其他目标及任务都要退居次要地位。

各教派都在努力赢得民众对教会的拥护，而民众，无论出于何种原因，不再被传统宗教约束所控制，也已与礼拜仪式和繁复信条相脱离。因此建立在这些仪式和信条之上的宗教吸引力现在不太可能重新赢得这些民众的关注。而似乎真正行之有效的措施就是再次借助那些如基督教早期第一批劝信者或许大概用过的原始情感吸引的手段。信仰复兴主义在传统主义失败的地方取得了成功。宗教建制的强势挟制被情感上的起伏与共鸣所取代。朴素的民众受简单的思想指引回归信仰，这些思想从极富说服力的布道者口中表达出来，避繁就简，振聋发聩，让人们面对最简单明了的选择：天堂还是地狱。救赎也被当作一种选择：人们期望罪人"皈依宗教"，而不认为宗教要去皈依罪人。任何能让他回归教会的手段都是好的。正如那位诲人不倦的灵魂拯救者德怀特·L.穆迪（Dwight L. Moody）曾经说过的那样："你用什么方式让人信仰上帝并不重要。重要的是你能够做到。"[7]早在实用主义成为一种哲学信条之前，它就已经由福音派使用过了，尽管其表达方式略显粗糙。对普通信徒而言，检验宗教的实用性需要依据其皈依的体验；而对牧师而言，则是依据其引导这种体验的能力。牧师能否成功引导灵魂的皈依，是评判他是否在传播真理的决定性依据。[8]

  牧师团体本身也因为宗派体系和居主导地位的福音精神而做出改变。各教会，无论其拥有何种宗派形式或组织规划，都在不同程度上倾向于向信徒制或地方主义的方向发展。地方主义和复兴主义的结合极大地增强了异教徒或分裂派的势力：只要他能带来好的结果，谁又能管得了他呢？同样地，这种结合也使普通信徒的力量得以加强。失去了强大的中央教会的有力支撑，牧师基本上只能凭一己之力去处理与会众之间的关系。牧师确实也尽可能地获取并树立了一定的威信，但是美国的生活环境更有利于世俗势力实施高度控制。在南方，即使是拥有神职权威传统和殖民主义色彩浓厚的圣公会教会，它的绝大部分权力也已经转移到了其教区代表的手中。无论走到哪里，美国牧师似乎都要接受普通教徒的**评判**，并且在某种意义上也被他们所利用。甚至早在18世纪，克雷夫科尔（Crèvecoeur）就评论过低地荷兰人的态度，他"只能把牧师想象成一名雇工；如果他活儿干得好，就按约好的数付给他钱；不然就解雇他，不听他的布道，照常过自己的日子，还会把他的大门关上个几年"。[9]

反过来，牧师们无法像在旧大陆那样可以仰仗教会权威及自身地位，当功成名就之时，便能摇身一变，成为颇为能干的政治家，不但精通教会事务，而且还熟练掌握世俗世界里的各种操控艺术，使用起来得心应手。此外，那些熟谙宗教并兼有治国安邦雄才大略的牧师们也备受推崇，他们着眼于改革国家并致力于引领西部地区皈依基督教。针对1800年至1850年间为实现这些目标而相继兴办的社会机构，一位牧师抱怨说，"人们通常在很大的程度上期望牧师是社会福利事业的管理者、慈善机构的牵线人"，而他的人品往往由"其在社会改革的磨坊里磨出了多少眼见为实的粉"来评判……[10] 因此，西德尼·E. 米德（Sidney E. Mead）曾指出："牧师的概念实际上失去了传统意义所赋予的祭司的维度，而变成了神圣的公职人员，响应神的召唤，在有形的教堂中指导有目的的活动。"[11]

最终，牧师的工作往往是由他在单一领域的成功与否来评判的——即其拯救的灵魂的数量。对地方牧师的评价，要么依据他自身的魅力，要么依据他是否有能力为他的信徒安排能够真正令他们觉醒的巡回牧师的布道。[12] "明星"制度①在进入剧场之前就已经在宗教界盛行。随着福音派的兴起，其影响力日渐广泛并逐渐占据主导地位，牧师的选拔和培训越来越多地依据复兴派对牧师功绩的标准决定。清教徒理想中作为知识分子和教育领袖的牧师形象，在面对福音派理想中广受欢迎的运动斗士和劝诫者的牧师形象时逐渐被削弱和淡化。神学教育本身变得更加工具化。简单的教条公式被认为已经足够。在相当大的程度上，教会退出了与世俗社会的智识交流，不再认为宗教是整个智识经验生活整体的一部分，并且常常放弃理性研究，认为它们属于纯科学的自然领域范畴。到1853年，一位杰出的牧师这样表达了自己的不满，"有一种普遍的印象，即智识广博的牧师缺乏虔诚，而足

---

① 指按照演出效果和票房决定演员的地位与待遇。——编者注

够虔诚的牧师则智识不足。"[13]

2

　　以上都是针对广泛的普遍化的现象所做的概括,就美国宗教而言,由于地区差异和宗教实践的多样性,总会不可避免地出现这样那样的个例,因此不可一概而论。但笔者认为上述这些概括还是大致描述出了美国派系宗教的普遍模式以及福音主义的典型影响。当然,也有一些重要的保守教会则几乎或完全不受福音派影响。其中罗马天主教会和路德会,仅仅外部层面受到福音主义潮流的些许影响;另外一些如圣公会教徒,受影响程度因地区差异各不相同。至于像长老会和公理会这样的教会,则因为福音运动而出现了内部分裂。

　　如果把独立战争结束之际的美国社会(大致仍局限在阿勒格尼山脉以东的地区),与1850年国土更为广袤的美国社会(当时宗派模式已基本确立)做一个对比,人们不禁会对那些致力于福音传播的团体取得的成就赞叹不已。独立战争结束时,规模最大、实力最强盛的三大教派分别是圣公会、长老会和公理会。其中两个曾创建于世界的其他地方,第三个则在美国有着源远流长的深厚传统。到1850年,出现了惊人的变化。当时最大的单一教派是罗马天主教。在新教团体中,最初的两个是卫理公会和浸信会,它们曾经都只是持有异见的教派。之后依次是长老会、公理会和路德会。而圣公会的排名已经跌落至第8位——这是一个重要的标志,充分说明它作为一个上流社会的保守教会,已经难以在美国的环境中维持自身地位。[14]

　　总体来说,在当时,无论是在西部新兴的乡村,还是不断发展的城市地区,维护和传播基督教新教的努力,一直是由受人欢迎的福音教派,而非拘泥仪式的传统教会进行的,且成效显著。卫理公会和浸信会信徒众多,这一点充分证明了他们完全有能力适应美国生活的环境。此外,福音派能够在相当的范围和规模程度上接管诸如公理会和长老会这样的教派，也彰显了其雄心勃勃改造旧有宗教结构的决心和力量。

福音传道者是传播基督教新教的主要推动者，信仰复兴是其最为拿手的技巧，屡试不爽。从18世纪末开始一直到19世纪，此起彼伏的复兴浪潮席卷了这个国家的一个又一个地区。第一次浪潮大约从1795年持续到1835年，在新西部的田纳西州和肯塔基州影响尤为巨大，渐次蔓延至纽约州西部和中西部各州。在这股热潮消退后不久，1840年左右掀起的又一股新浪潮席卷了各个城镇，表明［正如后来的复兴运动者德怀特·L.穆迪（Dwight L. Moody）、比利·桑迪（Billy Sunday）和比利·格雷厄姆（Billy Graham）认为的那样］复兴运动并不仅仅是一种乡村现象。这股复兴浪潮在动荡的1857年[①]和1858年达到顶峰，汹涌的精神洪流滚滚而来，影响了纽约、波士顿、费城、辛辛那提、匹兹堡、罗切斯特、宾厄姆顿、福尔里弗以及众多较小的城镇。[15]

复兴并非福音派的唯一手段。到19世纪30年代，福音派已经成立了许多组织，诸如宣教社团、《圣经》书社、教育社团、主日学校联盟和戒酒协会，其中大多数都是依据跨教派的界限而建。这些组织旨在为一场改革运动做准备，其首要目标是使密西西比河河谷地区基督教化，把它从宗教冷漠、信仰背弃或天主教的影响中拯救出来，最终意图是让每一个美国人皈依，然后，毫不夸张地说，让全世界皈依。在很长一段时间里，教派分歧在对抗怀疑主义、被动主义和天主教等共同敌人的斗争面前处于次要位置。在教派之间尚未形成合作的地方，慈善团体就会给那些有志于共同奋斗的个人创造发挥的空间，还为那些立场坚定、踏实能干的普通信徒提供机会，让他们在神职人员不愿意参与的联合慈善事业中起到带头作用。在1795年至1835年复兴浪

---

① 1857年美国爆发了经济危机，这也是第一次世界性经济危机。——编者注

潮如火如荼的时期，绝大部分时间中，福音派团体保持着相互之间的合作。但是大约到1837年前后，这种共同奋进的局面就不复存在，部分原因在于它被死灰复燃的派系争端和教派内部的分裂所遏制，但是导致它衰减的另一个原因则是福音改革运动已经成功地实现了其主要目标。[16]

以任何合理的标准来看，福音运动无疑都是成功的。数据显示，这场令人瞩目的皈依运动是在极其艰难的情况下开展的。18世纪中叶，美国的教会成员比例比任何其他国家的基督教世界都要小。众所周知，美国的宗教统计数据不够可靠，但是据估计，在1800年，大约每15个美国人中只有1个是教会成员。到1850年，这个比例上升至7∶1。1855年，在2700多万人口中，信徒数量已略高于400万。对已经习惯于看到绝大多数人口都是登记在册的教会成员的20世纪的美国人来说，这些数字看上去可能并不惊人。但是我们需要了解的是，现在看来平平无奇，甚至毫无意义的教会成员资格，在当时却相当重要，且必须具备一定的条件才可以获得，所有的福音教派都要求亲身的皈依体验以及遵守相当严苛的宗教戒律。去教堂做礼拜的人要比教会成员多得多——关于这一点，至少我们可以根据1860年报道的2600万教堂座椅数量得出结论，而当时这个国家的人口是3100万。[17] 所有教派中成就最令人瞩目的莫过于卫理公会和浸信会，两者总共拥有的信徒数量几乎占所有新教教徒总人数的70%。

3

随着福音派浪潮最初席卷西部，然后蔓延进入不断发展的城市地区，人们可以明显看到，美国的宗教征程主要掌握在三大教派手中：卫理公会、浸信会和长老会。通过对这三大教派的探究，我们可以进一步了解北美大陆文化中的福音传道历程。

在三大福音派团体中，展现出最强烈的智识倾向的教派当属长老会。它们把新英格兰公理会传统和殖民时期的长老会传统都带到了西部。按照 1801 年联盟计划的条款,长老会和公理会以某种相互协作的形式开展活动,最终导致后者在除新英格兰以外的地区丧失了自己的身份。联盟计划是长老会和公理会以双方共同的起源于加尔文教派的神学思想为根基而制订。由于马萨诸塞州以外的大多数公理会成员对长老会的教会组织形式并没有强烈的抵触情绪,因此位于纽约地区和中西部地区的公理会就被长老会所吸纳。即便如此,公理会的加入还是为中西部地区的长老会教会带来了一股独特的文化活力和一抹强烈的新英格兰特色。

　　长老会成员大多数是极端的教条主义者。他们吸引了富有进取心和开创精神的商业阶层,他们本身也成了非传统教派中的精英分子。[18] 长老会非常热衷于建立一种实用的高等教育模式以便服务于自己的教派利益。始料不及的是,随着时间的推移,他们成了自己教义激情的牺牲品,教会内部发生了分裂。深受公理会盟友和新成员的影响,一部分长老会牧师团体开始宣讲所谓的纽黑文神学,这是加尔文主义的一个相当自由化的版本,它为更多的民众提供了更大的神恩希望,同时让他们更愿意投身于福音复兴运动的精神和实践。老一派的加尔主义者则更为严格,他们大多数奉行苏格兰或苏格兰 – 爱尔兰传统,受普林斯顿大学和普林斯顿神学院的影响根深蒂固,无法接受新一派的思想理念。从 1828 年到 1837 年,教会地位被各种争议和一系列异端审判所动摇。长老会福音主义领袖例如阿尔伯特·巴恩斯(Albert Barnes)、莱曼·比彻(Lyman Beecher)、阿萨·马汉(Asa Mahan)和莱曼·比彻之子爱德华都被指控为异端。最终,在 1837 年,老一派驱逐了新一派,自此整个国家的教会成员和长老会会员都不得不选边站队,加入这两个派系中的一个。除了神学理念上的差异,老一派还认为新一派对跨宗派的传教团体过于宽容,对废奴主义支持者和煽动者的反对力度也不够,而后两者是新一派阵营中的中坚力量。耶鲁大学、欧柏林学院和位于辛辛那提的莱恩神学院是新派福音主义的主要智识中心。它的伟大代表人物是查尔斯·格兰迪森·芬尼（Charles Grandison Finney），他是美国在爱德华兹、怀特菲尔德时代和德怀特·L. 穆迪时代之间杰出的复兴主义者。

查尔斯·格兰迪森·芬尼的案例清楚地表明了所谓"长老派"福音主义的定义其实是模棱两可的，在如何对宗教反智者进行简单分门别类时也是困难重重的。芬尼和他的同事们，作为新英格兰智识传统的继承者，即便不关心学术的发展，也往往非常注重知识的延续。像欧柏林学院和卡尔顿学院等在北美土地上站稳脚跟并传承下去的优秀大学就证明了新英格兰智识传统的持久生命力。在其他福音派团体中，我们很难找到多少像芬尼、阿萨·马汉或莱曼·比彻这样如此博学、睿智的智识之士。人们很可能会想，自南北战争以来，究竟有多少福音传教士能写出可与《芬尼回忆录》相媲美的自传？这些人的思想在不断钻研加尔文主义和新加尔文主义神学的过程中磨炼得更加坚定，他们的意志也因为在神学探究中精雕细琢而变得更加自律。但是他们的文化境界异常狭隘；他们以功利性的心态看待学术；他们的智识遗产非但没能获得拓展，反而日渐萎缩。

如今，虽然只有那些对美国宗教史或社会史抱有强烈兴趣的人才会怀念芬尼，但他理应被认为是我们国家的伟大人物之一。芬尼出生于康涅狄格，幼时随家人卷入了当时的西进运动。他先是在纽约中部的奥奈达县度过了自己的童年，之后又迁移到安大略湖沿岸。在新泽西州担任教师后不久，他在离尤蒂卡不远的一个小镇获得了律师资格。29岁那年，芬尼皈依了宗教。根据他的描述，他在一间黑漆漆的律师办公室里祈祷，祈求获得精神指引，这时他"得到了圣灵的强大洗礼"，这是他一生中所经历的几次如此神秘的遭遇的第一次。第二天早上，他对一位委托人说："主耶稣预付了我钱，我要去为他申辩，所以不能为你辩护了。"[19] 从那时起，他就完全皈依了教会。1824年，他被任命为长老会的牧师，从1825年到1835年间，他发起了一系列复兴运动，使他成为同时代福音派传教士中的佼佼者并奠定了他作为美国宗教史上最有影响力的人物之一的地位。

芬尼天生一副洪亮的嗓音，并颇具在布道坛上表演的天分。但他身上最大的财富是他那双热切、专注、令人如痴如狂又仿佛先知先觉、洞察一切的眼睛，这是一双在19世纪美国肖像馆里最令人过目难忘的眼睛——如果不算上约翰·C.卡尔霍恩（John C. Calhoun）[①]那双的话。他的布道——时而理性时而感性，时而严厉时而温柔——对他的信徒有着无法抵御的吸引力。"我主让我以奇妙的方式向他们布道，"在描述他早期最成功的一次复兴布道会时，他这样写道，"整个会场各个方向的信徒开始从座位上跌落到地上，哭喊着祈求宽恕……几乎所有的信徒，要么双膝跪地，要么伏地不起。"[20]

在神学理论方面，芬尼自学成才。作为一个充满个人主义理念的乡村哲学家，他的特立独行，他的出众才能以及美国人身上那种为追寻未知的思想披荆斩棘、勇往直前的精神，都给托克维尔留下了深刻的印象。

作为长老会牧师团体候选人，当一群对他有兴趣的牧师想要派他去普林斯顿学习神学时，他婉言谢绝："我直言不讳地对他们说，我不想像他们那样被洗脑；我百分百确信他们接受了错误的教育，他们不符合我心目中理想的基督教牧师应有的样子。"虽然坦承自己是神学领域的新手，但他仍然拒绝接受任何与自身观点不一致的指导或矫正。"关于这个问题，我除了我的《圣经》之外什么都没有读过；我在《圣经》里找到相关内容，然后就像解读法律书籍中的某段文字一样对它进行理解。"芬尼还说道，"我发现自己无法接受任何权威学说……我找不到方向，只能直接朝向《圣经》，朝向我自己内心的哲学或实践……"[21]

芬尼沿袭了旧式清教徒的特点，把对理性和劝导的重视从法律界

[①] 约翰·C.卡尔霍恩（1782—1850），19世纪上半叶美国著名的政治家和政治思想家，美国第七任副总统。——编者注

带到了布道坛（他曾经说，他对信徒演讲就像对陪审团演讲一样），尤其是当面对那些有教养的中产阶级信徒时。尽管他拥有强大的情感感染力，但不久以后，他的某些福音派伙伴就认为他太过于理性。1830年，这些人提醒他，他的朋友们都在开始为他担忧："他会不会有变成一个唯理智论者的危险？"[22] 但是，对自己能够得心应手调整布道风格以适应不同信徒情感的能力，芬尼却颇为自豪。在民风淳朴的小乡村，他强调以情动人，而在罗切斯特等更发达的西部城镇中则加重了理性劝导的基调。"通过聆听我的布道，为数众多的法官、律师和受过教育的人都纷纷皈依教会。"[23]

无论如何，人们的担心是多余的。芬尼没有变成一个"唯理智论者"。总体来说，无论布道方式还是对牧师团体概念的认知上，他都是忠实于复兴传统的。他不推崇传教士的无知，但他赞赏赢得灵魂皈依的**结果**，无论通过何种方式；他蔑视照本宣科的布道，因为它刻意、做作、不够自然；他还将世俗文化视为对灵魂救赎的潜在威胁。

芬尼认为牧师教育毫无用处，也不接受那些他认为受过教育的牧师所做的布道。芬尼坦承，因为没有享受过"高等学校教育的好处"，他能够非常敏锐地感受到自己被牧师团体当作一个外行看待，也知道自己不被尊重。在其传教生涯初期，他就意识到人人都会觉得"我在此功成名就之日，就是学校名誉扫地之时"。在积累了一定的布道经验之后，他开始相信"学校在很大的程度上毁掉了牧师群体"，牧师们在学校里被灌输了大量的《圣经》和神学知识，但却不懂得如何去运用这些知识。实践就是一切。"如果不去布道，就永远不会布道。"那些接受过学校训练的牧师，他们的布道词"退化成了文学散文……而朗读这些优美的文字则根本算不上是布道。它仅仅迎合了人们的文学品位但却无法给予他们精神上的启迪"。[24]

芬尼反对一切高雅的形式，无论是文学还是其他事物。在他看来，服装上的装饰、提升家居档次、讲究品位或生活格调，与抽烟、喝酒、打牌和看戏之类的低级趣味没什么两样。至于说到文学，芬尼坚称:"我无法想象一个懂得上帝之爱的人会去喜欢世俗小说。""让我去看看你的房间、你的客厅或者你放书的不管什么地方吧,"他咄咄逼人地说,"这都是些什么?拜伦、斯科特、莎士比亚以及一群不务正业、游手好闲、对上帝不敬的人。"即使是大家公认的牧师必修的古典语言,是否真的有用,芬尼也表示怀疑。东部那些大学里的学生花费"四年时间……学习古典文学,但上帝不在里面,"毕业时,这些"有学问的学生或许谈起他们的 hic、haec、hoc[①]时头头是道,或许会嘲笑谦卑的基督徒,说他无知,即使后者可能比其中的 500 个人加起来还了解如何赢得更多的灵魂"[25]。芬尼把信仰与智识视为一对公开的死敌,两者水火不容,年轻的牧师们"走出大学时,心就像大学的墙壁一样坚硬"。那些"神学殿堂"的问题在于它们试图"赋予年轻人智识的力量,却几乎完全忽视了培养他们的道德情操"。"在那里,所谓激情,所谓热忱,都是为了智识的竞争。年轻人……失去了坚定的精神基调……他们的智识提高了,但内心却一片荒芜。"[26]

很难说芬尼对美国牧师教育的描述是否准确,但可以肯定的是,他的看法代表了福音派的主流观点。在那些初出茅庐的牧师眼中,无论智识占有多么显赫的地位,他都持反对态度。

4

笔者之所以用如此长的篇幅来讲述芬尼,是因为他是代表长老会福音运动适当的人选:在它所有的传教士中,他既不是最有教养的那一个,也不是最粗俗的那一个。在福音派寻找一种全新的宗教风格去触及民众、拯救灵魂的推动力影响下,长老会和公理会根深蒂固的智识以及教育传统被淡化了。卫理公会作为最大的教会团体,在规劝愚

[①] 拉丁语中三个常用的指示代词,分别为阳性、阴性和中性单数。——编者注

昧无知的美国人皈依方面比长老会成功得多，而且有意思的是，它的历史也与后者形成了鲜明的对比。起初，美国的卫理公会并没有智识传统，对教育或训练有素的牧师团体也缺乏关注。但是随着时代的发展，大部分的派系思想逐渐消失殆尽，最终形成一个稳定的教会，他们引入会员制，其对教育的关注也逐年增强。在19世纪中叶之前，卫理公会总是时不时地因为来自内部两派成员之间的纷争受到动摇，其中一派带着怀旧情绪，追忆着那个虽然无知却卓有成效的巡回传教士的黄金时代；另一派则憧憬着未来的日子，在那个时候，受过更好教育的牧师可以向那些体面的世俗人士进行布道。卫理公会和浸信会的历史就是例证，充分反映了美国宗教灵魂上的分裂，发人深省。一方面，许多教会成员自由表达着强烈的反智福音主义；另一方面，在所有大型教会中，总有一个分支，带着一种怀旧和伤感的情结，高声表达着对那些优雅的礼节、体面以及为公众所基本认同的学识的尊敬和向往。菲利普·拉夫（Philip Rahv）曾经描述了美国文学中对红脸和白脸①两者之间的区别，而在美国宗教中，这方面已经早有体现。

约翰·卫斯理（John Wesley）是牛津大学培养的牧师，如饥似渴喜好读书，同时也是一个不可思议的集充满活力的非凡才智与严重的盲从倾向于一身的人。他为卫理公会制定了切实可行的智识标准，但他的美国追随者们却对维持这些标准兴趣不大。福音精神本质无疑使福音复兴派成为反智主义分子，但是美国的社会状况也为推动反智的发展提供了一个特别自由宽松的环境。[27]

卫斯理本人和美国卫理公会的首位发起人弗朗西斯·阿斯伯里（Francis Asbury）都是巡回布道者，他们投身于巡回传教事业不是出于惯例，而是出于原则。他们坚信，常驻牧师（就像许多英国牧师住宅

---

① 菲利普·拉夫（1908—1973），社会和文化批评家，生于乌克兰，后移居美国。1939年，拉夫写过一篇散文《白脸和红脸》，以红脸指代北美的印第安人，代表野蛮和不开化；白脸指代白人，代表文明和开化。——编者注

区的牧师一样）往往会变得思想僵化，逐渐丧失活力，以致无法再牢牢抓住信徒的心，但巡回传教士则可以给宗教带来新生。在美国的土地上，巡回传教具有战略优势，特别擅长利用这种优势的卫理公会借此赢得了越来越多的美国流动人口重回基督教。闻名遐迩的马背巡回传教士是早期美国卫理公会的支柱和骄傲，他们机动灵活、勇敢勤奋、无私奉献的精神弥补了其自身在牧师教育或体面身份方面可能存在的不足。为了把福音传播给大众，他们做出了巨大的牺牲，这些巡回传教士理应为此感到骄傲。他们报酬微薄，超负荷地工作，在极其艰苦的旅行条件下，风雨无阻，巡回各地进行传道。（当年，每当一场极端可怕的狂风暴雨来袭时，人们就会说："今晚除了乌鸦和卫理公会的牧师外，没有谁会待在外面。"）他们所经历的磨难似乎足以证明他们的真诚，[28] 他们赢得了世俗民众的重新皈依，其取得的非凡成就令人赞叹。正是由于他们的努力，美国卫理公会教派在1775年，也就是阿斯伯里到来的4年后，从一个大约仅拥有3000名会员的小教派，发展成为80年后坐拥150多万名信徒的最大新教教派。

无论那些自视甚高的教派对于接受过更高教育程度牧师团体有着怎样的要求，巡回传教士们清楚自己的做事方式是卓有成效的。他们发展出了一种简单粗暴的宗教实用主义，基本原则只有一个：他们的任务就是尽可能快速、尽可能广泛地拯救灵魂。为了达到这个目的，那些受过良好教育的牧师团体煞费苦心精心设计的神学理论装备，不仅是画蛇添足，而且也完全有可能成为严重的妨碍。而巡回布道者们针对那些认为自己学问有限、思想简单的质疑最好的回应就是他们取得的成就，那种可以通过皈依的信徒人数来衡量的成就。而这个铁一般的事实令那些质疑者们无言以对。

正如他们的批评者注意到的那样，卫理公会的领导者们也很清楚，他们吸纳的信徒都是穷人和没有受过教育的人，而他们也因此决定对其加以利用，把它变成一种美德。曾因耶鲁学生"太温文尔雅"而遭到冒犯的弗朗西斯·阿斯伯里认为贵格会教徒也过于"体面了"——

"啊，那个词里有死亡的意思。"[29] 从整个国家范围来看，卫理公会在争取皈依者的竞争中轻松地将其他教派甩在身后。值得一提的是，在新英格兰，多数的常住居民还是更为了解那些受过教育的牧师团体的标准，因此在这片土地上，卫理公会遭遇了重重难关，收效甚微。但即便如此，他们也依旧早在19世纪初就开始涉足这里的宗教生活。最初，他们以一种让人联想起新英格兰觉醒运动的方式高举他们的旗帜："我们一直更渴望拥有**有活力**，而不是**有学历**的牧师。"[30] 杰西·李（Jesse Lee）是新英格兰卫理公会的领袖，每当有人质疑他的教育水平时（这是卫理公会成员与有学识的牧师竞争时司空见惯的场面），他会简单地回答说他的教育水平足以让他走遍全国。[31] 最终，新英格兰成为考验卫理公会成员适应能力的试金石，实践证明，这方面他们没有问题。他们开始把自己渐渐融入体面、文雅和教育。这个过程也预示着从那以后他们在其他地方已不再拥有如此令人刮目相看的适应能力。

例如，1800年，康涅狄格州诺威奇市的卫理公会教徒，就曾被一位小册子作家描述成"人类中最软弱、无知、不学无术、卑鄙下流的一群乌合之众"[32]。但在接近19世纪中叶的时候，情况有所不同了。一位公理会教徒在回忆起里奇菲尔德附近的卫理公会教会发生的变化时，用一些可能同样也广泛适用于其他地方的词语进行了描述。[33]

> 尽管它的崛起似乎依赖于社会的边缘群体——然而如今它的成员与镇上其他任何宗教团体的成员一样受人尊敬。他们不再选择在谷仓、校舍或其他偏僻的地方进行布道；他们不再以形销骨立、愁眉苦脸和蓬头垢面的形象示人；他们不再爱用错误的语法、低劣的俗语；布道时也不再发出某种鼻音……传教士是受过教育、体面文雅、身份尊贵的人。

随着卫理公会教派在全国各地的扩张，沿着边疆进入南方，渗透到一个对教育水平要求不太高的环境中，早先那些正经体面的、受过教育的建制派反对者一直对它持有异议，他们不断重申自己的立场，但是卫理公会自身取得的成就使它不得不再次发动一场对抗上流阶层入侵势力的战斗。在权力管理更加分散的教会中，每个地方组织都可能享有更多的自主权来设定自身特色，但在像卫理公会这样拥有强大集权管理的教派里，围绕教会文化基调的斗争则变得十分普遍。我们可以通过它的一个学术期刊——《卫理公会杂志与季度评论》以及它的后续期刊——1841年之后更名为《卫理公会季刊评论》，来了解教会内部不断变化的观点。很显然，在19世纪30年代初期，卫理公会信徒仍然深切地感受到来自建制宗教团体的攻击。他们为此焦虑不安，内部发生动摇，出现了截然不同的两种意见。持其中一种意见的一方，支持以巡回传教士所代表的布道方式，另一方则来自那些希望进行改革的普通信徒和受过教育的牧师。[34] 1834年，拉·罗伊·桑德兰（La Roy Sunderland）传教士的一篇文章使这场争论达到了白热化。这篇文章表面上好像是要求所有卫理公会牧师接受良好教育，实则是提议削弱巡回布道者的存在地位。他激烈地质问：

> 卫理公会是否在它任何一个部门中有任何惯例或做法可以使人推断出，一个人在获得进行福音传道的资格之前，接受任何一种形式的教育是必不可少的呢？并非如此。难道它的许多做法不都是意图给人这样一种最直接的印象：即教育并非必要的吗？在我们接二连三举办的……集会中，难道我们不都是一直在说，一个人只要拥有天赋、恩典以及正常的理解能力，就足够了吗？

一位老派代言人回应了桑德兰的质问，指出那些要求复杂深奥的神学教育的人都搞错了，因为他们将布道视为"一个'交易'，一笔买卖，一种类似'**法律和医学**'一样的世俗专业，需要相应的'培训'"。现有的牧师群体实际并非一无所知，这样说不过是为了"证实我们敌人的说辞"而已。卫理公会不是已经开办了自己的研究院、学院甚至大学吗?"我们所有的年轻人现在都可以接受教育,他们的道德不会受到腐败的离经叛道的教师的威胁,他们的卫理公会信仰也不会遭受教授或校长的嘲笑。"[35] 随着时间的推移,这份期刊改变了它长久以来的习惯做法,不再像以往那样时常刊登老派巡回传教士的回忆文章,而是开始更多地发表涉及神学基础以及智识分子普遍关注的问题的各类短文。这本身反映出了改革者对守旧派的胜利。

事实上,卫理公会在 19 世纪三四十年代正处于经历重大变革的阵痛之中。对社会地位的热切渴望在与福音派巡回传道者以及反智主义数代先辈秉承的传统遗产的博弈中取得节节胜利。面向普通信徒和牧师的教育政策再次成为关注的焦点。就教育领域而言,早期卫理公会整体上所做的努力乏善可陈。[36] 最早的时候,卫理公会教育活动的开展面临重重阻碍,除了人员不足的原因,还归咎于教会内部上上下下,从最底层的普通信徒到阿斯伯里本人,普遍对此缺乏兴趣。[37] 大多数卫理公会的普通信徒连接受最基本教育的费用都负担不起,而神学教育对于一个只需要将简单的福音传播给普通民众的牧师群体来说也似乎是在浪费时间。

这些早期创办的学校往往因为缺乏支持而失败。但是在 1816 年阿斯伯里去世后,一群主要来自新英格兰的思想坚定的教育改革者,开始面向普通信徒开展工作。后者数量不断增加,对他们所持的理念的接受程度也与日俱增。到 19 世纪 20 年代末,他们的努力终于结出累累硕果,卫理公会开始资助数所专业研究院和部分优秀的小型学院。其中最杰出的有 1831 年成立的位于康涅狄格州的卫斯理学院,以及在它之后成立的狄金森学院(1833 年从长老会接管过来)、阿勒格尼学院(1833 年)、印第安纳州阿斯伯里学院(1833 年成立,即后来的迪波夫大学)和俄亥俄州卫斯理学院(1842 年)等。从 1835 年到 1860 年间,卫理公会共创办了 200 多所学校和大学。和过去一样,许多学校都无法获得足够的支持和良好的维护。当时卫理公会派普遍奉行的教育理念无疑更功利化,但相比过去那个认为学识甚至连宗教工具都算不上的时期,它还是代表了一种进步。一些牧师领袖对接受过更好教育的牧师求贤若渴,再加上需要不断应对越来越多的批评和不满以捍卫自己的神学立场,[38] 卫理公会终于放下了对知识型牧师群体的各种猜忌。然而他们仍然怀疑神学院是异端的源头,所以最初成立的两所卫理公会神学院都冠名为"圣经学院"。同样,学院上层仍旧来自新英格兰,那里的卫理公会不是最强的,人数也不是最多的,但却是教育标准竞争最为激烈的。[39]

守旧派始终都与新崛起的卫理公会及其兴办的研究院、学院、神学院和杂志格格不入。其中最负盛名的马背巡回传教士彼得·卡特莱特在1856年撰写的那本著名的自传中,对旧式福音派牧师团体的观点进行了全面而坦诚地描述。这段描述完美体现了他们的反智主义立场,值得在此进行大篇幅引用。[40]

> 现在让我们来假设一下,如果卫斯理先生不得不等待一群传教士去受过文学和神学训练后才能开始他那个时代的光荣使命,那么今天的与卫斯理有关的卫理公会教派会是怎样的呢?……如果阿斯伯里主教还在那里等着他们在这群文学传教士里挑来选去,那么对基督的背弃恐怕早已彻底席卷美国各州了……
>
> 长老会和新教的其他加尔文教派分支一向都在为争抢某个受过教育的牧师团体、教堂听众、器乐演奏的曲子,或某个从信徒或者从国家领薪水的传教士而争斗不休。卫理公会则普遍反对这些做法,所以当那些人还在划火柴的时候,目不识丁的卫理公会派传教士已经点燃了世界(至少是点燃了美国)!……
>
> 我并不想贬低教育的价值,但我确实见过太多这种受过教育的传教士,他们总会让我想起长在桃树树荫下的莴苣,或者两腿叉开蹚着露水行走的小鹅,让我晕头转向。现在这种牧师教育和神学训练已经不需要再去尝试了。其他教派也曾如法炮制,也都以彻底的失败而告终……

我为我们挚爱的卫理公会深表担忧。你们兴建了那么多的学院、大学、神学院和研究院；设立了那么多的机构和出版社，把我们所有最优秀、最能干的传教士都填充到里面，让他们变得目光局限、庸俗市侩；告别了巡回传教；当这一切努力遭遇失败，我们就直接一头陷进公理会，停止在所有其他教派开始的地方……

难道这不是明摆着的事实吗？我们那么多的牧师都被雇用到这些机构和教职岗位上，这就是真正去做日常传教工作的传教士极少的主要原因。此外，相比一个挺胸面对狂风暴雨，四处奔波却拿着远远低于他应得的那点微薄津贴的巡回传教士来说，这些校长、教授、办事员和编辑却拿着更优厚也更稳定的报酬。如此一来，这类高级职位对于那些有资格获得的人而言无疑是一个巨大的诱惑。他们趋之若鹜，完全舍弃了常规的传道和拯救灵魂的本分……

也许，在成千上万名投身于这项拯救灵魂和建立卫理公会的光荣事业的巡回传教士和驻地牧师中，仅仅接受过普通英语教育的不足50人，多数人连普通水平都达不到。也没有人曾在神学院或圣经学院接受过培训，但其中数以百计的人却更成功地传播了福音。他们所取得的成就，远非今天那些装模作样、油嘴滑舌的神学博士们可比。那些神学博士们手里拿着镰刀，却从不走进那片伟大而辽阔的灵魂收割田，而是一心想着如何在大学或编辑部谋求校长、教授或其他任何薪水丰厚的一官半职。他们还试图创建种种新的机制以保证他们在那里尽享舒适的生活，而与此同时，数百万穷人、垂死的原罪者却拥挤在通往地狱的道路上，没有上帝，没有福音……

在这里我不会假装屈尊的样子停下来说我是学识的支持者，与高级牧师们臭味相投。对这些有学问的、绅士派头的人来讲，这样说倒不失为一个让他们摆脱顽固观念最方便的方法，他们可以转而说，所有那些反对在当前诋毁我们崇高使命的牧师都是无知的倡导者，而无知是信仰之母。一个把神性作为一门科学来研究的知识型的牧师，为这个世界做了什么呢？去看一看，审视一番牧师的历史吧。你会发现激发人内心的骄傲是一件轻而易举的事情，而对自己所受的教育引以为傲，已经使许多接受过高端教育的福音牧师走向堕落和毁灭。但我不会以恶还恶，或者以辱骂还辱骂，而是要感谢上帝赐予我们的教育，感谢上帝赐予我们的那些品格端正、拥有正确理念并受过教育的福音传道者。但是，这些提倡全体牧师接受高等训练的人是否想到，在我们不时就这个问题高谈阔论时，数百名仅受过普通教育的传道者会是什么感受呢？诚然，我们中间有许多人，他们在倡导一个更高级的受过更好教育的牧师团体时，也会情不自禁地、用激动的语气谈起那些在早期殖民和拓荒时期为卫理公会和教会打下根基的目不识丁的先驱者。但是，我的灵魂并没有从这些装腔作势、愚昧无知的神学博士们虚情假意的奉承话中得到什么安慰。因为他们真正的感受，如果他们清楚地表达出来，就是我们的成就要归功于民众的无知。

毫无疑问，这正是许多批评巡回传教士的人想要表达的观点。但卡特莱特可能也承认，就巡回传教士的情况而言，这种观点倒也不无道理。他的福音派兄弟也并不都表示反对。多年前，就有不少福音派工作人员跟芬尼说过这样的话："和未受教育的人相比，与那些受过教育、彬彬有礼且有怀疑倾向的人一起共事更难。"[41]

5

在许多方面，浸信会的历史就是卫理公会历史的缩影，但它的权力控制没有那么集中，态度更坚定一些，且更看重那些没有教育背景也不要薪水的牧师团体，因此他们接受变革的时间比卫理公会要晚，范围也要小。正如威廉·沃伦·斯威特（William Warren Sweet）所言："其他任何宗教团体对受过教育、领薪水的牧师的偏见都不会像浸信会那样强烈。这种偏见不仅在边疆地区的浸信会成员中盛行，而且在19世纪早期的整个教派中都相当普遍。"[42]

当然，浸信会教徒曾与那些受过教育的牧师团体以及建制教会之间有过痛苦的经历，无论是在公理会的马萨诸塞，还是圣公会的弗吉尼亚，他们都受到过残酷的迫害。浸信会的独特之处在于，他们的牧师都来自与信徒相同的社会阶层。像其他任何普通信徒一样，他可能是一个在自己土地上劳作的农民，也可能是一个在长凳上干活的木匠，他得放下手头的活才有空在周日或工作日布道，或出席洗礼和葬礼。他几乎没有时间看书。这样一群辛勤劳碌的公民并不喜欢其他传教士来和他们竞争，甚至对于想要与他们联手，一起将福音传遍内陆地区的本土的传信会，他们也会极为猛烈地加以抵制。在反抗"外部"干预和集中管理的过程中，他们把这些理念灌输给他们的信徒。当时的说法是，浸信会不欢迎任何与传信会有瓜葛的人。肯塔基浸信会宣称："我们绝不接纳那些曾加入过任何有悖《圣经》要求的教派的教会或成员。"伊利诺伊州的一个浸信会团体则明确表达了他们对权威近乎偏执到极点的怀疑。他们在一份通函中宣称："此外，我们还要告知各个教会，不要与《圣经》公会有任何瓜葛，因为我们认为授意少数别有用心的人翻译《圣经》是危险的。基督解放了你们，所以你们要坚守住基督徒的自由，不要再被奴役的轭锁住。"[43] 笔者认为，我们不必急不可耐地去问《圣经》是不是由一个全国性教会组织来翻译，而是要铭记，因为无法忘却早期所遭受的迫害和无情的嘲弄，浸信会的怀疑从未停止过。[44]

浸信会抵制传信会很大一部分原因在于他们反对集权统治。他们认为，任何对中央教会组织的妥协都是在走向"罗马教皇和娼妓之母"。教会中那些没受过教育、不领薪水的传教士们，必然对来自受过良好教育且收入更高的牧师团体的入侵深恶痛绝。不拿报酬的传教士很容易相信,那些来自东部的有学问的人从事牧师这份工作不过是靠它挣钱而已。[45] 当时有一位观察家得出结论说,那些没有受过教育的传教士对自身的局限心知肚明。但是,"他们没有因为上帝为推动信仰的传播提供了更优秀的人才而欢喜,反而因为自尊心受到伤害而恼怒。狭隘和软弱的心灵都是如此。"这一观点被一位浸信会牧师对主持人直截了当的反驳所证实。后者的意思是,无论如何,毕竟没有人被逼着去听传信会牧师的布道或给他们钱,除非他们自愿。"好吧,如果你一定要知道的话,主持人兄弟,你知道树林里的大树会遮蔽小树。这些传信会牧师们都是了不起的大人物,人们自然都会去听他们布道,然后我们就都被压制了。这就是我反对的理由。"[46]

然而,与守旧的卫理公会一样,浸信会也终究无法完全应对那些对受过教育的牧师团体需求的压力。在这个问题上,对自尊的渴望和对被尊重的渴望相互关联。早在1789年,弗吉尼亚州浸信会就谋求建立一所神学院,它给出的理由如下:[47]

> 周围其他教派的兄弟再也不会因为我们不懂摩西律法而诅咒我们,也不会因为我们不懂自己的母语更不用说拉丁语或希伯来语而摒弃和排斥我们的教义。如果我们这样做的时候(这是我们在任何事情上都应该做的),一心一意只想着上帝的荣耀,宣扬救世主的福祉,那么我们就可以满心希望获得上天的认可。

浸信会的普通信徒一方面渴得到尊重,另一方面又对与他们志同道合且报酬低廉的牧师团体情有独钟。到1830年,在配备受过充分教育,领受薪资的牧师团体以及提高普通信徒的教育水平方面,浸信会领袖们都取得了相当大的进展。但是改变浸信会原有的偏见是一个缓慢的过程,还需要与根深蒂固的信仰复兴主义影响进行持续不断的斗争。[48]

6

南北战争后,各教派的地位发生了重要的结构性变化。将基督教传播到不断发展的城市人群中的使命迫在眉睫,同时也面临更多的困难,因为教会必须设法去适应城市工人的情感,解决他们的贫困,还要留住那些来自乡村的移民。信仰复兴主义者对城市的兴趣,早在19世纪40年代和50年代就明显增强,如今则更加刻不容缓。从德怀特·L.穆迪时代到比利·格雷厄姆时代,能否成功争取大城市——按照国际标准——人群皈依已然成为检验福音传教士重要地位的终极标准。而号召力仅局限于乡村和小城镇的布道者至多算是三流人物。

到目前为止,穆迪被认为是芬尼和比利·桑迪时代之间最杰出的人物。他出生于马萨诸塞州诺斯菲尔德一个泥瓦匠家庭,幼年丧父,家境贫寒,18岁那年在一位公理会巡回福音牧师的影响下皈依基督教。20岁出头时,穆迪就已经参与了南北战争前10年里城市间兴起的宗教和福利活动。虽然他在芝加哥经营的鞋业批发业务做得风生水起,但他还是在1860年决定放弃经商,投身独立的传教事业。内战期间,他活跃在基督教青年会。战争结束后不久,他成为该组织芝加哥分会的主席。由于从13岁起就再也没有上过学,他从来没有谋求过神职,也从来没有成为牧师。

1873年以前穆迪的成就主要体现在基督教青年会和主日学校的活动中,尽管他也显示出他的进取心和好奇心,曾两次前往英国,观察研究那里的基督教领袖的布道方式。1873年,他应英国友人邀请前去组织了一系列福音派集会从而获得了人生中首次重大的成功。1873年夏天,他携自己的风琴手兼演唱者艾拉·D.桑基(Ira D. Sankey),开启了为期两年的系列集会,足迹遍布约克、爱丁堡、格拉斯哥、贝尔法斯特、都柏林、曼彻斯特、谢菲尔德、伯明翰、利物浦和伦敦。据估计,仅在伦敦就有超过250万人聆听了他的宣讲。自卫斯理和怀特菲尔德时代以来,英国还没有出现过如此令人印象深刻的布道。穆迪离开美国时寂寂无闻，归来时已赫赫有名。从1875年到他去世的1899年，他不仅是美国福音主义新时期毫无争议的领袖，而且也是美国新教最伟大的人物。

穆迪与芬尼迥然不同。芬尼以一种几乎骇人的力量征服信徒，而穆迪则看上去慈眉善目、和蔼可亲，更乐意为人们带来来自天堂的承诺而不是地狱苦难的威慑。他身材矮小，体态肥胖，满脸胡须，很像格兰特将军，而且不仅外形相似，思想也和格兰特将军一样极为单纯，也一样拥有坚定的意志。他对灵魂的围攻展现出与格兰特将军围攻维克斯堡时同样果断的组织能力，即以压倒性的力量优势攻击对方的薄弱环节直至抵抗土崩瓦解。同样地，穆迪也和格兰特一样，表面上不露声色，内心却极为强势。但两者的相似之处仅此而已。格兰特尽管已尽力而为，但内心缺乏自信。从军前，他在商界一败涂地。从政后，又在政坛再次失意。而穆迪却极为自信。在他放弃鞋业生意，投身宗教事业时，他就已经是一名正稳步走向富有的成功的商人，而那时他还依然非常年轻。很难想象他会在首先需要具备坚忍、精明、果断、纯粹的男子气概以及人情味等品格的现实生活中遭遇失败。穆迪极其无知——批评他布道的人总是说，他甚至连语法都不懂。但他了解他的《圣经》，也了解他的听众。他用淡淡的语气，不间断地反复向他们询问一个不可回避的问题："你是基督徒吗？"他口若悬河，滔滔不绝，他的声音充满了礼堂宽阔的空间，萦绕在听众耳畔，裹挟着他们追随他走向救赎。

穆迪的布道内容广泛，并不局限于一宗一派——非常重要的一点是，他实际上赢得了除罗马天主教、唯一神教和普救教[49]之外几乎所有教派的支持——而且他对关于神学问题的正规讨论不屑一顾（"我的神学！我不知道我有没有。我倒巴不得你们能告诉我我的神学是什么"）。[50]他那个时代的知识、文化和科学对他而言一文不值，就算偶尔不得不触及这些话题时，他也会用上一种所能想到的最尖酸刻薄的语气。在这方面，穆迪忠实于主流的福音派传统。虽然他无意诋毁建制派牧师或其培训机制，但是仍然由衷地赞同普通信徒参与宗教工作，并且认为接受过神学院教育的牧师"常常被教育得脱离了民众"。[51] 他贬低所有不以服务宗教为目的的教育，他说，因为世俗教育不是告诉人们他们是多么不可救药的一群坏蛋，而是奉承他们，说他们"都跟天使似的，因为他们受过一点教育。受过教育的流氓就是最卑鄙的流氓"。除了《圣经》，穆迪几乎什么都不读。"关于书，我有一条规矩。我不读任何书，除非它有助于我理解《圣经》这本书。"小说？它们"都华而不实……我不喜欢小说，而且也不想去读；即使想读，也不会去读"。戏剧？"你们说欣赏优秀的戏剧是一个人受教育的一部分。那就让这种教育随风而去吧。"文化？"就它本身而言无可厚非"，但是在一个人还未从神而生之前谈论它实在是"疯狂到极点"。知识？这是对有思想之人的妨碍。"我宁可拥有缺乏知识的热忱，这世上有太多缺乏热忱的知识。"科学？到穆迪时代，它已经成为对宗教的威胁，而不是发现上帝和赞美上帝的手段。"相信人类是按照上帝的形象造出来的，要比相信人类是猴子的后代——就像现在一些年轻男女在学校学到的那样——要容易得多。"[52]

诚然，穆迪对智识和文化的态度秉承了福音派的传统，然而对他那一代人来说，他代表了复兴运动史上一个新的转折点，不是目标或态度的转变，而是方式上的转变。在乔纳森·爱德华兹时代，人们习惯上把信仰复兴看作神的降临的结果。爱德华兹在他第一部伟大作品的标题中，将北安普顿复兴称为"上帝的惊人之作"。它是一个修饰语，显示了北安普顿牧师的观点，即事情并不完全由人的意志所控制。有人猜测，怀特菲尔德对此或许更心知肚明。作为经验老到的资深信仰复兴推动者，他肯定不仅仅只是隐约感觉到人类的意志与此有关。尽管如此，他还是更倾向这样的观念，即神的干预依然是必不可少的最基本的推动力。相对而言，人类意志则是被动的。到了芬尼时代，这种观念逐渐衰落，具有美国福音派传统特色的唯意志论思想占了上风。"宗教是人的工作"，芬尼坚持认为。他承认，上帝以他的神性介入人类宗教活动,使人遵从他的训诫。但神性无时无刻不在发挥作用,它就是我们现在所说的常量,人类的反应则是变量。当人类意志适时而动时,复兴就发生了。芬尼断言,信仰复兴"在任何意义上都不是神迹,或依赖于神迹。它是正确运用现有手段所达到的纯粹理性结果"。因此,坐等信仰复兴的奇迹再现是错误的,也是懒惰的。"你们现在明白为什么你们没有复兴了吧,那只是因为你们不想要。"[53]

芬尼的《关于信仰复兴的演讲》完全着重于阐述什么是正确的手段,以及如何能够根据意志发起复兴,如果可以这么说的话。但值得注意的是,芬尼所指的手段并不是单纯的机械操作,也不仅仅是技巧,而是一系列指导,告诉人们如何将心灵、思想和意志统一起来,以实现信仰复兴的伟大理想。穆迪和他那一代人正是在这里开启了新的转折点,使复兴主义与新工业时代精神相适应。如果我们认为,一个具备像穆迪那样的力量和真诚的人缺乏必要的内在精神源泉,未免有失偏颇。但值得注意的是,他在其中加入了另外一些东西,例如商业组织运作技巧。芬尼的复兴主义属于安德鲁·杰克逊和莱曼·比彻的时代,穆迪的复兴主义则属于安德鲁·卡内基(Andrew Carnegie)和 P. T. 巴纳姆(P. T. Barnum)[①]的时代。

尽管芬尼的复兴活动也经过了精心的安排,但是在运作过程中并没有借助太多手段。穆迪的就不同了。他会充分利用一整套强大的运作机制。[54]布道集会开始之前,他会派遣代理人员前去落实当地福音派牧师的邀请。另外还会发动一系列广告攻势,四处张贴海报并在当地报纸发布通告(通告通常插入到娱乐版面)。民众蜂拥而至,以致即使最大的教堂也容纳不下。所以还必须找到大型礼堂,没有大型礼堂就必须着手兴建。如果礼堂是临时搭建的,那么之后就或被卖掉或被

---

① 安德鲁·卡内基(1835—1919),苏格兰裔美国实业家、慈善家,卡内基钢铁公司的创始人,被世人誉为"钢铁大王","美国慈善事业之父"。P. T. 巴纳姆(1810—1891),美国政治家,积极推动废奴运动。——编者注

弃作他用以便换取收益。用于穆迪波士顿集会的建筑就耗资 3.2 万美元。为了应付巨额开支——在一个城市举行一系列集会可能需要花费 3 万美元（纽约）到 14 万美元（伦敦），他们设立了财政委员会，通过这些委员会，当地商人的资源得以挖掘和利用。但是穆迪不必完全依靠小商小贩。塞勒斯·麦考密克（Cyrus McCormick）和乔治·阿穆尔（George Armour）在芝加哥，杰伊·库克（Jay Cooke）和约翰·沃纳梅克（John Wanamaker）在费城，以及 J.P. 摩根（J. P. Morgan）和科尼利厄斯·范德比尔特二世（Cornelius Vanderbilt II）在纽约，都分别对穆迪给予了支持。穆迪的集会还需要当地的引座员和办事员，前者负责管理到场人群，后者负责跟进集会结束后对穆迪的皈依者们精神状况的"调查"。另外还有音乐上的安排——桑基的演唱和他的风琴弹奏，以及在每个城市招募的由 600 到 1000 名不等的当地歌手组成的唱诗班。就像其他几乎所有商业活动一样，穆迪每次布道集会赢得皈依的灵魂数量成为考量业绩的标准。起初，穆迪本人对于估计皈依者数量不以为然——他们说，伦敦，3000 个；芝加哥，2500 个；纽约，3500 个。但在随后的几年里，他开始使用"决志卡片"系统地记录下咨询室访客的姓名和地址。

正如我们所看到的，在法律方面受过的训练得以施展到自己最富有理性的布道事业中，芬尼对此颇为自豪。至于穆迪，他也许并非有意为之，但从他的布道风格中可以看出其早期从商经历的影子。有时他说话的口吻像个推销救世的促销员。在一次"问询"集会上，他爬到椅子上说："现在，谁愿意来接受基督？ 你们只需要基督。有了基督，你们就有了永恒的生命和所需要的一切。没有基督，你们必定灭亡。基督把自己奉献给你们。谁愿意来接受基督？"[55] 或当有人听到他说："如果一个人想要一件外套，那么他会用金钱买他能买到的最好的外套。这是全世界通行的法则。如果我们向人们展示出宗教比其他任何东西都好，我们就能赢得世界。"我们不得不赞同卡玛列尔·布拉德福德（Gamaliel Bradford）的评价，这是"卖鞋的行话"。[56] 与穆迪同时代的人也注意到了这一点。"他站在布道台上的时候,"莱曼·阿伯特（Lyman Abbott）这样描述穆迪,"看起来活像个商人:穿得像个商人;掌控集会的方式像个商人;讲话的语调像商人。"[57]

芬尼至少在类似奴隶制这种重大社会问题上还是激进的,而穆迪则自始至终持保守态度。福音精神与商业头脑的结合成为在其之后复兴派盛行的主要特色,这在很大的程度上要归功于穆迪。他的政治观点始终与支持他的共和党商界人士类似,他向人们阐明《福音书》对财产利益集团的重要性,仅此而已。"我对芝加哥的富人们说,如果共产主义和对基督的背叛席卷这片土地,他们的钱就不值多少了。"他还说,"对芝加哥的资本家来说,再没有比把《福音书》拯救灵魂的盐撒进这些黑暗之家和救济中心更好的投资方式了……"但如果以此认定他在迎合别人,那就错了。他的保守主义反映了他的千禧年前论观点,这种观点在他身上又引发了彻底的社会悲观主义:人类天生邪恶透顶,对其不能抱以期待。"我总在听人说改革,改革,听太多了,已经厌倦了这一切。我们需要的是圣灵之力所带来的重生。"正因为如此,穆迪对任何关于社会领域方面的探讨都没有耐心。[58] 在他所有的著作中,人类过去是,也一直是一个失败者。真正的使命是让尽可能多的灵魂逃离现世这艘正在下沉的船。

7

穆迪时代信仰复兴运动很重要的一点就是不得不比前辈们受到更多的限制。以往复兴活动中的种种"狂热"表现——尖叫、呻吟、昏厥、哭嚎和狂吠——如今不再被人接受。其原因不仅在于虔诚主义变得更加克制,还在于城市复兴活动是在城市媒体批判的眼光下进行的,任何可能导致失去公众支持的事情都不允许发生。那些在乡村教堂和露天布道会所允许的失控都有可能在大复兴时期的大礼堂中引发危险场面。复兴运动最明智的支持者们常常为那些极端浮夸的狂热表现感到难堪。虽然芬尼会时不时煽动信徒进入这种情绪，但是他也认为这是累赘和祸害，难以避免。穆迪则一心想彻底根除这种现象，他会中断布道，示意引座员把干扰秩序的信徒逐出会场。甚至，只要信徒"阿门"或"哈利路亚"喊得过多时，也会让他提高嗓门大声说道："别麻烦了，我的朋友，这些让我来喊好了。"[59]穆迪的继任者比利·桑迪则认为"一个人，不需要这么大惊小怪也可以皈依"。有一次，他一边严厉地抬手示意引座员把闹事的人扔出去，一边喊道，"兄弟，两个人没法同时掌舵，还是让我来吧。"还有一次："等一下，这位姐妹，把你的点火器放回去，省省汽油吧。"[60]起码的风度——在某种程度上——还是要保持的，而且不能有任何事情分散大家对这位明星表演的注意力。

虽然城市中福音布道的环境要求信徒保持收敛和克制，但是传教士们却似乎得到了解放。对研究大众情感的历史学家来说，福音主义发展过程中最引人注目的一点是布道辞从通俗到粗俗的堕落。一直以来，虔诚主义的核心理念就是，布道辞应该平白自然、简单明了、朴实无华，这样的语言才能直达单纯民众的内心并打动他们。芬尼认为，真正优秀的布道辞，就像真正优质的生活一样，应该天然去雕饰。他在宣讲时，语言通俗易懂，极富感染力。他喜欢即兴发挥而不是照本宣科，因为即兴的话语更直接，更贴近日常的交谈。当人们全身心真诚交流时，芬尼说："他们的语言就得当、直白、简单。他们的句子就简短、有力、令人信服。他们要开始行动，并取得成果。这就是从前那些没上过学的卫理公会传教士和朴实真诚的浸信会传教士比我们最有学问的神学家与神职人员更有成就的原因。他们现在也依然如此。"[61]

人们很难反驳芬尼主张使用通俗语言布道的理由。毕竟，大多数优秀的布道中不是都含有通俗的白话成分吗？例如，我们会想起路德如何以最直白和最亲近的方式向他的信徒描绘耶稣诞生的场景：[62]

> 嫁人刚刚一年的年轻姑娘不能在拿撒勒自己的家里生孩子，

而是挺着大腹便便的孕肚，拖着沉重的身子走了三天的路，这已经够惨的了！……生的时候更是可怜。没人注意到这个第一次生孩子的年轻产妇。没人关心她的遭遇……在那里，她一点准备也没有：没有灯，没有火，死一般寂静的夜晚，四周漆黑一片……我自己不禁会想，如果约瑟夫和玛利亚意识到产期将近，她或许就会被留在拿撒勒……谁来告诉这个可怜的姑娘该怎么做？她之前可从没生过孩子啊。我很惊讶，那个小家伙居然没被冻死。

或许，芬尼本身直白朴素的语言风格也只不过继承自最为出色的清教布道。毫无疑问，美国传道史上最伟大的比喻当属乔纳森·爱德华兹所描绘的灵魂形象：一只悬垂于厨房炉火上方的蜘蛛，只因为上帝的仁慈才与蛛丝相连。难道不正是这种通俗的语调本身赋予了美国文学极大的原创性与独特性吗？

芬尼本身对布道语言的观点都是对的，这一点也得到了充分的证明。对于芬尼之后的福音传道来说，问题在于如何在某种程度上巩固这种通俗的风格，而不是仅仅固化甚至放大其大众情感中最粗俗的一面。与芬尼同时代的杰贝兹·斯旺（Jabez Swan）在描述约拿的鱼时，无疑仅仅添加了一点活泼的口语语调：[63]

> 这条大鱼拍打水面，溅起泡沫，从这头到那头，上蹿下跳，四处扑腾，想甩掉身上的负担。到后来，它觉得越来越难受，它扑到岸边，把那一大团恶心的东西从嘴里吐了出来。

穆迪布道的速度是每分钟说220个字，口语化却不粗俗，尽管为了与其时代相适应，他在布道时加入的一股浓浓的伤感情调，可能会让芬尼迷惑不解。和芬尼一样，穆迪也对他称之为"论文布道"的东西没有耐心。他说："就想显得自己能言善辩，实在是太蠢了。"[64]传统的信徒非常反感他那一副不拘小节的乡巴佬做派（"如果他不加快语速，大家都会对这种集会感到失望"），伦敦《星期六评论》说他"不过是一个最俗不可耐的就会大喊大叫的家伙"。[65] 但总的来说，他的布道并非那么粗鄙不堪，反倒是他同时代那些年轻一些的人，比如山姆·琼斯（Sam Jones），语气则更为粗俗、更有攻击性："这个镇上有文化的牧师一半都是文科学士、哲学博士、神学博士、法学博士和狗屎。""如果有谁觉得受不了真理的药膏涂得比他以前见过的都又厚又快，那么他最好从这里滚出去。"[66] 比利·桑迪想要效仿的正是这种范儿，而不是穆迪的风格。

比利·桑迪的福音传教生涯从1896年持续到1935年。随着他的到来，福音派进入了修辞水平的最低谷时期。与他相比，比利·格雷厄姆这样的当代传教士就显得又得体又守规矩，当真令人震惊。桑迪的职业生涯与穆迪有很多相似之处。桑迪的父亲是艾奥瓦州的一名砖瓦匠，1862年死于北方军队中。桑迪童年时代生活在乡下，家中一贫如洗。高中毕业前就辍学了，1883年被芝加哥白袜棒球队的一名球探选中。从1883年到1891年间，他都以打棒球为生。他之后的职业生涯与林·拉德纳（Ring Lardner）笔下所描写的那个自大到无法形容的外场手如出一辙：皈依了宗教，并转向了福音派。和穆迪一样，比利·桑迪同样是通过基督教青年会开始投身福音传播事业。1886年皈依之后，他开始在基督教青年会宣讲。离开棒球队以后，他担任基督教青年会干事并于1896年开始了他的布道生涯。穆迪对自己的世俗身份安之若素，而桑迪却不同，他渴望被授予圣职。1903年，桑迪面对芝加哥长老会的审查委员会时给出一连串大意是"这对我来说太深奥了"之类的答案。之后考官们取消了考试。鉴于桑迪赢得皈依的人数比所有的主考官加在一起赢得的人数都多，他无须接受进一步考察就被提升为牧师。

1906年后，桑迪离开了他赢得早期成功的中西部小镇，开始向中等规模城镇进军。到1909年，他已经成为各大城市中炙手可热的一流福音传教士，穆迪衣钵的继承人。布莱恩、威尔逊和西奥多·罗斯福等政界领袖以各种方式给予他支持；巨头大亨向他敞开了金库，就像当年他们向穆迪敞开了金库一样；他得到了人们的广泛尊敬；数以百万计的人群前来聆听他的布道。1914 年，由《美国杂志》发起的一项关于"谁是美国最伟大的人？"的民意调查结果中，桑迪与安德鲁·卡内基并列排在第八位。从表面上看，桑迪经营自己的福音事业的方式与穆迪非常相似，但实际上二者之间存在两个重大的差异。穆迪需要并努力争取得到当地牧师团体的邀请；桑迪则更进了一步，往往会对那些不情愿发出邀请的神职人员进行胁迫直至他们就范。穆迪虽然生活舒适，但是并没有腰缠万贯，桑迪则成了百万富翁。当有人质疑桑迪在复兴活动中收取费用时，他这样回应："我的劳动所得到的报酬是每个灵魂大约两美元，如果以赢得皈依的灵魂数量比例来计算，那么我拿的比现在任何一位在世的福音传教士都要少。"穆迪与桑迪都非常务实，但穆迪的个人嗜好只是喜欢大鱼大肉，吃吃喝喝，桑迪则讲究衣着光鲜，打扮时髦。他身穿条纹西装，打理得硬邦邦的领子，别着钻石别针和饰钉，脚蹬锃亮的漆皮皮鞋，套着鞋罩，活像一个和女孩出去约会的架子鼓鼓手。和穆迪一样，他也有自己的音乐伴奏人，霍默·A. 罗迪希弗（Homer A. Rodeheaver）。但桑基的歌声甜美，罗迪希弗则开始把赞美诗唱成爵士乐。[67]

如果芬尼能看到，那么他一定会对桑迪开展复兴活动的风格和掺杂其中的娱乐元素感到震惊。他曾从马戏团雇了一个巨人给他看门；他动不动就夸张地模仿与他同时代的人（芬尼严格的禁令中有一项就是举止轻浮）；他会在气氛热烈的布道集会上脱去外套和背心；在滔滔不绝的宣讲当中他还会时不时穿插各类肢体动作以便展示自己身体的敏捷。桑迪对自己善用俚语感到自豪。"我为什么要在乎那些瞪着金鱼眼，又矮又小，还没脑子的传教士，寻思着他们是不是因为我说了盎格鲁-撒克逊大白话而到处叽叽歪歪个没完没了呢？我想让人们明白我的意思，这就是我要尽量深入到他们的生活中去的原因。"他说，有文化的传教士们总想着去"取悦知识分子，却因此忽略了大众"。穆迪所用的语言虽然简单，但是在桑迪看来却似乎缺少了些味道。穆迪曾说："教会的标准太低了，没有多大意义。"桑迪则这样说："教会的围栏太低了，任何有那么两三套衣服和一卷银行票子的老肥猪都能拱过去。"穆迪喜欢这样表达："我们不要智识和金钱权势，我们只要上帝箴言的力量。"桑迪则具体详尽，生动形象："如果所有的成员都是千万级大富豪和大学毕业生，美国的教会就将死于干腐病，并沉到地狱 49 英寻①的地方。"[68]

经典的民间风格的布道试图用贴近生活的现实主义口吻讲述圣经故事，桑迪则使用流行的小镇俚语讲述黑暗的势力和光明的力量。在他的布道中，魔鬼用这些话来试探耶稣："把这些石头变成面包，弄一顿正经的饭！变出吃的来吧！"他这样描述面包的奇迹：

> 但是耶稣环顾四周，看到了一个小男孩，他的妈妈给了他五块饼干和几条沙丁鱼当午餐，耶稣于是对他说："过来，孩子，主需要你。"然后他告诉小男孩他想要什么，小男孩说："耶稣，我有的是不太多，但是你都尽管拿吧。"

20 世纪 20 年代，那些被布鲁斯·巴顿（Bruce Barton）的《无人知晓之人》（*The Man Nobody Knows*）的粗俗惊掉下巴的人可能没有意识到，巴顿笔下的能干大事的基督，在很大的程度上源自桑迪的描述："耶稣可以搞定这个。耶稣基督能像一个六缸发动机一样运转，如果你认为耶稣不能，那你就大错特错了。"他还认为有必要明确一个事实：耶稣"不是面团脸，不是低三下四的马屁精。耶稣是有史以来最伟大的斗士"。[69]

---

① 1 英寻 ≈ 1.829 米。——编者注

第五章
对现代性的反抗

1

比利·桑迪的粗鄙言辞只是一种表面现象，其本身并不重要，重要的是其揭示的福音主义在他那个时代的地位。在桑迪的俚语和粗俗的背后潜藏着一种绝望的精神，这在芬尼和穆迪身上是全然不存在的。诚然，这些早期的福音传道者也曾为地狱的力量所困，且在拯救灵魂方面表现得激进好斗。但除此之外，桑迪还被现代主义精神所困扰，有时甚至有人怀疑这才是首要因素。除了纯粹的个人气质（这亦是不可或缺的因素），他的风格的深远意义及高涨的热度，皆是源自原教旨主义在其历史衰退期中所受的阵痛。

当进入20世纪时，我们会发现福音派传统正迅速走向危机。该场危机的首要部分源于内部：在早先的宗教形式与现代主义之间必须作出选择，而且这次的选择刻不容缓、不可避免，因为上述两者之间的对抗已然日益公开化、普遍化。无论是普通信徒还是神职人士中的原教旨主义者，都痛苦地看到很大一部分福音教派——例如浸信会和卫理公会——都至少在一定的程度上屈服于现代主义思想，他们对这些反叛者的怨恨便加剧了他们的苦楚。危机的第二部分源自外部：世俗对宗教正统的挑战比这个国家本身的历史还要古老，但达尔文主义势力加之崭新的都市风格，使这种挑战如虎添翼，威力前所未有。此外，教育的普及和整个国家的流动性，以及全国范围内观念市场的发展，皆使世俗自由的知识分子思想和原教旨主义者的《圣经》信仰越来越难以各自独立发展。只要各种形式的世俗主义还属于精英事务，原教旨主义者就会或无视它，或顺手把它当作好战说教的替罪羊。但如今，这两者陷入了直接而持续的冲突之中——对于宗教来说，这就是大众文化的发展及其与高等文化接触造成的首要后果。

笔者并非想说，宗教没有可能以某种平静的方式脱离世俗文化的精神环境。但对于诸多的激进人士来说，这的确不是理想的选择。宗教，对许多个人或群体来说，或许表达的是一种宁静的信仰、个人的平和以及心灵的慈悲。但对于更好斗的人来说，它也可能是仇恨的源泉或发泄口。有一种好战的头脑，对它而言，任何人类境遇中的敌对行为似乎都俨然是其最有趣或最有价值的方面。有些人将仇恨奉为信条并赖之以生存，我们可以在历史中追寻到他们的轨迹，例如各种激进的反天主教运动、反共济会运动以及五花八门的古怪狂热的活动。原教旨主义者中既有平和的，也有好战的，很难说哪类群体人数更多。在这里，笔者关注的是好战的一边，他们全身心地投入对宗教现代主义和我们整体文化现代性的反抗中。因此，我们现在要关注的是福音派整体传统中与日俱减但仍远非微不足道的一部分——在这类福音派看来，它可以用日益磅礴的热情和进取心来弥补其人数的下滑。

比利·桑迪最显著的修辞手法中有两个醒目之处，一个是强硬，另一个是嘲弄和谴责，可以被视为一种新型大众思想的重要表现。我们可以从桑迪身上找到一种笔者所谓的"百分百心态"——这种心态表现为信奉所有主流的愚昧现象，并且认定无人有权对它们进行挑战。这种心态是原教旨主义宗教和原教旨主义美国精神彼此融合而成的、较新的产物，通常带有一层浓厚而苛刻的原教旨主义道德观。[1] 具有这种"百分百心态"的人不会容忍暧昧、含糊、保留意见和批判，而且还会认为他的这种倾向是强硬和阳刚气概的铁证。一位观察家评价桑迪说，那时已经没有一个人，"甚至连罗斯福先生本人，都不会如此执着于自己个人、好斗的阳刚气概。"耶稣是惹不得的斗士，而他的门徒桑迪则会颠覆这样的概念：基督徒必然是"抹布一样的东西，是软弱无力的娘娘腔蠢货，人人都能拿他当受气包"。"主将我们从狂妄自大、肥头大耳、优柔寡断、神经过敏、圆滑造作、懦弱胆怯、僵化保守的三克拉基督教里拯救出来。"桑迪想要消除这样一种观念，即成为基督徒会让人脱离繁忙的世界生活和活动，使他沦为一个没有骨气的娘娘腔。他在自己的宣言中表达过一种罗斯福式的观点："道德的战争使人坚强。表面的和平使人软弱。"他总结了自己的脾性："对于一位不爱惩罚的上帝，我兴致索然。"[2]

为了评价这种日益增长的好战精神的历史意义，让我们追溯至福音运动的早期历史。西德尼·E. 米德（Sidney E. Mead）曾说，大约在1800年以后，"美国人实际上面临着一个艰难的选择：是按照他们种种智识中心的盛行标准成为有智力者，还是按照他们种种教派里的普遍标准成为笃信宗教者。"[3]但在1800年以后，这个选择还不像1860年以后尤其是1900年以后那么明确，问题也不是那么尖锐。直到1800年，正如米德自己指出的那样，虔诚主义精神和理性主义精神之间存在着一种非正式形式的理解，这种理解主要是基于共同的博爱精神和对宗教自由的一致热情。例如有人会想到本杰明·富兰克林，他曾在费城倾听怀特菲尔德的布道，倾囊相助来支持觉醒者喜爱的慈善机构，不仅如此，还在正统神职人员拒绝怀特菲尔德使用他们的讲道坛之后，资助建造了一座对所有传教士开放的礼拜堂。这种虔诚主义和理性主义之间的友睦在杰斐逊担任总统期间达到了顶峰，当时，以浸信会为代表的异见团体都很乐于支持坚定地维护宗教自由的人，无论他是否是理性主义者。[4]

当然，在18世纪90年代，当自然神论的影响在美国达到顶峰时，确实出现了许多关于无信仰侵入的恐慌言论。这些恐慌主要影响的是建制教派的成员，因为其学院和叛变的信徒也都参与其中。[5]伏尔泰和汤姆·潘恩均在1795年之后爆发的信仰复兴运动中充当了牧师的替罪羊，这也是事实。[6]但大多数早期的福音传道者都过于现实，他们无法想象，一种知识型的、在智识层面自觉自发的怀疑论，会对他们试图接触的普通大众构成真正威胁。他们深谙主要的敌人不是理性主义，而是宗教冷漠。他们最重要的工作不是针对那些因汤姆·潘恩抨击《圣经》而受到震动的人，而是那些从未接触过《圣经》的人。从1795年到1835年，福音派取得了越来越惊人的进展，自然神论陷入了沉寂，虔诚主义和理性主义之间的斗争逐渐平息下来。福音派更关心的是拯救美国广袤的内陆地区，使其免受天主教教义和宗教冷漠的双重"祸害"，而不是驱散启蒙运动的微弱余晖。

内战结束，一切皆变，理性主义再次化作福音派思潮的首要敌人。达尔文主义的出现，及其对所有思想领域的广泛而普遍的影响，使正统基督教处于守势。而在学识型神职人员和受过良好教育的普通信徒中，现代学术性的《圣经》批判则加强了达尔文主义的影响。最终，临近世纪末，工业主义问题和城市教会引发了一场广泛的社会福音运动，这是另一种现代主义倾向。牧师和普通信徒都必须在原教旨主义和现代主义、保守的基督教和社会福音之间做出取舍。

随着时间的推移，许多神职人员——包括相当一部分支持福音派的人——都成为自由主义者。[7]那些没有接受自由主义的人则发现自己处于一种苦痛的境地，他们不得不与少数理性主义怀疑论者生活在同一个世界里，眼睁睁地看着正统基督教离经叛道，不断向现代主义靠拢：从本质上与永恒救赎问题相联系的基督教，转向忙于诸如工会、社会问题处理甚至促进社会主义等世俗事务的基督教。到20世纪末，原教旨主义者便痛苦地意识到，他们正在丧失极大的影响力和威望。此时可以看出在他们当中形成了一种宗教风格，这种风格源自对一切现代事物进行反击的欲望——高等批判、进化论、社会福音以及所有类型的理性批评。这种社会层面和神学层面的反应共同奠定了"百分百心态"的基础。

通过对比穆迪和他最杰出的继任者，可以看出这种态度逐渐固化的过程。穆迪的观点类似于后世所谓的原教旨主义观点，但他的宗教风格早在19世纪70年代初就已经形成，当时现代主义的入侵还主要局限于知识分子圈子。他关于原教旨主义和现代主义之间冲突渐现的观点，部分源于其个人的仁善，部分来自他性格形成时期冲突本身的总体状态。他坚称《圣经》是上帝的启示语录，里面没有什么是不明智的，没有什么是不高尚的，企图损毁它的任何内容都属于魔鬼的行径。"假使《圣经》中有一分不真，那么它的一切便归于虚无。"完全摒弃用科学和理性来解读《圣经》不是不可能的——《圣经》不是用来理解的。"谈论修辞语言和象征意义让穆迪倍感厌倦。"如今人们都是这样谈话，都是这样来理解一切。"[8] 尽管如此，穆迪的话语中明显不带有偏执和激进的意味。他更愿意与他所尊敬的宗教自由主义者和平相处。他欢迎他们来参加自己的诺斯菲尔德会议，他不喜欢听到其他保守人士称他们为无信仰者。穆迪的这种特点在他曾经资助建立的两座教育中心身上得到了传承：一个是芝加哥的穆迪圣经学院，后来转向了原教旨主义；另一个是马萨诸塞的诺斯菲尔德神学院，日后走上了现代主义道路。两座学院都声称沿袭了穆迪的工作精神。

与他相比，桑迪则截然不同。他绝不容忍"原教旨主义不彻底、不坚定、不强硬"这样的说法。他毫不吝惜自己恶言谩骂的本事，大举攻击着高等批判和进化论，就像攻击其他一切不得他心的东西那样。"地狱是真实存在的，因为《圣经》这么说。说不信，那你就是黑心肠、低贱、堕落！你这大傻瓜！"他还称："成千上万的大学毕业生正以最快的速度直奔地狱。假使我有100万美元，我会把其中的999 999美元捐给教会，1美元捐给教育。""当上帝和学问两言相悖时，就让学问下地狱去吧！"[9]

2

这种任性粗野的调子日益尖锐。对正统的挑战已然太过强盛，渗透进无数社会权力和地位的焦点地带，俨然不容小觑。据说，原教旨主义者自身偶尔也会苦于对自己信仰恰当性的质疑,这种疑问萦回于心,而如今已无处不在。正如莱因霍尔德·尼布尔(Reinhold Niebuhr)所言:"极端正统透过如此狂热所显露出来的,是怀疑论的毒害已然深入教会的灵魂,因为当对自己所确信之事的把握受到动摇时,人们会转而极其强烈地坚持这件事,疯狂主张正统是一种去除怀疑的方法。"[10]

"无法再通过讨论回应理性主义和现代主义"这种感觉导致了诉诸纯粹言语暴力进行压制的癫狂行径,且最终演变为镇压与恐吓,并在20世纪20年代的反进化论运动中达到巅峰。正如桑迪本人在那10年间的一次布道中所说的那样,时代有所改变,"美国已不再是一个容忍持异议者生存的国家。"[11]但对原教旨主义者来说不幸的是,他们如今成为持异议者;面对批判者,他们缺乏恐吓和压制的力量;他们在历史的退潮中漂浮摇曳。即使在大型的福音教派中,他们也丧失了不少掌控权。至少在北方的卫理公会和浸信会都有大量教徒信奉着宗教自由主义。在失去了对福音派主体的统治之后,许多原教旨主义者开始感到绝望。

20世纪20年代被证明是美国新教文化斗争最焦灼的10年。广告、广播、大众杂志、大众教育的进步,使新旧思想发生了直接而不可避免的冲突。早先的乡村、小镇式美国现在正全力抵抗现代生活的侵蚀,在世界主义、天主教以及知识分子的怀疑论和道德实验主义面前采取着最坚定的立场。在三K党运动、对禁酒令的固执捍卫、斯科普斯审判以及1928年反对阿尔·史密斯(Al Smith)①的运动中,旧式美国徒劳地试图重树自己的权威。它唯一的胜利就是击败了史密斯,但史密斯成功地将民主党重塑为一股都市化和国际化的力量,为后来的民主党胜利奠定了基础,这也为先前的胜果蒙上了一层阴影。[12]

我们可以从20世纪20年代的痛苦呐喊中听出一种清晰的意识——

---

① 阿尔·史密斯,民主党成员,美国历史上第一位信仰天主教的总统候选人,反对禁酒,1928年美国大选中败于共和党胡佛。——编者注

旧式的美国已然一去不返，以及一种控诉——正是知识分子试图将之扼杀。1926年，三K党①的"帝国大法师"海勒姆·W. 埃文斯（Hiram W. Evans）写了一篇关于三K党宗旨的煽动性文章。在文中，他把当时的主要问题描述为"老式先锋阶层的广大美国人"和"智识上泥沙俱下的'自由派'"之间的斗争。他抱怨称，"北欧日耳曼民族的美国人"的所有道德和宗教价值都被入侵这个国家的种族毁坏殆尽，同时还蒙受着自由主义知识分子的公然嘲笑。埃文斯写道：[13]

> 我们是一场运动，一场平民运动，在文化、智识支持和领导才能的培训方面非常薄弱。我们需要，而且期望取得胜利，从而将权力交还给日常生活中的普通人，他们没有很高的文化，没有过多的智识，但是全然纯净，没有被褫夺美式特质，属于老派的普通公民。我们的成员和领导人皆属于这个阶层——其与知识分子、自由主义者的对立几乎浑然天成，这些人把持着领导权，是美国精神的叛徒，我们期望从他们那里夺取控制权。
>
> 这无疑是一大软肋。因为它，我们很容易被斥为"乡巴佬""土包子"和"二手福特车司机"。我们承认这一点。更糟糕的是，它使我们很难以最有效的方式阐明我们的境况、倡导我们的运动，因为我们大多数人都笨嘴拙舌……
>
> 每一场平民运动都遭受了这个阻碍……
>
> 在三K党看来，"满载情感与本能，而非冷酷的智识"这个事实并非软肋。所有的行动都来自情感，而非推理。我们的情感和它们所基于的本能已经在我们体内孕育了数千年之久，这比理性在人类头脑中占得一席之地的时间要长得多……它们是我们美国文明的基础，甚至比我们伟大的历史文献更厚重。当人性尽失的

---

① 三K党，1866年由南北战争中被击败的前南方邦联军队的退伍老兵组成的一个种族主义组织，奉行白人至上主义。——编者注

> 知识分子的精致推理靠不住时，情感与本性却值得信赖。

这并不是一种完全不着调的说法，语气也并非过分。但困难之处在于找到一种有节制的方法将之付诸行动。在这一点上，三K党的斑斑劣迹很能说明问题。原教旨主义者的恐慌亦是如此。一位佐治亚州的议员称：

> 读读《圣经》吧，它会教你如何行动。读读赞美诗吧，它包含了有史以来最美妙的诗。读读历书吧，它会告诉你如何预测天气。此外，没有书是任何人都必须读的，因此我抵制所有的图书馆。

他似乎太默默无闻，所言所语也难以引起关注。但是对于一位像布莱恩那样的三次参与大选的前国务卿来说，情况便截然不同了。1924年，他在面向基督复临安息日会信徒的演讲中称："美国遭受的所有弊病都可以追溯到进化论的教授。最好毁掉所有其他的书，只保存《创世纪》的前三节。"[14]

正是在对教授进化论的讨伐中，原教旨主义运动攀至顶峰，而在斯科普斯审判中，它也表明了最为坚定的立场。这次审判把原教旨主义和现代主义思想对峙中一切利害攸关的问题都进行了生动形象的完美诠释。争论的焦点集中在进化论在公立高中的地位上，这本身就在某种程度上证明了现代主义从精英意识的层面被拉下而成为大众经验的一部分。先前在学院和大学里曾爆发过一次关于教育进化论的斗争，而在1860年之后的30年里，这些地方保守的牧师们也曾试图在此阻止达尔文主义的浪潮。但因为发生在精英阶层，反进化论者所遭受的不可避免的损失并没有触及原教旨主义者的要害。毕竟，真正的信徒中很少有人上过大学，而那些上过大学的人仍然可以去那些没有受到《物种起源》影响的、保持着纯粹性的闭塞学校。然而，到了20

世纪 20 年代，进化论的教学沿着教育阶梯向下发展，已经蔓延至高中，而高中也开始触及普通民众。在第一次世界大战前的 15 年里，高中的数量增加了一倍多，并且在战后依然保持着迅猛增长的势头。高中文凭显然正在成为大多数美国儿童接受教育的标准——如果他们想为争取成功做好准备，他们就必须达到这样的教育水平。大批虔诚而有抱负的美国人开始认为自己的孩子应该上高中，并且意识到孩子们在那里肯定会受到进化论的威胁。约翰·T. 斯科普斯（John T. Scopes）在田纳西州受审的原因是他使用了一本进化论教科书——乔治·亨特（George Hunter）的《公民生物学》。这本书早在 1919 年就被国家教科书委员会采用，早在 1909 年就在该州学校投入使用，而直到 15 年后才被认定具有危险性。

对田纳西州和其他地方的原教旨主义者来说，阻止教授进化论代表着从进化论者、知识分子和世界主义者的破坏中拯救儿童的宗教——实际上，是拯救所有家庭的虔诚。[15] 如果原教旨主义者值得同情——笔者认为他们值得——那一定是在这一点上。如果人们意识到他们是把（而且仍然把）这场斗争看作保护他们家园和家庭的方式，那么他们的各种暴行便可以解释了。田纳西州原始浸信会的立法委员约翰·华盛顿·巴特勒（John Washington Butler）提出了一项反对在该州教授进化论的法律，因为他听说自己的社区里有一个年轻女子上了大学，回来时便成了进化论者。这让他不禁开始担心自己的五个孩子未来会经受什么。在这份担忧的驱使下，他最终在 1925 年将自己的愿望成功地立为该州的法律。"为上帝拯救我们的孩子吧！"田纳西州的一位参议员在巴特勒提案的辩论中呐喊道。当克拉伦斯·达罗（Clarence Darrow）在斯科普斯审判中说"每个孩子都应该比他的父母更聪明"时，他唤醒了原教旨主义者最为恐惧的幽灵。这恰恰是他们**拒绝**的——如果更聪明意味着孩子摒弃父母的观念，抛弃父母的生活方式。"这是为什么呢？我的朋友，"布莱恩在审判中说，"假使他们信了（进化论），他们就会回去嘲笑他们父母的宗教信仰。父母有权说，自己并不是花钱让老师来剥夺孩子们对上帝的信仰，把他们变成怀疑论者、无信仰者、不可知论者或无神论者之后再送回家。""我们的目的，也是唯一的目的，"他在审判开始前宣布，"是维护父母保护子女宗教信仰的权利。……"[16] 对布莱恩和他的追随者们来说，达罗显然是想把宗教和家庭忠诚两者拆离。一个田纳西人在达罗眼皮子底下挥舞着拳头说："你这该死的家伙，你吃了熊心豹子胆，竟敢怀疑我母亲的《圣经》。如果你这么弄，我就把你撕成碎片。"[17]

全国反进化论运动应该交由布莱恩领导，这再合适不过了。作为普通信徒，他身上融合了人民的两种最基本的祖传思想——福音派信仰和平民民主。在他看来，信仰和民主汇集在一种普遍的反智主义基本原理中。一边是人民的声音和内心的真理；另一边是知识分子，一小部分傲慢的精英，听任于谬误的科学和机械的理性主义——他把这部分人戏称为"科学圈苏维埃"和"自封为'知识分子'的没担当的寡头"。[18] 他指出，宗教从来都不独属于精英阶层："基督教是为所有人准备的，而不是只为所谓的'思想者'准备的。"头脑是机械的，需要心灵来引导。头脑既可以谋划犯罪，也可以计划为社会谋福利。"头脑崇拜是当今知识界的一大罪恶。"只有心灵——这属于宗教的领域——才能给头脑中的事物带来纪律，使其积德行善。

问题的症结在此：平民民主和旧式宗教之间的结合。既然心灵的事情是普通人的事情，既然普通人在这些事情上的直觉与知识分子的直觉一样优秀——甚至更优秀——那么他在宗教事务上的判断就应该成为标准。在宗教和科学之间看似出现冲突的地方——布莱恩认为——应该由公众来做定夺，而不是"那些以文凭和大学学位衡量者"。正如沃尔特·李普曼（Walter Lippmann）所言，"在上帝的宝座面前，所有人终而平等"的宗教教义不知怎的在布莱恩的头脑中变成了这样一种观念：在田纳西州的投票箱前，所有人都是同样优秀的生物学家。实际上，布莱恩提出把进化论问题交给基督徒投票定夺，就让这个事情演变成了多数人的权利问题。[19]

如果我们能相信基督徒对《圣经》之意的判断，那么《圣经》便是在谴责进化论、有神论进化论以及唯物主义进化论。在认为《圣经》为上帝箴言的人中，不到十分之一相信进化论的假设适用于人类。除非有某种规则，让一小部分人能够让他们的观点取代大众的观点，否则进化论必须被谴责为与上帝的启示意志相违背。

在布莱恩看来，在学校教授进化论是对平民民主的挑战。"当正统基督徒不被允许教授《圣经》的正统阐释时，进化论者——人口中较小的一部分——有什么权利用**公费**教授《圣经》的所谓科学解释呢？"无论如何，布莱恩并不相信进化论者的科学是合理可靠的。但他说，即便如此，这些人还是忽视了"政府的科学"，在这门科学中，"权利由**多数人决定**"，但宪法保障的少数人的权利除外。阻止少数人在公立学校教授他们的教义不会侵犯他们的权利。"他们没有权利为教授家长和纳税人不希望教授的东西而索要报酬。是签工资支票的手在管理学校。"基督徒必须建立他们自己的学校和学院来教授基督教。"为什么不要求无神论者和不可知论者建立他们自己的学校和学院来教授他们的教义呢？"[20]因此，如果按照布莱恩的想法，公立学校就会完全禁止进化论生物学，现代科学的教学就会局限于少数世俗主义私立学校。这对美国教育来说堪称一场灾难，但布莱恩并不认为健全的教育和正统的信仰之间存在矛盾，他深谙如果必须做出定夺，那么自己会如何抉择。一个受过教育而没有宗教信仰的人，就像一艘没有领航员的船。"如果我们必须在宗教和教育中选一个放弃，那么我们应该选择放弃教育。"[21]

3

如今，对于东部的知识分子来说，关于进化论的争论就像荷马时代一样遥远，故而通常会抱持着一种高人一等的态度来看待这两方。

但在这个国家的其他地方和其他圈子，这种争议仍然存在。几年前，斯科普斯审判被改编成戏剧《得风者》，但这部剧在百老汇看起来更像是一部古雅的历史剧，而不是对思想自由的激动人心的呼吁。巡演剧团曾在蒙大拿州的一个小镇上表演该剧，就在演到布莱恩的某次演说时，一名观众站起来喊道："阿门！"如今，知识分子面临着比学校里的原教旨主义更可怕的妖魔。但如果想不到20世纪20年代知识分子曾经有多么恐惧，那么当真可谓想象力的严重缺失。也许没有像20世纪50年代的麦卡锡主义运动时那样岌岌可危，但压迫性危险的感觉却同样真实。你只需读读梅纳德·希普利（Maynard Shipley）当年对反进化论运动的调查——《现代科学的战争》——就能重新感受到知识分子的真正恐慌。斯科普斯审判就像30年后陆军－麦卡锡听证会一样，在将这种情绪带到极致的同时作出了戏剧性的免罪判决与决议。审判结束后，人们更容易看到的是反进化论运动受到遏制，而知识分子则有些草木皆兵。但在审判之前，这场运动已经在许多州收揽了巨大势力，包括南部以外的几个州。在南部——正如亲历过这场运动的W. J. 卡什（W. J. Cash）所言——它像三K党一样，是一场真正的民间运动，它得到了"绝大多数南部人民的积极支持和同情"，支持它的不仅是群众，还有颇有影响力的世俗和教会领袖。[22] 如果知识分子在他们更安全的学识中心不存在可惧怕之事，那么他们或许会有理由担心这个国家的中等教育体系可能正面临灭顶之灾。他们对该体系的捍卫也称不上完全得心应手。直至今日，大多数中学生物课本的语言都十分保守，在许多地方，进化论也只是以间接的方式进行教授。就在几年前，在一项在全国具有代表性的青少年民意调查中，只有大约三分之一的人对"人是从低等动物进化而来的"这个说法表示肯定。[23]

进化论争议和斯科普斯审判大大促进了反智主义的发展。在20世纪，知识分子和专家首次被大部分公众的领袖斥为敌人。毫无疑问，激进的原教旨主义者在这个国家是少数，但他们是颇具影响力的少数。他们的敌意清楚反映了更多数人的感受，这些人尽管不愿意加入他们的反动运动,但是同样对时代趋势感到不安,对世界主义的心态、批判的智慧以及道德和文学的实验主义倍感恐惧。[24] 布莱恩对这些"专家"的猛烈抨击,象征着双方已分道扬镳。但曾经,情况也并非一直如此。先前在进步时代,知识分子认为自己与人民的基本利益和愿望在本质上是彼此和谐的。如今再一次证明,这种和谐既非先定,也不受保障。庞大的信教公众群体在精神上越诚挚,就越可能与大多数知识分子的观点产生激烈分歧。至于原教旨主义者,在重要斗争中的折戟沉沙并没有让他们投降或消失,这点一定不能忘记。他们含怒退出,但其中一些人仍在寻找现代主义者更容易受到打击的其他领域。他们不能在宗教争议中掩盖现代主义或世俗主义的光芒,但他们可能会在其他领域卷土重来、再起猛攻。

大萧条并未给他们带来多少慰藉。他们在神学上与大型福音派教会主体的分离导致了双重压迫,因为福音派的绝大多数人现已成为政治上的自由主义者或左派。[25] 然而,普通信徒并未完全走神职人员的路子。许多保守的普通信徒认为,新的社会福音运动的发展创造了一种新型"牧师阶层"(正如一位右翼牧师所说),与他们会众中许多人的情感不相和谐。出于强烈的孤立感和无力感,众多日渐式微但人数仍相当庞大的原教旨主义者加入了狂热的右翼阵营,反对新政。宗教原教旨主义现在又因为政治原教旨主义得到补充。20世纪30年代以来,原教旨主义一直是美国政治极右派的一个重要组成部分,这些人的思维模式往往表现出强烈的原教旨主义倾向。[26] 这种政治原教旨主义趋势的代言人为进化论争论中的民间反智主义注入了活力。"我不能像权威人士那样从学术层面理解政治科学,"其中一位领导人宣称,"我不熟悉欧洲的艺术杰作,但今晚我要说的是,我懂美国人民的心。"他接着指责起那些背叛他们的人:"20世纪的文士和法利赛人……他们鼓吹的国家论调,就是随时变化的政治和宗教态度,以及不合标准的伦理跟混杂的道德。"这席古老而又本土的陈词滥调被另一个人用最简单的话语重复了一遍:"我们要把这个政府从这些城市骗子手中夺过来,交还给那些仍然相信'二加二等于四、天堂有上帝、《圣经》是上帝之言'的人。"[27]

虽然从来没有人试图细致追溯大萧条和后大萧条时期的激进右翼与20世纪20年代的原教旨主义之间的历史联系，但是在这些领导人之间的确存在着些许这种关联的蛛丝马迹。右翼集团的许多领导人都是传教士，或曾经是传教士，或者是传教士的后裔，接受着严格的宗教教育。20世纪30年代中期与比利·桑迪有联系的一些人后来成为右翼或准法西斯煽动者。来自堪萨斯州的杰拉尔德·温罗德（Gerald Winrod）是那个时代最知名的右翼拥护者之一，他是在从事反进化论运动时开启了自己的煽动生涯。另一位是杰拉尔德·L. K. 史密斯（Gerald L. K. Smith），其父亲是牧师，他自己则是基督门徒教会的传教士。还有已故的J. 弗兰克·诺里斯（J. Frank Norris），他是得克萨斯州反进化运动的前沿人物，也是南浸信会传教士，后来成为最有争议的右翼弥赛亚之一。还有卡尔·麦金太尔（Carl McIntire），当代右翼反对现代主义的主要组织者，原先是知识分子原教旨主义者J. 格雷沙姆·梅琴（J. Gresham Machen）的门徒。[28] 近期约翰·伯奇协会右翼的复兴以及各式各样的"基督教运动"，使右翼中绝大部分人的原教旨主义倾向比以往任何时候都更加鲜明。这场运动在很大的程度上是由传教士和前传教士领导开展的。极右文学在风格上也表现出显著的连贯性——这表明原教旨主义模式在某种程度上已转向激进的民族主义模式（杰拉尔德·L. K. 史密斯将他的报纸命名为《十字架与国旗》，正是出于对这种连贯性的合理考量）。

政治倾向的原教旨主义者走向极右不单单是出于机会主义。和其他人一样，原教旨主义者喜欢认为自己拥有全面的世界观，当宗教和政治上的厌恶能够联系在一起时，他们的心灵便会获得更大程度上的满足。他们已经发展出一种能力，可以将看似无关紧要的敌意结合起来，从而使它们彼此强化。正如当代原教旨主义者把自己的宗教情感与冷战联系在一起那样，20世纪20年代的原教旨主义者亦是这样响应第一次世界大战的问题和残余反德情绪的。他们反对现代主义者最常用的论据之一便是,《圣经》的高等批判是受到了德国学术的有力推动,因此,他们能够将在第一次世界大战的暴行纪事中所揭示的德国人的毫无道德,与《圣经》批判破坏道德的影响联系起来。这个论据曾在不同程度的诡辩中被主张过,或许其中最愚蠢损毁的要数比利·桑迪的说法:"1895 年,德国皇帝在波茨坦宫召集他的臣子们,描绘了他称霸世界的大计,但臣子们告知他,德国人民永远不会支持和赞同它,因为这不符合马丁·路德的教义。皇帝随后喊道,'那我们就改变德国的宗教',就这样,高等批判开始了。"[29]

似乎存在一种普遍偏见的思想。关于政治褊狭和种族偏见的研究表明,狂热的礼拜和僵化的宗教信仰,是与政治仇恨和种族仇恨相互依存的。[30] 正是这种思想的存在,为百分百主义者的出现奠定了基础,并决定了现代右翼与原教旨主义风格上的相似性。事实上,冷战的形势和针对世界共产主义的持续斗争所孕育出来的激进精神,使原教旨主义思想重获新生。就像世上几乎所有的事物一样,原教旨主义本身已经相当世俗化,而这种世俗化的过程酝酿出了一种伪政治心态,在信仰复兴主义者传教士和宗教营地集会的历史背景下最能完美理解其思维方式。原教旨主义思想在道德和审查、进化论和禁酒方面都存在着折戟沉沙的苦痛经历,它发现自己逐渐湮没在这样的一个世界中:对于自己的种种情感,地位显著的大型大众传媒或将其伤毁殆尽,或对其置之不理。在一个现代的、实验性的、"复杂"的社会里,它被排挤到一边,成为一个小丑;甚至我们这个时代的许多宗教"复兴"都是温文尔雅、轻声细语的,故而也永远无法满足旧式原教旨主义的狂热。但在政治方面,那个时代的世俗化原教旨主义已然寻到一股崭新的力量以及一种新型的惩罚能力。战后的政治气氛赋予了原教旨主义者包含百分百主义者在内的强大新盟友:一是富人,他们中的一些仍然忠于原教旨主义的教育,因为所得税而心烦意乱,始终激进地反对着新政的社会改革;二是孤立主义团体和好勇斗狠的民族主义者;三是天主教原教旨主义者，他们准备首次就"无神论共产主义"问题与先前的迫害者联合起来；四是南部反动派，他们已在废除种族隔离的斗争中重整旗鼓。

这个时代的政治智慧在右翼思想面前如此不被信任和理解的一个原因在于，它没有充分考虑到右翼世界观背后本质上的神学倾向。就其典型性来讲，政治智慧如果要作为一股公民力量而非仅仅作为一套策略来推动各种特殊利益而运作，就必须具备自己处理生活事实和制定策略的方式。它将冲突视为主要而永恒的现实，并把人类社会理解为一种基于持续妥协进程的平衡形式。它避免最终的摊牌，并将完全的党派胜利的理想视为天方夜谭，认为这仅仅是对它所了解的那种平衡的另一种威胁。它对细微之处极度敏感，能从不同角度看待事物。它实质上属于相对主义和怀疑主义，但同时又慎重而人道。

原教旨主义思想与这一切无关，它在本质上属于摩尼教式，它把世界看作绝对之善与绝对之恶斗争的竞技场，因此它蔑视妥协（谁会向撒旦妥协？），不能容忍任何模棱两可。但凡在它看来不足挂齿的细微差别，它都不屑一顾：自由主义者所支持的措施实际上都属于社会主义，而社会主义只不过是共产主义的一个变体，且众所周知，共产主义是无神论。政治智慧则有所不同，它出发于政治世界，试图评估在面对对立势力的抗衡时，一套既定目标在实际中的实现程度。而世俗化原教旨主义精神则从界定绝对正确开始，把政治看作必将实现这种正确的舞台。例如，它不能把冷战看作一项世俗政治问题——也就是说，看作两种势力体系之间的冲突，这两者为了生存便在某种程度上被迫相互适应——它会将其仅仅视为一种信仰的冲突。它不关心势力的现实性——比方说苏联人拥有核武器的事实——它关心的是与共产主义者之间的精神斗争，特别是国内的共产主义者，他的现实性不在于其所作所为，甚至不在于其存在的事实，而在于他代表着精神角力比赛中的一位典型敌手。他的现实性丝毫未减，因为原教旨主义者从来都是在精神上与之斗争。

现实世界的问题由此转化为一种精神上的大决战，这是一种终极现实，在这种现实中，任何与日常事实的联系都会带上讽喻性例证的色彩，而不是普通人为普通结论而提供的经验性证据。因此，当一位右翼领导人指责德怀特·D. 艾森豪威尔是国际共产主义阴谋自觉而热诚的代言人时，按照政治智慧的通常标准来看，这位领导人似乎有些精神错乱，但笔者相信，从更准确的意义上来说，他真正超脱了这个世界。他试图解释的不是人们通常理解的艾森豪威尔的实际政治行为，而是艾森豪威尔作为某种堕落天使的角色在终极道德和精神价值领域的地位，这对他来说具有比世俗政治深远得多的现实性。从这个角度来看，这种指责就不再是那样的存心歪曲，而是无稽之谈，体现于其应有的特质之中。**因为荒谬，所以信仰。**

4

在本部分中，笔者将主要阐释新教福音主义和美国反智主义之间的关系，这仅仅是因为美国为新教国家，深受新教制度的影响。但决不能忽视美国天主教独特的精神特质，因为它以强有力和决定性的方式助长了美国的反智主义。在过去的两三代人的时间里，这个国家的天主教在人数规模、政治权力和接受程度上都有所增长。在 19 世纪中期，天主教虽然是少数人的信仰，但却是美国最大的单一教会，即使在反天主教情绪的影响下仍然保持着稳步发展的势头。如今，天主教会宣称自己的信徒占据全美将近四分之一的人口，而即便是在 30 年前，其收获的认可度看着就已经叫人惊羡不已了。

人们可能期望天主教会为美国的智识对话增添一股独特的活力，因为它确实带来了一种不同的对过去和世界的看法，一种对人类状况和制度必要性的不同认识。而事实上，它在这方面毫无建树，因为它没能在美国发展一种智识传统，也没能产生自己的知识分子阶层，既能在天主教徒中行使权威，又能在天主教思想与世俗或新教思想之间进行调解。相反，美国天主教热衷于时而谴责其无法认可的美国生活方面，时而效仿它更能接受的生活方面，以便克服自己的少数派情结，使自己"美国化"。其造成的结果是，美国的天主教会缺乏一种智识文化——尽管其成员比除了巴西和意大利以外的任何国家都多，尽管其在全国教会分支中是最富有，或许还是组织最良好的。D. W. 布罗根（D. W. Brogan）曾说过："在美国，天主教在财富、信徒人数和组织力量等方面都相当强大；而在任何一个西方社会中，天主教在智识上的威望都比在美国高。"在过去的 20 年里，天主教中产阶级和受过良好教育的天主教公众人数显著增长，天主教领袖也意识到了上述问题。几年前，约翰·特雷西·埃利斯（John Tracy Ellis）老爷就美国天主教智识方面的匮乏作了精辟而深入的概述，在天主教媒体上收获了广泛好评。[31]

早期美国天主教发展中的两个重要因素造成了其对智识生活的冷漠。首先——也是十分重要的一点——就是一种带有极度偏见的"一无所知"心理，这种心理在 19 世纪遭到了天主教的强烈抵制。天主教被视作一个应该被驱逐出国家组织的外国机构以及外来势力的代言人，正因为如此，它必须为构建其美国精神而努力斗争。对自己的宗教身份感到自豪的天主教普通信徒们，只要有可能，就会以激进的自信来响应美国的环境。而教会的发言人似乎认为，他们需要的不是学术，而是强有力的辩论。[32] 因此，教会采取了一副与深思反省相悖的好斗姿态；在我们这个时代，最初对教会的偏见已基本消散，而其成员仍然坚持艾利斯老爷所称的"自我强加的贫民区心态"。第二个决定性因素在于，很长一段时间以来，美国天主教会的有限资源都被一项紧迫的任务所抢占，即建立必要的机构来吸收大量涌入的移民——在 1820 年至 1920 年间，移民人数接近 1000 万——并为他们提供基本的宗教教育。这种迫切的实际需要占据了如此之多的资源，以至于对教会中关心天主教文化的成员而言，留给高等教育文化的资源几乎所剩无几。

此外，天主教还是移民的宗教。[33] 对于美国天主教徒而言，真正的教会似乎在欧洲。他们满足于把智识生活的教育交给更见多识广的欧洲人——与此同时，他们对像贝洛克（Belloc）和切斯特顿（Chesterton）这样的天主教作家萌生了一种夸张的、毫无根据的敬佩之感。非英语国家的移民在神职人员领导阶层面前，以及在整个美国社会面前表现出高度的被动。也许最重要的是，爱尔兰人成为美国和其他移民群体之间的主要媒介——尽管在美国，教会文化问题的天主教分析人士并没有对这个事实给予它应得的重视。爱尔兰人利用他们的英语知识和先抵达这片土地这个条件，建立了政治机器和教会等级制度网络，凭借这些，大多数天主教移民可以在美国生活中博得一席之地。爱尔兰人给美国天主教打上的印记比其他任何群体都要多，因此，美国天主教几乎没有吸收德国天主教骄人的学术和法国天主教充满怀疑精神的智识主义，而更多地汲取了爱尔兰神职人员严格的清教主义与激烈的战斗精神。

由于语言和阶级限制，移民工人阶层的天主教徒难以融入新教盎格鲁-撒克逊文化的主流，也无法培养出他们在智识方面的代言人。重要的是，美国天主教会的许多知识分子领袖从民族起源方面来讲都并非典型的多数美国天主教徒，而是皈依天主教的本土英裔美国人，例如奥瑞斯特斯·布朗森（Orestes Brownson）和艾萨克·赫克（Isaac Hecker）神父。1947年，库欣（Cushing）大主教对教会职员的社会出身和文化状况作出了恰当的描述，他说："据我所知，在居住于美国的所有天主教领导人员之中，主教、大主教或枢机主教里没有一位的父亲或母亲是大学毕业。我们的每一位主教和大主教都是工人夫妇的儿子。"出自这般薄弱文化背景的领导阶层诚然受过教育，但那主要是职业方面的教育。正如斯伯丁（Spalding）主教在巴尔的摩的第三届全体会议上指出的那样："教会神学院不是智识文化的学校，无论是在美国还是在其他地方，觉得它能成为智识文化工具的都是痴心妄想。"因此，即使在这种最古老的基督教会里，美国的环境仍然占据上风，美国的问题也以一种尖锐的形式重新显现出来：在文化上要**重新来过**。

美国的天主教徒在学术上成绩欠佳，故而当美国天主教会领导阶层在1889年开办美国天主教大学时，为了改进这种状况，原来的八名教职人员中有六人不得不从欧洲招募，两名本土成员也是在教会群体之外接受教育的皈依者。

在很长一段时间里，与其他宗教相比，拥有足够财力为智识机构提供大量资助的普通天主教徒的比例都极小。现代天主教百万富翁的出现并没有像其本能做的那样改变这种情况。埃利斯老爷探讨过一则实例，就是美国天主教大学在其建成的头66年里，仅收到了大约10笔逾10万美元的遗赠，其中只有一笔款项还算得上慷慨，可比拟建立美国私立世俗大学所需的数额。随着绝大部分天主教徒日益向上层流动，越来越多的天主教徒像新教徒那样把自己的孩子送进了大学。但是，无论是天主教教育者还是像罗伯特·M. 哈钦斯（Robert M. Hutchins）这样的非天主教友人，看到天主教学校普遍再现了在整个美国高等教育中盛行的职业主义、运动主义和反智主义，都不禁倍感沮丧。天主教学院和大学在科学与人文学科上的智识成就仍然匮乏得惊人。罗伯特·H. 纳普（Robert H. Knapp）与他的合作者在1952年调查了美国科学家的大学背景，并评论道，天主教院校是"所有院校中科学家产出率最低的那批，属于奇低的一类"。而令人惊讶的是，他们在人文学科上表现得更差："天主教院校虽然在所有学术领域都非常低产，但是在科学领域却取得了其最佳成绩。"[34]

正如可以预料到的那样，天主教知识分子在这个国家面临着双重困境。他们不仅要在新教徒和世俗知识界面前捍卫自己的天主教徒身份，还要向天主教教友们表明自己的知识分子身份，而教友们甚至比整个美国社会都更质疑他的职业。天主教的学者和作家往往在被所有人承认之后，才能得到同宗教徒迟来的承认。[35]

当然，所有这一切所关乎的与其说是美国天主教的反智主义，不如说是它的文化贫瘠、它的非智主义。但它可以为下列更主要的问题充当背景：许多天主教徒像新教原教旨主义者那样，对笔者方才提到的对现代性的反抗做出了回应,他们在培养百分百心态方面付出极大,甚至超越了自己分内之事。这在很大的程度上并非空穴来风,因为他们的知识分子代言人如今虽然在人数和影响力上有所增长,但是在天主教社群中尚未获得足够的权威来遏制这场反抗中最为堕落的方面,包括对头脑的普遍质疑和对知识分子的敌意。在我们这个时代,神职人员的大量精力都用在了审查制度、离婚、生育控制和其他问题上,而这些问题一次又一次地将教会推向与世俗和新教思想的冲突之中。其中还有部分心血花在极端保守的政治运动上,而这些运动则是与知识界不共戴天的死敌。天主教知识分子总体上反对这种敌意极端和(从信仰角度上看)无端的方面,但对于这种敌意,他们却无力阻止。[36]

事实上,我们这个时代最惊人的发展之一,便在于新教和天主教原教旨主义者之间某种联合或至少是某种合作能力的显现。他们奉行一致的清教主义,在他们所设想的政治问题上具有相同而无脑的战斗精神,这促使他们联起手来反对他们一再称之为无神的共产主义。人们可能认为天主教徒必是不情愿与鞭笞他们祖先的偏执新教徒携手合作的,但许多天主教徒似乎已经克服了这种情绪。基督教博爱的共同纽带无法实现的联盟却由普世教会主义的仇恨铸就,仿佛是一种悲哀的讽刺。在麦卡锡时代,这位来自威斯康星州的参议员得到了右翼新教团体和诸多天主教徒的广泛支持,这些人似乎坚信他颁布的不是个人政策而是天主教政策。天主教知识分子的刊物——例如《共和国》和耶稣会的《美国》——对其的强烈谴责似乎无足轻重。约翰·伯奇协会尽管带有浓厚的新教原教旨主义气息,近期却仍然吸引到了不少天主教徒。迫于这个情况,不止一位领导阶层的成员向教徒们发出警告,提醒他们多加提防。对于天主教徒来说,这个国家目前不分青红皂白的反共心态让他们快意到欲罢不能。在经历了一个多世纪的迫害之后,天主教徒终于发现他们的美国精神已摆脱质疑,并且能够与先前迫害他们的人携起手来,共同追捕一种充满阴谋的、反美的且基本上由外国效忠者组成的国际新敌——此次不是在罗马,而是在莫斯科——这种感觉必然令他们格外舒适。这种追捕本身带有极大的快感，甚至于威胁性十足的国内共产主义者化为幻影也无关紧要。这些天主教徒不会希望任何人——即便是自己宗教的思想家——在他们以为把克伦威尔的人马打得落荒而逃的时候，用这些无关紧要之事来打搅自己。

Anti-Intellectualism
in
American Life

第三部分

民主政治

PART 3

第六章
绅士的没落

1

在美国建国之初,智识和权力之间的关系还不是问题。那时,领导者就是知识分子。尽管这个国家的民主发展得相当先进,但国家事务的控制权在很大的程度上仍然掌握在具备良好教养的精英手中。这些有智识的精英行动自由,秉持的话语权叫人艳羡。那是一个非专业化、崇尚通用型人才的时代,因此具有专家身份的知识分子所拥有的势力微不足道,但是具有统治阶级绅士身份的知识分子在社会的各个领域都是领袖——无论是在法庭、专业、商业还是政治事务中。开国元勋们都是圣贤、科学家以及学识丰富的人,其中的许多人熟练掌握古典知识,并且广泛阅读历史、政治和法律作品,以便解决他们所处时代的紧迫问题。在我们的历史中,后世没有哪一个时代能像当年那样产出如此多博学的政治领袖——约翰·亚当斯、约翰·狄金森、本杰明·富兰克林、亚历山大·汉密尔顿、托马斯·杰斐逊、詹姆斯·麦迪逊、乔治·梅森、詹姆斯·威尔逊和乔治·威斯。这些人的政治成就融入了这个国家,人们可能会期望他们能永远且铿锵有力地证明这样一个事实,即有知识与智识的人,作为政治领导人也未必百无一用、华而不实。

讽刺的是,美国竟然是由知识分子建立的。因为在我们的大部分政治历史中,知识分子在很大的程度上扮演的不是局外人就是奴仆,或者是替罪羊。美国人民始终怀抱一种深厚的历史虔诚,仅次于其对林肯、对历史学家杜马斯·马龙（Dumas Malone）所称的"伟大一代"（开展革命和制定宪法的一代）的虔诚之情。我们可能会问，一个具有这种开端和如此虔诚之心的民族，怎么会这么快地丧失了对政治中的心智的高度重视呢？为什么在大多数开国元勋尚且健在的时候，智识上的名声会沦为政治上的劣势？

当然，随着时间的推移，教养型精英的统治被平民民主所取代，但我们不能将政治中智识的衰败仅仅归咎于民主运动。在党派分野态势变得激烈后不久，精英阶层内部发生了争执并丧失了对政治标准的尊重。那些在1787—1788年以崇高品格和勇气在革命中带头，并以非凡的先见之明和横溢的才华组建了全新国家政府的人，到了1796年，他们在利益上的分裂已无可挽回，而且可悲地被法国革命引起的混乱癫狂的分歧所影响。[1] 撰写了《独立宣言》和《美国宪法》的这一代人同样也起草了《外国人与煽动叛乱法案》。那批杰出的领导人们分崩离析，标准也有所下降。共同的教养阶层成员身份，相同的革命和建国经历，一致的核心观念与知识，都没有阻止他们以一种无视体面或常识的方式玩弄政治。政治争议被那些夸大的指控——与法国间谍密谋、策划颠覆基督教或计划恢复君主制，以及置国家于英国的股掌之间——搞得混乱不堪，沦为了煽动。开国元勋们不了解政党的用途，也不了解一个忠诚的反对派的功能，他们屈服于自己的政治激情，展开了一场以言语攻击为主的斗争。

甚至华盛顿也不能幸免于谩骂和诽谤，然而，遭受这种带有反智主义特色的言语攻击的第一位显要人物是托马斯·杰斐逊，而攻击他的人是联邦党领袖和新英格兰地区的建制派神职人员。对杰斐逊的攻

---

[1] 1796年，现任总统华盛顿拒绝连任，美国举行了第三次大选，也是美国历史上第一次真正的总统选举，联邦党和民主共和党各自推出自己的候选人。另外，关于法国大革命，由于美国在独立过程中极大依靠了法国国王路易十六的资助，但法国大革命的爆发又显然受到美国独立精神的鼓舞，两党对其的态度也有分歧。——编者注

击意义重大，因为这表明了在杰斐逊身上有他的敌人认为可用以将其诋毁的特质，并为我们政治中随后出现的反智主义形象开创了先例。1796年，当杰斐逊似乎就要接替华盛顿时，南卡罗来纳州的联邦党众议员威廉·劳顿·史密斯（William Loughton Smith）派发了一份匿名小册子，攻击杰斐逊，称其不具备参加大选的资格。史密斯试图展示杰斐逊的"教条主义"式领导有多么令人不安，甚至可能极其危险。杰斐逊是一位哲学家，史密斯指出，哲学家在政治上存在一种教条主义的模式，不信就瞧瞧洛克为卡罗来纳人制定的不切实际的宪法，孔多塞的"政治愚蠢"，以及里滕豪斯想以自己的名声支持费城民主协会的意愿吧！[2]

> 当一个哲学家变成政治家时，他的典型特征便是忐忐忑忑、异想天开、倾向于根据某些原则而不是根据人的本性进行推理；他倾向于根据自己心底深处形成的某些抽象理论来制定一切措施，而不是根据事物和环境的现状；他在政府政策方面头脑迟钝，当面临重大而突然的紧急情况、需要迅速作出决定和采取行动时，他会摇摆不定。

人们需要的不是智识，而是品质，而杰斐逊在这一点上也是有所欠缺：这本小册子的作者认为，哲学家们都极容易奉承别人，并渴望获得声誉，而杰斐逊自己的能力"更多的是用于获得书面上的声誉，而不是为他的国家谋取实质性利益"。华盛顿——就是我们所知道的那位，关于他不存在无稽之谈："感谢上帝，伟大的华盛顿不是哲学家：如果他是，我们便无幸目睹他伟大的军事成就，也无法在他英明的管理下繁荣昌盛。"史密斯偶然发现了一种后来成为对政界知识分子批判标准的方法——将活跃头脑的好奇心描述为对重要事件而言的过分琐碎、可笑。他嘲笑杰斐逊"制作蝴蝶和虫子标本、设计旋转椅"的技巧，还表示，杰斐逊或这个国家的真正朋友都不会"把这位冷静的哲学家从这种有益的追求中拉出来",让他投身于政治的热情中。史密斯的措辞几乎和后一代人反对约翰·昆西·亚当斯(John Quincy Adams)的措辞别无二致——他认为杰斐逊的功绩"可能使他有资格担任一个学院教授,但要说承担总统职责,他也就能干到统领西部军队的程度。"[3]

在史密斯的攻击中,出现的其他某些重要观点为后来的政治文学奠定了基调。有一种观点认为,军事能力能考验一个人的品质是否有利于政治领导。人们认为公民品质的主要部分便在于军事方面的长处,即使在今天,政治领域的知识分子有时也会通过指出自己在军队服役的记录来抵消智识所带来的不利。

在1800年的大选中,攻击全面展开、再无限制。以杰斐逊是一个有思想、有学问的人为理由对他进行攻击——当然,这只是对他思想和品质全面攻击的一个方面——旨在表明他是一个危险的煽动家,没有信仰或道德,或者如一位评论家所说,"没有良知、没有宗教、没有善心。"对他的指控有:通奸奴隶,还生了一窝黑白混种;在美国革命期间懦弱无能;发动法国大革命;诽谤华盛顿;野心勃勃地想当独裁者,成为第二个拿破仑;热衷空想、做白日梦,是一个不切实际的教条主义者,更糟糕的是,他还是一个法国教条主义者。[4]

与此同时,反对杰斐逊运动也企图将思索头脑的特质确立为邪恶和危险。其称知识和思索使杰斐逊成为一个无神论者,它们使他与神学家在地球的年龄上产生争执,并反对让学生们阅读《圣经》。对于一个与世隔绝的哲学家来说,这样的反复无常可能是无害的,但如果允许他把这些思想品质带入总统的工作中,那么将对宗教和社会构成严重危险。[5]他思想的抽象性以及对文学的兴趣,导致他不适合从事实践性工作。他总是倾向于对政府进行理论分析:"所有源自经验的观念都遭到了斥责。"[6]一位联邦党人在其撰写的小册子里称:[7]

> 我愿意承认,他有出众的才华、理论知识和优雅的文风。他在法国住了将近7年,直到革命取得了一些进展,他的理论倾向

和他对宗教、道德和政府的怀疑才变得极其强烈、跃跃欲试。……杰斐逊先生是著名的政治理论家，也是哲学和道德理论家。他是现代法国意义上的贤人。

同时代的显要人物皆对此予以赞同。费希尔·艾姆斯（Fisher Ames）认为杰斐逊"像大多数天才一样……沉湎于体系和对'概括'的恒久热衷，而不是像有实际判断的普通人那样，在底层而可靠的事实基础上做事"。[8] 联邦党人作家约瑟夫·丹尼（Joseph Dennie）认为他是"危险、推崇自然神论和乌托邦"的法国哲学学派最钟爱的门徒。丹尼说道：[9]

> 他才华横溢，但这种才华危险又虚幻。他博览群书，写的东西也不无道理。他是一位学者，也是一位避世的学者。自己的小房间——而非内阁——才是属于他的地方。在小房间里，他可能会以一种无害的方式检查不可名状的怪物的牙齿、非洲人的分泌物或者班纳克①的历书。……而在政府的位置上，他那抽象的、不可应用的、形而上学的政治不是百无一用，便是恶贯满盈。此外，他的原则带有一股强烈的巴黎风味，还佐以大量的法国大蒜，可谓冒犯了整个美国。对美国人来说，广袤的平原上"生蓟而非小麦，生乌蛤而非大麦"，也好过于让哲学家影响国家议会，好过于让他出于对伏尔泰和爱尔维修著作的崇拜而意欲与法国人建立更密切的关系。

卡罗尔顿的查尔斯·卡罗尔（Charles Carroll）认为杰斐逊"是一

---

① 班纳克（1731—1806），非裔美籍数学家、天文学家、发明家，是美国第一个担任公职的黑人。他受杰斐逊委托，制定了首都华盛顿的建造计划。这里提到的历书是班纳克测算的天文历法和美国地理书，每年出版一本，共计六册。——编者注

个过于理论化和幻想的政治家,无法谨慎地指导这个巨大而不断发展的联邦的事务"[10]。言下之意似乎很清楚:年轻的联邦必须学会不让有智识天赋的人参与实际事务。

那些建制神职人员对杰斐逊的煽动性攻击也可以解释为,他建立了一个对他们来说令人讨厌的独特联盟。杰斐逊虽然是自然神论者和世俗学者,但是已经在福音派和虔信派中激起了许多支持者,特别是浸信会教徒。他们不仅对杰斐逊的民主思想印象深刻,而且作为持异议者,他们对他宽容的主张也备感钦佩。比起对他不信上帝的指责,他们更担心的是建制派教会横加给他们的阻挠。杰斐逊和其他世俗知识分子因此联手虔信派,并基于对建制正统教会的共同敌意建立了一个独一无二的政治联盟。两方都诉诸与建制派教会格格不入的权威标准:世俗自由主义者采取的是理性主义批判,虔信派教徒则是直觉。此刻,在对建制派教条共同厌恶的压力之下,自由派和虔信派选择忽略彼此之间的差异,将"一方反对一切教条,另一方反对一切建制派"这个事实抛诸脑后。[11]

为了离间这个联盟,建制派神职人员试图证明杰斐逊对所有基督徒都是一个威胁——其中许多苦于党派烦恼的人无疑真心地相信了这个指控。随着时间的推移,虔信派教徒和开明的自由主义者之间的联盟确实破裂了。一条鸿沟在普通人和知识分子之间拉开,且从那以后几乎无法完美地弥合。但在杰斐逊当选总统时,自由派知识分子和福音派民主之间的联盟仍然有效。当最终的决裂发生时,当高涨的平民民主力量从开明的教养型领导阶层的束缚中解放出来时,在福音主义的势力中萌生了一种反智主义,其恶毒程度与建制派神职人员对杰斐逊的反对相当,影响则远甚于后者。

2

反对杰斐逊的卑鄙运动,以及随后的《外国人与煽动叛乱法案》,

表明了许多富有的和受过教育的联邦党人对宽容与自由的文化价值观的背叛。不幸的是,在杰斐逊或杰克逊的领导下,并没有更多平民党派可以指望拥护这些价值观。这些平民党派本身最终成为一种原始主义和反智主义平民精神的载体,敌视着专业人士、专家、绅士和学者。

甚至在最早的时候,美国的平等主义冲动就与一种不信任联系在一起,这种不信任针对的是在萌芽阶段被称为政治专业化、在后期则被称为专业知识的事物。平民作家对自由人的政治能力感到自豪,这是可以理解的,而且整体上,他们还怀疑有教养和富有的人在政府中扮演排他或过度主导的角色,这也无可非议。然而他们的怀疑不止于此,这还使其中的许多人对一切形式的知识产生了敌意。反智主义思潮可以追溯至最早期平民政治思想的一些表述。在美国革命时期,一些平民作家认为,若想限制富人和名门望族阶层的权力,则必须带上他们的盟友——知识阶层。1788年,马萨诸塞州召开大会决定是否批准宪法时,一位乡下代表这样解释他对宪法的反对:[12]

> 这些律师、有学问的人、有钱的人,他们说得那么好听,把事情掩盖得那么完美,诱骗我们这些潦倒的文盲吞下药饵,却指望自己能进入国会。他们巴望成为这部宪法的管理者,把所有的权力和所有的钱都收入囊中,然后就会把我们这些小人物尽数吞噬,与巨大的利维坦别无二致,主席先生。是的,就如大鲸吞了约拿那样。这就是我所害怕的。

我们很幸运地从马萨诸塞州北比勒利卡的新英格兰普通农民威廉·曼宁(William Manning)手中得到一本政治小册子,它展示了一个精明好战的民主派美国人在将头脑转向政治哲学时的所思所想。该小册子名为《自由之钥》(The Key of Liberty),字里行间意气风发,颇具杰斐逊风格,写于1798年,那年正是党派情绪高涨之时。这里值得注意的是,曼宁("我并非有知识的人,因为我一生中从未上过6个月的学,不具备这样的优势")把知识置为政治斗争中一股力量的核心地位。他的手稿开篇就宣称:"学问和知识对于维护自由至关重要,且除非我们有更丰富的学问和知识,否则我们的自由便无法长久。"[13] 但对曼宁来说,学问和知识主要是作为阶级武器使用。

曼宁哲学的核心是对有学问和拥有财产的阶层的深刻怀疑。他看到,他们所受的教育、他们的空闲时间和他们职业的性质使商人、律师、医生、牧师以及国家的行政和司法官员能够共同行动,以便追求他们的目标,而这是劳动人民所不能做到的。他认为,这些阶级普遍不喜欢自由政府,他们不断地试图摧毁它,因为它妨碍了他们满足自己的私利。

> 为了实现这一点,他们不惜一切代价和痛苦,但他们首先通过联合、惯例和相互呼应来统一他们的计划及方案。商人之间彼此联合,医生之间彼此联合,牧师之间彼此联合,法官和行政官员凭借各自专业而时常被召集到一起,了解着彼此的思想。所有不劳而获的受过教育的人和富人,都能抽出时间来商议。所有的人都因为共同利益这条最牢固的纽带联系在一起,相互秘密联合来对抗多数人的利益,扒窃他们的口袋,而多数人只能因为欠缺知识的手段而任其摆布。

鉴于学习是追求自己利益的工具,"少数人"自然喜欢为他们自己阶层服务的机构:"少数人总是吹捧昂贵的大学、国家的学院和语法学校的优越,以便能给不劳而获的人提供位置,还能壮大他们自己的群体。但他们始终反对廉价学校以及女子学校,而这却是在多数人中传播知识的唯一或主要手段。"在大学里(曼宁无疑会想到联邦党的哈佛),共和主义的原则受到了批评,而年轻人则被灌输了君主观念。曼宁还观察到这些学院的毕业生"被教导要保持他们专业的尊贵"——他对此表示反对,因为这会导致他们对自己的服务设定过高的价值,让宗教和教育服务对许多人来说变得价格昂贵："因为如果我们雇用传教士或学校教师，就会被告知需要如此昂贵的聘金，而且他们不会降价，因为他们已经商量好了。一旦降价，就会颜面尽失。"在曼宁看来，教师就应该像他在美国那样，成为一名地位很低的廉价雇工。

这就是曼宁教育策略的关键所在。普通人的教育将变得廉价，而高等教育，比如现有的高等教育，将单纯地安排为基础教育服务——为普通学校提供廉价教师。"学习……应该以尽可能廉价而妥当的方式来促进"——即以这样一种方式："我们应该拥有大量廉价的教师，廉价到我们可以雇用其他劳动力，而劳动力和教育将彼此联系在一起，并减少那些不劳而获者的数量。"必须指出的是，曼宁的建议很有道理，它提出的时候，马萨诸塞州引以为豪的公共学校系统正受到忽视。但为了教育系统下层的利益，他建议剥离上层教育系统，将其职能降低为生产廉价的学术劳动力。曼宁认为高级知识不具备值得培养的内在价值。学院和古典研究逾越了必要的"教孩子们认字母表"，是"只为绅士的孩子所提供的，让其为不劳而获做准备。因为一个人不需要掌握所有语言知识就能教一个孩子读写算术，就如同农民不需要航海技术就能耕地一样。"长期以来，教育一直是少数人的工具，曼宁希望尽可能地让它成为多数人的工具。他毫不怀疑其工具性，也就是其帮助性。他也不担心他的高等文化政策会造成什么后果，毕竟，高等文化是那些不劳而获者的特权。

在这种少数人与多数人之间的争论中，教育的地位可以作为完美的例证，反映高等文化在美国政治中的位置。教育被夹在两个阶层之间，一个是有闲却不能进行完美教育的阶层，另一个是强大高涨、崇尚平等的公众，他们的主要兴趣是消除地位差异和剥夺特权者的特权工具。可以理解的是，普通人想要捍卫自己的利益，并利用教育来增加自己的社会机遇，而似乎没有人能告诉他在如何做到这一点的同时不损害智识文化本身。

不能否认，曼宁的观点中蕴含着某种简单粗暴的公正性。联邦党人确实占据了哈佛学院。为什么民主党人不尽可能地利用公共教育这个工具来实现报复呢？假使他们果真这样做，那就不会再有更多的哈佛学院了。如果有学问的阶层只能支持特权，那么他们就没有存在的必要了。在曼宁写完这篇文章近半个世纪后，贺拉斯·格里利（Horace Greeley）表示，美国自耕农实际上是确实欣赏并尊重天赋和知识的。但他也时常发现，他们的目的是"获得财富和奢侈，而其手段并未增加人类的总体闲适，反而减少了他自己专属的那份闲适"。[14] 因此在19世纪的美国，当平民提出对权利的要求时，这种诉求还包括免费基础教育的项目，但它也带着一种黑暗而阴沉的对高等文化的怀疑，认为其是敌人的造物。

3

美国的平民民主的逻辑中缺失了某些东西。其倡导者试图缩小（如果有可能）美国人生活中的地位差异，使受过教育的和有资产的领导阶层处于次要地位。如果由人民统治国家，如果他们渴望尽可能少地接受那些受过教育的有产阶级的领导，那么他们的指导又从何而来呢？答案是，可以从内心而来。随着平民民主获得力量和信心，它增强了一种普遍的信念，即先天的、直觉的、民间的智慧要优于文人和富人那培养而出的、过于复杂而自利的知识。就像福音派反对知识型宗教和组织正式的神职人员，同时支持心灵的智慧和直接与上帝交流一样，平等主义政治的提倡者也建议放弃训练而成的领导阶层，转而支持直接通向真理的普通民众天然的实际意识。这种对普通人智慧的偏爱，在民主信条最极端的表述中发展成了一种激进的大众反智主义。

即使是杰斐逊——他既非反智分子，也不是教条的平等主义者——有时似乎也有这种偏好。1787年，他在给侄子彼得·卡尔（Peter Carr）的信中写道："向一个农夫和一个教授陈述一则道德案例，前者也会做出决定，而且往往比后者更好，因为他没有被人为的规则引入歧途。"[15] 杰斐逊只是表达了 18 世纪思想的一种传统观念：上帝赋予了人类某些必要的**道德情感**。他从来没有想过断言农夫在智识上的优越性。但只需要比杰斐逊更进一步，说政治问题本质上是道德问题，[16] 就可以为政治生活中对教养而出的知识的全盘否定奠定基础。因为如果农夫和教授一样了解道德，那么他也会同样很好地了解政治。他可能会得出这样的结论（杰斐逊不会同意这点）：他几乎没有什么可以向任何人学习的，也不需要见多识广的领导人。将该论证再推进一点就可以支持这样一个论断：但凡具备一点教授气质的人都是次等领导者；政治领袖应该从那些在这方面与未受过教育的公民相似的人中选出。具有讽刺意味的是，杰斐逊本人也受到了这种观念的影响。后来，它成为杰克逊式民主的战斗口号之一。

事实上，美国政治中第一波真正强盛而广泛的反智主义推动力是由杰克逊运动带来的。它对专业知识的不信任、对中央集权的厌恶、根除固有阶级的预想以及它的信条——重要的职能简单到任何人都可以执行——否定的不仅是国家从 18 世纪继承下来的绅士管理政府的制度，而且还有受过良好教育的阶级在公民生活中的特殊价值。尽管如此，许多知识分子和文人（尤其是年轻人）依然支持杰克逊的事业——事实上，这足以驳斥一道普遍的指控，即受过教育的阶层经常对旨在造福普通人的运动不给予同情。的确，主要的文学季刊都效忠于绅士阶级，并始终受控于辉格党反对派。但当约翰·L. 奥沙利文（John L. O'Sullivan）创办《民主党评论》时，他还是能够从诸多不同政治信仰的著名作家中获得投稿。而新英格兰先验论者的领导人大多数冷漠或充满敌意，这也是事实。但是像奥瑞斯特斯·布朗森（Orestes Brownson）、威廉·库伦·布莱恩特（William Cullen Bryant）、乔治·班克罗夫特（George Bancroft）、詹姆斯·费尼莫尔·库珀（James Fenimore Cooper）、纳撒尼尔·霍桑（Nathaniel Hawthorne）、詹姆斯·柯克·鲍丁（James Kirke Paulding）和沃尔特·惠特曼（Walt Whitman）这样的作家都以不同程度的热忱和恒心支持着新民主政体。[17]

杰克逊阵营欢迎这些人的支持，这种支持有时还带着油然而生的自豪，但总体来说，知识分子并没有获得太多的认可或名誉。而最突出的"例外"则属历史学家乔治·班克罗夫特。在马萨诸塞州，民主党人感到需要有一位文学界和知识界的领袖来对抗反对派中那些杰出的人才，于是班克罗夫特在30多岁的时候便在党内崭露头角、大放异彩。他被任命为波士顿港口的税务官，成为波尔克任期时的海军部长［这个职位也曾由范布伦（Van Buren）授予鲍丁］，后来又担任了驻英公使。凭借着自己的影响力，他在波士顿海关为霍桑谋得工作，并授予布朗森（班克罗夫特对此倍感遗憾）海事医院的主管一职。而这与霍桑的情况相比可谓天壤之别。他常常怀才不遇，得到的工作配不上其功绩和迫切的需求。在海关，他不过是过磅员和税务官，而这份工作（他称之为"令人痛苦的奴役"）与他所寻求的去南极考察的历史学家一职相比实在是微不足道。后来，他谋求成为塞勒姆邮政局长，却被任命为该港口的检验员。最终，在为其好友兼大学同学富兰克林·皮尔斯（Franklin Pierce，美国第十四任总统）撰写了一本竞选传记后，他被授予了领事职位——但是在利物浦。总体而言，在为知识分子或文人与大众之间达成和解这方面，杰克逊式民主的成绩并不比后来的进步主义和新政所取得的成就更大。

1824年和1828年杰克逊与约翰·昆西·亚当斯之间的竞争[1]为政治观念的对比提供了完美的研究对象。在19世纪早期的美国，知识分子的气质已经不适用于担任政治领袖，亚当斯政府就是一个典型的例子。作为最后一位坚守由绅士管理政府这条老路的总统，亚当斯成为旧秩序的象征，也是反学者运动的主要受害者。他曾在巴黎、阿姆斯特丹、莱顿、海牙和哈佛学习；他曾担任哈佛大学的修辞学和演讲学

---

[1] 1824年美国大选中，有四人竞选，其中杰克逊在普选票和选举人票中票数都最高，但未过半，由众议院裁决，最终总统职务落入票数第二的约翰·昆西·亚当斯之手。1828年美国大选，杰克逊大胜。——编者注

教授；他曾渴望撰写史诗；和杰斐逊一样，他也因为对科学的兴趣而闻名；他曾多年担任美国艺术与科学院院长；他曾在担任门罗总统的国务卿期间编写了一份关于度量衡系统的学术性科学报告，至今仍是经典之作。亚当斯认为，如果新成立的共和国不能利用它的权力发展艺术和科学，那它便是将"我们受权负责的人才藏于地下，背叛了那最神圣的托付"。他希望——就像华盛顿、杰斐逊和麦迪逊曾经希望的那样——联邦政府能够成为国家教育和科学发展计划的导向与中心。但在提议将华盛顿发展为文化之都时，他便唤起了民众对中央集权的厌恶之情，同时也使自己沦为了众矢之的。

在给国会的第一份年度咨文中，亚当斯提出了一套有利于商业利益的内部改善系统——道路和运河，同时还提出了几项主要是知识阶层所期望的事情：在华盛顿建立一所国立大学，设立专业的海军学院和国家天文台，在刘易斯与克拉克远征①之后开展西北探索之旅，建立高效的专利局，以及让联邦政府通过新型的行政部门向科学研究提供援助。

亚当斯的特点在于他得罪了同样傲慢的大众民族主义，而杰克逊却对于他们极有吸引力。亚当斯指出，欧洲国家虽然不像美国那样享有美好的自由，但是却为科学做出了更多的贡献，他大胆地建议效仿法国、英国和俄国政府的某些政策。在当时——就像在现在一样——这样的智识世界主义是不受欢迎的。在这样蔑视了国家的自尊之后，亚当斯继续通过敦促为科学慷慨拨款蔑视了民主情绪。他甚至在一段言辞激动的话语中建议，国会领导人不应该"抄着手，向世界宣告我们被选民的意志所麻痹"。更糟糕的是，亚当斯以一种挑衅的方式将许多在欧洲政府赞助下建造的天文台称为"天空的灯塔"。国会对这句话

---

① 刘易斯与克拉克远征，指 1804—1806 年由杰斐逊总统发起，美国陆军的刘易斯上尉和克拉克少尉率领的探险，是美国首次横越大陆西抵太平洋沿岸的往返考察活动。——编者注

嗤之以鼻，"灯塔"的说法也一次又一次地被用于回击亚当斯。他自己的内阁认为总统的计划会震惊全国，例如，国务卿克莱就认为建立国立大学的提议"毫无希望"，并怀疑亚当斯关于行政部门的提议在议会连五票都获得不了，最终亚当斯不得不放弃。他代表的是一种明日黄花的领导方式。汉密尔顿、华盛顿甚至杰斐逊，都对某种国家计划中某种程度的中央集权甚感兴趣，并表达了东部沿海地区绅士们共同的愿望，即希望下令来扩张美国。但对于他们而言，这个国家发展得太迅速，已经不会接受任何计划和命令。随着他们这种类型的人在政治上的过时，有智识者的地位也有所下降。[18]亚当斯是19世纪最后一位入主白宫且具有如下特点的人——知识渊博，对科学目标和抱负怀有同情心，同时坚信培养艺术应该是联邦政府的一项合理职能。

亚当斯体现的是旧风格，安德鲁·杰克逊则呈现出新风格，这两者在19世纪20年代政治上的对立象征着美国过去和未来的面貌。在对欧洲历史的轻率反叛中，美国人认为"堕落"的欧洲比"自然"的美国更为野蛮。他们担心自己的先进文明是"装腔作势"，可能会使他们与大自然疏远。杰克逊的拥护者称赞他是自然之人的自然智慧的代表。他具有领导国家等众多才华；作为新奥尔良的英雄[①]，作为有教养的"野蛮"英军的征服者，他能够使人确信本土活力和本土风格持久不灭。据说，杰克逊很幸运地躲过了正式训练，因为这种训练会削弱"理解的活力和独创性"。他是一位实干家，"在大自然的学校里接受教育"，"毫无造作之心"；他有幸"逃脱了学校的训练和逻辑"；他拥有"不被学者的空想思索所蒙蔽的判断力"；他"那超乎寻常的天然精神力量，与实践接轨的常识、判断能力和辨别能力，就所有实用的目的而言，都比圣贤学到的一切学问更有价值"；他思维的前行并不因

[①] 1812年至1815年的第二次美英战争，是美国独立后的第一次对外战争。在1815年新奥尔良战役中，杰克逊领导美军获得胜利，成为美国人心目中的英雄。——编者注

循"三段论的迟缓之路、分析的老套之路或者逻辑归纳的陈腐之路",因为他具备天生的直觉能力,可以"与闪电一道,照亮自己的道路"[19]。乔治·班克罗夫特肯定认为自己的教师生涯百无一用,他对杰克逊没有受过正式教育的头脑大加赞赏:[20]

> 请注意,这位胸无点墨的西部人,育于荒野的孩子,隐居避世的农夫,阅书甚少,未凭借科学与过去的传统相连,因为人民的意志飞升至荣誉的最高境界,化作共和自由文明的中心。……他将奉行什么政策?他会从蛮林里带来什么智慧呢?他会从自己的头脑中演化出什么样的责任规则呢?

与这种直接从蛮林中带来智慧的原始主义英雄相比,亚当斯及其源自外国法庭的经验和受过的精良教育①便都甚显做作。即使在1824年,当亚当斯赢得了奇特的四人竞选时,杰克逊仍然是当时最受欢迎的候选人。4年后,当这位将军再回来挑战他的时候,结果是可想而知的。除了新英格兰,亚当斯在全国各地都处于劣势。双方的这场斗争毫无道德可言,且两方还得到了如下描述:

能文的约翰·昆西·亚当斯
以及能武的安德鲁·杰克逊

杰克逊的发言人抨击亚当斯的主要论据是,亚当斯恣意妄为、带着一副贵族派头的同时享受着穷奢极欲的生活。最主要的是,他的学识和政治训练并非补偿性的美德,而是额外的邪恶。杰克逊的一群支持者宣

---

① 约翰·昆西·亚当斯早年在欧洲各地的大学学习,后学习法律,并一度成为律师。1794年后成为外交官,历任驻荷兰、葡萄牙、普鲁士、俄国及英国公使。由于富有外交经验,还被聘为哈佛学院修辞学和辩论学教授。——编者注

称，亚当斯智识方面的成就不会让国家变得更好：[21]

> 我们愿意承认他的**博学**，但他的**智慧**我们有所质疑。……我们承认我们喜欢朴实无华的教条，正如那位伟大的英国诗人①所欢颂的：
>
> 勿知无用之物，
>
> 模糊隐晦之物；
>
> 但知日常所现，
>
> 才乃至高智见。
>
> 我们相信，杰克逊将军便拥有着这样的智慧，且智慧非凡。

另一位杰克逊派人士在谈到他们两人过去的成绩时说："亚当斯拿来了杰克逊制定的法律。"[22]

杰克逊压倒性地战胜了亚当斯。单纯说这是实干派对有智识者的胜利未免夸张，因为选民们面临的问题主要是在贵族制度和民主制度之间做出定夺。但是，在双方对候选人的公众形象塑造中，贵族制对应的是乏味的智识，而民主制则对应的是天生的直觉和行动能力。[23]

4

虽然杰克逊派强烈地呼吁平等主义和反知识分子的情绪，但他们并没有垄断这两者。不只杰克逊主义是平等主义，整个国家本身都是。竞争性的两党制确保了任何一方都不会长期掌握对选民不可抗拒的吸引力，因为它会被效仿。无论杰克逊的反对者在 1828 年对其支持者所采取的策略感到多么震惊，他们都将忍气吞声地咽下他们对民主党言论的厌恶并学着利用它——这只是一个时间问题。不能或不愿意玩这个把戏

---

① 指约翰·弥尔顿，诗句出自《失乐园》第八卷。——编者注

的政党领导人很快就会被逐出擂台。

与企业家（即运河、银行、收费公路和制造企业的发起者）联系在一起的正当组织者们面临着一个长久的问题，那便是设法融入人民当中，寻找到安全的大众话题并在不损害自己利益的情况下加以利用。那些能与老百姓保持接触，同时又能在政治管理和商业领域中来去自如、聪明地发挥作用的人是很有价值的。[24] 亨利·克莱天赋异禀，他也具备了公众英雄身上的许多品质。但到了 19 世纪 30 年代初，他已经在国家舞台上出现得太久，导致他的观点家喻户晓，而且其与声名狼藉的亚当斯关系太密切，这使他自己变得毫无用处。在对该问题把握最佳的新党派（国家共和党）领袖中，最引人注目的便数瑟罗·威德（Thurlow Weed），他利用反共济会运动中强烈的平等主义激情而崭露头角、锋芒毕露，成为辉格党（后来是共和党）最伟大的党派组织者之一。但尽管反杰克逊派人士在 1828 年学到了不少，他们直至戴维·克罗克特从杰克逊派队伍中退出，才找到了一个确实能为他们树立合适风格的人物。

作为边疆拓荒者、猎手、战士和贫穷的西部寮屋族代言人，克罗克特成为美国民间的主要象征，他的自传也是美国边疆幽默的经典之作。不因为财富和教育感到尴尬的克罗克特，是凭借自己的个人魅力进入政坛的。大约 30 岁的时候，他刚到田纳西州沙洲溪的一个小安置地就被任命为治安法官，不久便被选为其所在地区组织的民兵团上校，然后又被派去州议会。1826 年，在有人偶然建议他竞选国会议员之后，他发起了一场充满有趣故事的气氛活跃的竞选活动，结果成功当选。田纳西州现在在国会中有了一位众议员，他可以"蹚过密西西比河，背负一艘蒸汽船，在一顿狂轰滥炸中大获全胜"，尽管质朴简单，但是他并不惧怕在众议院演讲，因为他可以"碾压任何人"。

代表本地风格和自然直觉让克罗克特倍感骄傲。在 1834 年出版的自传中，克罗克特吹嘘自己在田纳西州法官席上做出的判决，当时他"几乎只会写自己的名字"。"我的判决从来没有被上诉过，假使有上诉，它们也会像蜡一样粘住，因为我的判决是基于普遍公正和人与人之间诚信的原则，其借助天生的良好判断力而非法律知识来指导我，因为我这辈子还没有读过一本法律书。"[25] 这种对"常识足够用"的天真自信也许可以被克罗克特的法律裁决所证明，但他并不满足于此：他对知识界有一种被认为是蔑视的态度。在他的国会生涯的某个时期中，克罗克特曾如此述说道：[26]

> 有一些绅士邀请我去剑桥，那里有一所很大的学院或大学；那里有现成的头衔或昵称提供给人们。我不愿意去，因为我知道他们除非给我贴上法学博士的标签，否则不会放我走，我也不打算把"美国众议院议员"改为"游荡懒散、虚度光阴的傻子"——我相信我的选民们会这样翻译我的新头衔。我知道我从来没有拿过任何学位，也不承认自己有任何学位，除了一点正确的决策力——我不会用它来冒充成什么本非我的模样……

在1813—1814年的克里克战争中，克罗克特曾在杰克逊手下作战。第一次进入国会时，克罗克特是来自田纳西州的杰克逊派的一员，也是该州贫穷的西部寮屋族的代表——他们的状况和他以前的境遇非常相似。不久，他发现自己的这两种忠诚发生了冲突。以詹姆斯·K. 波尔克为首的一群田纳西人试图让美国把西部地区的一些未被征用的土地让与给州政府，作为捐款资助教育。不幸的是，教育的利益和贫困阶级的利益在这个时候似乎陷入了冲突，而克罗克特作为寮屋族的代表，自然对波尔克的土地法案持怀疑态度。北卡罗来纳大学持有的土地权证已经导致克罗克特的一些选民失去了他们的家园。克罗克特的结论是，将部分土地收益用于纳什维尔的一所学院的提议也会以同样的方式伤害其他人。他指出，他的选民不会因为学院的发展而得到补偿，因为他们当中没有人能上大学。他说："如果我们只能建成一个平民国家，或者大学毕业生们有时会开玩笑时说的'穷光蛋学校'——

这种学校便利性十足，我们的大孩子可以在冬天去上学，小孩子则是一整年——我们就会觉得自己很幸运，尤其是如果我们能够弄来足够的浣熊皮和一些其他的小东西在每个季度末支付学费给教师。"[27]

克罗克特在国会解释说他不是教育的反对者。他指出尽管如此，自己也觉得有义务捍卫他所代表的人民的利益，"这些人的汗水渗透了自己立足的土地"，现在他们那"简陋的小屋"将被"州立法机关"夺走，"用来为富人的孩子们建立学校"。[28]

> 我再次重申，我对此完全反对，不是因为我是教育的敌人，而是因为教育的利益不能平等分配。这种学院制度在实施中划出了两个社会阶层的分界线——它把富人的孩子和穷人的孩子彼此分离。我的选民的孩子一辈子都没进过大学，也不太可能进。……如果要建立一个诈骗机器，来将检验员、学院和土地持有者留给他们的那一点东西褫夺殆尽，那就永远不要期待我会安坐着保持沉默，拒绝为他们的事业作出辩护，尽管这些辩护可能微不足道。

我们从这里听到了曼宁的观点，即普通学校为人民服务，大学为富人服务。对于美国社会来说，允许高等教育的利益和普通公民的利益出现冲突，简直可谓悲剧。但是对于亚当斯-克莱阵营的人来说，他们总是承受着来自杰克逊势力的巨大压力，因此田纳西杰克逊阵营内部的分裂堪称上天赐予的礼物。没过多久，精明的反对派组织者意识到，在队伍中纳入一位先锋民主党人，便等于增添一股强大的力量来制衡杰克逊。他们于是找到克罗克特，利用他与其州中杰克逊派人士的疏远，以及他长期以来对总统的个人怨恨，促使他转向反对派。由美国银行行长尼古拉斯·比德尔（Nicholas Biddle）的朋友马修·圣克莱尔·克拉克（Matthew St. Clair Clarke）促成的克罗克特与全美反杰克逊势力之间的联盟，显然早在1829年就处于酝酿之中，到1832年就得到了切实的巩固。克罗克特的国会演说开始有人替他撰写，他那本著名自传的许多部分也出于他人笔下，尽管有些地方具有克罗克特自己口述的味道。[29] 1835年，克罗克特发表了一篇抨击马丁·范布伦的文章，预示了1840年辉格党在竞选中全面展开的煽动行为。

到1840年，辉格党借助平民主义的修辞彻底取胜。克罗克特因为太乡巴佬也太不可靠，无法胜任总统一职，便去往得克萨斯，在保卫阿拉莫的战斗中牺牲，自此开始被崇拜为神明般的英雄人物。但在1836年的总统选举中，人们发现威廉·亨利·哈里森（William Henry Harrison）——他和杰克逊一样，都是早期印第安战争中的英雄——也具有类似的公众吸引力。1811年，虽然他在蒂珀卡努与特库姆塞的那场著名战斗①中算是惨败，但这无关紧要，经过巧妙的宣传和公众的遗忘，它可以被美化为一项壮举，几乎可以与"老山胡桃"（安德鲁·杰克逊）在新奥尔良的胜利相媲美。1840年的小木屋和烈性苹果酒②为他们塑造了平易近人的风格，尽管哈里森住在俄亥俄州河岸上一栋相当宽敞的豪宅里。事实上，似乎是经济萧条将马丁·范布伦置于劣势，但辉格党为试图确保自己的胜利果实而对范布伦使用了大吹大擂和歪曲的手段，就像杰克逊派12年前对约翰·昆西·亚当斯所采取的措施一样。

4月，宾夕法尼亚州众议员查尔斯·奥格尔（Charles Ogle）在众议院发表了题为《总统府邸的金碧辉煌》的富于技术的演讲，奠定了竞选活动的基调。这篇演讲以小册子的形式分发了数千份。奥格尔反对一笔用于白宫及其周边改建和维修的3600美元左右的拨款（数额微不足道），并就此对马丁·范布伦的奢侈生活做了不切实际的描述，1828年针对亚当斯的类似指控在其面前都无疑相形见绌。当奥格尔谴责范布伦在白宫安装了若干浴缸时，这番长篇大论达到了高潮，用

---

① 这场战斗，美军最终撤兵，而且死伤人数不亚于印第安人，故而有人认为不算胜利，甚至是大败。——编者注
② 小木屋和烈性苹果酒原本是对手攻击哈里森的话题，但因为这是农民和工人的日常生活方式，因此反倒帮助了他当选。——编者注

奥格尔那花里胡哨的语言来说，这些浴缸的尺寸简直相当于卡拉卡拉的浴池。[30] 1840年辉格党的宣言如下："**我们卑躬负重，只为昂首取胜。**"那些受过良好教育的、迄今仍旧吹毛求疵的人，他们曾经反对男公民普选，现在却宣称自己是人民的朋友，并对最为肮脏、最不合理的竞选手段表示苟同。在更早的、多少更克制的时代，一些在论战中锻炼出来的政治家可能会保持沉默，但现在也接受使用某家报纸所称的"戴维·克罗克特战线"。保守而有教养的南方贵族休·斯文顿·勒加雷（Hugh Swinton Legaré）忍气吞声，踏上了巡回演讲之旅。丹尼尔·韦伯斯特（Daniel Webster）受到启发说，尽管他没有出生在小木屋里的好运气，"但我的兄弟姐妹们有。……我每年都会带着我的孩子们去那个小屋，让他们学会尊重和效仿在那住处中找到的认真和质朴的美德……"任何称他为贵族的人"不仅是**骗子**，而且是**懦夫**"，只要韦伯斯特能逮着他，他就必须做好战斗的准备。亨利·克莱曾站在其个人角度私下称，"必须诉诸我们同胞的情感和激情，而非其理性与判断；这种'必须'无论出于真实还是想象，都叫我倍感哀惋。"之后，他也确实这么做了。

辉格党中的敏感者可能已经对小木屋和烈性苹果酒的修辞退避三舍，但如果他们想留在政坛，他们就不能退避太久。作为美国政治中的一股力量，绅士正在自取灭亡。约翰·昆西·亚当斯看到华盛顿令人沮丧的景象，在这场喧嚣的选举中发现"人民的习惯和方式已发生变革"。[31] 这个进程早在几十年前便已开始——1829年他自己被逐出白宫便是其辛酸的象征——如今已经实现。"这似乎是我们历史上第一次，"摩根·迪克斯（Morgan Dix）评论道，"通过刺激下层阶级的好奇心，满足其娱乐欲望，并以低级庸俗之物诱使其支持，从而实现对其的直接吸引。从那时起这便流传开来，直至优良血统与对'绅士'这个古老而显赫的头衔的继承实际上成为一种不利条件。"[32]

5

更为清醒的阶层继续退出政治舞台，而奴隶制和某些阶级的仇恨激起的新型狂热则加速了这个进程。早在 1835 年，托克维尔就对众议院议员的"粗俗举止"和默默无闻发表过评论。如果他是从 19 世纪 50 年代回来的，就会发现形势已经恶化得相当严重。在 19 世纪 50 年代，海军部长约翰·彭德尔顿·肯尼迪（John Pendleton Kennedy）曾在写给他叔叔的信中写道："太可悲了——你是否注意到，这个国家是多么缺乏我们可以自豪谈起的政界人物？……对绅士的概念和评价已经从大众的头脑中泯灭无遗！我们所拥有的这样的人物，无论是谁似乎都被驱逐出了这个舞台。"[33] 1850 年，弗朗西斯·鲍恩（Francis Bowen）在《北美评论》（North American Review）上撰文指出，国会两院俨然已"变成吵吵闹闹而争执不休的辩论俱乐部"。[34]

> 狂怒的威胁和嘶声的装腔取代了冷静与有尊严的辩论；国会大厦大厅里经常出现的乱象让养熊场都相形见绌；国会声名狼藉，不再叫人艳羡，它成了文明世界中最无能、最混乱、最没有效率的立法机构。

佐治亚州众议员罗伯特·图姆斯（Robert Toombs）表示同意。他在给一位朋友的信中写道，现在的国会"充斥着我所见过的最糟糕的一类立法者。……其中有大量得志的批发商、幸运的服务人员、没有教区背景的牧师和巡回讲师，他们不仅没有智慧和知识，而且举止粗鲁，因此我们对他们能制定什么优秀的法律几乎不抱希望"。[35] 到 1853 年，人们认为有必要立法禁止国会议员在检举针对政府的言论时获得报偿，并对受贿的处罚作出规定。[36] 到了 1859 年，形势恶化到了无法挽回的地步，众议院发现几乎无法就议长人选达成一致。那年，年轻的查尔斯·弗朗西斯·亚当斯（Charles Francis Adams）正在华盛顿看

望他当时还是国会议员的父亲。他后来回忆道：[37]

> 我清楚地记得当时参议院和众议院的情况。二者都让我印象糟糕。众议院就是一座国家养熊场，因为那是边疆拓荒者和工头的时代，并不悦目，比现在的时代要差劲得多。阶层情绪高涨，粗鲁的行为刺目可见；威士忌、咳痰和鲍伊猎刀是那时的标配。事实上，这是众议院目之所及唯一的"标配"；新泽西州倒霉的老潘宁顿作为最后的救命稻草被选为众议院议长——他可能是有史以来最无能的众议院议长。

在共和国成立之初，身居高位的人可以满怀信心地为其他有才能和有名望的人提供职位。这并不像听起来那么不民主，因为这样被增选的人往往是没有出身和财富优势的人。例如在1808年，杰斐逊总统就给威廉·沃特（William Wirt）写过信。沃特是杰出的律师和散文家，他的父亲是一位移民，经营着一家酒馆。信件内容如下：[38]

> 写这封信的目的……是建议你加入国会。这是这个国家伟大的指挥台，也是一个人有资格进入的任何部门或机关的大门。凭借你的声誉、才干和正确的观点，再加上必要的审慎，**你将立刻跻身众议院共和党的领导地位**。一小段时间后你便能获得这样的地位，你可以根据自己的意愿去了解军事、司法、外交或其他民事部门，**你肯定能去任何你想去的地方**。如今你便是所谓的我国杰出人才，你可以确信自己一生都将从事最光荣的工作。

杰斐逊去世后几年，这封信中充满自信的预想已经不再可能。加官晋爵的技巧已经发生改变；比起那些给同僚或上级留下深刻印象的品质，让一个有抱负的政治家与公众打成一片的品质变得更为重要。从底层推选上来的人要比被上层提拔上来的人多。

与人员选拔标准变化相似的是公职制度的命运。美国行政制度的第一个传统是绅士执政的传统，由华盛顿为联邦党人设立，并由联邦党人和杰斐逊派一直沿用至 1829 年。[39] 按照当代欧洲的行政标准，华盛顿对联邦政府官员任命的最初标准始终极高，虽然其中带有党派偏袒性。他要求他所任命者能力出众，同时非常强调其公众声誉和个人正直，希望选出"我认为能给我们的民族性格带来尊严和光彩的人"来巩固新政府。从伊始就能看出职位任命有地域分配客观原则，且裙带关系已遭遏制。到 1792 年，政治效忠开始在任命中发挥更大但仍然较为温和的作用，正如华盛顿的继任者约翰·亚当斯所说的那样，第一任总统任命了"一群民主主义者和最浮夸的雅各宾派"。[40] 招募公职人员的最大障碍在于，乡村观点使联邦政府的薪资较低，而且从一开始，公职制度的声望就不够高，无法保有持续的吸引力，即使是对被选为内阁成员的人也是如此。当杰斐逊派取代联邦党人时，杰斐逊试图在一定的程度上平息前几年狂热的政治臆想，避免仅仅因为政治原因而大规模解聘公职人员。最直言不讳、最坚持立场、最活跃的联邦党人被开除，但比较安静的人保住了饭碗。公职人员的水准保持不变，尽管杰斐逊提出了职位应该由两党或多或少平均分配的想法。正直和体面的旧标准依然盛行，而不管杰斐逊的"1800 年革命"受到怎样的评价，它都没有为行政实践带来变革。的确，在这方面，值得注意的是人员选拔标准的沿用。[41]

然而与此同时，在一些州——尤其是在宾夕法尼亚州和纽约州——庇护制正在成为一种标准惯例。岗位轮换的观念从选任职位传播到委任职位。随着普选和平等主义激情的兴起，旧式行政管理传统在 19 世纪 20 年代便退出历史舞台，取代它的是出于党派目的、对庇护制更公正的利用。岗位轮换原则被认为是正确的民主信条，但在杰克逊派看来，它并非可能导致行政人员劣化的原因，而是一种社会革新。杰克逊的支持者们认为，在开放社会中，普通人可以获得的另一个机会就是谋得公职。他们认为，公职人员轮换制会扼杀不民主、终身占据公职的阶层。易解职、易填补空职不被认为是行政上的弱点，而是民主上的优点。安德鲁·杰克逊在1829年12月向国会作出的首次年度咨文中以最权威的形式表达了这个理念。

杰克逊认为，即使个人的正直能杜绝腐败，长期担任公职的人也会养成不利于公众利益的思维习惯。在这些人心中，"公职被视为一种财产，而政府则被视为促进个人利益的手段，而不是为人民服务的工具。"无论是完全的腐败还是"正确感情和原则的倾覆"，政府迟早会偏离其合法目的，成为"以牺牲多数人为代价支持少数人的引擎"。总统并不为"岗位轮换会定期带来多少没有经验和未经试验的人"这个想法而担心。"所有公职人员的职责都——或至少可能都——极其清楚简单，但凡有智力的人都能轻易履行"；长期让男性担任公职所造成的损失，将超过他们的经验所带来的收益。在这里和其他文章中，我们可以看到杰克逊决心将公职对新人开放作为民主机会的一部分，并打破"公职是一种财产"的观念。他认为公职轮换是"共和党信条中的主导原则"。[42]

问题也很明显：实际上，所有人都将公职视为一种财产，但杰克逊派相信可以共享这种财产。他们对待公职的态度与他们在经济事务上的反垄断立场完全相似。在一个依靠政治、经济机会扩散来保持能量与活力的社会中，其中蕴藏的智慧可能比杰克逊的反对者所愿意承认的还要丰盈。但是，杰克逊"政府的职责简单到几乎任何人都能来执行"这个信念会贬低专家和受过培训者的职能，在政府职能变得复杂时被认为是"暗藏杀机"。[43] 正当绅士被美国选举的普通需求挤得远远的时候，专家甚至仅仅是能力合格的人也为政党制度要求和轮换信条所限，在美国政治制度中拥有的空间极其有限。训练、智识与决策、管理权之间的隔阂已经消除。不幸的是，智识在公共生活中的地位取决于绅士对教育和训练的重视，而且与其政治命运联系得过于紧密。在19世纪的美国，这俨然是导致失败的原因。

第七章
改革者的命运

1

到了19世纪中期，绅士在美国的选任岗位和委任岗位中都已沦为边缘化的角色，并在很大的程度上与美国政治疏远。内战一度淹没了他们的不满。这场战争是暂停文化批判的主要危机之一。这是一项事业、一项干扰、一项迫切需要完成的任务，而且总的来说，北方有教养的阶层团结起来支持他们的国家，而不去问他们提出要拯救的政治文化是否值得拯救。他们知道，林肯令他们倍感安心，而林肯委任学者和文人担任外交职位也令他们非常开心——老查尔斯·弗兰西斯·亚当斯（Charles Francis Adams, Sr.）、约翰·毕格罗（John Bigelow）、乔治·威廉·柯蒂斯（George William Curtis）、威廉·迪恩·豪威尔斯（William Dean Howells）和约翰·洛斯罗普·莫特利（John Lothrop Motley）。如果美国民主文化能够造就这样一个人物，那么他们终究有可能还是低估了它。

但当战争结束后，该体系的失败似乎被以一种生动形象的形式呈现出来。成千上万的人用生命来弥补战前那一代人的政治失败，而在重建时期的可怕惨败中，很明显，除了拯救联邦这个最起码的目标之外，什么也没有完成，什么也没有学到。新一代企业家比老一代更为贪婪，政治似乎已经陷入挑唆冲突的煽动，公共领域被分配给了铁路大亨以及关税欺诈者。1856年的理想主义共和党已经变成了本杰明·F.

巴特勒（Benjamin F. Butler）[①]和本·韦德（Ben Wade）[②]这样的人的政党，深受格兰特政府丑闻制造者的支配。

早在1868年，当小理查德·亨利·达纳（Richard Henry Dana Jr.）试图将本杰明·F.巴特勒从他的马萨诸塞州国会席位上赶下台时，许多改革者就看到了事态的发展趋势。对他们来说，问题的展开十分尖锐：在海湾州——不仅是婆罗门阶层[③]的心脏和中心，也是有教养阶层道德和智识的源泉——其中的一员正试图把这个政治上信口雌黄、愤世嫉俗的代表性人物从政治舞台上抹去。《纽约时报》认为，这是"该地区聪明机智、头脑清醒、善于思考的人与社会中没头没脑、鲁莽喧闹、没心没肺的那部分人之间的一场较量"[1]。事实证明，这也是少数派与由移民、工人组成的压倒性多数派之间的一场较量，其特征就是达纳近乎老套拙劣的竞选技巧。[2] 达纳这类人的惨淡前景在这次选举中彻底暴露出来，达纳得到的选票不及10%。

达纳的耻辱只是一连串打击中的首个。改革者的友人们境况不佳。莫特利因为谣言缠身，被安德鲁·约翰逊赶下了外交岗位。格兰特虽然重新任用了他，但是他又再次被弃如敝屣——格兰特想利用他打击萨姆纳。埃比尼泽·R.霍尔（Ebenezer R. Hoar）法官进入最高法院的提名被否决，主要是因为政客们不喜欢他。西蒙·卡梅伦（Simon Cameron）问道："你能从一个冷落70位参议员的人那里期待什么呢？"颇具才干的经济学家戴维·A.威尔斯（David A. Wells）因为其自由贸易观点而被剥夺了特别税收代理人的职位。雅各布·多尔森·考克斯

[①] 本杰明·F.巴特勒（1818—1893），内战时期的著名将军，对待南方军颇为残酷，在重建时期成为共和党激进派，积极弹劾安德鲁·约翰逊，主持了美国历史上第一次弹劾总统案。——编者注

[②] 本·韦德（1800—1878），重建时期的共和党激进派，主张赋予黑人和女性平等权利，反对约翰逊。——编者注

[③] 婆罗门阶层是印度种姓制度中的最高等级，这里代指权贵阶层。——编者注

（Jacob Dolson Cox）是行政制度改革的主要倡导者，但由于缺乏总统的支持而被迫辞去了格兰特政府的内政部长一职。到 1870 年，亨利·亚当斯（Henry Adams）在解释他离开华盛顿到哈佛任教的原因时写道："我所有的朋友都已经或即将被赶出政府，我就要没有任何盟友，没有任何消息来源了。"[3]

那些希望林肯和格兰特的政党能够带来变革的年轻人不再抱有任何幻想。随着全新美国那叫人沮丧的面貌从战争的硝烟中浮现出来，一个由失意贵族组成的独特美国地下组织也随之出现，这群文雅改革者的存在戏剧化地呈现了教育、智识与重要政治、经济权力的疏离。他们的主导理念在于公职制度；他们的主要议题是行政制度改革；他们的理论发言人是《国家》杂志的 E. L. 戈德金（E. L. Godkin）；他们最成功的政治英雄是两度担任总统的格罗弗·克利夫兰（Grover Cleveland）。他们巍峨的文学丰碑便是自怜艺术风格的杰作——亨利·亚当斯[①]的《教育》。

历史学家在回顾这些教养优良的改革者时，意识到他们几乎没有甚至根本没有触及多少严重的社会问题。历史学家可能会感觉到他们血气的日渐薄弱，同时也乐于接受像约翰·杰伊·查普曼（John Jay Chapman）这种大胆而癫狂的人物[②]在日后出现。但该阶层代表的是社会中大部分政治活跃、受过教育的人士，而思想在美国政治中的地位——如果思想还有什么地位可言——主要取决于这些人的命运。他们自己亦深谙此点，这也是洛厄尔恳求戈德金在《国家》杂志上抗议"共和党的奇怪观念，即他们不用脑子也能过得很好"时的意思，也是查尔斯·艾略特·诺顿（Charles Eliot Norton）感伤而狭隘地抱怨"在

---

① 亨利·亚当斯（1838—1918），美国历史学家、小说家，1858 年毕业于哈佛大学。曾祖和祖父分别是美国总统约翰·亚当斯和约翰·昆西·亚当斯。《教育》是他的自传，1919 年获普利策奖。——编者注

② 约翰·杰伊·查普曼（1862—1933），作家、律师，曾袭击过一个侮辱他女友的人，之后为惩罚自己，把左臂放入火中，造成截肢。——编者注

我看来,《国家》、哈佛学院和耶鲁学院几乎是抵御现代野蛮和粗俗入侵的唯三坚实屏障"时的意思。[4]

　　这类改革并不具全国性或代表性。一般来说,文雅改革者都出生在东北部——主要是马萨诸塞州、康涅狄格州、纽约州和宾夕法尼亚州——尽管也有少数人零星散居在中西部那些被北方佬和纽约人占据的地区。这些人在道德和智识上都是新英格兰的继承者,而且大部分都是通过血统继承的。他们继承了一神论和超验主义的哲学观念、清教主义的道德基本态度、自由土壤运动①的运动传统、新英格兰对教育和智识精神的崇敬以及北方佬对公职岗位和行政改革的热忱。

　　必须补充的是,他们具备北方佬的那种自信和自以为是的格调;大多数文雅改革者都确信自己在道德方面纯洁无瑕。出版商乔治·海文·帕特南(George Haven Putnam)在其自传中这样描述他们:"每一代公民都造就了这样一群人,他们不追求自我,他们认识到自己对社会的义务,准备用自己的工作和能力为同胞们做力所能及的事情。"[5]这种无私奉献的能力建立在财务安全和稳固的家庭传统的基础之上。这些文雅改革者通常不是腰缠万贯,但都属于小康水平,几乎没有人是白手起家或出身贫寒。他们是有名望的商人、制造商、律师、牧师、医生、教育工作者、编辑、记者和出版商的儿子,他们跟随自己的父亲进入商界和各行各业。他们所受的教育远高于普通人:在那个大学文凭还很少见的年代,其中拥有文学学士学位的人数之多令人钦佩,而没有的人则大多数拥有法律学位。有些人是历史学家、古物学家和收藏家,其他人则写诗、小说或文学批评。大部分人都毕业于哈佛大学或耶鲁大学,或者来自阿默斯特、布朗、威廉姆斯、达特茅斯和奥

---

① 指1848—1854年自由土壤党发起的运动。该党于1848年成立,代表小资产阶级的利益,反对在西部新开发地区推行奴隶制,提出"自由土壤、自由言论、自由劳动、自由人民"的口号。同年参加竞选。1854年《堪萨斯-内布拉斯加法案》通过后瓦解,大部分成员加入了共和党。——编者注

伯林等有新英格兰教育传统的前沿学府。除了少数独立派和怀疑论者，有宗教信仰的人都属于上层教派，尤其是那些受新英格兰传统影响最大的或那些吸引商界有教养人士的教派，例如公理会、上帝一位论派和圣公会。[6]

正如亨利·亚当斯所表示的那样，无论在政治还是道德层面，这些改革者都是无家可归的。他们几乎没有朋友，也没有盟友。在美国生活中，无论在商界还是政界，几乎处处都是那种朴实无华但粗暴无情的人在掌控事务，亚当斯在内战结束后从英国回到华盛顿就发现这种人在掌握着权柄：[7]

> 随着时间的推移，人们终将认识到其他人（除了格兰特）有差异和变化是再正常不过的。精力越旺盛的人，浪费在思想上的时间就越少。他们生于土地，获得权力；他们总爱怀疑自己和他人；他们很胆小；他们善妒，有时还怀恨在心；他们外表或多或少有些沉闷，总是需要激励因素；但对他们来说，行动是最佳的兴奋剂——战斗的本能。这些人是自然的力量，是原初的能量，就像鳄甲鱼，但能以迅雷不及掩耳之势将学者解决殆尽。他们统领着成千上万这样的人，但看不出他们比其他人好在哪里。事实是可以确定的：逻辑论证和智识即刻便被摧毁无遗。

受过教育的人无论往哪里看，都发现自己面对着敌对势力和异己心态。他们憎恨在商业和公共事务上掩盖他们光芒的新富豪统治——他们认为这种富豪庸俗浅薄又浮夸卖弄，且对社会危害极大。其中就包括查尔斯·弗朗西斯·亚当斯[①]所说的那些企业界大亨——他曾说在

[①] 查尔斯·弗朗西斯·亚当斯（1807—1886），美国政治家、外交官，美国总统约翰·亚当斯之孙，约翰·昆西·亚当斯的次子，曾任美国驻英国大使。——编者注

与他们多年的交往当中，他没有遇到过一个让他愿意再见到的人，或者"在他心目中与幽默、思想或文雅沾边"的人。[8] 同样粗俗的还有政客们——戈德金称他们为"卑劣的下流之辈"[9]——他们的粗俗中混杂着效率低下、无知和腐败。亨利·亚当斯回到华盛顿没多久，一位内阁官员就对他说，在和国会议员打交道时表现出耐心是多么没有意义："不能在国会议员面前玩得体！国会议员是猪！你得拿棒子揍他的鼻子！"波士顿、新英格兰和纽约的每个人都一致警告亚当斯，"华盛顿不是受人尊敬的年轻人待的地方"，他自己也看得出来，这个地方没有用来传播明哲文雅之士的观念以便影响事务的风气、社会环境和社会媒介。[10]

> 社会似乎并不比他自在多少。行政部门和国会都对此置若罔闻。社会上的任何一个人似乎都不会得到政府官员的重视。政府里的人也不认为有什么必要和社会中的人商量。世界已不再完全是政治性的，政治已不那么具有社会性。内战的幸存者——比如乔治·班克罗夫特或约翰·海伊——试图站稳脚跟，但并未取得辉煌成功。他们可以自由地做自己喜欢做的事，说自己喜欢说的话，但是没有人在意他们的言行。

文雅改革者们与公众格格不入的程度不亚于他们与商业公司和政治机器主要权力中心的疏离程度。他们在社会上有太多的利害关系，所以不愿意发起激进的改革运动，同样也出于极度不屑而不愿意与其他类型的改革者结成政治同盟。拿货币当万能药、心怀不满和古怪狂热的农民，只能激发他们的厌恶之情。势利、教养以及阶级利益使他们与工人阶级和移民渐行渐远。小查尔斯·弗朗西斯·亚当斯表达了其所在阶级的一种共同感受，他说："我不与我所在地方的劳动者交往。"他还补充说，这样的交往"让我们俩都不愉悦"，这无疑都说得非常正确。[11] 至于移民，改革者认为他们在城市恶政中发挥的作用是那些政界领导阶层力量的主要来源之一。改革派有时对不受限制的民主和公民普选的优点持怀疑态度，与此同时还武断地提出用教育考试或人头税剥夺选民中最无知者的选举权。[12]

因此，文雅改革者们与跟自己需求不同的主要社会利益彼此疏远，他们被有益的政治联盟拒之门外，并被判为在政治上百无一用。他们于是不得不满足于这样一种希望，即偶尔可以通过"针对有限的有教养人士"采取行动来达到目的，[13]用历史学家詹姆斯·福特·罗兹的话来说就是通过吸引"有财产和智力的人"来达到目的。卡尔·舒尔茨（Carl Schurz）①在1874年说："我们想要一个让这个国家最优秀的人民引以为豪的政府。"[14]他们真正需要的是受过教育和有公民意识的精英的领导——在一个不需要任何形式的精英，更不需要受过教育的精英的国家。"最优秀的人"都是局外人。他们的社会地位似乎是一种负担，他们所受的教育当然也是他们的负担。1888年，詹姆斯·罗素·洛厄尔（James Russell Lowell）抱怨说："在我们的一些主要政治家和许多报纸看来，学者们事实上被禁止对公共事务作任何评判；或者，如果他们肆无忌惮地这样做了……他们至少必须避免把这种评判传递给他们的同胞。"[15]

意识到他们的公众追随者太少，无法展开对任何主要的政治或行政堡垒的正面攻击后，文雅改革者被迫采取一种独立的策略。两大政党之间的实力差距常常是极其微小，因此强劲的独立派可以通过威胁脱离政党赢取与其人数不成比例的影响力。[16]在很短的一段时间内，改革派似乎都非常接近于真正影响力的边缘。起初，他们认为自己可能在格兰特政府中有一些发言权，但因为后者没有满足这点，其中的大多数都参与了1872年自由共和党人命运多舛的脱党。后来，卢瑟福·海耶斯总统小心的示好令他们重燃希望，但终而再次幻灭。在大

---

① 卡尔·舒尔茨（1829—1906），德裔美籍政治家、军官、新闻记者。1856年定居美国，曾担任内务部长。——编者注

多数情况下，他们只能满足于取得有限的胜利，比如邮政部门和纽约海关的改革，或者偶尔有汉密尔顿·费什（Hamilton Fish）、E. R. 霍尔（E. R. Hoar）、威廉·M. 埃瓦茨（William M. Evarts）、卡尔·舒尔茨、韦恩·麦克维（Wayne MacVeagh）之类的人被任命为内阁成员。他们最幸福的时刻来自 1884 年的大选，当时他们确信，共和党独立派已经把纽约州的支持从布莱恩转移到了克利夫兰身上，并因此帮助后者赢得了大选。但他们在立法上的突出成就是在行政制度改革上，那就是 1883 年通过的《彭德尔顿法案》①。这一点尤其值得关注，因为行政制度改革和绅士的阶级问题都是美国政治文化的试金石。

2

改革派的核心观念——他们一致认同并最为深切关注的观念——便是改革行政制度，他们认为这一点不实现，其他改革就无法成功进行。[17] 行政制度改革这个理想让专业政治家的信条（信仰政党组织、政党回报和岗位轮换的做法）和改革者的理想（在公职制度的能力、效率和精简上有所要求、推崇基于才能的公开竞争和长期任职保障）产生了直接对立。改革者们的种种提议参考了多类模式——美国的兵役制度，普鲁士甚至中国的官僚体系等，但这个以英语为导向的知识分子阶层主要还是在英国寻找灵感——自 1854 年《诺思科特－特里维廉报告》②发布以来，英国的行政制度就一直在进行整顿。

---

① 《彭德尔顿法案》首次确认了联邦政府的人事管理原则，即竞争考试、职务常任和政治中立，并将此原则法制化、制度化，成为美国文官制度的基本原则。——编者注

② 《诺思科特－特里维廉报告》，全称《关于英国建立常任文官制度的报告》。1854 年英国斯塔福德·诺思科特和查尔斯·特里维廉两人根据对英国文官制度状况的调查而提交，是关于近代文官制度的基础文件。——编者注

英国的行政制度改革家在构想其提议时,对于行政制度与阶级结构和教育制度之间不可分割的关联有了充分的认识。正如格莱斯顿①所言,他们计划建立一种行政制度,让绅士阶层"掌控所有高级职位",并将受过更实用、更廉价培训的人担任的职位分配给较低阶层的成员。[18] 该提议在很大的程度上受到麦考利勋爵的影响,在他的构想之中,"行政部门的上层职位仅限于由文学竞赛选出的有教养和文化的绅士担任。"高级职位将由在历史悠久的大学接受严格古典训练的绅士担任,较低的职位将由受教育程度较低的候选人担任——在每一类职位中,通过竞争考试招募保证入选者的才干。到 1877 年,改革派领袖之一的查尔斯·特里维廉爵士(Sir Charles Trevelyan)向其一位美国友人讲述说,英国的改革不仅成功,而且广受欢迎。他称:

> 尽管从昔日庇护制度中获益的人很多,但是被冷落的人更多,其中包括我们国家最优秀阶层的部分人士——各种忙碌的专业人士、律师、各派宗教的牧师、教师、农民、店主等。这些人很快认同了这种新制度的理念,并将之作为宝贵的额外特权而欣然接受。

此外,查尔斯爵士还说,行政和军事制度的效率也因此提高,这个变化"对教育起到了巨大的刺激作用"。以前,想要从事公职的上流社会年轻人都缺乏努力的动力,因为他们的上任已是妥妥的事情。现在他们知道,他们的未来在一定的程度上取决于他们自己的能力,"一种新的活动精神随之而来。行政及军事部门的开放,对国家教育产生了深刻影响,相当于 10 万项最有价值的学问成就和奖学金……"[19]

英国改革者对美国改革者的吸引力是可以理解的。美国主要改革

---

① 格莱斯顿(1809—1898),大英帝国时期政治家,从政六十一年,四次担任英国首相,两次担任财政大臣。——编者注

家们的关注在很大的程度上并非出于利己，因为如果美国行政制度开放的大多数职位都采用竞争性考试，那么这并不会对他们产生多大吸引力。[20] 但是，当明白按照其所生活的社会的准则，他们并非公职岗位的优先人选，自己也不能对朋友们提供帮助时，这会让他们颜面尽失、倍感羞耻。[21] 对他们来说，主要问题在于文化和政治理想，在于将他们自己纯洁和卓越的标准投入到政府实践中。这关系到"国家品质"。他们在大学古典经济学课程中所学到的自由和竞争优势的原则，既然曾经应用于关税问题，那也应该适用于公职部门：行政制度基于择优的公开竞争应该与行业公平竞争相类似。[22] 但对专业政客来说，竞争性考试的择优方式似乎带有学校的光环，这立刻激起了他们对智识、教育和培训的敌意。正如他们开始所说的那样，这是一场"教师考试"。这个议题直接触动了专业政客的敏感神经，引发了激烈反应，同时也打开了煽动反智主义的闸门。专业政客谴责以考试为基础的行政制度观念，认为其提供有保障的长期任职具有贵族特征，且是在模仿英国、普鲁士和中国的官僚制度；认为这是对君主制度的顺从，对共和主义的威胁；还说这是军国主义，因为它以军队制定的考试规则作为其模板之一。训练而出的智识自伊始便遭受到了质疑。1868 年，罗得岛州众议员托马斯·A. 詹克斯（Thomas A. Jenckes）提出了一项要求行政制度改革的法案，但在国会上遭到了伊利诺伊州众议员约翰·A. 洛根（John A. Logan）的谴责，他是这样说的：[23]

> 该法案是这个国家贵族制的开始。……它会给我们带来两所国家学校——一所用于军事教育，另一所用于公民教育。这些学校将垄断所有通达政府的途径。除非一个人能考上这些学校中的一所或另一所并被其纳入入学名单，否则他就不能谋得一份政府里的工作，无论他的能力有多强，无论他的资格有多么无可争议。一旦他考入学校并为自己的生活铺好道路，他的下一个任务就是把自己的孩子也送进学校。在这些学校里，学者们很快就会相信

他们是唯一有资格管理政府的人，并且很快就会决定政府应该由他们而不是其他人来管理。

随着关于行政制度争议的展开，很明显，专业政客担心对能力的要求，以及对文化和智力的规定，会对政治机器所依据的原则构成威胁，在这种威胁面前，他们为了分赃原则而进行的煽动几乎是毫无底线的。一位来自印第安纳州的国会议员提出了一种恐怖的可能性：比如，罗伯特·E. 李（Robert E. Lee）担任校长的弗吉尼亚州华盛顿学院的毕业生，在竞争考试中会比"在奇卡莫加河战役①中失去一条腿的西部普通学校或工场的残疾士兵"表现得更好。他说，人民"还没有完全准备好允许叛军学院的学生通过竞争考试和学术成就来取代共和国的残疾爱国士兵，他们的教育优势更少，但实践经验更丰富，更适合这个职位"。[24]

威斯康星州参议员马修·H. 卡朋特（Matthew H. Carpenter）用类似的措辞称在内战期间：[25]

> 当国家的命运在天平上摇摆不定，我们英勇的青年迎击战争的风暴时，那些不那么爱国的公民的儿子却在享受大学课程的好处。现在，我们伤残的士兵回来了，并且申请了联邦政府的公职。他们完全有能力履行这些职能，但他们却遭到拒绝，让位给那些从书本中死记硬背事实和原则的人——就因为他们不知道好望角的潮汐波动，不知道月亮与地球的距离，或者不知道注入里海的主要河流的名字。

---

① 奇卡莫加河战役，美国南北战争中的重要战役，联邦军获胜。罗伯特·李是南军总司令，内战结束后担任华盛顿学院校长。由于内战以南方失败告终，罗伯特·李是叛乱分子，所以下文称华盛顿学院是"叛军学院"。——编者注

这位参议员提出"进入天国的资格并不取决于竞争考试的结果",之后又新瓶装旧酒地再次提到正规教育和实践智慧之间的对比变化:"那些通过填鸭式用功获得耶鲁大学文凭的笨蛋,刚刚从这种死记硬背中走出来,就会在所有的公职任命上比这个国家最优秀、最成功、最正直的商人更受青睐,这些人或者是没有享受到早期教育的好处,或者是头脑长期专注于实际追求,学术知识的细枝末节已然从中消泯,就像水手向他的故土道晚安时消失的海岬一样。"

这样的评论并不专属于那些挑唆冲突的北方人。密西西比州众议员麦基亦反对说,教育标准将使全国受教育程度较低的地区几乎不再可能行使他们基于地域标准的旧式任命特权。他单刀直入地埋怨道,如果能力成为必需条件,那么他将无法为他的密西西比州选民找到工作。"假设,"他说,"某个小野妞从新墨西哥州来这里谋个职位,她也许不知道墨西哥湾暖流是向北流还是向南流——或者她认为暖流是竖着流的——便可能回答说,'日本暖流'和英国醋栗差不多。然而,尽管她能胜任自己所谋求的这个小职位,她还是会遭到拒绝然后被遣返回家,该职位则给了个四眼女学究,而她很可能连新墨西哥人一半的本土意识都没有。"[26]麦基抱怨道:

> 我有个选民知道的比你整个行政制度委员会都多,他是从密西西比来到这里的,而他们认为他连最低级别的职员工作都无法胜任,但他现在在太平洋沿岸地区最大的一家银行里当出纳。他们把那个职位给了一个来自缅因州的四眼教师,就他的业务能力和常识而言,他连给擦鞋匠当办事员都不太行。一直以来都是这样。

很长一段时间以来,行政制度的反对者成功地在公众头脑中创造了一种行政制度改革的概念,这种概念与现实关系不大,但却可怕地吸引了平等主义情绪、政治机器贪婪和反智主义。E.L.戈德金曾经说过,当改革引发的躁动第一次出现时,它仅仅被看作"复兴社会的上千种空想尝试中的一种，是某个文人阶级用来打发闲暇时光的"。在 1868 年至 1878 年间，政治圈内部把它称为"鼻涕虫制度改革"，其中夹杂着许多厌恶和嘲笑。"人们有时把改革派说成是相信太平盛世的一群人，也有人把他们说成是意志薄弱之辈，他们把政治社会看成一种主日学校，只要温和的劝诫和廉价的奖赏就能管理好。务实者所要做的就是迁就他们，只要能做到无害即可，但不要与他们争论。"[27] 专业政客们成功地说服自己，行政制度改革意味着偏袒受过大学教育的人。它会将工作限制在受过大学教育的世袭贵族阶层手中。在行政制度考试中，会出现各种不合理的、深奥到难以领略的问题。[R. R. 鲍克（R. R. Bowker）抗议道："考试中会向一个扫大街的人询问关于古代历史、天文学和梵文的问题——有不少人在说或在写关于这个的无稽之言。"] 文化竞争考试的想法让反改革派充满了恐惧，毫无疑问，许多潜在的求职者也有同样的恐惧。一位强烈反对改革的人宣称：[28]

> 从今往后，进入行政系统就要去过竞争考试这座独木桥，这实际上是把入口限制在大学毕业生，从而录取一个皮尔斯，排除一个林肯。少数受宠的人就这样得到了铁饭碗；与此同时，免于奔波。同样地，定期晋升，职位越来越高。这是一个独立于社会其他阶层的阶级，由于共同的利益和共同对一个人的从属关系而联系在一起，那个人就是陆军总司令——美国总统。

改革派徒劳地抗议说，考试对所有申请者平等开放，没有什么不民主的，而且美国的教育制度本身便很民主，即使是在高等教育方面亦是如此。[29] 他们还重印了现有的考试材料，以表明未来的职员不是人们想象中的美国哲学协会成员或常青藤大学毕业生。他们还整理了统计数据，证明——打个比方——在 1881 年以前就实行竞争考试制度的纽约海关，只有很小比例的应试者或上任者是大学毕业生，而这一切终究是无用功。[30] 受过良好教育的公职人员那恼人的影子一直困扰着专业政客，直到最后。甚至在加菲尔德总统遇刺之后，当公众对行政制度改革的呼声迅速高涨时，他的继任者切斯特·A. 亚瑟（Chester A. Arthur）仍向国会公开表示，他担心行政制度考试将把"纯粹的智力水平"置于其他素质之上，而且有经验的人在与不成熟的青年大学生竞争时将处于不利地位。[31] 在国会推动行政制度改革提案的参议员乔治·H. 彭德尔顿（George H. Pendleton）认为有必要为参议员消除疑虑，让他们相信考试制度不会仅仅给出那种不公平地偏袒大学毕业生的"学术测验"。[32] 如果不是加菲尔德意外遭到枪击，《彭德尔顿法案》所包含的改革很可能会推迟近一代人的时间。

3

在改革者对专业政客的攻击中，人们发现有几个基本词汇反复出现：**无知、庸俗、自私、腐败**。为了反击这种言论，政客们必须给出足够好而且富于感染力的答案。这不仅是利害攸关的公众辩论行为，而且也是他们缓解自己那真真切切的狂怒情绪的需要。在与公众融洽相处的问题上，政治家当然有明显的优势。但是，如果这场辩论本身按照改革者们所设定的条件进行，这对于政客们就不会那么容易了。就像所有生活在政治边缘的人一样，改革家们也因此摆脱了决策和责任的负担，他们发现，保持他们引以为傲的纯洁性要比专业政客容易得多。大多数改革派领导人都来自建制派家庭，他们至少有一定的财富，有独立的职业，他们的生计不直接依赖政治，他们比专业政客更容易维持他们认为对公职制度至关重要的无私气氛。此外，他们实际上受过更优良的教育，是更有教养的人士。

政客和政界领导阶层找到了答案，他们把其批判者的高等教育和文化斥为政治负担，并质疑他们是否能胜任日常政治中艰难的脏活。正如政客们所说，他们、领导阶层和党务人员，必须在普通人生活和谋生的残酷现实世界中发挥作用。这不是道德和理想的领域，也不是教育和文化的领域，而是艰苦而阳刚的商业和政治领域。他们说，改革者自称是无私的，但如果这是真的，那么也只是因为他们事不关己、高高挂起，对这个与他们格格不入的生活领域品头论足罢了，他们既不需要在这个领域工作，实际上也不适合这个领域。在镀金时代这个咄咄逼人、竞争激烈、物欲横流的世界里，无私意味着的不是纯洁，而是缺乏自我、缺乏与现实斗争的能力、缺乏主张、缺乏男子气概。

政客们援引了美国男性那根深蒂固的偏见，认为文化不切实际，文化人百无一用，文化是女性化的，有教养的人往往无男子汉气概。改革家们暗地里渴望官职和权力，但对实际需求缺乏必要的了解，便把怨气发泄在那些成功者身上。他们不过是吹毛求疵的检查员，虚伪地审查着那些公职人员和享有权力的人。正如詹姆斯·G. 布莱恩（James G. Blaine）曾经说过的那样，他们"自负、愚蠢、虚荣，对人……一无所知。……他们人少话多，遵守表面虚礼却不切实际，野心勃勃却不明智，狂妄却缺乏实力"[33]。

改革者和政治家之间的冲突，在专业政客的心目中形成了一种对政治圈受过教育人士的刻板印象，而且这种印象是永远不会消散的。大约世纪之交，坦慕尼协会的乔治·华盛顿·普伦基特（George Washington Plunkitt）——一位百无禁忌的大都市政治实施者——的言论生动地说明了这一点。一位记者将其发言记录了下来（或许还精心修饰过）。普伦基特宣称，如果坦慕尼协会的领导人都是"书呆子和大学教授"，[34]

> 坦慕尼可能4000年才能赢得一次选举。大多数领导人都是普通的美国公民，属于人民，亲近人民，他们受过必要的教育，可以鞭笞那些有中间名的矫揉造作的小子。……至于这个地区的老百姓，我始终非常懂他们。当我和他们在一起时，我不试图炫耀我的语法，或谈论宪法或电压有多少伏特，或以任何方式显得自己比他们受教育水平高。他们可受不了那样。

他还说：[35]

> 一些年轻人认为他们可以从书本中学到如何在政治上取得成功，于是他们把大学里的各种烂玩意塞进脑子里。他们犯了一个天大的错误。现在，请听明白，我并不是在反对大学。我想只要有书呆子存在就必然有他们存在的理由，我想他们在某些方面做了一些好事，但在政治上不值一提。事实上，一个上完大学课程的年轻人从一开始就处于劣势了。他在政治上可能会成功，但可能性是百分之一。

只说改革者虚伪、不切实际，这对于政治家们来说还不够。他们的修养和讲究举止被认为是这些"啜着冷茶"[36]的"软弱矫情的伪善绅士"缺乏男子气概的证据。他们有时被谴责为"政治上的阴阳人"（因为他们的政党位置不确定）。尖酸刻薄的堪萨斯州参议员英格尔斯曾经因为他们缺乏党派忠诚而倍感愤怒，谴责他们是"第三性别"——"不男不女的娘娘腔；当爸不能生，当妈怀不上；既没有繁殖力也没有生殖力；天生该受男人的蔑视和女人的嘲笑，注定无后、孤老、灭绝。"[37]

从改革者作为1872年自由共和党运动的一股有组织的力量出现的那一刻起，他们就被最浮夸的分赃派中的罗斯科·康克林（Roscoe Conkling）斥为"一大帮理想主义者、教授和满腹牢骚者"。[38]康克林还创造了一种经典的美式谩骂，并阐明了缺乏男子气概这个指控的含义。沦为康克林攻击受害者的是乔治·威廉·柯蒂斯，他曾是一名德国大学的学生、《哈泼斯》的编辑、一位杰出的改革家，是布莱恩、洛厄尔和萨姆纳等人的好友，也是主张受过教育的人在政治中发挥更积极作用的最著名的倡导者之一。事情发生于1877年的纽约州共和党大会上，当时，政治圈领导阶层和改革家们围绕党派组织展开了极其激烈的斗争。康克林在轮到自己讲话时问道："这些在报纸上和其他地方对共和党人挥舞鞭子，扮演着共和党及其良心、信念的导师角色的人都是谁？"他继续说道："其中的一些人是卖女帽的男工匠，政治上的门外汉和游手好闲者。""卖女帽的男工匠"这个词指的是柯蒂斯的杂志最近开始发表的时尚文章，引发了一阵哄笑。在谴责改革家们炫耀"他们自己那微弱的优越和纯洁"，并嘲笑他们所谓的背叛和伪善，以及他们"令人作呕的、虚伪无比的自以为是"之后，他在最后说道："他们忘记了政党不是靠仪态、女性杂志或口若悬河建立的……"[39]

普伦基特后来提到"弄中间名的矫揉造作的小子"时所暗示的，康克林在这里说得再清楚不过了。改革家们有教养的性格和严谨的举止表明他们很娘娘腔。文化暗示着女性气质，女性杂志的编辑身份证明了柯蒂斯身上的这一点。最近的是参议员麦卡锡等人对国务院中来自东部地区且以英语为导向的预科学校工作人员发动攻击，指控他们是同性恋，这在美国谩骂史上已经不算新鲜了。当时的很多人都从这个层面去理解"卖女帽的男工匠"一词，这是因为虽然纽约《论坛报》将康克林的演讲进行了全文报道——包括那个冒犯性的词——但康克林的侄子在他叔叔的传记中讲述这次事件时去掉了这个词并用星号代替，仿佛他在删减一个明显属于脏话的下流字眼。[40]

政治家们对改革派的不当品质达成了不成文的共识，依据的便是当时几乎所有男性和大多数女性都接受的一种态度，即积极参与政治生活是男性的特权，因为女性被排除在外。进一步说，在政治中发挥有效作用的能力实际上是对男性气概的一种考验。积极参与政治是男人的事，而参与改革运动（至少是美国的改革运动）则总会让人联想到好斗的、崇尚改革和说教的女性——废奴主义者便是极佳的佐证。在关于女性选举权的辩论中，经常听到的男性的普遍观点是，如果女性进入未免肮脏的男性政治世界，她们就会玷污自己，丧失自己的性别特征。对此，参议员英格尔斯曾说，政治世界的净化只是"一片彩虹色的薄梦"。

如果女性介入政治，她们就会变得阳刚，就像男性拥护改革时变得阴柔一样。公理会牧师霍勒斯·布什内尔（Horace Bushnell）认为，如果女性获得选举权并将其保有数百年，那么"女性的外貌和气质将会被改变"。女性的外貌会变得棱角分明，身体变得瘦长结实，声音尖锐刺耳，她们的行为会变得生硬粗鲁，变得一意孤行、固执己见、胆大冒失，对地位和权力充满渴望。可以预料到的是，在这场"女性主张权威"的梦魇中，女性实际上会"在生理上发生典型改变，她们会变得更高大、更强壮，手和脚会变得更大，大脑会变得更重"，而且很可能会变得"更纤瘦、棱角分明、平板身材、干瘪瘪，就像所有破灭的、被过度激发的本性一样"。[41]

为了弥补她们在政治上的缺陷，人们总是承认女性在道德上要比男人纯洁得多（尽管这种纯洁被认为是一种脆弱）。[42]按照传统的说法，她们会通过妻子和母亲的角色在世界上发挥作用。只要远离政治，理想和纯洁的领域就属于她们。同样地，现实和肮脏交易的领域——就其必然存在而言——则属于男性。改革派认为他们将更纯粹、更无私的个人理想带入政治，他们的反对者则指责他们试图将政治女性化，将性别领域彼此混杂。就像女性通过从政丧失自己的性别特征一样，改革者则通过在政治生活中引入女性标准——道德——而丧失自己的性别特征。"长发男人，短发女人"这句关于改革者的旧俗语恰如其分地表达了这种普遍的态度。

亨利·詹姆斯（Henry James）的小说《波士顿人》的一个中心主题便是，要求女性投票权是一种有悖常理的泯灭性别特征，甚至泯灭人性的行为。和布什内尔一样，詹姆斯也担心男性世界会被女性反常的攻击性和女性原则所破坏。他笔下的南方人主人公巴兹尔·兰森（Basil Ransom）大声喊道：[43]

> 整个一代人都被女性化了，男人味正在从这个世界上消失。这是一个娘娘腔、神经质、歇斯底里、喋喋不休、极其伪善的时代，充斥着空洞的话语、虚假的精致、夸张的焦虑和娇惯的敏感。如果我们不马上注意到这一点，它就会变成有史以来最软弱、最单调、

最矫情的平庸时代。那种阳刚的性格,那种勇敢和忍耐的能力,那种了解现实但又不畏惧现实的能力,那种面对现实并接受现实本来面目——一种非常古怪而又在某种程度上非常低劣的糅杂——的能力,这就是我所想要维护的,或者不如说,我所想要复原的。
……

詹姆斯心目中的那个已经被剥夺了阳刚之气的世界,肯定不是吉姆·菲斯克(Jim Fisk)[1]、卡内基、洛克菲勒或铁路大亨们的世界,也不是特威德帮(Tweed Ring)[2]或罗斯科·康克林[3]的世界。相反,这是一个有教养的人的世界,他们的学识曾经一度与男性对生活中行动和主张上的坚定相联系,那便是以波士顿为代表的东部社会,在整个美国,詹姆斯对其最为了解。在这个社会里,似乎有一种近乎苦痛的需要,即需要这样一种人,能将思想、道德的领域与行动、主张的刚健之气相互结合。

4

无论改革者们是否完全意识到这一点,软弱无能的污名已经成为他们的障碍,成为他们与美国政治主流隔绝的标志。西奥多·罗斯福是首位迎接这个挑战的人。作为一名与改革派领导人来自同一社会和教育阶层的新成员,他在年轻时就认定,他们被指控的缺陷是真实存在的,如果改革要取得进展,那么他们这类人必须由来自同一阶层更

---

[1] 吉姆·菲斯克(1834—1872),美国金融家,股票投机商。——编者注
[2] 特威德帮是1860—1871年纽约的一个民主党帮派,以1867年担任国会参议员的威廉·M.特威德为首,势力渗透到纽约市每个街区。——编者注
[3] 罗斯科·康克林,美国共和党领袖。在国会中支持林肯政府进行南北战争。战后成为激进派共和党领袖,主张对南部各州实行严格军事管制以及给予被解放的奴隶以更广泛的权利。——编者注

强劲的新型领导人取代。在其自传中，他回忆道[44]：

> 改革派人士都是非常友善、彬彬有礼的绅士，他们为政治腐败而扼腕叹息，在客厅和会客室里讨论这个问题，但他们完全无法应对现实生活中的人。他们倾向于大声疾呼要求"改革"，就好像这是一些具体的物质，就像蛋糕一样，只要要求足够紧急，就能在群众中随意分发。这些会客室改革家们用批判热情来弥补行动上的低效……

当罗斯福写下这些的时候，由于强烈的、几乎是驱之不散的仇恨，他早已与戈德金那类改革家们分道扬镳。对前者来说，这种仇恨产生于一种令人恼火的感觉，即他们认为他是道德上的叛徒，而对后者而言则是对他这种背景的人在道德上做出妥协的不理解。但是在 19 世纪末，他在全国广受欢迎的主要原因之一便是，他被描绘成一个东部人、一个作家和一个来自富裕阶层的哈佛人，但又知道如何与牛仔和莽骑兵（Rough Riders）① 相处。

1880 年，罗斯福不顾家人和朋友的反对，加入了位于纽约市他家附近的杰克·赫斯共和党俱乐部，从政治最底层进入政界。尽管早期厌恶这种环境且拒绝做走卒，他仍然坚持玩政治游戏。第二年，他在共和党内部赢得了足够的支持，被派往奥尔巴尼的立法机构。当罗斯福 23 岁第一次进入纽约州议会时，他仍然因为他的上流阶层背景而蒙受耻辱。正如作家亨利·F. 普林格尔（Henry F. Pringle）所写的那样："除了出身于纽约的中等富裕之家，他还是个哈佛人。他戴着一副眼镜，末端系着一根黑丝线，显得很娘娘腔。简而言之，他是个

---

① 莽骑兵，1898 年为美西战争组建的三个团之一，也是唯一一支参加过战斗的美国志愿骑兵军的绰号。时任海军副部长的罗斯福毅然辞职参战，成了民族英雄。——译注

矫揉造作之人,是从美国人对英国人的自卑中诞生的又一个小丑。就连同为新成员、曾多次与罗斯福并肩作战的艾萨克·L.亨特(Isaac L. Hunt)也回忆说,罗斯福是'一个笑话……像矫揉造作之人那样梳头、说话——所有的一切都是那样'。"据普林格尔观察,他的举止、合乎语法的英语和衣品都给他造成了障碍,还深受自己那滑稽的尖嗓门之害——据当时的人说,他就是用这副嗓门跟"操着纽约第一批住民方言"的主席讲话的。

就是在这种不顺的情况下,罗斯福开始了自己的职业生涯。[45] 他的对手很快就给他打上了"大学培养出来的娘炮"的标签。当得知全国大学兄弟会 Alpha Delta Phi 有四名成员是议会选举委员会的成员时,纽约《世界报》写道:"天哪!天哪!罗斯福兄弟是议会委员会的职位交易员。让 Alpha Delta Phi 用绉纱遮住母亲的象征吧。""这个州的老茧手选民会惊讶和厌恶地得知,一些老茧手立法者和律师正在把'大学政治'引入有争议的议会选举。毫无疑问,Alpha Delta Phi 兄弟会为大学生提供了一种天真而愉快的娱乐活动,但并不算是成为成熟政治家的安全指南。"[46]

然而,在很短的时间内,罗斯福设法塑造的深刻个人形象开始在报纸上占据一席之地。他的活力和真诚开始赢得热烈的反响,他的教育和背景也没能阻止如潮的好评。一位北部的编辑认为,"很高兴看到一位特别的、富有而受过良好教育的年轻人,不专注于在社会中追求享乐——而愿意把命运的礼物带到公职制度中。"波士顿的一家报纸认为,尽管他有"美感学问",但是仍然作出了一番"睿智而清醒的共和党演讲"。另一家报纸认为,尽管他"被大量在旧世界和新世界的顶尖大学所采纳的理论所拖累",但是他"确实是一个非常杰出的年轻人,有一些实用的想法"。斯普林菲尔德的《共和党人》担心智力训练会妨碍年轻人理解普通公民的问题,但他承认,罗斯福的文化是"一种不会将他与人民的事业分开的文化"。当罗斯福成为行政制度委员时,有一位编辑便说:"他的改革永远不会沦为文学消遣,或者伪善的托词,用来掩盖对政党的屈从。"

  罗斯福对西部的熟悉以及经营大牧场的经验，对塑立其阳刚之气有很大帮助。他被描述为一个"有男子气概、健壮敏捷、精力充沛的人……喜欢在远西区狩猎大型动物，他是大牧场的主人"，并且"起初在西部**艰苦简陋**的生活，让他对自我保护之道融会贯通"。他和印第安人战斗的英雄故事被口口相传。他的狩猎技巧成为他的政治资本："他能在追踪分赃者的过程中展现出真正的体育精神，就像他在落基山脉追捕灰熊时一样。当他向行政腐败开火时，则与用连发枪近距离射击相差无几。"用自己的人生表明行政制度改革类似于狩猎危险猎物，这样的改革者，罗斯福独一无二。

  与都市、商业、悲观、柔弱的世界相比，罗斯福代表了西部、户外、活力、积极、阳刚的生活方式，以及一种"真诚"和理想主义的观念。罗斯福也意识到自己成功而生动地展示了教育、改革与活力、阳刚的共存，并自主承担起了将这个观念传递给新一代的责任。1894年，当他受邀为哈佛大学本科生做演讲时，他选择了"政治中的考绩制和男子气概"这个主题，并激励听众们，称他们不仅要当"好人，而且要当有男子气概的人，不要让那些邪恶之人占去了所有阳刚的品质"。19世纪90年代，他尤为激昂地呼告美国人投身于积极、艰难、实际而又理想主义的政治斗争。他经常提到的"奋发生活"关乎的不仅仅是民族主义和帝国主张，还是国内改革政治。他重申道，优秀的美国人不会仅是批判，还会采取行动。他会投身于"粗俗喧嚣的政党会议"，承担起自己应负的责任，而不会逃避与"那些时而粗鲁粗俗，时而没有理想但有能力才干和效率高的人"的交往。他应该培养"更粗犷、更有男子气概的美德，最重要的是个人勇气、身体和道德上的美德"，并且必须"身心强健"，拥有士兵所推崇的"吃苦耐劳的美德"，"没有这种阳刚气的战斗品格，任何一个国家都无法有所成就。""如果因为起初的失败，或者因为工作困难或令人反感而在斗争中退缩"，那将是"缺乏男子气概和懦弱的表现"。受过教育和有教养的阶层具有一种特殊的责任,即不能表现出"软弱的温厚",不能"停下他们该做的那份粗活累活",或者陷入一种"浅薄涉猎"——这种状态不属于真正的行家,而属于"有文化、没能力、喜欢小摆设的人"。[47]

在19世纪90年代因为严重的经济萧条而加剧的焦虑中,这种观念受到了广泛欢迎。加利福尼亚州的一家报纸写道:"壮年男子气概的热情和力量是美国政府非常需要的品质,尤其是在这个所有政治和社会事务都处于过渡阶段的时期。"

罗斯福宣扬激进的民族主义和奋发生活,这使他积极进取的形象更加丰满。他是政界的知识分子,具有杰克逊式激进和果断的特质,人们永远不会指控他像杰斐逊那样的懦弱,或者像约翰·昆西·亚当斯那样的学院作风,或者像柯蒂斯那样阴阳人般的优柔寡断。他无疑是一名"战士"。"他喜欢战斗,但他所有的战斗都是为了建立一个好的政府。罗斯福本身便是'积极进取'的代名词。"1896年,当美国的帝国主义遭受西奥多·伍尔西(Theodore Woolsey)和赫尔曼·冯·霍尔斯特(Hermann von Holst)等学者批评时,克利夫兰的《世界报》在罗斯福身上发现了针对懦弱学问的完美解毒剂。罗斯福的影响就像"一股爱国的煦风……吹过非爱国的盐碱平原,在那里,伍尔西……冯·霍尔斯特和其他教授们已然消弭殆尽,而这股新鲜而悦人的气息正来自一个像他们一样有学识的人"。如果说这副阳刚的爱国、好斗形象还缺少什么,那便可以用罗斯福在西班牙战争中积极地与莽骑兵队共同战斗一事予以补充,且该事广为人知,无疑使他成为民族英雄。1899年的《哈泼斯周刊》断言:"他的高人气来自大多数男性喜欢的某些阳刚特征。""他们热爱男人骑马的形象——不管他是在追赶西班牙人、灰熊还是阉牛,也不管他是士兵、猎人还是农场主。"在描述1900年罗斯福受到的热烈欢迎时[①],底特律的《新闻报》称:"正是这个

---

① 1900年美国大选中,罗斯福作为竞选搭档,帮助威廉·麦金利竞选成功。——编者注

人，他将一群反差巨大的人——大学生、牛仔——团结起来，和他们一起横扫了当代历史，男人们声嘶力竭地为其欢呼，女人们用优雅的方式向其致敬。"次年，芝加哥的《日报》称："不能指望那些在城里长大的贫血羸弱、流连剧院、闲游浪荡的年轻人能与西奥多·罗斯福那种真正的男人产生共鸣。但是……活生生的、精力充沛的、血管里流淌着血性与勇气的美国人知道如何欣赏他。"

被严重萧条所困、首次充满对堕落的恐惧的城市化商业文明对罗斯福表示欢迎，将之作为更有活力、更有男子气概的新一代先驱来迎接。罗斯福为进步主义铺平了道路，他帮助那些对改革感兴趣的受过教育的贵族恢复威望，并为他们这类人注入男性美德。深感困苦艰难的美国男人能够在回应这种理想主义和改革的同时，不必害怕自己丧失男子气概。在罗斯福身上，我们可以看到一种普遍的美国政治形象原型：胸怀抱负的政治家，被怀疑出身高贵、太过理想主义或者有太多智识方面的兴趣，但如果能提供自己在军队的服役记录就能合格，如果没有，那么入过橄榄球队也行。

但罗斯福的成就不仅在于消除绅士学者在政治上软弱无能的形象，他还证明这类人可以扮演有用的角色。在他及其同代人所接替的那一代人中，有智识者过多地以"其社会地位、精神和道德品质所赋予的资格"为由要求领导地位。罗斯福及其同代人更倾向于把自己的主张建立在这样一个基础上：他们在国家事务中发挥着独特而必要的作用。对他们来说，学者在政治中的作用基于其拥有的某些对政府积极履行职能更加重要的有用技能。政界失意的绅士改革者的时代就要画上句号。随着进步一代的崭露头角，学者作为专家的时代即将拉开序幕。

第八章
专家的崛起

1

知识分子与权力之间的隔阂曾一度让镀金时代的改革家们倍感挫败，然而这种情形却在进步时代戛然而止。美国进入了经济和社会发展的新阶段，昔日关注的是发展工业、占领大陆和赚取金钱，如今则是对过去数十年建立起来的庞大权力进行教化和控制。这个国家似乎受到某种精神饥渴的影响，渴望将基督教道德原则应用于社会问题，而这种道德原则始终都以信条的形式呈现，而很少体现在行动中。国家日益感到需要自我批判和自我分析。绅士改革家们曾徒劳呼吁建立的良好政府原则似乎即将实现。

但这些原则也开始发生变化：曾经，行政制度改革者对于良好政府的实际职能观点狭隘，而其缺少追随者的原因之一便在于，他们不能以打动人的方式道出良好政府的优点何在。现如今，聪明的美国人越来越多，并且开始认为自己掌握了上述问题的答案。为了控制、教化并道德化那些在实业家和政治领袖手中积累起来的巨大权力，就必须净化政治，建立能够使美国经济得到一定程度的控制的行政国家。政府的职能必然会变得更加复杂，对专家的需求亦会随之增长。为了民主本身的利益，必须消除旧时杰克逊式的对专家的质疑。民主和受过教育者之间的紧张关系现在似乎正在消失——因为一向重视专业知识的人现在正在学着重视民主，而民主也在学着重视专家。

新型社会秩序也需要进行探索和阐释：几乎所有人都意识到，美国正要迈入一个崭新的时代。国家的自我批判迫在眉睫，促使着思想融入生活。作为专家和社会批评家，时隔一个世纪之久，知识分子现在重返美国政坛的中心地位。但是，在国家事务中对智识的认可并非如几十年前绅士改革者们所期望的那般。在他们看来，对思想的主张主要是建立于社会阶层和教养的基础之上：他们对智识的废弃扼腕叹息，部分原因是他们觉得智识理应享有更大程度的尊重，但是对于如何利用智识，他们却持完全保守的态度。而现在，对智识的主张已不再建立于其代表人物的社会地位之上，而是建立于他们在调动、引导这个国家多变而批判的改革性力量方面的作用之上。智识的东山再起，并非归结于其所谓的保守影响，而是其对变革的助力。在这方面，进步时代在社会批判和行政组织方面的变革，并没有倒退回海耶斯和加菲尔德时代设想的保守派行政制度，而是向前推进到新政的福利国家和富兰克林·D. 罗斯福的智囊团。

毫无疑问，进步派在创造新型道德气氛方面比在实现新型行政体制方面更富有成效。正是这个时期道德和智识方面的需求，使知识分子不仅与美国公众，而且与美国的政治领导人建立了前所未有的融洽关系。有些知识分子从外部被吸引入政界，其他人则直接在政治秩序内部崭露头角，并在那里找到比他们的前辈更稳固、更受尊敬的位置。政治生活为那些对思想和学术感兴趣的人带来了显要的地位，例如西奥多·罗斯福、伍德罗·威尔逊、亨利·卡伯特·洛奇、阿尔伯特·J. 贝弗里奇、罗伯特·M. 拉福莱特①。在进步运动的杰出政治领袖中，只有布莱恩维系着平民民主中反智主义的活力。[1] 拉福莱特的地位较为特殊，尽管与同时代的一些人相比，他算不上学者或知识分子，但是

---

① 罗伯特·M. 拉福莱特（1855—1925），美国政治人物，20世纪20年代进步党运动的主要领导人，1957年被评选为美国历史上最伟大的五位参议员之一。——编者注

智囊团观念的起源必须写在他的名下,一方面是因为他在担任威斯康星州州长期间,在威斯康星大学和州政府之间达成了有效联合,另一方面是因为他在参议院任职期间,将一名高效而富有研究精神的工作人员带到了华盛顿。自政治生涯伊始,拉福莱特就证明了乔治·华盛顿·普伦基特关于"大学背景在实际政治中毫无用处"这个说法的不实。他还为自己的首次竞选召集了从前的同学,并将他们塑造成紧密牢固的政治机器核心。如果说罗斯福已经证明了智识和阳刚可以共存,那么拉福莱特则证明了智识可以在政治上发挥作用。

2

进步主义是从地方和州这个层面走向国家政治的。正是在州政府中,新的监管机构首次投入运作,专家也首次在立法领域确立重要地位。专家在政治生活中发挥作用的试验场不是华盛顿,而是各州首府,特别是威斯康星州的麦迪逊,那里树立了专家为"人民"和州服务的首批典范。拉福莱特在威斯康星州的实验尽管成败皆有,尽管激起敌意,但是仍可谓全国进步主义政治的风向标,也是新政智囊团的历史原型。威斯康星州的经验尤其具有指导意义,因为它预示了专家和知识分子如今已广为人知的在政治中所扮演角色的完整循环。首先,变革和不满的时代带来了对这类人的需求。其次,知识分子和专家制定并帮助管理变革。再次,对改革的厌恶情绪日益高涨,这往往是对改革成效的直接回应。这种厌恶情绪首先源自商业利益集团,他们指责政府的干预,抱怨改革的成本,并试图诉诸各种手段唤起公众对改革者的反对,其中就包括反智主义。最后,改革者被赶下台,但他们改革带来的影响并未完全消逝。

所谓的"威斯康星理念"的首股助推力出现在1892年,当时威斯康星大学在年轻的经济学家理查德·T. 伊利(Richard T. Ely)的指导下成立了新的经济、政治科学与历史学院。弗雷德里克·杰克逊·特纳（Frederick Jackson Turner）和校长托马斯·C. 张伯伦（Thomas C. Chamberlain）是这个运动的领导者，他们希望使威斯康星成为中西部各州推广社会科学的先行者。他们认为，社会科学具有巨大的潜力，能够为过去25年内形成的复杂工业世界提供实践指导。按照他们的计划，这所大学将成为行政管理和公民教育的培训中心，并将演变为服务于全州的高效务实的机构。

必须强调的是，大学的角色是完全无党派的。它将在各政党之间保持不偏不倚，从更广泛的意义上说，它应该服务于作为一个整体的"人民"，而不是某个特定的阶级利益。它提供的不是宣传或意识形态，而是信息、统计数据、建议、技能和培训。同样地，大学的声誉有望随其用处增大而得到提升。大学领导层并不期望对既得利益构成任何巨大挑战。在早期的一封信中，特纳要求伊利"简单地向我说明一下，在你看来，这样一所学校可以用什么切实可行的方法为威斯康星州的人民服务。……学校在实用方面的创新之处将赢得这些务实的威斯康星州资本家的支持——如果有这样的创新之处。"[2] 特纳之后以更清晰的方式表述了这种公正科学的概念：

> 通过科学、法律、政治、经济和历史方面的培训，大学可以从民主梯队中培养出行政人员、立法人员、法官和专家委员，**在对立利益之间以公正智慧的方式进行调解**。当人们在美国能够使用并理解"资本主义阶级"和"无产阶级"这两个词时，那肯定是时候培养这样的人了——他们胸怀为国家服务的理想，可以**推动瓦解这些冲突的力量**，帮助竞争者们找到彼此的共同之处，并获得真正忠于美国最佳理想的所有各方的尊重和信任。这种发展的迹象已然十分明显，体现在某些州的专家委员会上；体现在立法机构中大学毕业生所占比例的日益增加上；体现在大学毕业生在联邦部门和委员会的影响上。毫不夸张地说，要想在经济、社会立法和行政方面取得明智且有原则的进步，最大希望便在于美

国大学日益增长的影响力。

特纳接着说,他看到了大学在这一切中所面临的险境。"先锋民主"一贯对专家缺乏尊重,而专家将不得不继续与针对他这类人的"传统质疑"作斗争,但他可以通过"创造性的想象力与人格"将之攻克。[3]

到 19 世纪末,这所大学已经聚集了一批杰出的学者,他们专注于社会和经济问题,特别是该州和市政当局的问题;它盛产海量的优秀专著。通过其推广系统,这所大学正在推动该州人民的教育。借由建立农民机构,其与农业利益建立了密切联系,为提高威斯康星州的农业技术水平贡献良多。然而,在 1900 年罗伯特·M. 拉福莱特当选州长后,该项目便笼罩了一层实实在在的争议色彩。作为一名大学毕业生,拉福莱特完全赞同其理想主义领导层的抱负。他很快对其专家加以运用,在自己的税收改革、铁路控制和直接的基层立法计划中要求他们提供建议。

另一个独立机构——立法参考服务处——也紧跟这所大学的脚步采取行动。立法参考服务处是由另一个威斯康星的应届毕业生、精力充沛的查尔斯·麦卡锡(Charles McCarthy)组织成立的。麦卡锡对这座图书馆的期望与特纳对大学的期望无二:成为一个不偏不倚的服务机构。他称,在这个充斥铁路、电话、电报以及保险公司的时代,该州的问题变得极其多样和复杂,立法者因此需要大量的信息来智慧地应对这些问题。"唯一明智的做法是让专家收集这些材料。"这不是立法辩论中支持哪一方的问题:[4]

> 对于我们在威斯康星州的部门而言,我们不会试图以任何方式影响我们的立法者,我们不支持任何问题的一方或另一方,也不支持或反对任何人或任何事;我们只是政府的一个业务分支。我们并不是在指挥立法,我们只是本州能干而诚信的立法者助手,是收集、索引和整理这些忙人所需要的信息的办事员;我们只是

干业务的。

这种理想如今看来依然真挚,但却似乎太天真。拉福莱特就任州长这点就表明在不少问题上他们都存在"一边倒"的立场,同时还对"务实的威斯康星州资本家"的利益发出了挑战,而特纳曾希望赢得他们的支持。此外,1903年后,当拉福莱特的朋友查尔斯·P.范·海斯(Charles P. Van Hise)担任校长并相信应将该所大学打造成本州的左膀右臂时,保守派的怒火燃烧得更加旺盛。全国各地的记者(其中多数持赞同态度)宣传的"威斯康星理念"也没有使事态得到缓解——这些记者来到威斯康星州进行调查,将之视为实干派进步州的模范,回去后便用夸张的笔触报道"这所治理着全州的大学"。[5]

记者们的报道或会促使其他州的进步人士考虑进一步效仿威斯康星州模式,但在该州,这就让保守派更加确信这所大学是针对他们的阴谋的一部分。事实上,威斯康星大学的专家并不自视为激进分子,甚至不觉得自己对政府抱有多大的积极性。一项关于在州政府部门最为活跃的大学人员的调查显示,为州政府服务的主要是技术人员(工程师、地质学家、科学家以及各类农业专家)而非政策顾问。除此之外,大学提供的技术信息远远多于意识形态。约翰·R.康芒斯(John R. Commons)是威斯康星州最杰出的社会科学家之一,他认为这所大学的教职员工本身是绝对保守的,他回忆说:"除了进步派以外从来没人找过我,而且他们也只是在需要我的时候才找我。我从来没有主动做过什么。"[6]

尽管如此,税收、铁路管理以及其他事务仍然会咨询大学人士的意见,他们的影响力引来了憎恨。让拉福莱特引以为豪的是,他凭周六午餐俱乐部取代了威斯康星受控于私人企业利益时流行的头目间老式秘密会议。在这个俱乐部里,他可以与麦卡锡、范·海斯校长、康芒斯、爱德华·A.罗斯、伊利及其他大学教授一同座谈本州的种种问题。[7]受到进步主义政策影响的商业利益集团——事实上,其中受到的许多影响无非是对监管进一步扩大的恐惧——开始确信这所大学和立法参考服务处,以及铁路委员会、税务委员会和工业委员会,都应该算入他们的敌人之列。

1914 年,威斯康星州的进步派共和党人因为全国性的党派分裂而元气大伤,保守派便在此时此刻看到了他们的机会。保守派击败了拉福莱特的进步派继任者,并随着铁路和木材商人伊曼纽尔·L. 菲利普(Emanuel L. Philipp)的胜选重掌权柄。竞选中,菲利普以高举反智主义大旗谴责大学专家为特色,同时呼吁减税、缩减威斯康星大学的开支并终止其政治"干涉"。他称这所大学必须好好整顿一下,社会主义在那里取得了进展,"许多毕业生都是带着非美国式思想离开的。"他还表示,聘请专家将导致该大学对政治的持续侵蚀。无论如何,把政府交给专家就等于承认正式选任官员的无能。假使州政府都已承认所有政治智慧都蕴藏在这所大学当中,其余的人还不如也坦白"精神破产"了。菲利普的攻击包括要求废除麦卡锡的"法案工厂"——立法参考图书馆。

而当选之后,菲利普对待这些机构的态度却要比他竞选时所承诺的更为友善。虽然他确实要求立法机关废除麦卡锡的图书馆,并要求威斯康星大学缩减开支、进行合并,但随着时间的推移,他变得越来越慎重。威斯康星大学的发展受到遏制,其影响力也遭到削弱,但菲利普面对该所大学全国各地的友人——这股反对力量人数可观、势如破竹——便与范·海斯达成了和解。甚至麦卡锡也幸免于难:当保守派法案的起草者开始利用立法参考服务处时,州长发现他所声称的公正性并非空穴来风。[8] 这所大学对进步主义的热忱从未获得内部的一致赞同。正如康芒斯所言,威斯康星大学的许多工作人员都持完全保守态度。但更重要的是——不少人认为——大学对实际问题的参与,不管其确切的政治色彩如何,本身就是对纯粹、无私的智识精神这个旧式理想的背叛。1920 年,J. F. A. 派尔(J. F. A. Pyre)在一篇关于该大学的文章中,对范·海斯认为威斯康星大学应该被视为"国家资产"

的观点提出了异议。他写道，这是对该大学功能的一种过分唯物主义的看法，是对无私、自主学习传统的轻视，最终付出代价的是威斯康星大学。[9]但学校里的大多数专家无疑会接受麦卡锡在其《威斯康星理念》一书中所表达的实用主义思想。他认为，经济学等领域的旧派思想家都是"推崇教条主义理论的人，从来没有直接研究过政府的实际问题"。取代他们的是通晓常识的专家，他们对经济问题进行第一手研究，可以"通过实际事件的确凿事实"来检验自己的理论。[10]因此，当非学术群体还在争论接受还是拒绝专家时，学术界斟酌的则是掌握着学校未来真正钥匙的究竟是实用性专家，还是搞纯学问的人。

3

在权力的竞技场上，进步派的成就或许有限，但进步主义的氛围似乎在无限延展，这对那些关心美国社会中思想地位的人来说是莫大的鼓舞。智识的舞台变得更加广阔，它无拘无束而充满活力，现在似乎已触及更高层次的权力以及民族情绪。以支持艺术家和文学家著称的女富豪梅布尔·道奇·卢汉（Mabel Dodge Luhan）曾说过："冰解壤分，以前从未接触过的人们彼此连接，全新的交流方式形形色色，崭新的交流亦层出不穷。"[11]这段话说的主要是艺术和文学，但也适用于美国生活的各个领域。在这个"小文艺复兴"的时代，艺术和文学的主题是解放，而学术则是扩大其影响力。新利益和新自由的迷醉芬芳无处不在。从铁路专营权和垄断企业的罪恶到性生活和教育管理方法，没有什么是不可以重新检验的。大家需要搜集并揭发丑闻的新闻记者告知公众事态的邪恶程度，需要宣传人员解释事件的含义，需要牧师和编辑指点道德标准，需要学者在哲学、法律、历史和政治科学中为进步主义制定理论基础，需要各类技术人员走出学院，对社会和经济问题进行周密细致的事实性研究，甚至是参与新型的监管委员会。

然而，这种思想的沸腾并没有带来社会革命。在这个时期的尾声，旧时的美国主宰们纷纷涌现,他们几乎和这之前一样对局面享有完全的把控。但是腔调和风格方面却提升良多,这两者不仅对学者和文人很重要,对政治家也一样。没人比知识分子更受裨益,无论是像沃尔特·李普曼(Walter Lippmann)和赫伯特·克罗利(Herbert Croly)这样的宣传人员,还是像约翰·杜威(John Dewey)和查尔斯·A.比尔德(Charles A. Beard)那样的学院学者。他们所有的作品都为一种振奋人心的感觉所鼓舞,那就是理论世界和实践世界之间的鸿沟终于得以弥合。李普曼在其1914年出版的《偏差与支配》一书中抓住了这种感觉的精髓。他在书中称,新型控制能力和支配能力是他这一代人未来的关键。就算是离群索居的学者,也能体会到归属于这样一个学术群体的重要性——更宽广世界中的人士在寻求适当的社会管控手段时,也不得不向这个群体低头求教。用"学院的"一词来否定某些观念这种做法俨然已沦为明日黄花,因为对任何人来说,学术和社会之间都不再泾渭分明。一位评论员写道:[12]

> 一种新型大学教授随处可见,这种专家精通铁路、桥梁和地铁;通晓汽油委员会及电力供应;熟知货币和银行业、菲律宾关税、委内瑞拉边界、波多黎各产业、行政部门的分类以及对垄断企业的管控。

或许最重要的是,人们不仅需要而且还称颂这些学术专家的技能。某些评论家可能会担心专家和民主之间的关系,[13]偶尔可能会有商人因为害怕为监管付出的代价而以严词谴责理论家日益壮大的影响力,[14]但总体来说,新型专家的媒体评价良好,并且为公众所广泛接受。1909年,布兰德·马修斯(Brander Matthews)认为这"证明了美国人民的这样一则常识:对大学教授的偏见就像对文人的偏见一样正迅速瓦解,他们对共和国的贡献开始得到公众的认可和赞赏。……在一定的程度上是因为人们逐渐能理解专家和理论家的真正价值"。[15]

此外，政治领导人本身也明显对此予以接受。像艾萨克·马科森（Isaac Marcosson）这样的记者竟然给西奥多·罗斯福呈上厄普顿·辛克莱（Upton Sinclair）这类揭发丑闻的小说家所写的《屠场》作为证据，以此加速1906年《纯净食品和药品法》的通过——这便是那个时代特色的生动体现。除了参议院中出现了贝弗里奇和洛奇这样以"学识渊博"自居的人外，这是美国建国以来第一次有总统被称为知识分子。

进一步研究西奥多·罗斯福和威尔逊会发现，他们两人都以各自的方式对智识和权力之间的关系做出了生动的诠释。他们的总统任职鼓励了这样一种信念：思想在政府中发挥着至关重要的作用。但与此同时，两人都既不完全支持与他们同时代的知识分子，也没有得到他们的充分信任。必须说明的一点是，西奥多·罗斯福对思想怀有强烈而广泛的兴趣，喜爱结交克罗利、李普曼和斯特芬斯这样的人，还为埃德温·阿灵顿·罗宾逊（Edwin Arlington Robinson）提供海关工作，同时吸引了一群在政府中很长时间难得一见的精力旺盛、热忱敬业的人进入行政部门——人们会想到罗伯特·培根（Robert Bacon）、查尔斯·波拿巴（Charles Bonaparte）、费利克斯·法兰克福特（Felix Frankfurter）、詹姆斯·加菲尔德（James Garfield）、富兰克林·K. 莱恩（Franklin K. Lane）和吉福德·平肖（Gifford Pinchot）——并就铁路管制、移民、肉类检验和其他问题召集学院专家征求意见。在这方面，他做了大量工作为公共事务重新注入思想和才能，做得比林肯以来，甚至可能是比杰斐逊以来的任何一位总统都要多。曾任英国驻美大使的布莱斯勋爵在评论罗斯福的成就时，称自己"在任何国家都没有见过比在华盛顿和这里为美国政府工作的人更热忱、更高尚、更高效的公务员，他们更能帮得上自己的国家，更能为自己的祖国带来荣耀"。[16]这听起来正像是镀金时代的绅士改革者所呼吁的那种政体。

然而，罗斯福很快就将矛头转向了他的知识分子朋友们，原因据说是观点上的细微分歧。与此同时，罗斯福还会在面对异端思想时摆出一副自高自大的美国主义者的架势。他错误判断了诸多温和抗议的意义，例如，他会将揭发丑闻者想象成一群正在酝酿"革命氛围"的危险分子。尽管 20 世纪没有哪位总统比他更有资格被视为知识分子，但他对智识在生活中所处地位的态度，就像对待尊敬他的受过教育的中产阶级一样矛盾。他欣赏智识能力，就如同他仰慕商业能力一样，而且如果说有什么不同，那就是他对智识的崇尚之情更为坚定。[17] 但他不断将他所谓的"品格"置于两者之上。事实上，他体现了美国人在政治和生活中相较于智识对品格的偏爱，以及普遍认为两者在某种程度上对立的倾向。他的作品不断地提及这个对立："品格对于民族和个人而言都远比智识重要。""就如同力凌驾于美之上，品格也必须高于智识和天资。""啊，我多么希望我能警告我所有的同胞……提防这种最为可耻的行径，不要将纯粹而完全不具有道德责任的智识敏感性奉若神明。……"[18] 对于这些一再抵制"无品智识"的严词厉色，其问题不在于它们的谬误百出，而在于它们的毫无意义，除非他真的相信美国生活中存在着一种以牺牲道德为代价来吹捧智识的倾向——这种判断在道德氛围浓郁的进步时代十分奇怪。

有人说威尔逊把学者的性情——包括其优缺点——带到了总统的职位上，他的研究者中几乎没人认为他具备最适合在政治上实际领导美国的那种个人品质。然而他极度僵化的思想和不够温和的性格，似乎更多是源于其长老派主义而非其学者的职业①，而且更可能是这两者构成了其独特鲜明的个人品质。身为学者和批判性知识分子，他的身上具有过去时代的特征。到 19 世纪 80 年代末，他那富于创造性的智识生涯几乎走到了尽头。在这 10 年里，他撰写了《国会政府》这本杰出著作，以及更为精练扼要的《国家》。就其品位、观念和阅读方面来看，他是一个有点狭隘的南方版维多利亚时代的绅士，他的思想还愉快地定格在美国成为一个复杂的现代社会之前的那个时代。他信奉

---

① 威尔逊是美国总统中唯一拥有哲学博士头衔的，而且在大学担任过学术职务。——编者注

小型企业、竞争性经济、殖民主义、盎格鲁-撒克逊和白人至上主义以及男性享有的选举权,尽管这些信仰早已成为尖刻批评分析的对象。他的首要观念源自白芝浩和伯克,他刚好错过了世纪末举世瞩目的批判性思想大爆发,而这些思想的影响一直延续到了进步时代。在19世纪90年代,他就像一位学院事业家一样忙着弥合学术界和世俗界之间的鸿沟。当与他同时代的诸多学者都忙于撕破镀金时代的自满设想时,威尔逊却在向世俗人士发表演讲,分发着由大学校长提供的、为银行家和实业家所爱的那种思想美食。从1902年他担任普林斯顿大学校长的那一刻起,他就不再试图触及思想界的种种发展。1916年,他坦率地承认:"我已经14年没有读完一本完整的正经书了。"[19] 因此能够理解的是,在他活跃的公共事业生涯中,他的思维风格并没有受到美国知识分子生活中最有创造力的一面的太多影响,而他的思想也很难获得当代知识分子的足够欣赏。

诚然,威尔逊在1912年当选总统时得到了许多知识分子的支持,这些知识分子当时对西奥多·罗斯福倍感失望,并对威尔逊身上明显的高贵气质做出了响应。但在战争前,威尔逊却并不意欲在政治上广泛使用知识分子作为顾问——尽管他的学术背景似乎会给人以这样的想象。此外,他一直不信任其所谓的"专家"。与西奥多·罗斯福和拉福莱特不同的是,他没有把专家想象成改革的代言人或管理者,而只是大型企业和特殊利益集团的受雇者。在大多数进步思想家看来,大型企业管理的政府和大众政府之间差异明显,后者会雇用专家来规范不可接受的商业行为,而威尔逊则认为大型企业、既得利益者和专家是一道固若金汤的联合阵线,只有把政府交还给"人民"才能将之击破。不同于西奥多·罗斯福,他声称任何参与监管大型企业的专家都会为后者所控制。他在1912年的大选中称:[20]

> 我所担心的,是由专家组成的政府。上帝不会允许我们在一个民主国家放弃这项工作,把政府交给专家。让少数绅士来处理

政府事务，而且还是用只有他们才理解的学问来开展工作，我们这是何苦呢？因为如果我们不理解这份工作，我们就不是自由的民族。我们应该放弃我们的自由制度，去学校找个人，弄明白我们到底是干什么的。我想说的是，我从来没有听到过像我偶尔有幸在工人俱乐部里听到的那样，对于公共问题如此透彻的辩论。因为面对日常生活问题的人不会用天花乱坠的浮夸之词来谈论它，他会用事实。我唯一感兴趣的就是事实。

威尔逊经常光顾工人俱乐部、蔑视花言巧语的形象令人耳目一新。但是总的来说，威尔逊在制定其国内政策时并没有辜负这些言论中所体现的态度。不可避免的是，在他执政期间，专家在政府中的作用大大增强[21]，就像过去十多年一样。当然，威尔逊总统也确实从最高法院副大法官路易斯·D. 布兰代斯（Louis D. Brandeis）那里征求了大量关于经济政策的建议，后者关于商业竞争的观点与他自己的偏好不谋而合。但威尔逊屈服于后湾区和商界的敌意，将布兰代斯排除在了自己的内阁之外，同时主要向不同类型的人寻求建议，比如对其崇敬有加的秘书乔·图穆蒂（Joe Tumulty）（他对政治机器和媒体关系颇为精通），或者是他的女婿，威廉·吉布斯·麦卡杜（William Gibbs McAdoo，一个极有进步精神但反思能力不强的人），而最重要的则是聪明狡猾的豪斯上校①（他的才能中最主要的一点就是能够满足威尔逊的虚荣心）。豪斯的作用之一就是传达富人和权势者的观点，他还是针对威尔逊圈子里进步派人物——例如布兰代斯、布莱恩和麦卡杜——的强大制衡力量。

威尔逊政府在执政的头几年并没有获得知识分子的绝对欢迎，尤

---

① 即爱德华·豪斯（1858—1938），美国政坛人物，威尔逊总统的智囊人物。第一次世界大战时期，在外交方面发挥了很重要的作用。富兰克林·罗斯福成为美国总统后，他再度成为罗斯福总统的高参。他没有任过军职，上校是绰号。——编者注

其不受那些认为进步运动不应局限于实现小商人的旧式竞争理想,也应该为童工、黑人的地位、工人的境况和妇女选举权的需求做点什么的人欢迎。[22] 对改革感兴趣的知识分子对威尔逊持怀疑态度,甚至是威尔逊铿锵有力的演讲他们都不那么乐意接受。在他们看来,这些演讲似乎带有一层说教的、落后的过去的意味,而改革踟蹰的推进脚步仿佛也解释了他们的质疑。赫伯特·克罗利观察到威尔逊的头脑"充分相信自己的表现永远是正义的,并将这种信念包裹在闪闪发光的豪言光环之下",他还抱怨说,总统的思维让"甚至最具体的东西看起来都像是抽象概念。……他的头脑就像是一束光,将其所照耀之物的轮廓毁坏殆尽;光亮如昼,但所视如夜。"[23]

直到1916年,为了响应"新自由"(威尔逊的竞选纲领和第一任执政理念)的最新成就和威尔逊在避免卷入战争方面的成功,自由主义知识分子才开始全心全意地支持他。具有讽刺意味的是,战争本身将其中许多知识分子的影响力提升到了任何国内问题都无法为他们带来的高度。历史学家和作家被动员起来进行宣传,各类专家也受到聘请担任顾问。军事情报处、化学战争部和战争工业委员会挤满了学者,据报道,华盛顿的宇宙俱乐部"几乎就像是一场面向所有大学的教员会议"。[24] 1919年9月,豪斯上校为威尔逊组织了一个名为"调查团"的学者小组(在英国和法国已经有了类似组织)。曾经有一段时间,"调查团"的专家人员达到了150人,包括历史学家、地理学家、统计学家、民族学家、经济学家、政治学家,这些人加上他们的助手和工作人员,使整个组织的人数达到几百人。在停战之前,"调查团"一直处于保密状态,后来改建为美国和平谈判委员会的情报部门,其工作人员陪同威尔逊前往巴黎,在那里发挥了不小的作用。媒体对这群人有诸多有趣的评论,而老派外交官对这群文件能装满三辆军用卡车的政治业余人士也抱有怀疑。[25] 但总体来说,就战争、和平谈判以及关于条约和盟约的争论所燃起的各类激情而言,其中最值得注意的是公众对学者担任顾问的普遍接受。而像伊利诺伊州参议员劳伦斯·谢尔曼（Lawrence Sherman）这样的政治家则因其满怀恶意的反智主义而成为例外，他曾长期猛烈抨击政府在战争期间的权力扩张，尤其是反对"由教授和知识分子组成的政府"。[26] 但他却言中了未来——之后，进步主义精神在反战情绪下终于烟消云散。

而公众的情绪却骤然间发生了惊人的变化。1919 年，媒体人威廉·艾伦·怀特（William Allen White）还向共和党全国委员会主席称党内"顽固的旧反动派"已经完了，一年后又哀叹"法利赛人在管理圣殿"，而人们甚至连发出反对的声音都嫌麻烦。"世风日下啊！"1920 年，他在给记者雷·斯坦纳德·贝克（Ray Stannard Baker）的信中写道："如果 10 年前有人告诉我，我们的国家会变成今天这个模样……我会怀疑他的脑袋有问题。"[27] 其结果对知识分子的地位来说是致命的：他们既然已经把自己和威尔逊以及战争行为联系在一起，公众对威尔逊及与其有关一切的抗拒都必然会影响到他们。但更关键的是，他们大多数人对进入战争情绪时不加批判的热情破坏了他们自己的士气。除了一些社会主义者和诸如伦道夫·伯恩（Randolph Bourne）这样的思想家，以及艺术杂志《七艺》背后的团体，知识分子要么参与战争，要么全心全意地支持战争，他们对战争带来的胜利和变革抱有狂热的期望，就与其中的许多人对待进步运动的态度如出一辙。和平让他们沮丧、羞耻、内疚。"若是让我重新来过，"沃尔特·李普曼曾说，"我会站在另一边。……我们给毁灭营提供了太多弹药。"赫伯特·克罗利承认，他不知道"美国人民在打一场世界大战的压力下会有什么样的心理"。[28] 知识分子和人民之间的友好关系破裂得比建立起来还要快。公众把矛头指向知识分子，认为他们是错误、多余改革的拥护者，是行政国家的建筑师、战争的支持者，甚至是最早的布尔什维克；知识分子则抨击美国是一个充满蠢材、巴比特（Babbitts）[①] 式人物和狂热分

---

① 巴比特，来自辛克莱·刘易斯的同名小说，指偏狭、守旧、功利的中产阶级和商人。——编者注

子的国家。那些足够年轻自由的人移居国外，其他人则待在家里读门肯的作品。要消除这种隔阂，就需要来一场大萧条、另经一段改革时代才行。

4

在新政时期，知识分子与公众之间恢复了友好关系。政治上的大众事业和知识分子的主导情绪之间从来没有像现在这样彻底和谐过。在进步时代，知识分子和公众基本上都支持同样的事业。在罗斯福新政时代，这些事业变得更有吸引力，对知识分子发挥实际作用的需求比威尔逊和西奥多·罗斯福时代任何人所能预料到的都要大。但怀着美国政坛罕见的狂热敌意、反对新政的少数人预料到了。当知识分子春风得意时，一种针对他们的恶意也在酝酿，并于第二次世界大战后汹涌喷发。

从长远来看，知识分子从这个顽固的少数群体身上所遭受的影响，几乎和他们短期内从新政中获得的裨益一样多。但在最初的时候，他们当真是得到了优待！和所有人一样，知识分子也因为大萧条颇受损害，同时饱受失业和士气受挫之苦。新政为年轻的律师和经济学家提供了数千个工作岗位，他们纷纷涌入华盛顿，为新成立的监管机构工作；公共事业振兴署与全国青年管理署的科研、艺术及戏剧项目则为失业艺术家、知识分子和大学生提供了帮扶。比这种实际援助更重要的是一种无处不在的无形效果：通过起用理论家和教授作为顾问及意识形态专家，新政使思想力量与权力的关系比任何世人记忆中的都要密切——同样也比开国元勋时代以来的任何时候都要紧密。为从大学和法学院毕业的年轻人提供重要的工作，其本身就是一件惹人注目的新奇事。但是像新政那样重视学术顾问，则是强化了每位教授、每位思考者或持异见者的作用。思想、理论和批评获得了全新的价值，在那些受过智识训练的人身上就能寻求到它们。[29] 经济崩溃已经证明这类人的必要性，但是新政表明他们可以让人感知到自己的存在必要。新政毫不意外地激发了所有人的热情，除了一小撮保守知识分子和少数激进分子（就像我们现在所知的那样，即使是在 1933 年至 1935 年激烈反对新政的共产党，当时也能够渗透到新政的队伍中，并对热烈支持新政的公众情绪加以利用）。

知识分子地位改变的主要表现是智囊团的建立，在新政的最初几年里，关于该内容的新闻报道几乎接连不断。像雷蒙德·莫雷（Raymond Moley）、雷克斯福德·盖·塔格韦尔（Rexford Guy Tugwell）和阿道夫·A. 伯利（Adolph A. Berle）这样出色的智囊时常遭受攻击，他们代表着上百位任职于联邦机构的无名人士，尤其是从哈佛大学来到华盛顿的费利克斯·法兰克福特的门徒。在新政初期，罗斯福总统本人享有极高的声望，因此他的对手能够以一种心理上更自然、战略上更便捷的方式通过其身边的人来攻击他，暗示他正接受邪恶或不负责任的顾问的观念。除此之外，智囊团对总统来说就像避雷针一样有用。作为新政的核心人物，许多原本可能直接冲着他来的谩骂都落到了其周围的人身上——如果形势变得艰难，那么这些人也可以被转移到更不引人注目的职位上。

雷蒙德·莫雷的势头刚过，雷克斯福德·盖·塔格韦尔教授就成为新政保守派批判者最青睐的抨击对象。塔格韦尔的不幸在于，他相信某些形式的计划并撰写了数本书来阐述自己的观点。1934 年 6 月，他被提名为农业部副部长，这引发了一波抗议浪潮，反对这位如此邪恶的理论家受到提拔。南卡罗来纳州的"棉花艾德"史密斯[①]是参议院里最顽固的大人物之一，他坚持塑造这样一种观念，即塔格韦尔"不是上帝伟大大学的毕业生"，致使这位哥伦比亚大学的经济学家不得不竭力证明自己是货真价实的白耕农，儿童时期靴子上就沾满了泥浆。["告诉雷克

---

① 即 E. D. 史密斯，南方棉花协会的主要领导，所以被称为"棉花艾德"。——编者注

斯，"富兰克林·D. 罗斯福对亨利·A. 华莱士（Henry A. Wallace）[①]说，"听说他这么脏兮兮的，我很惊讶。"] 史密斯对参议院说，农业所需要的文凭"是通过辛劳的经验获得的，在美国没有人能解决农业问题，只有在田间踩过酒醉的人才能"。（他说不出哪位过去的农业部长符合这个要求。）罗斯福为了安抚史密斯，只能任命史密斯最喜欢的一位选民担任联邦司法区执法官，而这位选民有过杀人记录，总统向内阁描述他是史密斯"最喜欢的杀人犯"。基于这个交易——教授换杀人犯——塔格韦尔最终以53票对24票赢得了参议院的批准。

塔格韦尔对于纯净食品和药品立法的强烈支持，致使诸如专利药品公司等极有影响力的广告商着手动员媒体对他进行抵制，关于他的负面新闻因此变得更加糟糕。即使是既非激进分子也非知识分子的詹姆斯·A. 法利（James A. Farley），也不禁对如此"无遮无掩、无缘无故"的报道皱眉蹙额。那些最积极的批判者们对塔格韦尔的评价具有两方面：第一，他是一个完全不负责任的、学院派的、不切实际的理论家（门肯说，他一半是蹩脚的卖弄学问者，一半是"受《新共和国》资助的空想家"）；第二，他还是一股实际、阴险的颠覆性势力，足以对社会结构造成重大破坏。塔格韦尔在抨击下表现出的耐心意味着，被招募进政界的学者未必脸皮就这么薄。[30]

如果智囊团要充当反对派合适的替罪羊，就必须充分夸大它作为权力中心的重要性。《芝加哥论坛报》的一名作者说，"'智囊团'完全盖过了内阁的光芒。据认为，其对总统产生的影响更大。……各个学院的教授们终于让内阁成员各司其职了——仅仅是部门主管、首席文员罢了。在日常行政事务上，你可以找内阁成员，但在政策和更高层次的政治家才能问题上，你就得咨询教授了。"[31] 的确，在新政伊始——在其最初的100天里——惊慌失措的国会迅速殷勤地通过了大量法案，既

[①] 亨利·A. 华莱士（1888—1965），罗斯福时期曾任美国农业部长、副总统。杜鲁门时期任商务部长。——编者注

没有时间也没有意愿按照惯例仔细审查这些法案。这就给新政的内部规划圈留下了在法律起草，甚至政策制定方面海量的自由裁量权，其中的专家顾问虽然从不具备支配权，但是却享有决定性的影响力。

然而，美国的权力结构使少数教授在没有任何基本阶级利益或政治选民支持的情况下，无法长久将诸多关键决策权稳操在手。随着恐慌情绪的消退，国会的正常审查程序重新启动，这便对技术顾问的影响力有所限制。新政所采取的那些让知识分子和实验者满意的措施，在很大程度上并不是因为专家的倡导，而是出于某些重要选民的意愿。智囊团常常为公众提供良好服务，但并不掌控公众。自由派智囊们那些更为理想主义和实验性的计划，无一例外地遭到了规避、约束或破坏。的确，新政尝试了一些并不成功的通胀性货币实验，这些实验是由一些学术理论家所提倡的。但这些都是为参议院内极其强大的、推崇通货膨胀的压力所促进，罗斯福的大多数专家顾问对此并不看好。在关键问题上，自由派专家几乎无一例外地折戟沉沙。以杰罗姆·弗兰克（Jerome Frank）为首的自由主义理论家——他们试图代表国家复兴署的消费者利益和农业调整署的佃农利益——也很快就被驱逐。塔格韦尔关于农村重新安置的富有想象力的想法则被损毁得面目全非，而塔格韦尔本人最终也被安排到了外围。因为伦敦经济会议而与国务卿科德尔·赫尔（Cordell Hull）发生矛盾的雷蒙德·莫雷也最终败给了这位内阁成员。[32]

尽管如此，教授掌控一切的观念开始广泛流行，一场名副其实的智囊团战争拉开了序幕，这唤醒并加速了反智主义的老旧传统。教授并没有掌控一切——然而这种流行观念又蕴含了少许真相：他们确实代表了美国权力结构中的某些新生事物。他们自己并没有掌握很大的权力，也就是说中央决策权不在他们手中。但他们对那些真正掌握权力的人施加了普遍而重大的影响，因为现在专家们已经拥有了某种特权，即为问题的看法定调，以及规划经济与社会议题。因此，那些谴责教授和智囊团的右翼分子，无论他们对权力世界的构想有多么古怪，其仍然具备一种可靠的直觉。如果他们的观念没有为大多数公众所倾听，他们手中至少还握有大众偏见这种老式武器，而且很快就会开始将之加以利用。此外，教授们在一段时间内享有的名气使他们盖过了传统政治家和商人的风头。让这些人感到特别恼火的是，迄今为止如此默默无闻、如此不受重视的一类人，竟然让他们在公众视野中黯然失色，还使他们在社会中的角色显得如此无足轻重。H. L. 门肯以其一贯的坦率夸张探讨了这个转变的讽刺之处："几年前，所有的新政以赛亚都是些籍籍无名、百无一用的家伙，街角的警察向他们点点头，这帮人都会骄傲得满面绯红。如今，他们则拥有公子王孙的世俗头衔，以及枢机主教般的可怖权能。"他接着说，那些智囊们硕果累累，甚至都开始相信自己的灵丹妙药了。他问：[33]

> 你会怎么做？假如你突然被拖出一间空荡荡、臭烘烘的教室——在那里，二年级学生的呸呸声是你唯一能听到的声音——然后被扔进一个几乎衬得上卡利古拉、拿破仑一世或 J. 皮尔庞特·摩根的权力、荣耀之地，成群结队的华盛顿记者挤作一团，争先恐后地记下你的每一声喘息，他们报纸的头版也统统开放，为了你那全部的深奥莫测的推理谈话？

新政的批判者夸大了知识分子的力量，还把他们描绘成不切实际、不负责任、满腹阴谋的实验主义者，因为从默默无闻骤然声名鹊起而变得傲慢自大、有意识地寻求关注。《星期六晚报》无疑是反智主义的源头，随便挑一条评论，你会发现知识分子的形象是这样被刻画的：[34]

> 一帮教授从教室里被拉出来、推入新政的大旋涡里。他们非常刻意、傲慢地寻求曝光自己，如今他们得到了机会。他们是热衷于自我表现的人，用自己崭新的荣誉取暖，就像壁炉前的猫。……这些人四处奔波，兴奋地问："美元能做什么？"好像美元能做什么对他们有什么影响似的——其中没人能凑出任何值100

美元的东西。……教授的法律出台了，当然也被国会大厅里的非教授干预者方方面面地修改过，但里面仍有很多教授的想法。……任何有思想的人都会得出这样的结论：许多智囊团的想法和计划都是基于苏联的意识形态。……应该有人告诉这些聪明的年轻知识分子和教授商业生活的真相。鹳鸟不能带来利润和繁荣，健全的货币不能在甘蓝下生长。……最后，必须是农民和实业家在大自然的帮助和政府的明智支持下疗愈自己的痼疾……

我们是否如此蠢到、懒到允许业余的、自认为实验者的人把我们的社会和商业结构拆开，看看他们能否以更符合自己喜好的模式重建它？……拿美国的生活、自由和工业进行实验。……在试管里做的实验和在一个活生生的国家里做的实验有着天壤之别。这带有太多活体解剖的色彩……那些没有任何实际经验的人……那些业余的政府官员——大学生，不管他们的年龄如何——他们或许最近喝学问的清泉喝得酩酊大醉，最近还豪饮了几口苏联的伏特加酒……空谈家，做着政治白日梦的空想家，唤雨巫师、变戏法的。……现实的参议员和众议员只能拿试衣间当安全的港湾……

知识分子的捍卫者试图对他们的实际权力作出更合理的评估，并指出他们不会比那些被他们取代的"务实"者做得更糟。奥斯瓦尔德·加里森·维拉德（Oswald Garrison Villard）在《国家》杂志上撰文，对"务实者的彻底溃败"表示欣然接受，并指出在全世界的"务实者都深陷茫然无措的状态"。[35] 时任自由主义记者和前新政顾问的乔纳森·米切尔（Jonathan Mitchell）对这个问题进行了极为缜密的分析，试图表明罗斯福起用学术专家是危机和美国行政生活特殊性的自然结果。他写道，教授们实际上并不是在制定重大政策，而只是在手段方面提供建议。由于缺乏专门为此目的培训的公务员阶层，所以总统突然求助于政治或行政圈以外的人也几乎是不可避免的。[36] 在这一点上，米切尔完全正确。政治家们无法处理大萧条引发的种种问题，没有合适的公务员来应付这些问题，除此之外，大多数商业领袖似乎比百无一用还要糟糕。正如塞缪尔·I. 罗森曼（Samuel I. Rosenman）向总统建议的那样："通常在这种情况下，候选人身边会聚集一群人，包括成功的实业家、大金融家和国家的政治领袖。我认为我们应该避开所有这些人。他们似乎都没能拿出任何建设性的东西来解决我们今天所面临的困境。……为何不去我们的大学看看呢？"[37] 但米切尔的分析很可能会被新政的反对者认为具有煽动性：

> 罗斯福需要的是一个中立的人，一个没有华尔街味道的人，但另一方面，又不会让富人感到太害怕的人。此外，他需要一个有头脑、有能力、有意愿执行他决定的任何政策的人。罗斯福选择了大学教授，而在这个国家，再也没有其他群体符合这些具体条件了……
>
> 在美国，我们没有世袭的地主阶级可以从中招募新政时期的公务员。我们这边与其最为接近的便是大学教授，而华盛顿的中立教授是决定新政成败的因素。……在这个国家，曾经有一段时间，我们确实对某个阶层予以区分，其他人可以随意地向其提出自己的意见。这个阶层便是殖民地大臣，尤其是新英格兰的大臣。他们一般对世俗事务毫不关心，他们以比罗斯福新政可能会采取的更严厉的手段管理自己的社群，而且会根据自身的理解角度做出判断。……新英格兰的大臣们早已辞世，但大学教授是他们的旁系继承者。……今后，我们将成功地为自己建立一个专业的美国行政制度，以其自身的忠诚和传统作为后盾。

这一切都不可能为商人、被取代的政客和其他保守阶层成员带来安抚或慰藉，他们觉得不需要专业的公务员，而且可以理解的是，他们同样也不相信教授是"中立的"，他们认为教授确实会吓到富人，并且只要想到有阶层会"随意地"接受任何争议，他们就会感到惊恐万分。没有任何答案，甚至没有一个比米切尔表达得更温和的答案，能够缓解他们的根本恐惧，这种恐惧不是对智囊团或专家的恐惧，而是对他们所信仰的世界的崩塌的恐惧。在这种敌人之中，新政给予知识分子和专家的特权只会巩固反智主义的老旧传统，并以新的怀疑和怨恨让它们如虎添翼。

和第一次世界大战一样，第二次世界大战提升了对专家的需求，不仅包括新政所聘用的那种专家，还包括以前从未探索的学术领域的人士——甚至古典学者和考古学家也因为对地中海地区的了解而突然受到重点关注。但当战争结束时，新政经验和战争本身带来的积压已久的反感席卷了整个国家。与智囊团的斗争已经奠定了这种情绪的基础。知识分子与平民民主的友好关系，在此之后，又一次走到了尽头。

5

1952年，阿德莱·史蒂文森沦为了对知识分子和智囊团重重不满情绪的牺牲品，这种不满自1933年以来就在美国右翼中愈演愈烈、日益发酵。而不幸的是，他的政治命运被自由主义知识分子当作了衡量智识在美国政治生活中地位的标尺。但这种错误也是必然的：史蒂文森具有一个悲剧英雄的特质和魅力，知识分子会把他的事业和他们自己的事业联系起来。在经历了杜鲁门政府的难堪窘态之后，他那富于文化修养的风范着实令人耳目一新。但更重要的是史蒂文森的言谈举止与艾森豪威尔-尼克松竞选风格之间的巨大差异。史蒂文森谈吐得当的天赋（他显然也能与其同样具备这种能力的竞选顾问通力合作）与艾森豪威尔早期笨嘴拙舌、不善言辞的政治风格之间形成了强烈的对比，而尼克松恶名昭彰的跳棋演说[①]、对庸俗陈词滥调那稳健自信的

[①] 跳棋演说，1952年尼克松以共和党副总统候选人身份发表的著名演讲。在演讲中，尼克松极其富有说服力地表现了自己清廉如水，声称自己唯一想留下的是支持者赠送的一只小狗，他女儿称之为"跳棋"。这也是跳棋演说的由来。该演说有力地帮助艾森豪威尔在大选中获胜。——编者注

运用，以及对艾森豪威尔粗鲁愚钝的颂词，都让这种对比变得更加鲜明。最后，麦卡锡的丑陋形象也随之出现，他对竞选的贡献显然太受其党派的欢迎了。人们并不指望美国总统的竞选格调有多高，但1952年共和党的竞选基调——相比之下，就连杜鲁门对华尔街的无耻引诱都带上了一层老式的高贵意味——则令史蒂文森的每点迷人特质都更显突出。

知识分子欣然、一致地拥护史蒂文森，这种态度在美国历史上可谓前所未有。而西奥多·罗斯福毕竟是在其漫长的公职生涯中且出于必需才在他那个时代的知识分子中赢得了如此高的声望，当他担任总统时，许多知识分子都对他抱着半质疑半嘲笑的态度，他与知识分子们真正达成极其密切的关系是在他离开白宫以后。这种关系在1912年的公麋党①竞选中发展至顶峰，然后又在其战时的沙文主义下黯然失色。伍德罗·威尔逊尽管气宇非凡、出身学院，但知识界相当一部分人对待他的态度都相当冷淡（这倒也符合他自己的风格）。诸多知识分子都同意沃尔特·李普曼当年对"新自由"的判断，认为这是一场构思拙劣的后顾型运动，主要是为小型企业的利益而设计。最后，威尔逊的声誉也因为对战时暴民思想的反抗而受损，甚至其本人也未能幸免于这种情绪。尽管富兰克林·D. 罗斯福因为其智囊团而受到公众的广泛关注，但是他在第一次总统竞选中却让大多数知识分子幻想破灭，并且在新政早期一直是不受信任和受左翼尖锐批评的对象。直到1936年大选前夕，知识分子才对他产生极大的热情，但即便在那时，知识分子对他的喜爱似乎主要是出于他的所树之敌。史蒂文森的情况便截然不同了：在他担任伊利诺伊州州长时，某些人几乎对他闻所未闻，而1952年史蒂文森被大选提名时，在这些人眼中，他简直堪称苍穹的

---

① 公麋党，指1912年成立的国家进步党，因其领导人西奥多·罗斯福自比为公麋而得名。1912年西奥多·罗斯福因与共和党冲突，脱离共和党，另组国家进步党参选美国总统，但以显著劣势败选。该党于1916年解散。——编者注

一颗新星。听了他的提名演说后,他们立刻把他牢记在心。他看起来好得不真实。

在麦卡锡主义势力大呼小叫地全力追击的时候,我们很难否认这样一个结论:史蒂文森的惨败也是基于全民表决的对美国知识分子和智识本身的否定。得出这个结论的知识分子从自己的批评者那里获得了证实——其中许多人严肃地摇头表示否定:他们说,美国的知识分子既不同情也不理解自己的国家;他们变得不负责任、傲慢自大;对他们的惩戒正在井然有序地开展。不少知识分子无疑饱受伤害,但是,史蒂文森是因为其明智和智识方面的名声而被公众否定的说法是经不起推敲的,而对他由此折戟沉沙的影射也有过分夸大之嫌。1952 年,他败得一塌涂地。在这一年里,任何有魅力的共和党人都能击败民主党人,而艾森豪威尔的魅力则更大:他是一个具有不可抗拒吸引力的民族英雄,他的声望不仅盖过了史蒂文森,还盖过了政治舞台上的其他所有人。在民主党统治的 20 年后——如果两党制还有意义——党派更换的时机早已到来、迫在眉睫。仅朝鲜战争及其引起的不满情绪就为共和党人提供了充分的争论点,他们能够对某些较为次要的议题加以利用,例如希斯案、其他对共产党渗透联邦政府的揭露,以及发现杜鲁门政府中微不足道但可以煽动情绪的腐败。在共和党的竞选中,尼克松和麦卡锡似乎比艾森豪威尔更引人注目,而如果不是共和党的竞选格调低到让人们相信史蒂文森这样的人定会为公众所拒,那么他陷入绝望处境这点可能会更易为人所接受。

然而回过头来看,似乎没有理由相信史蒂文森的风格、智慧和正直不会成为他的竞选资本,而且如果他没有在这些方面为自己赢得声誉,那么他可能还会失败得更加彻底。"大多数公众对其身上特质的价值无感"这个观念根本站不住脚。如果他的个人品质像某些崇拜者和贬低者所认为的那样缺乏吸引力,就很难理解他是如何在 1948 年以该州历史上最多票数赢得伊利诺伊州州长一职的。也很难解释为什么四年后,尽管他公开表示不愿意被提名,但仅仅在简短而又动人的欢迎演说之后，民主党大会就将他选为候选人（这是自 1916 年查尔斯·休斯[①]以来首位被推选的候选人，或许也是我们政治史上唯一一个完全不情愿的候选人）。

史蒂文森与共和党竞选活动之间的巨大反差甚至也放大了他失败的方面。12 年前，同样与当时伟大的政治英雄角逐的温德尔·威尔基（Wendell Willkie）——一位被认为具有非凡活力特质的领导人——获得了与史蒂文森比例几乎完全相同的普选票数：44.4% 与 44.3%。事实似乎是，1952 年的两位候选人个人实力都很强，而且由于政治热情高涨，他们都吸引了大量选民参加投票。失败的史蒂文森比 1948 年胜选的杜鲁门和 1944 年及 1940 年的罗斯福赢得了更多的选票。大选结束后，他的邮件里满是投了艾森豪威尔一票的人的来信，这些人对他的竞选活动表示钦佩，同时希望当时的情况能有所不同，好让他们有理由站在他这一边。

这并非否认史蒂文森所塑造的"形象"（用现在的流行术语说）中缺失了某些东西。他非常清楚，在民主党执政的 20 年后，要接管该党的领导权是多么困难。但他不愿意掌权这点——从某种意义上说，这可能值得赞颂——实在是过于真切，甚至引起了疑虑。"我接受你们的提名——以及你们的计划，"他在民主党大会上说，"但我更愿意听一个比我更强大、更聪明、更优秀的人说出这些话。"这在当时并非一种合适的腔调，它造成了不安情绪，许多人认为这不如艾森豪威尔那种沉稳淡然的自信有吸引力。史蒂文森的谦逊似乎是真诚的，但表现方式太过骄傲。人们可以认识到，他有能力诚实分析公众问题而不对老一套的胡扯空话因循守旧，但人们仍然怀疑，他是否能以一种创新的方式把握权力的用途及可能性，而近代两位罗斯福曾以最实际的力量

[①] 查尔斯·休斯（1862—1948），共和党人，曾任纽约州州长、国务卿和首席大法官。1916 年大选被推选为总统候选人，但他开头就表示拒绝，最后在大选中败于威尔逊。——编者注

展现出了这种权力(然而,我们也不能不探讨艾森豪威尔和史蒂文森给人的反差印象中的欺骗性:艾森豪威尔政府有其优点,但这位掌权的将军未能团结或提升他的政党,而失去权力的史蒂文森为增强和振兴他的政党做了大量工作)。

因此,如果我们将史蒂文森的败北归因于他智识方面的名声,或者甚至我们将这种名声视为一种累赘而非资本,那我们才是大错特错了。但对大部分公众而言,这种特质着实是一种负担。本人无意夸大这个群体的规模或影响,我们必须对之进行检验,因为这些人是一切反智形象研究的主要着眼点所在。

史蒂文森身上最常引起攻击的特质并非其智识本身,而在于其明智。[38] 在这个国家,明智在政治领袖中从来不受欢迎。公众喜欢并接受幽默——林肯、西奥多·罗斯福和富兰克林·D. 罗斯福都曾通过幽默收获了一定的效果——幽默是通俗的,通常非常简单且容易理解。明智是智识化的幽默,它更带锋芒,它让人联想到气度和精致,含有贵族的意味。史蒂文森多次被称为"喜剧演员"或"小丑",在漫画中被描绘成一个戴着傻瓜帽和铃铛的弄臣。在朝鲜战争阴郁、愤怒和灰冷的背景下,他的明智在他的诋毁者看来完全不合时宜。艾森豪威尔的讲话虽然沉闷但十分严肃,似乎更符合时势。史蒂文森的支持者指出,他没有拿朝鲜战争本身或其他对选民来说意义严肃的事情开玩笑,但这样说对他们并没有什么好处。他的明智非但没有消除他公众形象中的其他不利条件,反而似乎拉大了他与大部分选民之间的距离。("他流利的英语远远超出普通美国人的能力。")一位女士在给底特律《新闻报》的信中发表了一段关于该次竞选发人深省的评论,她说:"我们应该与总统候选人有一些共同点,这就是我投票给艾森豪威尔将军的原因。"

史蒂文森是阿尔杰·希斯的品德证人,因此尤其容易受到智识和激进主义、激进主义和不忠之间前后共同联系的影响。他的知识分子支持者们也很容易受到同样的影响,其中的许多人来自东部尤其是哈佛,这个事实在许多批评者心目中具有重要意义。芝加哥《论坛报》

的一篇社论赫然刊登着"哈佛教印第安纳州如何投票"的大标题，文章的论点是，史蒂文森就在施莱辛格父子和阿奇博尔德·麦克利什（Archibald MacLeish）的股掌之间，而这些人都被认为与最险恶的事情有所关联。韦斯特布鲁克·佩格勒（Westbrook Pegler）没有忘记菲利克斯·法兰克福特对新政的影响，他煞费苦心地提醒读者，史蒂文森和富兰克林·D. 罗斯福一样，也和哈佛大学有渊源。他曾经在哈佛法学院待过几年，在佩格勒看来，他必定是中了法兰克福特的诡计。佩格勒认为，史蒂文森"自1933年以来，就时不时地作为最危险的那类新政官僚"。佩格勒认为自己已经注意到，史蒂文森的支持者和传记作者在试图淡化他与哈佛的关系以及他所谓的左翼联系，但这一切都无法向警惕的佩格勒掩盖这样一个事实："这位斯普林菲尔德的神童正服务于一条陈腐的左翼政治路线。"基于史蒂文森与哈佛的恶性联系，法兰克福特、希斯、施莱辛格父子和史蒂文森共同融合成为右翼幻想中的一个不祥形象。

而其他与史蒂文森关联的大学也未能幸免。哥伦比亚大学的大批教员发表了一份宣言，赞扬史蒂文森，同时批评当时的校长艾森豪威尔。纽约《每日新闻》对此进行了反击，曝光了签名者中所谓"略带左倾色彩的教授"。一份中西部报纸则以更冷静的笔触评论说，哥伦比亚大学师生的反对反而有利于艾森豪威尔，因为人尽皆知，大学人士"已经在自己的头脑中渗入强烈的左派社会主义思想，以及明确的共产主义忠诚"。这种支持只会害了史蒂文森。"作为知识分子，史蒂文森必须与其顾问们保持观点一致，否则他也不会选聘他们。投票给艾森豪威尔——这位平凡的美国人——就是投票给民主。"对于那些看重这种不忠论调的作家们来说，他们历来对新政抱有普遍而强烈的憎恨："我们已经远远偏离了让这个国家变得伟大的传统美式良方。在我们的大学里，左派遍地走，这些'聪明的年轻人'想把这个国家改造成一个'光明的新世界'。但愿我们不再经受另一场四年新政、公平施政（杜鲁门的施政纲领）。"

笔者曾经在探讨镀金时代的改革者时提到过理智性、风格与阴柔的联系，而这个话题又再次出现在 1952 年的大选中。不幸的是，这给史蒂文森造成了很大的不利。由于他在两次世界大战中都是以平民身份开展工作，因此他没有任何东西可以与艾森豪威尔担任将军的记录相抗衡。如果他是像西奥多·罗斯福那样的拳击手、猎人或士兵，或者是橄榄球运动员（这也是艾森豪威尔的闪光点），或者是像哈里·杜鲁门一样的炮兵，或者是像肯尼迪那样的战争英雄，那么大家可能就不太会觉得他被排除在刚硬的男性世界之外了。但他只是一个有着常春藤盟校背景的绅士，在他的职业生涯中，没有任何东西能让他免受这段历史在美国人心灵的黑暗角落所造成的影响。纽约的《每日新闻》甚至称他为阿德莱黛，并指责他以"圆润"的声音用"颤音"演讲。他的声音和措辞成了人们质疑的对象——"那些大惊小怪的话"，有人说，让人想起"一个永远不会忘记自己在史密斯小姐的精修学校的演讲课上得了 A 的文雅老女人"。他的支持者们呢？他们是"典型的袖口带蕾丝的哈佛自由主义者""蕾丝女裤外交官""梳着大卷发的哈巴狗"，面对麦卡锡的指控用"带着芬芳的痛苦"哀号，有时还为自己的反共主义"咯咯傻笑"。史蒂文森的批评者倾向于说，政治是一场给男人玩的粗暴游戏。州长和他的追随者们应该准备好一决高下。他们最好从理查德·尼克松"对其财政的雄伟诠释"中好好地学一学。

即便在没有敌意和粗俗言行的地方，人们也经常表示，与带有"象牙塔"味道的史蒂文森相比，艾森豪威尔"经过证明的能力"更受欢迎。"根据过去的表现，我觉得我们需要成就卓著的艾森豪威尔，而不是思想家和演说家史蒂文森。"杰斐逊和约翰·昆西·亚当斯很可能从一位党派人士的以下发言中发现了某种熟悉的论调："艾森豪威尔比国内的另外两个人加起来都更了解世界形势，而且他并非通过报纸和书本来获取知识。"这种论调总是屡试不爽。8 年后，在为尼克松和洛奇助选时，艾森豪威尔自己这样评价他们："这些人不单单通过书本进行学习——甚至都不依靠写书。他们通过解决我们这个日新月异的世界层出不穷的问题而汲取这些知识。"[39]

但同样是在这场竞选中,约翰·F. 肯尼迪(John F. Kennedy)证明了一件也许不必再次被证明的事——读书,甚至是写书,对于一个以头脑著称并兼有其他必要品质的总统竞选人来说,几乎不算什么重大的障碍因素。肯尼迪似乎将西奥多·罗斯福在20世纪初所表现出的智识与品格的珠联璧合,重新带回到了总统政治之中——其中,对智识与文化差异的尊重、对公共服务中智慧与专门知识的热情,以及进取与务实的美德都融合在了一起。作为竞选人,史蒂文森显得极度敏感、缺乏自信,这正迎合了知识分子对于"自身受到疏远和排斥"的强烈偏执。而肯尼迪则完全是权威和自信的化身,他满足了知识分子们的愿望,即把智识、文化与权力、责任彼此联系起来。他拥有艾森豪威尔的全部自信,而没有他一丝一毫的消极。尽管他在宗教信仰方面存在问题①,且年纪尚轻,获得提名时籍籍无名,但是他战胜了尼克松,这在很大的程度上要归功于他在电视辩论中突显的超强进取心和自信心——正如西奥多·罗斯福可能会说的那样,这要归功于他所表现出来的具有男子气概的美德。

对大多数知识分子来说,甚至对许多对权力表现形式有着根深蒂固的怀疑的人来说,这位新总统的思想即使不能说是深刻,至少也显得机警开阔、老练而富于怀疑精神,他很快就表达了他的信念:在国家利益的共同议定中,智识和文化的诉求应该占有一席之地。

在肯尼迪之前,某些非常聪明的总统——例如胡佛——对总统的礼仪性职能完全不抱耐心,在他们看来,这只是在鸡毛蒜皮上浪费宝贵的时间。开国元勋们对总统一职则有着不同的看法。其中的许多人都相信,国家首脑——尤其是在共和政治秩序中——应该是一位要人,而其与公众之间的交流便是贯穿于政府结构中的一条重要主线。华盛

---

① 肯尼迪是美国历史上唯一一位信仰天主教的总统,在新教盛行的美国,这是负面因素。——编者注

顿本人——正是他的出现促成了新政府的成功——是履行这个职能的完美典范。在 20 世纪，美国人对宣传的狂热以及大众媒体的发展为总统一职的礼仪和公关方面带来了巨大压力。富兰克林·D. 罗斯福通过巧妙运用广播和新闻发布会，成为第一位将现代宣传的需求转化为重要资本的总统。肯尼迪首先发现，知识分子和艺术家现在已经成为公众中非常重要的一部分，不仅可以将他们纳入国家的礼仪事务当中，而且可以通过某种特殊的工作，授予他们某种官方认可来赢得其忠诚。总统府邸的修整因此被视为一种象征：对广大观众来说，它的翻新已经通过电视呈现；而对于规模较小但具有重要战略意义的观众来说，它则再次成为接受文化的中心——罗伯特·弗罗斯特（Robert Frost）、E. E. 卡明斯（E.E. Cummings）和帕勃罗·卡萨尔斯（Pablo Casals）皆在此受到欢迎。权力应该尊重智识这个观点已经过多次重申——也许最令人印象深刻的是 1962 年春天为诺贝尔奖得主举行的一场纪念晚宴，在那次晚宴上，总统说的一番话颇具其个人风格："此时此刻，白宫餐桌前的有头脑之士，比托马斯·杰斐逊独自用餐以来的任何时候都要多。"

当然，所有这一切只是承认特殊利益合法性的一种仪式手段——这种仪式的作用早就为——举一个例子——参加意大利人节日的爱尔兰政治家或参加爱尔兰人守灵的犹太政治家所心照不宣了。就像少数族裔一样，知识分子也要在公众认可的计划中占有一席之地。新政府在对文化的仪式化认可方面的兴趣与意愿并不重要，重要的是它对人才的持续搜罗，这使专业知识在美国政府中的地位上升到了全新的高度。在政治上，智识的声誉和认可度或许会时有不同，但对专业知识的需求似乎在不断高涨。例如，艾森豪威尔政权尽管对蛋头表示蔑视，对他们的反抗表示愤怒，但还是在战略上大量起用了专家；共和党领导人同样也很有兴趣"利用"他们所谓的友好学者。笔者将在最后一章探讨一项更加重要的问题，其中涉及同样是知识分子的专家（他们人数众多）与知识分子团体其他成员之间的关系，同时也会讲到知识分子身处权力边缘时的状况如何。将智识与权力联系起来的困难之一在于，人们普遍感到智识的某些主要功能受到威胁的程度，几乎跟其与权力联系在一起的程度、被归为无能无用的程度相当。智识作为现代社会的一股力量，面临着一个尖锐而矛盾的问题，其根源在于这样一个事实：它既不会心甘情愿地与权力联系在一起，也不会随随便便就安于将自己排除在重要的政治角色之外。

Anti-Intellectualism
in
American Life

第四部分

实用性文化

PART 4

第九章
商业与智识

1

至少四分之三个世纪以来,商业始终被大多数美国知识分子打着"智识的典型敌人"的烙印。商人们自己早已接受了这个角色,到目前为止,二者之间的不和似乎已经成为自然而然的事实。毫无疑问,商人的事业和知识分子的事业之间存在着某种内在的不协调:双方致力于不同价值观,因此冲突在所难免;智识永远潜伏着、威胁着一切制度机构或固定的权力中心。但由于这种敌对存在某种相互依赖的条件,故而不必采取持续公开角逐的形式。与孕育这种敌意的普遍境界同样重要的是缓和或加剧这种敌意的历史环境。在美国工业时代的背景下,商人是思想和文化的敌人,且所处的位置极其重要、不可撼动,没有留给其他对手丝毫容身的空间。

数年以前,商业记者约翰·张伯伦(John Chamberlain)在《财富》杂志上抱怨说,美国小说家一贯都对美国商人秉持着不公平的态度。他指出,在整个现代美国小说领域,商人几乎总被描绘成粗俗平庸、邪恶霸道、巧取豪夺、反动无德的形象。在一长串的商业小说中——从德莱塞的柯帕乌三部曲[①]到如今,张伯伦只找到三本对商人形

[①] 指德莱塞的欲望三部曲《金融家》《巨人》《斯多噶》,主人公是商人柯帕乌。——编者注

象进行了良好刻画的书：一本出自某位无足轻重的通俗小说家，其他两本书分别是威廉·迪恩·豪威尔斯（William Dean Howells）的《塞拉斯·拉帕姆的发迹》和辛克莱·刘易斯（Sinclair Lewis）的《孔雀夫人》。[1] 但这两本书的昙花一现恰恰印证了张伯伦的怨言。《塞拉斯·拉帕姆的发迹》写于 1885 年，那时小说家和商人尚未处于完全敌对的状态。5 年后，豪威尔斯出版《新财富的危险》一书，其中便出现了小说中典型的蜥蜴般的商人形象，之后他又写了一些带有模糊社会主义色彩的社会批评。但归根究底，是辛克莱·刘易斯在《巴比特》中向世界展现了美国小镇式平庸小商人的原型。

张伯伦表示，小说家对商人的描绘主要是出于教条主义（他称之为"一种枯燥而教条的态度"），而并非源于对商业的直接观察或对商人的深入了解。这个控诉所暗示的反常意图或许在很大的程度上来自张伯伦的幻想。我们的社会不存在便于作家和商人自如交往的统一的精英阶层。如果美国的小说没有反映出真实的商人形象，那么部分原因是美国作家很少出现在商人的社群中：近距离观察的机会微乎其微。这种敌意不是单方面的，而是相互的，而且试图证明商人缺乏自卫或报复手段，或者他没有诉诸这些手段，都是一些让人不那么愉快的苦差事。

但张伯伦的主要观点在于，在这个国家的社会小说中，商人的形象传达了知识界的一般态度，而在不同时期，这种态度或者带有平民主义、进步主义或马克思主义的意味，又或者通常是这三者的某种混合体。自南北战争后工业主义发展以来，商人与文人之间的隔阂始终深重而绵长。自进步主义兴起和新政以来，商人和自由派知识分子之间在社会科学领域的关系也变得剑拔弩张。在繁荣时期，当知识界尚未深涉政治冲突时，他们仅满足于把商人描绘成平庸人士。在政治或经济萧条的时代，冲突加深，商人也成为无情的剥削者。商业和智识的价值被视为长久存在且不可避免的矛盾：一边是以金钱或权力为中心的人，他们只关心规模和美元，只在意那火热而空洞的乐观主义；

另一边是具有批判思维的知识分子，他们质疑美国文明，注重的仅仅是品质和道德价值。知识分子非常清楚商人用来塑造我们的文明以达到其目的并使之符合其标准的种种精巧手段。商人无处不在；他们塞满了各政党的金库；他们拥有或控制有影响力的新闻媒体和大众文化机构；他们是大学和当地学校董事会的成员；他们动员和资助文化民间治安团队；他们的话语主宰着掌握真正决策权的领域。

当代商人倾向于认为自己具有实际的成就，是国家的恩人，肩负着巨大责任，却遭受着从未发过工资的轻浮之人的敌意。对于商人总是为所欲为的说法，他们并不十分看重。他们认为自己陷入了福利国家的官僚规章制度之中，而这当然不是*他们*的手笔。他们觉得自己败给了强大的工会，被不断为知识分子激怒的公众所质疑。他们可能也意识到，在过去——比如安德鲁·卡内基的时代——伟大的商业领袖尽管会遭受某些敌意，但仍旧是文化上的英雄。在那个时代，商人本身就是国家的杰出人物，是几乎可以就生活中的任何方面向人们提供指导的圣贤。但自从亨利·福特（Henry Ford）——最后一位他那样的人物——的时代以来，这种英雄形象便逐渐烟消云散了。商人只有进入政界或公共行政领域才会出现在新闻头条上。例如像查尔斯·E. 威尔逊这样的人，在 1953 年担任国防部长时，在《纽约时报》上得到的关注是 3 年前担任通用汽车公司总裁时的 10 倍。[2] 政界仍旧接受富人——约翰·F. 肯尼迪、纳尔逊·洛克菲勒（Nelson Rockefeller）、埃弗里尔·哈里曼（Averell Harriman）、赫伯特·雷曼（Herbert Lehman）、G. 门南·威廉姆斯（G. Mennen Williams）——但这些人不是真正的商人，他们的财富是继承来的，并且经常因为其自由主义的政治观点而惹人注意。

有时在知识分子制造的敌对环境中，商人可能会认为自己被知识分子及其盟友剥夺了威望。果真如此的话，那他们便是高估了知识分子的力量。事实上，商人的声望在很大的程度上是被他们自己的成就所摧毁的：正是他们创建了巨型企业，这种冷冰冰的机构在约束他们职业生涯的同时，也为他们的声誉蒙上了阴影。正是他们自己对美式生活方式和自由企业的不断宣传，使这些空洞的抽象概念变成了吸收和同化个体企业家声誉的公共普遍性原则。曾经，伟大的人创造了财富；如今，伟大的制度造就了富人。

然而，在智识和商业之间的紧张关系中却有一种蹩脚的亲密关系，大量知识分子都在反抗抚育他们成长的商业家族这个事实正反映了这种关系。实际上，商业和智识之间已经形成了一种不稳定的共生关系。在美国，政府对艺术和学识的贡献远远小于欧洲，文化也一直依赖于私人赞助。近几十年来，当批判商业成为知识分子关注的主要问题时，这种依赖性亦没有得到丝毫的减弱。因此，批判性知识分子处在了一种非常尴尬的位置上：为了自己的工作和生计，他向已故商人——古根海姆、卡内基、洛克菲勒和福特——的援助机构以及某些稍逊的捐助者伸出了一只手。但出于对崇高原则和价值观的坚持，他的另一只手又常常攥成拳头。智识和艺术的自由必然是批判与诋毁的自由、毁灭与重建的自由，但对于知识分子和艺术家来说，他们的日常用处在于成为雇员、受保护者、受益人——或者生意人。这种暧昧的关系也影响着商人。他们对自己的名声非常敏感，对批评感到恐惧和怨恨，同时往往会因为自己的权力而自高自大。因此他们必然能意识到，对学问和艺术的赞助会提升自己的名誉。从积极方面来说，他们也是管理工作传统道德准则的继承者，他们经常认为有责任利用自己的钱积德行善。他们并非对头脑不抱尊重，在现代技术条件下，他们无论如何都必须或多或少地定期向有头脑之士请教以获得实用性建议。最后，从人性角度来讲，他们也自然而然地渴望着那种财富买不来的尊重。

商人的反智主义——若从狭义上解释为对知识分子的敌意——其实主要属于一种政治现象。但如果从更宽泛的意义上将其解释为对智识本身的质疑，那么它便属于众多美国人对实用性和直接经验的一种热爱，而这种热爱几乎延伸到美国生活的每一个领域。尽管社会阶层和历史环境存在细微差别，但常常被归因于商业的、对实用性的过度偏好在美国几乎随处可见。就其本身而言，只要它不搞封闭、专权，只要人类经验的其他方面不受诋毁和嘲笑，那么对实用性的某种有益的尊重便不需要辩护，也不应该被贬低。实用方面的活力是一种美德，在我们的历史中，真正有损于精神的是把实用性变成一种神秘性的倾向。

2

虽然笔者把商业作为我们文化中反智主义的先锋，但是并不意在夸大它的作用。当然，美国文化从少数富人（即学问和艺术的赞助人）那里所受的裨益之大，已经足以抵消前文所提。之所以强调商界的反智主义，主要原因并不在于商界明显比美国社会的其他主要领域更反智或更庸俗，而只是因为商界是美国生活中最强大、最普遍的利益集团。这并非空穴来风，一方面，关于实用性的主张在美国人的生活中自始至终是一股目空一切的威力；另一方面，自19世纪中期以来，商人给反智运动带来的力量比社会上任何其他势力都要强盛。"美国本质上是一个商业国家"，沃伦·G.哈丁（Warren G. Harding，1921年当选总统）在1920年说。他的话得到了卡尔文·柯立芝（Calvin Coolidge，美国第三十任总统）这句名言的响应："美国的使命就是商业。"[3] 至少在1929年以前，正是这种商业在社会上的优势地位使它要求受到特别的关注。

美国商界反对智识的理论之所以成功，一大原因在于它在很多方面与传统的民间看法不谋而合。例如，正如历史学家爱德华·柯克兰（Edward Kirkland）所指出的那样，商人关于高等教育和职业主义的言论中所表达的对智识的态度，也是大众的态度：人们通过让孩子辍学或不送他们上大学的方式，来表达对教育制度的态度。当看到以下这样的情形时，我们根本无须惊讶：像亨利·乔治（Henry George）这样的"激进"劳工改革家劝告自己的儿子说，既然大学会给他的脑子里塞满不该学的玩意儿，他就应该直接进入新闻领域工作，让自己接触实际的世界。同样的建议还可能出自一位商业大亨之口。[4]

对头脑的恐惧和对文化的蔑视是无处不在的话题，一经对实用性的鼓吹就会迅速从商业著述里突显出来。它们基于美国人对待文明和个人宗教的两种常见态度——第一，对过去的普遍蔑视；第二，崇尚自立和个人进步的风气，在这种风气中，甚至连宗教信仰也仅仅是一种实用性的力量。

让我们先来看看美国人对过去的态度，它在很大的程度上是受到了我们技术文化的影响。人们常说，美国是一个没有纪念碑或遗迹的国家，也就是说，没有所有欧洲人都赖以生存的、不可避免的人类祖先精神的痕迹，即使是最简朴的农民或工人，也很难回避这种精神的意义或至少是其最宽泛的大意。美国一直是那些逃离过去的人的国家。它的人口是通过移民从那些最坚定地从自己的生活中抹去历史的人群中挑选出来的。[5] 一心想着未来的美国人坐拥充足的土地和资源，却为劳动力和技术上的短缺所困扰。他们重视技术知识和发明创造，这将解放这个国家的财富并开启通往富裕未来的大门。技术、技能——意义深远的美国精神所倡导的一切"实际知识"——都供不应求。过去被看作可鄙而不切实际、没有创造性的东西，是纯粹且仅仅需要予以克服的东西。应该承认的是，美国人这种对过去的蔑视，当放在 18 世纪末和 19 世纪初时，至少有一些方面是站得住脚的，甚至可以说是明显值得赞扬的。这并不完全是一种旨在摆脱所有历史包袱的技术或物质上的野蛮主义。除此之外，美国人的态度代表了一种共和主义和平等主义的抗议，反对君主和贵族制度以及对人民的无情剥削。它代表了与迷信的理性主义对抗，是对旧世界的消极、悲观的有力而具有前瞻性的抗议，这显示出一种充满活力、生机勃勃、具有首创精神的心态。

但从结果来看，这种态度肯定是反文化的，尽管这并非出于其本意。它刺激了一种知识分子风格的发展，在这种风格中，过去常常被简单地视为一座列满了混乱、腐败和剥削的展览馆。它导致了对一切无法转化为实用智慧的沉思的蔑视,以及对一切无法调动起来向前迈进的激情的不屑。这种对人类事务的看法太容易倾向这样一种主张,即生活的全部和实质在于实际增进这个使命。它助长了一种自满的观念,认为世界上只有一种正当的生活方式,那就是美国的生活方式,而这种生活方式已经被其他地方的人民有意藐视或抛弃了。[6] 许多美国人在专利局发现了文明的真正秘密。1844 年,耶鲁大学的一位演讲者告诉在校生,他们可以在那里读出未来:[7]

> 哲学的时代已然过去,它的存在几乎没有留下什么纪念。荣耀的时代已经消失,留下的只有人类受苦的痛苦传统。而实用的时代已经拉开序幕,不需要什么热烈的想象力就可以预想到它将永远不落下它的帷幕,并因为大自然真容下的奇迹而光芒万丈。

随着机械工业的兴起,各地都在实用主义和传统主义之间划清了界限。总的来说,美国的立场是实用、改进和发明、金钱和舒适。人们清楚地知道,机械的进步正在摧毁陈旧的惰性、不适和粗暴,但人们普遍没有意识到的是,机械也正在制造新的不适和粗暴,并破坏着传统、理想、情感、忠诚以及审美敏感。也许欧洲和美国在这方面的显著区别在于,欧洲一直存在着一种强大的、带有浪漫主义和道德主义色彩的反传统、反对着工业主义的丑陋——这个传统被歌德和布莱克、莫里斯和卡莱尔、雨果和夏多布里安、罗斯金和斯科特等形形色色的人物所发扬光大。这些人用对语言、对地域、对古物、对古迹、对自然美景的热爱来与机械抗衡,他们保持着一种传统,即抵制资本主义工业主义,质疑工业进步给人类带来的后果,以及开展符合道德、美学和人道的反抗。

笔者并不是说美国没有类似的传统。有些作家确实对进步的自满信念表示抗议,尽管其中有人深刻地意识到了他们的徒劳和孤立,并且站在面前的敌人正是主流。纳撒尼尔·霍桑(Nathaniel Hawthorne)

也许会抱怨——就像他在《大理石牧神》的序言中所说——在一个"没有阴影、没有古老、没有神秘、没有别致而阴郁的谬误,唯有明亮、简单的日光下那庸碌的繁华"的国家写作的困难。赫尔曼·梅尔维尔(Herman Melville)或许是在警告大家这种人的危险,就如他在《克拉瑞尔》中所言:

因为大众科学

而失尊丢贵——蛮化的人类

同时回应科学进步主义:"你们不过是在操练新型野蛮人"。亨利·亚当斯(Henry Adams)日后可能会以一种讽刺的超然视角以及淡漠的听任态度来看待美国的局势——但他们没人会把自己看作某种典型代言人。梭罗的《瓦尔登湖》从某种程度上来看是人道抗议的宣言,呈现的图景是埋葬在铁路重重轨枕之下的亡者和遗落的人生。他对于美国人对未来的激情丝毫不为所动,他反对国家对运动、扩张、技术和实用的偏好。他在 1853 年写道:[8]

> 这个国家的全部事业,不是向上,而是向西,通往俄勒冈、加利福尼亚、日本等地,我对此完全没有兴趣,无论是用步行还是乘太平洋铁路。它不用思想来说明,不靠感情来活跃。里面没有什么值得人们献出生命,甚至献出手套——也没有什么值得人们翻开报纸看看。这完全是粗野——通过伟大的西部铁路,向天堂海盗般行进。不,他们或许会循自己的路,通往自己的天定命运[1],而我相信那并非本人的命运。

---

① 天定命运,在 19 世纪 40 年代美国领土扩张时期形成的一种意识形态,强调美国人被赋予了建立模范社会的使命,美国在新大陆的统治与主导是天命所在,主张种族优越与扩张。——编者注

保守派的古典主义者和东方专家泰勒·刘易斯（Tayler Lewis）持类似的观点，他反对美国在鼓吹个人主义的同时，鼓励实用教育中的"平庸同一性"。他问道："当每个孩子都被教育着去重复这种愚蠢的自我称颂、当个人思想的所有独特性都丧失殆尽的时候——因为每个人的头脑都容纳不了任何其他事情，除了空洞的进步观念、对过去的蔑视及对不可知未来的盲目崇敬——我们如何才能寻找到真正的独创性呢？"[9] 但只有喧嚷的少数派对这些抗议表示赞同。安德鲁·卡内基说："无知的过去主要的职责不是教会我们应该采纳什么，而是应该避免什么。"这位石油大亨认为，让学生"钻研发霉的已废语言，学习神话中令人作呕的众神的故事以及所有已经死亡的野蛮东西"是毫无价值的。詹姆斯·A. 加菲尔德不希望鼓励美国青年"用逝去时代的世事来充实他们的精神，而不用我们这个时代鼓舞人心的生命和活力"。亨利·福特在接受采访时说："历史或多或少是胡扯。这是传统。"——这些人才是主流。[10] 当一个具有代表性的美国人发声时，这种针对无机械过去的优越感、这种希求技术进步的论调是迟早都会显现出来的。马克·吐温就是极佳的例证，他的态度可谓所有人中最真实的一种。许多年前，凡·威克·布鲁克斯（Van Wyck Brooks）在他的杰出著作《马克·吐温的磨难》中有一段令人难忘的话，他指责马克·吐温，因为"他对文学的热情与对机械的热情相比简直是小意思：他完全接受了同时代人的幻想，认为机械的进步与人类的进步是一致的"。布鲁克斯先是引述了马克·吐温对于佩奇排版机的兴奋之情——后者认为这台机器比人类大脑产出的任何东西都要好，接着又引用了马克·吐温在惠特曼70岁生日时写给他的信中的反常之处，在信中，他祝贺惠特曼活到了一个物质生活如此丰富的时代，包括那"超凡绝俗、日新月异、灿若繁星的煤焦油产品"。但他没有意识到，这个时代的非凡之处亦在于它造就了沃尔特·惠特曼本人。[11]

在这一点上，就像他对马克·吐温的其他许多看法一样，布鲁克斯似乎从根本上说是正确的。但这封信对惠特曼本人来说似乎并没有

那么重要。30多年前,惠特曼也曾以类似的腔调写道:[12]

> 想想过去6年里,那给我们带来舒适、享受的无数发明设计吧:我们的浴缸、冰库和冰桶,我们的捕蝇器和蚊帐,我们的门铃、大理石壁炉架和滑动桌,我们的专利墨水架和婴儿套衫,我们的服务机和扫路机——总而言之,只要随便看一眼厚厚的专利局报告,你就会发现1857年自己受福星赐幸、得命运眷顾。

马克·吐温在这方面特别值得关注,因为他极其忠实地折射了技术专家治国论思想的倾向。笔者用的是"折射"一词而非"体现",是因为他是十足的道德主义和悲观主义者,不会将机械进步视为终极目标。他是一个非常矛盾的人,很少有人像他这样热情地接受商业工业主义的价值观,同时又轻蔑地对它们予以排斥。他在《亚瑟王宫里的康涅狄格美国佬》一书中对技术进步进行了极为详尽的评述,将19世纪美国佬的技术理念与6世纪的社会环境并列探讨,对两种文明进行了双重讽刺。这个故事的道德主旨在于,人类的恶行和轻信甚至会压倒机械的进步。但是在故事的逻辑论证中,所有的优势都掌握在康涅狄格美国佬的手中,他所建立的仁慈的独裁政权,依靠的便是其对蒸汽动力和电力的控制。"在我的任期内——也就是在执政首日——我做的第一件正式的事情,就是成立了一家专利局。因为我知道,一个没有专利局和完善的专利法的国家就像一只螃蟹,除了横着走或退着走之外,哪条路也走不了。"[13]

诚然,马克·吐温对他的美国佬主人公保持着某种矛盾的态度,正如亨利·詹姆斯所尖刻评论的那样,尽管他可能是书写头脑简单者的作家,但他至少还没有简单到意识不到工业修补匠的某些局限性。[14]然而,康涅狄格的美国佬无论在精神上还是道德上都具有优越性,我们应该对他们予以支持。马克·吐温对这本书倾注了民族自尊——他写信告诉他的英国出版商,这本书不是为美国而是为英国而写。这是为了回应英国人对美国的批判（尽管他没有明说，这主要是回应马修·阿诺德的批判），也是为了试图"提高稍许英国民族的男子气概"而作出的尝试。虽然他可能怀着讽刺全人类，更具体地说是讽刺美国佬的工业主义的意图，但是这种意图实际上已经被"解释这种后来所说的'美国生活方式'的正当性"这个冲动所吞噬殆尽。尽管书中对现代美国的陋习旁敲侧击，但这本书主要是对欧洲和过去的回应，是对一个完全以恶劣、迷信、残忍、无知和剥削为特征的社会的回应。

如果马克·吐温同样有意如此讽刺6世纪和19世纪的社会，那么他的手法可就靠不住了。但让人更容易相信的是，他的敌意主要集中在一个方向。这种解释更符合他对于佩奇排版机的狂喜之情，他希望用这台机器赚几百万美元，却损失了几千万美元。这与《傻瓜国外旅行记》的基调也更为一致，他在书中承认，他对欧洲的铁路、站点和公路比对意大利的所有艺术都更加关心，"因为我能理解其中的一个，而没有能力欣赏另一个。"[15] 这可能有助于阐明《哈克贝利·费恩历险记》接近尾声处洋洋洒洒又虎头蛇尾的片段的一个方面——汤姆·索亚沉迷于欧洲罗曼史中那些陈腐的英雄主义，坚持要用他认为唯一正确的方法加之各种繁文缛节救出被囚的黑鬼吉姆，并推翻了哈克贝利·费恩自己探索得来的常识性建议。这部夸张的滑稽剧备受谴责，被斥为分散了这本书的基本道德戏剧效果，但对马克·吐温来说，它有着至关重要的意义。汤姆·索亚代表了传统文化的不切实际，而哈克贝利·费恩则代表了美国本土人士应对现实的天赋异禀。

3

马克·吐温表达了美国人无疑普遍存在的矛盾心理。其主要宗旨是对专利局和未来的坚定信念，但许多美国人——连同马克·吐温——也对在东部盛行的上流社会文化怀有某种敬意和渴望。（克莱门斯自己想要利用这种文化"获得成功"，但又以某种方式对其加以蔑视，这便导致了我们历史上最为窘迫的场面之一——他在惠蒂尔生日宴会上的致辞令人尴尬①。）这种文化有其局限性，但在马克·吐温人生的大部分时间里，它都是这个国家唯一的高雅文化。在很大的程度上，它是依靠商业阶层的支持。

在既没有强大的世袭贵族也没有国家赞助的情况下，美国艺术和学识的境况仰赖于商业财富，因此美国商业阶层的个人文化对于智识生活总是特别重要的。美国自伊始就必然是一个依附于劳动的社会，但是即使在18世纪中期，沿海城镇便已经为艺术和学识创造了物质根基，同时也为一种对文化感兴趣的商业社会奠定了基础。早在1743年，本杰明·富兰克林就在概述殖民地间合作促进科学发展的计划时指出："建立新殖民地的第一件苦差事把人们的注意力局限在了必需品上，而这件差事现在已经结束了。如今处处都有很多这样的人——他们可以享受安逸，有闲暇去培养更优秀的艺术和提高一般知识储备。"[16]在沿海城镇——这些城镇当时甚至位列大英帝国最大的海滨城镇榜单——商人和专业人士阶层对促进学识、科学和艺术备感兴趣，而正是这个阶层在新大陆建立了赞助模式。

这个阶层的中坚力量是商业财富——重要的是，这些财富掌握在那些并不总是把追求商业和积累金钱作为人生终极目标的人手中。有些商人认为经商是一种生活方式，而对其他商人来说，这是一种通往生活的方式，是多方面存在中的一方面，或许只是实现这种存在的一种手段。在后者之中，积累大量财富后退休至少是可以想象的目标。安德鲁·卡内基是他那一代百万富翁中的佼佼者，他在口头上对这个理想予以支持，尽管并没有怎么加以履行。33岁那年，他一年挣5万美元。他那时写道：[17]

---

① 诗人惠蒂尔七十大寿时，宴请了很多文学名流，包括爱默生、朗费罗、霍尔姆斯。马克·吐温却讲了一个故事，其中有四个醉酒老矿工，影射、调侃这三人及惠蒂尔，引发争议。——编者注

> 我整天忙于工作，一心想着如何在最短的时间内赚更多的钱。如果继续这样下去，那么我的身体会消耗过大，并且失去永久复原的希望。我将在35岁时辞去工作。

在美国始终存在着某些具有严谨商业头脑的人，对他们来说，退休是毫无意义的。但卡内基所表达的理想确实具有相当大的影响力。在波士顿、纽约、费城或查尔斯顿的传统商人都多才多艺而且往往放眼世界。与欧洲和东方的商业往来使他们的思想向外延伸。在帆船时代，商业交易的缓慢节奏很快被19世纪中期日益迅速的通信所加快，这便让对商业的成功追求与有尊严的闲适生活得以共存。在18世纪后期相对分层的社会中，很大一部分上层商业阶级是继承了财富和地位的人，他们给自己的商业角色带来了教养、闲适和教育的优势。此外，18世纪的商人经常积极参与政治，他们对公职、立法、管理以及商业的关注，使他们在行动上变得多样，在思想上也转向反思。

美国在19世纪早期继承了商人作为文明人士和文明代言人这个理想。这种理想的代言人在同时宣扬清教徒的敬业、节俭、节制的价值观以及绅士闲适、文化、多元的理想时并没有感到任何矛盾。这种人生观在著名商业杂志《亨特商人杂志》的专栏中得到了表达。[18]该杂志的出版商兼编辑弗里曼·亨特（Freeman Hunt）是马萨诸塞州一名造船工人的儿子，和19世纪许多其他出版商一样，他也是从印刷行业起家的。他在自己身上将新英格兰的智识精神和商业传统理念与白手起家者的实践经验结合起来。在亨特小时候，他的父亲就去世了，这使他不得不去寻找自己的生活道路。1839年，亨特这份月刊的第一期将商人描述为某种能提升心智、开拓理解能力、增加"一般知识储备"的高级职业。"我们的主要目标之一，"他写道，"将是提高和提升商业性质。"他强调了"正直这种崇高荣誉感的重要性，一个人无论有多少其他方面的优点，一旦缺失了正直，尽管仍可能冠以商人的名号，但却完全不具备一个崇高、可敬的商人所应有的点点滴滴"。商业也是

"一种专业，它包含且需要更多种类的知识，以及其他国家的土壤、气候、生产和消费的一般信息——世界的历史、政治面貌、法律、语言和习俗，而这些都是其他任何专业所不那么必需的……"

他承担起维持这个行业智识和道德水平的责任。"无论年轻人的思想在什么情况下成熟起来（取代传统商人的位置），他们都会发现我们……在尽我们的一切力量帮助初露头角的商人从事他崇高而光荣的职业。"[19]他著有一本书，题目颇有意义——《财富与价值》。后来的作家则经常重申"商业与文明齐头并进"的观点。多年以来，亨特的杂志都开设有一个内容广泛的"文学专栏"，用来探讨普遍带有智识旨趣的书籍。其中也论述了在纽约商业图书馆协会赞助下开展的讲座内容。一篇牧师写的论及"闲适——其使用与滥用"的文章极受重视，甚至到了要刊出的程度。另有一篇关于"商业的优势和益处"的文章指出，"在每一个国家，其商业都是在伟大而开明的原则下培养起来的，并且精于人文研究。"此处的关键点在于，商人的角色之所以正当，不仅仅是因为他们在物质上发挥的作用，甚至也不单单是因为他们在从事自己的职业时所具有的荣誉和正直，还因为他们是一种更普遍文化的代言人，而这种文化是置于商业本身之外的。[20]

旧式商业理想及其强加的一系列务实、道德和文化方面的义务似乎很难实现，但有足够多的人——特别是在大型沿海城镇——具备践行它的能力，使它保持活力和真实。例如，人们会想到波士顿的阿普尔顿兄弟塞缪尔（1776—1853）和内森（1779—1861），他们都非常富有、实力强大。塞缪尔在政治和商业上都很活跃，他选择在60岁的时候从商界退休，并将他的余生奉献给慈善事业。他慷慨地资助大学和研究院、学术团体、医院和博物馆。其兄弟内森对科学、政治和神学都很感兴趣，并对波士顿图书馆、马萨诸塞历史协会和其他文化组织都提供过很多帮助。他曾经说过，如果不是偶然进入棉花行业，他就会满足于在贸易中赚到的20万美元。亨利·亚当斯和布鲁克斯·亚当斯的祖父是彼得·查登·布鲁克斯（Peter Chardon Brooks, 1767—

1849），他的三个女儿分别嫁给了爱德华·埃弗雷特（Edward Everett）、纳撒尼尔·弗罗思汉（Nathaniel Frothingham）和老查尔斯·弗朗西斯·亚当斯。他在 36 岁的时候完全从贸易界隐退并退休（若干年后他又回到这个行业东山再起），他把自己的时间投入到公职、慈善事业和两个女婿的政治生涯当中。像他们这样的人，虽然在商业上孜孜不倦却也能从中全身而退。创造文明成就的理想在他们的头脑中微光闪烁、从未熄灭。爱默生对多才多艺、颇有教养的商人和铁路企业家约翰·默里·福布斯（John Murray Forbes, 1813—1898）那意义深远的致敬辞，堪称知识分子与商业理想最佳代表之间有望达成和解的象征：[21]

> 无论他走到哪里，他都是施主。诚然，他擅长骑马、射击和航行，善于处理家务、管理事务，而他也是一群人中最善于言谈的那个。……但我告诉自己，这个人怀抱着对人类的同情以及对文人和科学家的尊重，这会让他不自知，不知自己永远都会是人群中最耀眼的那颗星。在我看来，这当真是一个卓越的国度，因为像他这般的人物便是孕育于此。

在纽约，商业理想的杰出代表是著名的日记作家菲利普·霍恩（Philip Hone, 1780—1851）。霍恩的经历表明，一个严丝合缝的地方贵族阶层有能力吸收天赋异禀的新来者，因为没有人比这位新贵——一个家境清贫的细木工之子——更能充分经历文明商人的生活了。19 岁时，霍恩和哥哥做起了进口生意。40 岁时，他带着 50 万美元的财产退休，开始了欧洲旅行。霍恩自 16 岁以后就没有接受过任何学校教育，但与典型白手起家的人不同，他并没有对这种境况加以利用。"我意识到自己的不足，"他在 1832 年写道，"我愿意拿出我在世界上所拥有的一半来享受古典教育的好处。"[22] 但对于他的情况来说，他对经验的极度渴求抵消了正规教育的缺失。多年以来，他藏书海量，阅读广而精，还购有少量但为精品的艺术作品，同时成为歌剧团和剧院的赞助人、纽约社会的导师、哥伦比亚大学的董事以及无数慈善事业的赞助人。他的家成为作家、演员、外交官以及主要政治家的聚会场所。他积极参与政治,曾经任职市议员助理,还曾经短暂担任过纽约市长,并像韦伯斯特、克莱和苏厄德等人一样,在辉格党的主持和提供咨询方面扮演着不可或缺的角色。他的文化——就像许多他这样的人一样——或许是相当做作和附庸风雅的,但是如果没有这些人的资助和兴趣,美国的文化和智识生活将变得非常贫乏。

4

像福布斯和霍恩这类商人的生活可能会让人们对托克维尔的言论产生怀疑,即"在美国,没有哪个阶层……对智识乐趣的品位是通过世袭财富和闲适来传递,并通过这种方式对智识劳动予以尊重的"。[23] 但对托克维尔来说,"世袭"这个词无疑至关重要。因此,霍恩家族和福布斯家族基本上无法传播他们的社会类型。这一点甚至在19世纪30年代就开始显现出来,当时托克维尔正访问美国,并写下了他那伟大的评述。在随后的几十年里,这一点变得越来越明显。随着商业重要性的下降和制造业的崛起,商业界的一小部分人受到了海外贸易日益扩大的世界性影响。美国经济和美国人的思想开始转向内部,变得更加独立自足。随着商业向内陆跨阿勒格尼地区和中西部地区的快速扩张,文化制度和闲适的思维习惯被抛诸脑后。人类和物质可以比制度与文化发展得更快。阶级壁垒的瓦解以及面向普通人的全新商业机遇,意味着商业和社会的各个阶层都成为暴发户的天下,他们的品位和习惯日益主宰着社会。在早期,尤其是在沿海城市,地位稳固的地方贵族已经足够强大,能够吸收、影响和培养像霍恩这样的新贵。在以波士顿、纽约和费城为中心的繁荣文化盛行时,内陆的新城市还是一片荒野。在这些城市里,那些新兴人士和贵族后裔能够平等共处。而在许多地方,都是暴发户将绅士拉下了马。诚然,某些内陆城市——例如辛辛那提和列克星敦——通过自己的路子设法成为文化中心，但它们努力的成果仍然比较脆弱。在内陆社会，新发迹的商人没有那么多需要或机会来磨炼自己，或者通过婚姻把自己的孩子送入稳固专业和商业贵族阶层，就像波士顿那里的阶层。一切都是崭新而原始的。

它不仅崭新而原始，也变得更加飘摇不定、危机四伏。就连霍恩这样的人也因为这个时代的不稳定性而遍体鳞伤。在 19 世纪 30 年代，他损失了大约三分之二的财产，在挫折迫使他重返商界后，他也无法再续他早期的辉煌。在美国商业非同寻常的投机风气中，财富很容易创造，也很容易破灭。交易步伐加快，商业变得日益专门化。在过去，进口商因其生意适应了横渡大西洋的节奏而往往可以获得一些闲暇时间，但对于那些几乎在每个转折点都面临新威胁或新机遇的人来说，这种闲适便不复存在。商业需要更多的照料。商人在某种程度上退出了他们以前作为官员直接参与政治的活动，也在更大的程度上退出了文化生活。1859 年，英国旅行家托马斯·科利·格拉坦（Thomas Colley Grattan）描述美国的年轻商人说：[24]

> 他们从商如走卒，从政则充满激情。他们都已婚。他们不去宴会。他们不再在衣着打扮上装腔作势。他们不能往自己的脸上硬塞皱纹和鱼尾纹，但他们假装，并也很快就获得了一张敏锐憔悴的皱脸。他们的神态、举止和谈吐都一样拘谨。他们毫无"宽阔"可言，无论是从肩膀、信息量还是志向上讲。他们的体力变差，精神能力也极为受限。他们大脑的一小部分还保有持续的活动，其余的都陷入停滞状态。唯有赚钱的能力受到培养。他们无法以广泛或自由的方式学习一般知识。一切都局限于贸易、金融、法律和无关紧要而褊狭的地方信息之中。艺术、科学、文学，对他们来说几乎就是无用的。

与此同时，商业出版物的文化基调也有所下降。亨特的杂志——

其文学专栏一直相当引人注目和严肃——如今也任由这种特色渐渐减弱。在1849年间及之后，曾经每期约占八页的书评缩减为四五页，然后缩减为两页半的短评，最后在1870年从倒数第二期中完全消失。当年年底，该杂志与《商业与金融纪事报》合并。《亨特商人杂志》以前是月刊，与之合并的则是周刊。出版商在旧刊的最后一期中解释说，商业交流的速度越来越快，这种商业月刊已然是明日黄花。[25] 合并刊虽然也编写精巧，但是其对文学却着墨甚少，远非往昔。

商业对美国社会的主导越是彻底，它就越觉得没有必要参照自身领域之外的价值观来证明自己存在的正当性。早先它寻求认可时采用的理由是，对贸易的大力追求是为上帝服务，后来又宣称是为品格和文化服务。这种论调尽管尚未消失，但是在商业逻辑中已然渐渐淡去。随着商业成为美国人生活的主调，随着一个庞大的物质帝国在新世界崛起，商业越来越多地从纯粹物质和内部的标准——它所生产的财富——中去寻求合法性。美国商业曾因其创造了高水准的文化而受到支持，现在则主要是因为它创造了高水准的生活。[26] 几乎所有商人都会毫不犹豫地说，物质繁荣发展本身即使不是一种道德理想，至少也是所有其他道德理想的前提。1888年，铁路主管查尔斯·埃利奥特·珀金斯（Charles Elliott Perkins）问道：[27]

> 伟大的商人、伟大的制造商、伟大的发明家，难道没有比传教士和慈善家为世界做得更多吗？……降低生活必需品和便利设施的成本是文明和进步的最强大动力，这一点还有疑问吗？在其他条件相同的情况下，吃得饱、穿得暖的人较之那些忍冻挨饿的人能成为更好的公民，这个事实不就回答了这个问题吗？贫穷是世界上大多数犯罪和苦难的根源——降低生活必需品和便利设施的成本就是在减贫，除此之外别无他法，绝对没有。历史和经验表明，随着财富的积累和物品的降价，人们的思维习惯、对他人的同情、正义和仁慈的观念……都有所改善。……物质进步必须

放在第一位，其他一切进步都建立在物质进步的基础之上。

富兰克林曾相信文化进步的物质基础已然打好，而在将近一个半世纪之后，人们却怀着比以往任何时候都强大的信心强调起物质先决条件的必要性来。

第十章
自立与励志技术

1

随着商业宏图的衰落，取而代之的是自立自强者远大理想的兴起，它反映了无数乡村少年的经历和抱负，他们即使没有摇身变为身家百万的富豪大亨，至少也跻身成为有头有脸的商贾名流。研究社会流动性的现代学者们已经不容置疑地指出，尽管我们的商业年鉴中不乏可圈可点的精彩案例，但是相比统计数据，美国白手起家的传奇故事所具有的神话与象征意义则显得更为重要。[1]即使是在19世纪疯狂扩张的时期，美国实业界的顶端大多数也都是被一开始就具备绝对优势的人所占据。但即便如此，依然有为数众多的人凭借赤手空拳异军突起，他们的逆袭之路充满戏剧性，其过程引人入胜，使自我奋斗的神话变得生动形象、血肉丰满。另外，除了顶端位置，中间位置实质上也代表着不容小觑的巨大成功。毕竟，现实中有望成为范德比尔特①或洛克菲勒的人只是凤毛麟角，但许多人仍可以效仿他们的成功之路而有所斩获。如果人生不是从贫穷到富有的逆袭，至少也可以是从潦倒到体面的转变。人们审视着这些成功范例，急切地想从中寻找到改变自己人生的路标。

此外，从某种意义上来讲，之所以说美国的自我奋斗者是白手起

---

① 范德比尔特（1794—1877），白手起家的美国富商。——编者注

家，并非指他们创业之始一文不名，而是指他们的商业成功在很大的程度上凭借的是个人的努力，而不是靠正规教育或精心培训。理想情况下，自我奋斗者的成功不依赖于正规教育，对他们来说，个人文化修为除了对其商业人格的形成有所影响以外，其他方面并不重要。到19世纪中叶，这类人群已经显而易见地成为主宰美国社会舞台的中坚力量，急需有人担当他们人生之路的代言人。蒂莫西·谢伊·亚瑟（Timothy Shay Arthur），费城的一名三流作家，因为作品《酒吧间十夜及我之所见》（Ten Nights in a Barroom and What I Saw There）而史上留名，但他同时也是他那个时代著名的道德学家和励志文学作家。他在1856年曾经指出："在这个国家，最杰出和最卓有成效者不是那些生来就坐拥万贯家财及显赫地位的人，而是那些通过不懈的个人奋斗赢得这一切的人。"亚瑟坚称，国家的繁荣，这些人功不可没。[2]

> 因此，这些人的人生历程对正在崛起的一代而言价值连城……迄今为止，美国的人物传记过度局限于描写那些在政界或文学界获得卓越成就的人……仅仅只能阅读这类传记，我们的年轻一代必然会被误导，无法了解我们社会的真实结构，无法探知国家进步的活力蕴藏何处……我们希望，在我们面前展现的，是这些自立自强者的奋斗史，从中我们可以看到他们是如何从社会底层一步步走向成功的。

自立自强者的观念并非新生事物。它实际是清教布道和新教使命教义的历史产物。本杰明·富兰克林也曾经宣扬过这个信条，但耐人寻味的是，他后来并未依照这些廉价又浮夸的名言警句规划自己的人生之路。在赚取了一笔不大不小的财富后，他被费城、伦敦和巴黎的智识与社会生活所吸引，对政治、外交和科学的兴趣超过了商业。作为一类美国人的典型代表，自立自强者在19世纪初成为一个引人注目的群体。显然，这个词最早是由亨利·克莱（Henry Clay）在1832

年关于保护性关税的一次参议院演讲中开始使用的。克莱矢口否认关税会产生世袭的实业贵族，相反，他坚称没有什么比这更民主的了，它将为人们提供更多的机会，得以从默默无闻到富贵荣华。"在肯塔基州，几乎每个我所知道的工厂都掌握在勇于进取、从底层拼搏奋斗的自立自强的人手中，他们凭借百折不挠的毅力和辛勤的劳动赢得了他们所拥有的财富。"[3] 在 30 年后克莱去世时，他口中所称的这个群体已经更加声名显赫，且在社会的精神层面也占据了主导地位。

笔者所说的精神层面并无讽刺挖苦之意。欧文·G. 威利（Irvin G. Wyllie）在他颇有见地的研究《美国的自立自强者》（*The Self-Made Man in America*）中指出，励志文学并不是讲述商业方法或技巧的文学，它所涉及的不是生产、会计、工程、广告或投资，而是人格的发展，这也是它的新教特征最为明显之处。顺理成章的是，神职人员，尤其是公理会的神职人员，成为励志文学作家中格外引人注目的群体。[4] 自立自强是对性格和品德的磨炼。励志文学讲述了如何统筹利用**意志的资源**——如何培养节俭和勤奋的习惯以及坚持不懈、沉稳冷静的美德。励志书籍的作者理所当然地认为，早年的贫穷实际上是一种财富，因为它的磨炼有助于养成获得成功的人格类型。

励志文学作家和自立自强者所提倡的人格概念显然排除了被他们随口称之为天赋的东西。毫无疑问，这里面存在着某种潜在的矛盾心理——谁不渴望拥有"天赋"，谁又会不羡慕"天赋"呢？然而励志文学中盛行的假设是，人格是必不可少的，但非凡的才能不是，而且那些生来就拥有某种天赋的人必然会缺乏磨炼自己人格的动力或能力。资质平常的人，通过强化自己的优秀品质，并借助对常识的高度应用，就能具备相当于天赋，甚至比天赋更好的东西。一位纽约商人说："天赋？不需要的。就算需要，一些大人物曾经说过，天赋不过是加强版的常识。"对杰出天赋的依赖会导致懒惰、缺乏自律和责任感。"天赋"是虚荣和轻浮的。1844 年，亨利·沃德·比彻（Henry Ward Beecher）

在向一群年轻听众谈到这个话题时指出：[5]

> 据我观察，这一类人成群出没于各研究院、学院和戏剧社团，在乡村辩论俱乐部以及年轻艺术家和有抱负的年轻专业人士的小圈子里，他们的身影也随处可见。在人们眼中，他们举止矜持、多愁善感、懒惰至极；他们留着长长的头发，大敞着衬衫领口；他们读着大把的烂诗，写着大把更烂的诗；他们是一群自高自大、矫揉造作、令人生厌、百无一用的家伙——没人愿意和他们做朋友，没人愿意给他们当老师或者与他们为伍。

几十年来，这种对天赋或才华的怀疑根植于商业准则之中。比彻对天才的描述发表80年后，《美国杂志》上刊登了一篇题为《为什么我从不雇用聪明人》("Why I Never Hire Brilliant Men")的文章。作者将商业领域的才华与善变的气质、神经质以及缺乏责任感混为一谈，并且他与这种类型的人一起创业的经历是灾难性的。他说："即便是上等的材料，如果马马虎虎拼凑在一起，也做不出好鞋子。""而品质比较普通的材料，假如经过精心打磨，也能成为精品。""所以我的大部分原材料都是从我们的送货车上，或者其他就近的地方拿货。凭借踏实能干、头脑冷静的素质，我成就了自己的事业，成为按照我们当地标准算得上有钱的富人。"作者多少有些为自己开脱之意，他料想到人们会认为他不过是一个平庸之辈而已，没有能力欣赏任何比自己优秀的人。他坦言，人们做出这个判断自然有一定的道理：[6]

> 因为我就是平庸。但是……事业和生活恰恰建立在成功的平庸之上。公司获得成功，并不是因为雇用了聪明的人，而是因为深知如何让我们的普通员工发挥他们身上最大的潜能……
>
> 我很遗憾，在我这位于食品杂货批发市场、阴暗的、脏兮兮的大楼里，我不能和那些才智出众的人共事。但是，克伦威尔组

建了欧洲最优秀的军队，依靠的是木讷但满腔热情的自耕农。而人类历史上最伟大的组织，则由12个卑微的人组成，他们是在一个内陆湖的沿岸被挑选出来的。每每想到这些，我就倍感欣慰。

凡此种种，导致了对正规教育的顽固敌意以及与之对立的对经验的狂热膜拜。按照经验膜拜的准则，雄心勃勃的年轻人应该尽可能早地经受某位作家所说的"日常辛苦劳作的风吹雨打"。而正规的，尤其是长期的学校教育，只会耽误这种风吹雨打的磨炼。木材大亨弗雷德里克·威尔豪泽（Frederick Weyerhaeuser）总结说，大学生"倾向于认为，因为自己是大学毕业生，就不应该像那些14岁就出来工作的办公室勤杂工那样，被迫从最底层开始一点一点往上爬"。[7]必须说明的是，励志书籍的作家们并不赞同商人的这个观点。他们通常建议接受更正规的教育，但他们这个建议对于驰骋商界的自立自强者而言缺乏说服力。在商界，对免费公立学校的看法分为两派。一派认为，这样的学校会造就一个更高效、更自律的劳动阶级，另一派则拒绝为学校纳税，或者认为教育只会让工人们变得不再安分知足。[8]

但是在两件事上，人们的观点几乎完全一致：教育应该更为"实用"；高等教育，至少是被认为在旧时美国传统大学所接受的那种高等教育，作为从商背景而言毫无用处。为了推动高中阶段的职业和贸易教育，商界发起了一场长期的运动。从总体上看，这场运动是成功的，还在很大的程度上削弱了高中作为通识教育中心的地位。马萨诸塞州一位羊毛制造商说他更喜欢仅接受过公立学校教育的工人，因为他认为学问更大的工人不过是在为进入国会做准备而已，而他拒绝受过教育的工人的理由是他不会用代数来经营自己的工厂。他的立场不算罕见，也并不怎么极端，美国第一家专门出版技术和工业类书籍的出版公司创始人、产业代言人亨利·凯里·贝尔德（Henry Carey Baird）也持类似的立场。1885年，他表达了自己的不满：[9]

某种教育太多了，比如希腊语、拉丁语、法语、德语，尤其是簿记，对于一个出身卑微的人来说，十有八九是完全令人灰心丧气的，并且还培养出一大批心胸狭窄的"绅士"，他们不屑于所谓的"行当"，只满足于从事某种工作，比如站在柜台后面，卖卖丝绸、手套、线筒或蕾丝之类的，或者做做"簿记"……我们的教育体系，正如法律所规定的那样，一旦超出了宾夕法尼亚州所谓的语法学校的范围，那就是贻害无穷了——因为其造成的后果弊大于利。如果我说了算，那么除了一些有用的职业教育之外，我不会允许任何男孩或女孩接受超出语法学校所能提供的公费教育。我相信，在一个开明的制度下，今天的"高中"一定会被技校所取代，或许还会有"工场车间"与这些技校相连……我们一直在炮制太多所谓的"绅士"和"淑女"，结果就是人心不古，世风日下。

人们常常认为，在大学期间还要继续接受古典和通识教育甚至比高中阶段接受学术教育还要糟糕，因为它延长了年轻人学习无用知识的时间，增加了他们追求闲情逸致的兴趣。一位商人因为儿子未能通过大学入学考试从而可以免去这一切烦恼而兴高采烈。"每当我得知一位富翁临终之际留下一大笔钱用于创建大学时，我就对自己说，'真是可惜啊，他还不如在穷的时候死了呢。'"[10]

值得庆幸的是，许多有影响力的商人并不完全赞同这种观点。老科尼利厄斯·范德比尔特（Cornelius Vanderbilt）常常被看作一个对自己的无知不以为耻、反以为荣的极致范例。据说，当一位朋友向他转述帕默斯顿（Palmerston）勋爵的话，说像他这么能干的人竟然不具备正规教育的优势，实在是糟糕透顶，范德比尔特回答说："你去把我的话转告帕默斯顿勋爵，如果我接受了学术教育，我就没有时间学习其他任何东西了。"尽管如此，范德比尔特的财富把他带入了上流社会，在这里，缺乏文化修养使他处处碰壁——据说，他此生只读过一本书，

《天路历程》(Pilgrim's Progress),而且还是在他晚年时读的。他向牧师坦言,"人们可能会说我不在乎教育,但其实我在乎。我去过英国,见过那些贵族以及其他此类人物,我明知我的脑子可能比他们的脑子多一倍,然而我还是得老实待着,不敢说话,因为我怕一张嘴就会露怯。"当时他的女婿走进房间,碰巧听到了这句话,并责备他终于肯承认这一点时,范德比尔特赶紧给自己找了个台阶:"我似乎过得比你们受过教育的一半的人都要好。"不过,他曾经对他的牧师说:"博士,如果我能有你这样的学历,那么我今天宁愿拿出100万美元。"最终,也恰恰是从他那里搞到了这一大笔钱,作为创办后来的范德比尔特大学的资金支持。[11]

据说,安德鲁·卡内基曾经在第五大道看到了马路对面更老也更有钱的范德比尔特,就对自己的同伴小声嘀咕道:"我可不会用他的几百万美元来交换我的莎士比亚的知识。"[12]但和范德比尔特一样,从更高层面上思考的卡内基对教育的感受也是五味杂陈。他曾经写道:"通识教育赋予真正汲取其精华的人比追逐财富更高的品位和目标,并呈现给他们一个除了钱之外一无所有的富豪无法进入的美好世界。因此,一旦发现对于商业而言它并非最佳培训方式,那就恰好证明它适合一个更高的领域。"[13]卡内基对教育事业的慷慨捐赠以及他明显的乐于与知识分子为伍,表明这段话确实是他的肺腑之言,那些想指责他虚伪矫情的人只能闭嘴。然而,他也很喜欢去证明高等教育如何在商业中一无是处,且乐此不疲。他对"通识教育"赞不绝口,但对美国大学中盛行的通识教育却不屑一顾。他喜欢历数其他和他一样经历过艰苦学徒生涯的成功人士的名字,还喜欢记录下非大学毕业生在商界如何比大学毕业生更胜一筹的种种案例。他这样写道:"看起来,现行的大学教育对在商界取得成功而言几乎是致命的。"[14]对于古典课程,他也毫不留情。人们"把宝贵的大好年华虚掷在这些东西上面,试图从愚昧的过去学到些什么,而愚昧的过去的主要任务是教导我们,不是去接受什么,而是去避免什么"。人们把自己的孩子送进大学,"把精力都浪费在学习希腊语和拉丁语之类的语言上，这些语言对他们来说并不比乔克托语①更实用"，在那里，他们的脑子"被野蛮人之间为了一些鸡毛蒜皮而打打杀杀的各种琐碎细节塞得满满当当"。他们所受的教育只是一味灌输给他们错误的观念，使他们"厌恶实际生活"。"如果这几年的时光他们不是在上大学，而是积极投入工作，那么他们可以成为真正意义上受过更好的教育的人。"[15]

利兰·斯坦福（Leland Stanford）是一位教育慈善家，他对现行教育制度也缺乏信任。他说，在所有从东部地区来到他这里求职的应聘者中，最没用的就是大学生了。当被问及他们能做什么时，他们会说"什么都可以"，而实际上他们"不具备任何扎实的技术知识"，也没有任何明确的规划或目标。斯坦福希望，他所捐赠的大学能够通过"实用，而非理论的教育"来解决这个问题。[16]

当然，我们应该谨慎看待这些因为部分人反感旧式大学里教授的古典课程而得的结论。对于这些课程，一些公认具有卓越才智的人也有同感。旧式大学试图保存西方的文化遗产，并不厌其烦地向学生灌输一种受人尊敬的精神训练模式，但在积极培养批判性智识能力方面，它付出的努力少得可怜。相比来自商界的轻视，科学知识的飞速发展，由顽固武断的管理者制定的一成不变的老旧课程，以及古典学院里屡占上风的沉闷的教学方法，这些都是对古典教育更为沉重的打击。必须特别指出的是，多亏了像卡内基、洛克菲勒、斯坦福、范德比尔特、约翰·霍普金斯和其他一些百万富翁，正是他们的鼎力支持才使美国旧式学院的升级改造以及综合大学的创立成为可能。但是，如果细心审视商界关于教育所发表的种种言论，我们就会从那些浮夸的字里行间中，感受到对反思性精神、对文化以及对过去的轻蔑态度。

---

① 乔克托人是印第安人的一支，乔克托语是他们使用的语言。——编者注

2

  大约到世纪之交，对于正规教育作为商业成功的背景，商界所持的态度发生了明显的变化。在 19 世纪最后 20 年间，大规模商业的迅猛发展，使典型的大型企业演变成了官僚企业。凭借取得的巨大成功，自立自强者使自己这类白手起家改变命运的模式很快成为明日黄花。不管多么不情愿，人们开始发现，未受过教育而妄想发迹的理想，尤其是在那些最令人向往的商业岗位上，已经变得越来越难以实现。人们不得不承认，正规教育在官僚企业中更为稳定的职位上具有独特优势：随着商业机构自身发展而出现的对工程、会计、经济和法律等专业的需求。因此，尽管"阅历就是学校"和"艰苦磨炼就是大学"仍然对商业代言人具有怀旧情结的吸引力，但必须认识到正规技能培训的不可或缺。"那个时代已经悄然而去"，1916 年，《商业与金融时报》(Commercial and Financial Chronicle)已经意识到这一点，"那个时候，年轻人可以从底层开始做起，不需要接受比应付日常工作之外更多的培训，就足以成长为既有企业经理以上的管理者，或者获得与国外专业培养的商界精英相抗衡所必需的广博的知识以及全面的职业素养。"钢铁大亨埃尔伯特·H. 加里(Elbert H. Gary)认为，商人对"学校、学院和大学所教的普通知识"掌握得越多，"投身商界就越有利"。[17]

  纵观各大公司掌舵人的教育背景，我们就足以感受到这种对教育的全新接纳态势。1900 年到 1910 年叱咤风云的那一代公司高管，他们的学历水平只比 19 世纪 70 年代的那一代人略高一点。[18] 但在新世纪第一个十年里崭露头角的年轻高管都是从大学里招聘而来的。在马布尔·纽康默(Mabel Newcomer)1900 年选取的企业高管样本中，有 39.4% 的人接受过不同程度的大学教育。1925 年，这个数字上升到 51.4%，到 1950 年，上升到 75.6%。[19] 这一年，大约每 5 名高管中就有 1 人曾经在研究生院接受过培训（主要进修法律或工程专业）。

  尽管这些数据表明，曾经被珍视的白手起家的楷模正在被抛弃，但是这并不意味着人们对文科通识教育的好感度有所提升。在选修课制度下,学院本身变得更加职业化。在 19 世纪,当富裕家庭送自己的子弟上大学时,可以合理地假设,他们此举不是为了让孩子去接受职业培训,而是出于对智识训练和社会优势的考虑(这两者并不总是容易区分的)。而到了 20 世纪,他们把孩子送进大学,更大的可能是为了通过接受那里的职业培训来换取可以用金钱衡量的收益。在 1954—1955 年的男性大学毕业生中,主修商业与商务的人数最多,超过了主修基础科学和文科通识课程人数的总和。[20]

美国高等教育日趋职业化的一个标志是本科商学院与研究生商学院的出现。第一所此类院校是创建于 1881 年的宾夕法尼亚大学沃顿商学院,第二所在时隔 18 年后成立于芝加哥大学。1900 年至 1914 年间,这类学校如雨后春笋般涌现。早期的商学院,承受着来自学院教师的敌意以及商人们挥之不去的怀疑的双重压力。对任何形式的学术训练,即使是在商学院获得的学术训练,是否有实际用途,商界仍倾向于持怀疑态度。像美国几乎所有其他类型的教育机构一样,商学院很快在师资力量、学生素质以及开设通识课程的程度上变得参差不齐。凡勃伦对这些"高级商业精神的守护者"相当反感、毫不客气,他不无调侃地说,它们与神学院一样,都与智识事业无关,在这方面,两者倒是如出一辙,不相上下。而智识事业才是大学真正的目标所在。教育家亚伯拉罕·弗莱克斯纳(Abraham Flexner)在他著名的大学调查中坦承,商学院有时也会聘请杰出的知名人士担任教员,但他还是认为,商学院过于职业化的课程在很大的程度上有失学术业的体面。[21] 在大学内部,商学院往往是非智识分子,有时甚至是反智识分子的中心,信奉一套僵化保守的理念。当哈佛大学商学院研究生院院长华莱士·唐纳姆(Wallace Donham)建议中西部的一所这样的学校开设一门关于工联主义问题的课程时,对方竟如此回复:"我们不希望我们的学生关注任何可能在他们脑海中引发对管理或商业政策产生怀疑的问题。"[22]

威廉·H. 怀特(William H. Whyte)对大型商业机构社会与文化方

面的著名研究明确显示，当今美国的商业状况与以往具有极其相似的表现形式。当然，不再有自立自强、白手起家的人了。在早期的政治宣传斗争中，这种人可能被视为一个神话图腾，有一定的利用价值，但是所有理智而务实的商人都心知肚明，在大型企业实际招聘与培训过程中，是否具备官僚职场履历背景，才是至关重要的。然而，在这种招聘和培训中，由自我奋斗这种理想推动的商业反智主义传统仍然非常活跃。它改变了以往那种嘲笑大学或其他正规培训在商业预备教育方面的价值的方式，采取了以狭隘的职业原则为指导的选择性招聘的表现形式。

　　这里需要注意的是，正如怀特所言，企业高管们并不是特别地坚持这些职业原则。当他们在毕业典礼或其他场合关于这个话题发表声明时，他们通常会就通识教育、广泛的技能培训以及富有想象力的经商手腕在商业领域的重要性侃侃而谈。我们没有理由怀疑他们的真诚。其中的大多数人，尽管极其勤奋、日理万机、无暇他顾，以至于难以保持自己整体文化修养的与时俱进，但至少比他们的下属受过更好的教育，而且他们对自己智识发展的停滞不前也或多或少地感到遗憾。他们开始为初级管理人员安排艺术课程，并为知识分子与商人之间的集会提供赞助。通过这些方式，将文化视为商业生活的保障这个传统的商业理念开始复苏。然而，关于他们关注受过良好通识教育者的消息却似乎并没有传到那些每年出现在大学校园广招人才的人事部门的耳朵里。在这重要的一环上，高度的职业化，是来自商界的美国高等教育全然无法应对的沉重压力。

　　重性格（或个人魅力），轻思想；重顺从与易于掌控，轻个性与天赋的种种倾向，均与对职业教育论的偏好有关。一位总裁说："我们以前主要看重那些有才华的人。"显而易见，他谈到的是某个特殊企业的历史。"而如今，'个性'变得非常重要。这个词被过度滥用了。我们不在乎你是不是优等生或这个那个荣誉会员。我们想要的是一个多面手，能够应付其他多面手。"一位人事经理说："任何开明的老板都看不惯个人主义者，也不会愿意把这种思想灌输给实习生。"有一位实习生表示赞同："每一次，我都宁愿放弃才华，去换取对人的理解。"怀特先生在题为"与天才的斗争"（"The Fight against Genius"）的一篇文章中告诉我们，即便在产业科学领域，这个观念也很盛行；产业科学家被应用知识的研究束缚了手脚；一家著名化工企业为招聘科研人员而制作的纪录片中，画面上有3名研究员在实验室里开会，旁白是："这里没有天才，只有一群普普通通的、在一起工作的美国人"；相比大学同行，这些产业科研人员的创造力低得可怜；当"才华横溢"这个词出现时，通常都与"古怪""反常""内向"和"怪胎"等字眼如影随形。[23]

3

随着19世纪后期美国变得日益世俗化，传统宗教在潜移默化中受到一种奇怪的宗教实用性崇拜的影响，并最终在某种程度上被其取而代之。如果我们愿意承认畅销书那漫长的历史可以作为证据，那么从罗素·H.康韦尔（Russell H. Conwell）的《钻石田》（*Acres of Diamonds*）到诺曼·文森特·皮尔（Norman Vincent Peale）[①]的作品中，我们可以看到，宗教实用性崇拜已经拥有数百万的信徒。根据其中内容以及我们对其读者群体的了解，它已经成为美国中产阶级的主要信仰之一。正如笔者所希望说明的那样，它源自旧时的励志文学，经过彻底地改头换面，但无论如何，它向人们明确展示了这种实用的主题在美国社会的广泛传播。现代励志文学坚定地与世俗世界站在了一起：它所提供的必须是实用的。"**基督教**"，诺曼·文森特·皮尔写道："**就完全是实用的。**当看到一个失败者是如何把他们的宗教信仰当作一种

---

① 罗素·H.康韦尔是漫礼会牧师，《钻石田》是他所做的一个演说，讲述有人卖掉房子去寻找钻石，其实钻石矿就在自己家里，已被买主获得。诺曼·文森特·皮尔是著名牧师、演讲家和作家，获得过里根总统颁发的美国自由勋章，代表作是励志书《积极的思维力》。——编者注

有效的工具并最终转败为胜，这实在令人震撼。"[24]

当然，励志文学并不仅仅局限在美国。任何地方，只要追求个人发展的欲望强烈到与宗教信仰之间的差异变得模棱两可，那么，它就会在这个地方蓬勃发展。基督教文明中一直存在这样一种信念：商业世界和宗教世界必定存在着某种联系，哪怕只是因为相互敌对或矛盾造成的联系，因为两者都与道德、品格和规训有关。首先，消极的关系最为明显：中世纪对高利贷的禁止或限制都表明，抑制经济剥削是教会在世俗世界的使命之一。后来，清教徒的天职说体现了另一种积极的关系：勤勉经商是侍奉上帝的方式之一。因此商业上的成败都可能会彰显出个人的宗教信仰。但随着时间的推移，这种关系又渐渐发生反转。侍奉上帝和服务自我之间的区别被打破了。商业曾经是宗教戒律的工具，是服侍上帝的诸多手段之一，如今宗教戒律变为商业的工具，成为利用上帝达到世俗目标的一种方式。过去，人们从商业成功中得到激励，认为这是自己获得拯救的标志，而现在，他们把拯救看作某种需要在现世通过意志的努力来实现的东西，它可以给自己在追逐世俗目标方面带来成功。宗教成了可供利用的东西。皮尔告诉他的读者，他的作品展示了"一种简单且行之有效的思考与行动的技巧"。它"强调科学的精神准则，这些准则已经通过个人亲身经验得到证明。""想要为你的事业寻找全新的、可行的想法，那么最好的地方就在本章所描述的礼拜中。""如果你愿意践行信仰，那么那些恶念、自卑、恐惧和罪恶感，都可以被治愈；一切遏止积极能量流动的障碍，都可以被克服。只要你愿意相信，你就能拥有力量和效率。"[25]

正如H.理查德·尼布尔（H. Richard Niebuhr）所言，现代美国神学中有一种倾向，"倾向于把宗教定义为'为了获得力量而去适应神的现实'，而不是定义为启示，使其接受者以批判性的眼光去看待其所启示的内容。"其结果是"人仍然是宗教的中心，上帝只是他的助手，而不是审判官和救赎者"。[26] 旧时的励志文学，无论它有什么瑕疵，都与世俗世界和宗教生活存在某种有机的联系。它认为商业成功在很大的程度上依赖于品格，而品格由虔诚所塑造。它以一种简单而理性的方式反映了新教道德准则、古典经济学理论与一个流动、开放的社会的历史趋同。美国社会，正如大多数现代研究表明的那样，仍然具有流动性，但成功的条件却已经发生了变化：如今，成功不再与旧时励志书籍中一贯大书特书的独特性格特点等相关，而似乎与利用正规教育的能力更密切相关。19世纪早期，一位商人如果被问及什么样的"磨炼"可以带来成功时，他很可能会回答"贫穷与逆境"，或者"节俭与勤奋"。而面对同样的问题，现代的商人可能会回答："哦，法学很棒，不过工程学也不错啊。"

现代励志文学建立在旧式自我奋斗著作传统的基础上，两者大体相似，但也存在明显差异。在旧式自我奋斗著作体系中，信仰造就了品格，而品格使人得以成功地掌控世界；在新的励志文学体系中，信仰使人们的自我掌控能力获得修炼和提升，而这被认为是开启健康、财富、名望或内心平静之门的钥匙。从表面上看，这似乎表明它背离了旧式励志书籍的世俗目标，但实际上，这意味着现代励志文学把世俗领域与精神领域混为一谈，背离了后者对现实的把握。在旧式文学中，这些领域之间相互作用；而在新的文学体系里，它们面目模糊地融合在一起。我相信，这个过程所体现的，不是宗教的胜利，而是美国中产阶级思想的根本上的世俗化，虽然在很大的程度上是无意识的，但是可以肯定的是，宗教已经被取代，不是被一种有意识的世俗哲学所取代，而是被精神上的自我操控，被某种对魔法的信仰所取代。无论宗教还是世俗现实感都深受其害。我们不难相信，新兴的年轻一代商人们确实会求助于那些旧式的自立自强类文学，以期获得某种投身商界必备品质方面大概的指导，尽管他们从中可能学不到多少有用的东西。如今，用皮尔的话来说，励志文学的读者群体似乎以"失败者"为主，另外，女性读者居多，她们虽然也受到商业实践准则的影响，但是实际上并没有真正涉足商业领域。

这正是雷蒙德·福斯迪克（Raymond Fosdick）所谓的成功学作家

们声称要给予的"日常生活的力量"。在 19 世纪,成功学作家的主要承诺在于宗教会带来财富。从 20 世纪 30 年代初期开始,人们越来越重视获得心理或身体健康的承诺;励志文学那些鼓舞人心的文字里充斥着照搬过来、不会出错的精神病学原理,字里行间透露着过去 20 年间存在主义焦虑的淡淡色彩。虽然成功类文学已经让位于励志类文学,但是它的着眼点在很大的程度上仍然是日常生活中的实际目标。在超过一代人的时间里,这类文学中的隐喻语言已经被商业、技术和广告术语渗透并变得粗劣不堪。人们常常会有这样的感觉:精神生活可以通过依样学样,照葫芦画瓢的方式来获得并得到提升,就像借助系统化渐进手段逐步实现的技术进步一样。

路易斯·施耐德(Louis Schneider)和桑福德·M. 多恩布希(Sanford M. Dornbusch)就励志书籍主题做过研究,很有启发性。他们称之为"励志技术"。[27] 一位撰写成功类文学的作家告诉我们:"上帝是一座 24 小时运转的发电站。你所需要做的就是插上电源。"另一位作家说,"宗教实践是一门精密的科学……它遵循精神规律,就像无线电遵循它的规律一样。"还有一位认为"高辛烷值的思考意味着力量与性能",而读者应该"连上发电站"。另一种说法是"身体是……一台接收设备,用来获取来自上帝广播电台的信息",以及"最伟大的工程师……就是你这位沉默的伙伴"。铁路部门"通过让基督徒控制油门来节省开支"。另一个劝诫读者"为了上帝的健康,张开你身上的每一个毛孔"。还有一位则提到辛克莱公司的汽油广告,声称它"为我们灵魂中未曾开发的能量的布道提供了思路"。布鲁斯·巴顿在他那本不可言说的书《无人知晓者》中评论道,耶稣"从最下等职业中挑选了 12 个人,并将他们打造成一个征服世界的组织"。埃米特·福克斯(Emmet Fox)则告诫:"用务实高效的方式处理你灵魂中的事务吧。"祈祷被认为是一种有用的工具。格伦·克拉克(Glenn Clark)说:"一个人,如果能够正确学习祈祷的法则并付诸行动,那么他就会把高尔夫打得更专业,生意做得更红火,工作更出色,感情更美满,也能更好地服务他人。"

诺曼·文森特·皮尔则指示人们:"要学会正确、科学地祈祷。""祈祷时,要用经过测试和检验的方式。切不可漫不经心,敷衍了事。"

笔者在评论美国新教发展时就曾提到,唯意志论和主观能动性是励志文学的一个异常现象。这里已经完全成为它们的天下,且发展势头愈演愈烈,难以控制。宗教元素在日渐减少。新教在早期就摆脱了大部分的宗教礼仪,在 19 世纪和 20 世纪的发展过程中,它对教义也进行了大量的精简。至此,对励志的崇拜完成了这个过程,因为在这个过程中,它剔除了大部分教义——至少剔除了那些大多数可以被称为基督教的教义。因此,除了个人的主观体验以外,就什么也没有留下了,而即便是这种个人的主观体验也基本上被归结为对个体意志的坚持。当励志文学作家说你可以通过思考就能得到你想要的一切时,他们的意思是你可以将你的目标转变成意志,然后动员上帝来帮助你释放惊人的能量。它们确实令人难以置信,"你身上拥有足够的能量,"诺曼·文森特·皮尔发表了一段耸人听闻的言论,"足以把纽约市夷为平地。而这恰恰是高等物理学告诉我们的事实。"信念可以释放这些力量,从而使我们可以攻无不克,所向无敌。信仰并不是让人与命运和解的一种方式:它"使我们充满斗志,从而拥有面对失败的强大的抵抗力。"[28]

霍雷肖·W.德雷瑟(Horatio W. Dresser)在讨论信仰励志思维的早期表现之一——新思想运动时曾经评论说:"新思想倾向……轻视智识和'客观思维',仿佛成为有智识的人是不受欢迎的,仿佛只要'向伟大的潜意识发出请求',就能得到自己想要的一切。"[29] 然而,总体来说,励志崇拜的反智主义是间接的:它代表着面对现实的退缩不前以及对一切以解决现实问题为己任的哲学的否定。与此同时,它又表现出一种自相矛盾的世俗化。尽管自我标榜的基督教徒和福音牧师为自己成功撰写了励志作品而感到自豪,但即便在世俗知识分子眼里,这些书籍本身都是亵渎神明的。守护西方宗教遗产的,似乎正是这样的知识分子,而不是那些"利用"宗教的热心倡导者。

或许,宗教与自我发展之间的混淆,恰如其分地体现在亨利·C.

林克（Henry C. Link）从 1936 年至 1941 年间持续畅销的《回归宗教》（The Return to Religion）一书的书名中。

笔者认为，仅就这一部作品而言，它并不足以被视为可以完全代表信仰励志文学，但在这里，它值得我们另眼相看的原因是，它可能是美国有史以来最完美的庸俗和从众的出版物。尽管以这样的书名示人，但它绝不是一部宗教或虔诚之作。该书作者是一家大型企业的心理咨询师兼人事顾问，他声称自己通过科学手段找到了回归宗教的道路。这本书将宗教视为"一种积极向上的生活方式，使个体成为环境的主人，而非其洋洋自得的牺牲品"。[30] 作者认为，为了迎合大众的意愿，向个人主义及其思想宣战是自己义不容辞的责任。

当然在这个问题上，林克换了一种方式来表达。他的两个基本相互对立的概念分别是内向性与外向性（采用其通俗而非荣格意义上的用法）。其中，内向性是不好的，包含退缩、自省、个性和反思。这实际上就是自私。对于苏格拉底的格言"认识你自己"，林克会替换成"管好你自己"的训诫，因为"好的个性或品格是靠实践获得的，而不是靠自我反省"。与之相反，外向性则是无私的，是好的，包含善于交际、和蔼可亲和服务他人。伟大的耶稣就是一位性格外向者。宗教的功能之一——林克似乎认为它是主要功能——是通过发展外向性来约束个性。林克去教堂做礼拜，他说，"其实不想去，但不得不去，因为我知道去教堂对我有好处。"去教堂做礼拜可以塑造更好的个性。打桥牌、跳舞和推销也是一样——它们使个体可以与其必须取悦的人接触。对个体来说，重要的是停止自我剖析，去做一些能够获得掌控事务能力的事情，进而从中获得掌控他人的能力，从而增强自信。

批判性思维不利于实现这一系列目标。在大学里，丧失信仰的人，恰恰是那些知识分子和善于动脑分析的学生；在人生的暮年，过度孤僻的人，也恰恰都是那些勤于思考的思想者。在题为"理性的傻瓜"的一章中，林克认为，智识和理性普遍都被高估了。

理性本身不是目的，而是一种工具，供个人用来调整自我以便适应理性之外的人生价值与目标。正如牙齿是用来咀嚼食物，而不是用来咀嚼自己一样，头脑是用来思考，而不是用来杞人忧天的。因此，它只是生活的一种手段，而非目的。

相信信仰并按信仰行动是重中之重。虽然宗教被称为脆弱心灵的避难所，但是真正的脆弱"在于此心灵未能认识到所有心灵的脆弱"。"不可知论是一种智识疾病，相信谬论总比信仰没有好……愚蠢的信仰总比没有信仰好。"就连手相术也能让人握住他人的手，颅相学也会让人去研究别人的脑袋——"所有这些信仰都能让人脱离自我，并被推向一个拥有更广阔利益空间的世界。"无论如何，"对理性的盲目崇拜和对宗教的智识性蔑视"让人们成为庸医、伪科学和政治骗术的牺牲品。在美国，很不幸地，存在一种民族内敛倾向，这种倾向导致人们逃避对失业者的责任，并幻想联邦政府应该为他们做些什么。

同时，思想对婚姻也构成威胁，因为内向性格会破坏婚姻的幸福。相比婚姻幸福的人，那些离异者对智识的兴趣更大。对美满婚姻而言，爱好研究哲学、心理学、激进政治以及关注《新共和》，远远不如愿意加入基督教青年会（Y.M.C.A.）、研习《圣经》和浏览《美国杂志》来得有用。在题为"教育之恶"的一章中，林克抨击了"自由思想的创造"，把它视为"可能是教育中最有破坏性的一面"——他认为，教育的信条就如教会的那些教义一样，神秘莫测且缺乏理性。这样的教育催生了"冷酷的反崇拜主义"，进而催生一种为文化而文化，为获取知识而获取知识的怪象。自由主义把一个人从过去的传统和束缚中解放出来，却用虚无去替代它们。接受过自由教育的年轻人倾向于认为父母一代的观念传统、老套；他们花钱大手大脚，对长辈们的虔诚报以理性的蔑视；他们谋求从事智识类工作而不愿意继承父业，并且拒绝把经商看作一项事业。人们可以在陆军和海军军营里更好地了解丰富的生活。在那里，人们面对真实的价值观，必然会变得更加外向。

第十一章
主题的变奏

1

商人们总是不厌其烦地提及实用性优先法则，而这也是在美国生活中，坊间一直流传的老生常谈，因此我们很难确定，此话究竟最早出自哪一方，又是谁在附和谁的调子。这个说法的表达方式因时而异，因阶层而异，但它的旋律却始终迥然不同，因为它一直回荡在形形色色的行业间以及各个相互对立的政治阵营中，余音不绝。

大量的证据几乎不约而同地证明了，对于一种流行文化而言，它可以一直引以为傲、确定无疑的是，在不需要正规知识，甚至不需要借助应用科学的情况下，它有能力生存下去——实际上，有能力生存得更好。这些知识的获取与应用，其价值一直遭到质疑。而无论如何，人们都把它与人群中某个特殊阶层的特权画等号，从而对他们享有的特殊待遇和高贵做派深恶痛绝。

因为在很长一段时间里，美国都是一个以农业人口为主的国家，所以，我们可以首先从农民为反智主义这个共同的主题所赋予的特殊音调开始。18世纪末，大约每10个美国人中，就有9个人直接以务农为生。到1820年，降至大约每10个美国人中，有7个人以务农为生。直到1880年，其他行业的从业人员人数才与农民人数持平。在很多方面，美国农民的主要身份其实是商人。在他看来，干干农活，可能是一种生活方式，然而，出于某种理想或志向，这种生活方式很快变得惊人地商业化了，即使有时它所体现的行为模式并非如此。美国广袤的土地、美国农村生活的流动性和非传统特征，以及美国社会中的新教活力，形成了农业兼具商业思维与投机精神的独特风格。受种种欲望驱使，农民总想占用超出自己经济能力所能耕种的更多的土地，总想为了投机升值而持有土地；总想大规模地集中种植单一品种主要经济作物而不是因地制宜、精耕细作；总想开发土壤直至枯竭，然后卖掉土地、举家搬迁。早在1813年，卡罗林的约翰·泰勒（John Taylor）就在他的《阿拉托》（*Arator*）中提到，由于缺乏精心的耕作，弗吉尼亚"几近荒芜"，他恳求他的同胞："不要，哦，不要弑母，不是为了未来，不是为了上帝，而是为了你们自己。"19世纪30年代，托克维尔一语中的："美国人把他们的商人特质带进了农业，与在其他领域中一样，他们的贸易热情在这里也得以淋漓尽致地展现出来。"[1]

对于什么才是有实用价值的，农民有自己的想法，这一点最直接地体现在他们看待农业科技进步以及农业教育的态度上。在忙碌而勤劳的农业社区，大家都不怎么富有，很难指望有人愿意赞助艺术和学术，但至少，如果对应用科学抱有一种接纳的心态，那么农民本身也会从中受益。可即便是应用科学，也被认为是一文不值。当然，其中也不乏少数持不同看法的人，但是对于自己产业的发展，自耕农总的来说持有一种愚钝、作茧自缚的实用主义态度。

就像美国生活中几乎所有其他领域一样，农业规模庞大、种类繁多、发展良莠不齐。但在行业内部存在一个基本的阶层划分，与哲学观上的分裂不谋而合，那就是19世纪早期自耕农与一小部分乡绅阶层之间的区分。乡绅通常是大型农场主、专业人士、学院或大学里的科学家、商人或农业编辑，他们的收入大多数来自农业以外的渠道，他们对农业实验兴致盎然，阅读并偶尔撰写与农业相关的书籍，希望运用科学知识发展农业，组建农业社团，参与或领导优化农业教育的活动。在乡绅中，不乏在其他领域成就斐然、赫赫有名的杰出人物。其中包括康涅狄格州的牧师杰瑞德·艾略特（Jared Eliot），他在1748

年至 1759 年间完成了经典之作《论新英格兰农牧业》(*Essay on Field Husbandry in New England*)，以及与艾略特曾有书信往来的本杰明·富兰克林。后者在新泽西州伯灵顿附近经营着一个农场，希望从中获利，同时也把这里作为满足他科学探索兴趣的实验室。华盛顿、杰斐逊、麦迪逊和卡罗来纳的约翰·泰勒秉承思想开明的农学家的传统，一直致力于将 18 世纪英国农业革命的成果运用到弗吉尼亚的农业实践中。他们之后，是因为试验含钙肥料而闻名遐迩的埃德蒙·鲁芬（Edmund Ruffin），他是《农民纪事报》的编辑，后来成为一名激进的地方主义者，打响了萨姆特堡的第一枪。

在弗吉尼亚之外，最为活跃、令人印象深刻的推动农业发展的中心不在某个著名的农业社区，而在把对农业需求的理解与高等化学的研究结合在一起的耶鲁学院。在那里，从小本杰明·西利曼（Benjamin Silliman）开始，学术科学家们致力于土壤化学、农作物和科学农业的研究。西利曼之后，是约翰·P. 诺顿（John P. Norton）、约翰·艾迪生·波特（John Addison Porter）和塞缪尔·W. 约翰逊（Samuel W. Johnson）。除此之外，他们还在推广普及贾斯特斯·李比希（Justus Liebig）在土壤化学方面的研究成果方面做出努力。伊利诺伊州的乔纳森·B. 特纳（Jonathan B. Turner）也曾经就读于耶鲁学院，是推动农业教育进步的领军人物之一，《莫里尔法案》[①]的灵感或许要归功于他，尽管尚不确定。在纽约，自学成才的农业编辑杰西·布尔（Jesse Buel）一直大力倡导提高农业标准。宾夕法尼亚州的埃文·皮尤（Evan Pugh）是一名杰出的学者，致力于植物生长和植物化学方面的研究，后担任宾夕法尼亚农学院院长。他英年早逝，年仅 36 岁。在世时，曾为推动《莫里尔法案》的实施提供了很多帮助。

[①] 1862 年美国国会通过了《莫里尔法案》，规定各州凡有国会议员一名，拨联邦土地 3 万英亩（1 英亩 ≈ 4046.86 平方米），用这些土地的收益维持、资助至少一所赠地学院。——编者注

这些人将科学的探索欲与农业实践、将公民的责任感与对农业利益的追求结合在一起，为我们树立了知识分子和实践主义者完美统一的典范。他们并不完全是孤军奋战。他们所做的一切对广泛的乡绅阶层产生了深远的影响——其中包括农业社团及农业博览会的骨干、农业刊物的读者、农业院校的支持者。一本优秀的农业实用书籍，如果顺利，那么可以卖出 1 万到 2 万册。大约每 10 个农民中可能有 1 个订阅了农业刊物，到内战前夕，此类期刊达到 50 多种，经营状况各有好坏，参差不齐。[2]

但是，农业进步的倡导者和乡绅遭到了来自自耕农的憎恨。这种憎恨包含一种阶级情绪的成分：乡绅们组织和推广各项农业活动，使小农们相形见绌。在县城举办的博览会上，他们很可能会带着有望获奖的样品出现，这些样品是试验性生产的，不考虑成本；普通农民无法与之竞争。[3] 他们的推广宣传也与保守狭隘、闭目塞听、怀疑创新以及封建迷信的思想观念相冲突。美国农民，尽管在土地投机、迁徙和采用新型机械方面不走传统路线，但是在农业教育以及农业科学应用的领域却极为守旧。其结果是，职业农学家和农业刊物编辑们感觉他们处于一个即便算不上敌对，至少也是充满质疑的环境中。

"如果你所在社区的农民，"本杰明·富兰克林曾在写给杰瑞德·艾略特的信中说："不愿意离开他们祖先走过的老路，就像我周围的这些农民一样，那就很难说服他们去尝试任何改进措施。"乔治·华盛顿在写给亚瑟·扬（Arthur Young）[①]的信中遗憾地表示，美国农民更热衷于利用廉价的土地获利，而不是付出宝贵的劳动，结果是，"很多土地只是被乱挖一气，并没有得到应有的耕种或改善。"埃德蒙·鲁芬早期的实验都是在邻居们嘲讽的目光下进行的，他总结道："大多数农民很固执，就是不想了解任何与化学有关的东西，无论多么简

---

① 亚瑟·扬（1741—1820），英国人，农业经济学家，是英国农业革命的先驱。——编者注

单。""我们的农民,"杰西·布尔抱怨说,"似乎普遍对我们农业的全面发展漠不关心或提不起兴致,这要么是因为他们错误地估计了自己的责任与利益所在,要么是因为受某种奇怪的愚昧思想的影响,担心自己会随着其他人的发达而衰落。"1831年,《美国农民》(*American Farmer*)的一位编辑说,农民"不会去订阅一份农业报纸,有人给了也不会去读,也不会相信里面的内容,即使偶然听到别人在念"。20年后,英国著名农业学家詹姆斯·F. W. 约翰斯顿(James F. W. Johnston)在结束了在美国的巡回演讲后表示,那里的农民"反对改革,不愿意承认他们掌握的知识还不够,无法胜任他们所从事的工作"。他注意到,在纽约,人们反对农学院,"理由是学校里传授的知识不是必需的,而且把这些知识应用到土壤中是否有益也令人怀疑。"[4]

事实上,农民需要向农业改革者学习的地方还有很多。即使那些思想开明的农民也有可能对动植物培育、植物营养、合理耕作以及土壤化学的原理一无所知。许多农民都对月亮耕作深信不疑——按照月相播种、收割、刈草。这种做法既不经济,又损耗了土壤资源。[5]对于改革者在教育方面所做的种种努力,他们用"书耕"这个轻蔑的术语作为回应,表达了他们身为"实干派"对理论家的鄙视。一位农民说:"在我看来,那些照着书本耕作的人可不是农民。给我一个愿意动手胜过看书的人……让那些拿务农当乐子的家伙们做实验去吧……让学究们钻研格、性、语气和时态去吧:你和我要去照看我们的牧群、奶牛场、农田和篱笆。"[6]面对这种压倒性的偏见,改革者与农业刊物编辑们勇敢地进行了激烈的抗争。杰西·布尔不满地表示,在所有其他领域——战争和航海、法律与医学——美国人都将正规教育视为一种具有重要意义的,甚至可以说是不可或缺的助力:[7]

然而,在农业领域,这个在天意的保佑下,我们仰仗它实实在在地"生活、行动、存在"的领域,实际囊括了比法律、医学、战争或航海更为广泛而实用的科学范畴；可是在这里，我们没有学校，我们无法给出指导，我们没有政府的资助。在诸多不那么重要的生活领域里，科学知识都被认为是必不可少的。然而，在这项影响力和作用力本应最举足轻重的伟大的事业中，我们却以自己的所作所为表明，它的重要性甚至连小说家杜撰的故事都不如。在大多数其他行业里，我们都把头脑视为一种有效的力量。而我们却忘记了，在农业领域，它就是阿基米德杠杆，虽然不能**撬动**地球，却能使世界**充满**富足丰裕、道德繁荣和人类幸福。在这些被严重忽视的情况下，按照大众的评价，农业在我们眼中已经成为一种可笑、卑贱的职业，这难道还有什么可吃惊的吗？

但是，布尔认为，"农业进步的巨大阻碍，是许多人抱有的一种可耻的观念，认为一切被冠以科学名号的东西，要么对农业百无一用，要么对农民来说高不可攀。"[8] 农业刊物编辑们不断苦口婆心地劝说，以及他们为消除反书耕情绪的不懈努力，似乎都印证了他的观点。并非所有的农业刊物都无可挑剔，确实有一些会兜售自己的江湖骗术。但是，无论如何，他们发现总是有必要进行道歉并做出解释，他们并不提倡任何极端理论化的东西，他们的大部分稿件也都是由农民在实践中撰写。当李比希关于土壤化学的巨作于1841年在美国出版时——这本书，我们有必要说明的是，受到了农业改革者，甚至包括一些自耕农热切的关注和欢迎——他的发现被《南方种植园主》(*Southern Planter*)形容为"精心编织的新理论"[9]。

> 毫无疑问，贾斯特斯·李比希先生是一位聪明绝顶的绅士和学识最为渊博的化学家，但在我们看来，他对农业的了解和耕田的马差不多，在弗吉尼亚州，任何一位在田间犁地的老人家都能告诉他种种与他最精心编织的理论完全不一样的事实。

2

鉴于前面提到的对科学和书耕的反对态度，那么，对于农民极不愿意相信教育（高度实践性的农场培训除外）会让他们的孩子从中获益的观念，我们就不会感到奇怪了。一方面是农民对接受农业教育可能抱有的希冀，另一方面是他们对更多的学校必然意味着要缴纳更多税金的恐惧。最终，后者似乎占了上风。1827年，《美国农民》提到，一位农业学校的支持者发现，农民自己对农业学校提出了"最为强烈的反对意见"[10]。1852年，一位记者写信给《新英格兰农民》杂志，他本人反对马萨诸塞州建立农学院的提议，认为该州十分之九的讲求实际的农民都认同他的观点。无论如何，他条理清晰地阐述了反对这类学校的理由：农民用不上它；他们将它视为一个不保证相应回馈的"庞大而昂贵的实验"；它只会给"少数人提供大量报酬优厚、有利可图的职位"，而这些人缺乏经验、无法胜任；该项目的倡导者希望为那些富家子弟以及追求上流社会生活的人提供农业知识。关于这一点，"除非通过实践，否则这门技艺是没法教会的。"[11]

这只是农村地区普遍存在的、不愿意支持教育事业的一个侧面。西德尼·L. 杰克逊（Sidney L. Jackson）在分析人们针对公立学校运动的态度时指出，农民"在争取更好的学校的斗争中，非但未能助一臂之力，反而成为其中的绊脚石"。[12] 1862年《莫里尔法案》通过之前，美国农学院里的各种实验，主要是由为数不多的、富于奉献精神的农业改革家在进行——这无疑在某种程度上说明了一个事实：在一个农业占据压倒性重要地位又迫切需要农业技术[13]的国家，在联邦政府干预之前，社会各界对此所做的努力少之又少。1862年《莫里尔法案》的通过并非源于大众的热情支持，它不过是少数意志坚定者为此奔走游说的成果。厄尔·D. 罗斯（Earle D. Ross）在其关于赠地运动所做的一项出色的研究中发现，"看不出任何自发的公众兴趣。"《莫里尔法案》的报道夹杂在战争新闻中间，并没有引起大众媒体的普遍关注，而农业报刊本身亦未对此表示出多少热情，有一些甚至都没有意识到它的存在。[14]

《莫里尔法案》本身，最早不过是一个出自良好初衷的承诺。然而，在接下来的30年里，改革者们将认识到，要在真正意义上实施一项公共意识超前的改革，其难度之大，可想而知。莫里尔参议员的想法不无道理。他注意到，在美国，土地乱耕滥种现象比比皆是，资源浪费严重，而其他国家在农业和机械教育方面做得比美国好得多。因此，进行相关的实验和调研势在必行。农民需要得到有关科学新发现的指导。需要以公共土地收入为支撑，设立体制健全的农业和机械学校，此举符合美国早期扶持教育的先例。它不会干涉各州的自治权，也不会妨碍古典学院所提供的那类教育。莫里尔的提议一度与分离倾向的政见相冲突，1859年，布坎南否决了农业土地赠予学院的设想。但时隔3年，林肯总统签署了一项类似的法案。相比大多数农民，国会似乎更愿意相信改革的必要性。[15]然而，令人遗憾的是，正如罗斯所言，人们却从未探讨过这个措施给教育带来的益处。对它的反对在很大的程度上是基于它被指控所谓违反宪法以及一些细枝末节——其后果是，这项法案由国会推出之时就不具备足以实现其制定者意图的条件。

赠地学院建立伊始，就面临着种种难关，尤其是现有学院的妒忌，以及美国人在教育问题上反对集中化，偏爱普及与分散的教育方式的倾向。要招聘到能够胜任各个职位的员工同样困难重重。古典学院传统教育培养出的资深教育家们，往往不能真正接受农业和机械教育的合法性，有时，他们还会从内部对新学院进行蓄意破坏。另外，还有来自农民和民间领袖方面的反对，这些人传统守旧、心胸狭隘，固执己见，坚持认为科学不能给农民带来任何"实用的"东西。正如罗斯所指出的那样，"农民自己是最不肯相信职业培训的必要性和可能性的。"当他们不再抗拒这种教育时，他们又会反对让其隶属于某所大学或与实验科学建立任何联系的建议。本着明确的、严格的功利性目标的、独立的农学院，或许还是可以接受的。威斯康星农庄①认为每个行业的知识都应该由其从业者传授。"牧师应该教牧师，律师应该教律师，机械师应该教机械师，农民应该教农民。"一些州长想要尽可能摆脱以古典学院为代表的通识教育传统。俄亥俄州州长希望教育的内容是"简单、实用的，不带有理论上和技术上的科学性质"；得克萨斯州州长想象中的农学院应该"以培训和教育农场工人为目的"；印第安纳州州长则认为任何种类的高等教育都将对诚实劳动构成威胁。[16]

比任何论据都更有说服力的事实是，实际上并没有多少农民把孩子送进农学院。而当他们确实这样做时，他们的孩子们却利用受教育的机会跳出农门——通常是进入工程技术领域。多年来，农学院的学生数量较少，而在这些学生中，学习"机械技术"（即工程学）的学生数量逐年增长，多于学习农学的学生数量，分别超出后者两倍、三倍、四倍或五倍。1887年的《哈奇法案》②使农业科学状况得到了改善。该法案建立了与农学院密切合作的联邦实验站制度，并使不断扩充的研究设施可为学院所用。到了19世纪90年代，农学院终于得以在科学培训方面提供一些有价值的东西。

赠地制度的另一个不足之处在于它是自上而下实施的。对于如何形成一套完善的乡村中学教育体系以便确保其毕业生具备进入农学院的入学资格，国会尚未就此做好准备。1917年的《史密斯－休斯法案》（Smith-Hughes Act）向农业中等职业教育提供联邦补贴，此举弥补了这个不足。在经历1873年至1897年漫长的通货紧缩之后，农业发展重新恢复勃勃生机，这同样给农业教育带来了命运的转机。更大的利益促使农民考虑企业管理、动物培育、土壤科学和农业经济学。机械化的发展使他们更容易让自己的孩子从农活中解放出来。1905年以后，

---

① 威斯康星农庄，1867年建立的全国性农民组织，旨在推动农业发展。——编者注
② 《哈奇法案》向每个州的赠地学院提供每年15000美元的一次性拨款，且逐年递增1000美元。——编者注

农学专业学生的数量持续快速增长，到第一次世界大战前夕，其人数几乎与工程师专业学生的人数持平。富兰克林·D. 罗斯福时期的农业部副部长 M. L. 威尔逊（M. L. Wilson）曾经回忆说，直到世纪之交，他所在的艾奥瓦州社区中，对书耕的蔑视还几乎无处不在。这种情况一直持续到他的青年时代才有所改变：[17]

> 20 世纪开始后不久，科学逐渐在广大农民中掀起一场革命。1902 年，当我去艾姆斯学习农业时，我并不是我们艾奥瓦州社区第一个去上大学的男孩，但却是那里第一个去上农业学院的男孩。10 年或 15 年后，它已经成为所有能上得起大学的人都能够接受的事物。

I.L. 坎德尔（I. L. Kandel）在 1917 年就赠地学院进行了研究，表示有充分理由相信，"该计划由莫里尔参议员及他的支持者们提出，其主要意图是为农业发展夯实科学基础，而直到现在，在成立 50 多年后，它们才刚刚开始发挥出其应有的作用。"[18]

有些读者可能不太认可农业和机械学院毫无争议的智识主义中心地位，可能会质疑它们的成就究竟是哪些以及笔者所说的这一切又是为了证明什么。在这方面，笔者无意歪曲农学院的性质：它们的目标（在笔者看来也是非常切实有效的）无非就是把职业教育与应用科学富有成效地结合在一起。这里的关键是，如此刻不容缓且不可或缺的融合是在农业改革者们经过长达一个世纪的不懈努力之后才得以实现的，他们需要对抗的是农民中普遍存在的、冥顽不化的固有观念，即理论对实践毫无用处。

3

农耕，可以被貌似合理地描绘为一种"浑然天成"的生活方式，但身处其中的人如果听从那些复杂深奥的批评，接受某些书本或科学上的观念，可能会得不偿失。而产业工人阶层的情况则完全不同。人们认为他们的生活方式是不自然的，需要在获得某种程度的自我意识和组织形式后，他们才能表达出对自身命运的态度。从一开始，智识批评与工人运动之间的关系就呈现出一种比它与农民之间的关系更为错综复杂的特征。亨利·德曼（Henri de Man）在谈到其名为《社会主义心理学》（*Psychology of Socialism*）中一项非常出色的研究时评论道："如果未受到知识界及其动机的影响，工人运动就会仅仅代表某种利益，其目的无非是变无产阶级为新的资产阶级而已。"[19] 从这个研究中我们很容易感受到字里行间的讽刺意味，而这恰恰符合美国工人运动的现状。相比其他任何运动，美国的工人运动更侧重于把无产阶级变为新的资产阶级这个目标。与世界其他地方一样，从真正意义上讲，美国的工人运动也是由知识分子发起的。但这只是一个为了表现自己与众不同的叛逆性格而与父亲针锋相对的孩子。在美国，除非历经某种稀奇古怪的运动，否则不可能产生那种最终能够在美国成功建立长期组织的工人领导阶层。首先，知识分子的影响和他们对资本主义的系统性批判使人们意识到开展工人运动的必要性和可能性。其次，在接下来的几个阶段中，当务之急是消除这种影响，以便确保工人运动摆脱干扰和负担，切实致力于建立具有职业意识的工会，并为最后胜利打下持久而坚实的基础。

　　从历史上看，美国工人运动起初并没有仅仅局限在职业岗位、薪金待遇以及最终成为其本质特征的罢工上。一直以来，工人运动始终深受资产阶级领导思想的影响，被改革理论家的目标所左右，同时又带有某种利益色彩——其成员要么希望在资产阶级社会中获得稳固的地位，要么想要对这个社会进行彻底的改革。其早期的历史始终与一种主张全面改革的灵丹妙药联系在一起——土地改革、反垄断、绿背纸币运动①、生产者合作社、马克思主义、亨利·乔治的

---

① 绿背纸币运动是19世纪70年代农民反对通货收缩的运动。美国政府在南北战争时期发行了大量不兑换的绿背纸币，在市场贬值流通，导致以农民为主的持有人遭受极大损失。他们组织了绿背党，反对通货收缩，支持通货膨胀，争取农工利益。——编者注

单一税制①。这样的实验持续了超过四分之三个世纪，结果是美国的工人运动在争取建立长期、稳固的组织方面几乎一事无成。随后，尤其是在它相继被塞缪尔·冈珀斯（Samuel Gompers）②和阿道夫·斯特拉瑟（Adolph Strasser）③这样务实的领导者接管之后，才开始逐渐把运动的重心转移到职业岗位、薪金谈判以及凭借足够强大的技术竞争力而有望垄断劳动市场的技术行业组织等问题上。

无论是曾经身为社会主义者的阿道夫·斯特拉瑟，还是作为美国劳工联合会第一代精神领袖的塞缪尔·冈珀斯，无疑都从他们年轻时期与社会主义者的对话中受益良多。冈珀斯在自传中提及这些早年接受过的智识训练时，表达了一种也许有点不那么情愿的敬意：

> 在为奠定工会运动基础做出贡献的人中，很多都借助了社会主义经验，并从中找到了制定更为正确的政策的途径……他们总是富有远见卓识的人……如果个体的发展能够超越社会主义的概念，可以使他们在履行实际职责的过程中更快地洞察和理解到有形的目标只是达到更高精神层面目标的工具，那么社会主义经验就能发挥出建设性的作用。

虽然社会主义或许会教会这些人认识到工人运动的可能性，但是工人运动本身一旦确立，就会教会他们认识到在美国推行社会主义的

---

① 亨利·乔治（1839—1897），美国土地改革论者，经济学家，他主张实行"单一地价税"，仅仅向土地所有者征收单一的土地税，其他捐税一律取消，把不劳而获的经济地租用于发展生产和为全体居民谋福利。——编者注
② 塞缪尔·冈珀斯（1850—1924），美国工会运动领袖，建立了美国劳工联合会。他反对激进的工人运动，倡导劳资合作。——编者注
③ 阿道夫·斯特拉瑟（1843—1939），美国工会领袖，建立了雪茄制造工联盟。——编者注

不可能性。从他投身工人运动之始,冈珀斯就不得不与那些"跟风派、改革分子和感官刺激爱好者"——他对那些在工人运动周围蠢蠢欲动的理论家的称呼——进行斗争,这些理论家有时是他最难对付的敌人。1894 年,正是社会主义者使他在竞选连任美国劳工联合会主席时遭遇失败,这也是他唯一未能再次当选的一年。他坚信,领导权"只能"托付给"那些内心和思想中已经编织了日常劳动谋生经验的人"。"我认识到了与知识分子纠缠在一起的危险,他们并不理解,拿工人运动做实验就是在拿生命做实验。"[20]

知识分子之所以与冈珀斯这样的工人领袖渐行渐远,主要是因为他们对工人运动的期待与后者完全不同。知识分子倾向于将工人运动视为实现社会主义或其他类型的社会重建等更大目标的手段。他们来自工人运动之外,也很少出自工人阶级本身。他们往往对那种体面的中产阶级生活嗤之以鼻,而这种生活,则是大多数工人领袖,事实上也是大多数普通技术工人所心之向往的。像美国劳工联合会这类务实的基层组织对于他们的理想主义毫无吸引力,他们也一直看不起联合会的领导者们。

笔者认为,最好将工人领袖本身理解为一群自我奋斗的人,在这一点上,他们与产业中成百上千这样的人没有什么本质的区别。正如斯特拉瑟在一次堪称经典的交锋中所说:"我们都是实干家。"[21] 其中的大多数人来自工人阶层,并且始终期望着工人及其领导者们能够享有与商人同等体面的地位。他们接触过反资本主义和反垄断思想,但与知识分子不同的是,他们并不了解渗透在政治与美学前卫思想中的资产阶级文明的全面衰败。他们是可敬的爱国者,是顾家的好男人,他们最终也会成为优秀的共和党人或民主党人。[22] 他们早期与知识分子——或者他们认为是知识分子的人——的接触引起了他们的怀疑。起初,在工人运动内部存在着与社会主义空谈家的斗争。工人领袖们经常因为学院派经济学家的批评而痛苦不已,[23] 在很长一段时间里,这些经济学家组成了几乎是把矛头一致对准工人的统一阵营——

冈珀斯把他们称为"教授帮""工人们明里暗里的敌人",以及"跟风虫、空谈的家伙和娘娘腔"。最后,大约在世纪之交,"科学管理"运动被工人们视为又一个严重威胁。冈珀斯认为其领导者是"学术观察员"和"知识分子",他们一心只想着在把工人扔进垃圾堆之前最大限度地榨干他们的能量。类似经历,无不令人丧失信心。[24] 实际上,工人运动正拼尽全力想要在一个处处充满敌意的环境中立足。总的来说,在 1900 年之前,是官方知识分子加深了这种敌意。即使那些并无敌意的知识分子也统统被看成是既愚蠢又烦人的盟友。直到进步运动的出现,一定数量的中产阶级知识分子才开始对工人事业表露出明显友善的态度,到新政时期,一个强大的(虽说时间上并不是完全持久)联盟终于形成了。[25]

自冈珀斯时代以来,随着工会多年来的发展、成功和稳定,这些庞大的官僚阶层越来越需要聘请专家来提供法律、保险精算和经济方面的建议,开展研究和新闻工作,进行宣传和斡旋,以及为他们自己相当大规模的教育部门给予支持。就这样,领导全国 1800 万有组织工人的工人领袖,摇身变为大批知识分子的雇主。但是在工会总部的知识分子并没有找到一个比在其他有组织的社会领域更舒适的家——事实上,他们和工会领导人的关系与商业领域的知识分子和公司高层领导之间的关系多少存在相似之处。

总的来讲,主要有来自三个方面的压力,似乎使知识分子与工会整体环境逐渐疏远。第一种压力:出于对改革的热情以及对意识形态的执着,有一部分知识分子可能一开始就愿意为工会出一份力。但他们迟早会发现,他们并没有使工人运动变得更为激进——相反,自身却被卷入了巩固领导人权力与威望的机制中。工会专家的理想主义不可避免地被磨去了棱角,因为他们发现自己在这个随时准备利用他们但又不愿意被他们的意志所左右的不停运转的机构里越陷越深(这些满怀传教士般的热情来工作的工会专家的薪水往往比那些以自我为中心的野心家要低一些)。导致疏远的第二种压力源于知识分子对科研的职业情感以及对真理的无私追求。这些有时会与作为一个激进组织的工会的需要或某个领导人的个人需求相冲突。"他们对数据的使用非常马虎",一位专家这样抱怨自己的工会同事。[26]

> 他们根本不在乎。他们是哲学上的相对主义者,缺乏对于真理或科学的客观性真正的信仰;或者至少他们认为,寻求真理难于上青天,所以他们放弃了,还理直气壮地为自己开脱:"不管怎样,谁会对真理感兴趣——管理部门吗?"从根本上讲,这是因为他们抱着社会改革的态度。一切都与党派利益有关……他们所要做的就是树立领袖的绝对权威……有时候我真希望我当初选择去大学教书。

又比如在法律或经济问题上,专家们会不时地去探寻一些不受欢迎的真相,或成为让工会领导人直面令人不快的现实的中介。身为这种角色,他们一方面被人利用,另一方面又遭人厌恶。工会刊物的编辑可能渴望自己的期刊成为各种舆论批评百家争鸣的智识机构,而他的工会领导人可能更关心工会杂志在派系纷争中是否站对了位置。工会教育主管可能希望为工人提供类似于通识教育的知识内容,领导人则可能只想给他们灌输简单的思想观念与意识形态上的安分守己。

最后一种压力,是纯粹出自个人因素的疏离感,这种疏离感源于专家所接受的教育,以及在某些情况下其自身的文化修养。他们与这里格格不入,他们不是合适的人选,如果不是需要他们的服务,那么没有人愿意与他们为伍。在工会的办公室里,喋喋不休的抱怨如影随形地包围着他们,就好像他们实际上是在流水线上——或者,就这方面而言,在扶轮社的集会上似的:"自命清高的家伙……你没法跟他们一起工作……没人喜欢他们……他们跟咱们可不一样。就连他们喜欢的女人都跟咱们喜欢的不一样……"

工人领袖对待工会知识分子的态度体现出的某种矛盾心理,有些类似于商界以及整个社会的那种心理状态。哈罗德·维伦斯基（Harold Wilensky）在对工会专家的研究中发现，工人领袖有时会震惊于知识分子的专业知识而且常常对此表示钦佩，但他同时又会以一种轻蔑的态度对专家的不切实际或他认为的古怪行为品头论足，以此来安慰自己。一位工会高级官员不无自豪地说："我是在苦难的学校里接受教育的。"随后，他以同样自豪的语气再次百感交集地说："我已经跟儿子说了，去大学里学习劳动法！"在某些部门，非知识分子们会对专家职位埋怨又羡慕："哼，他凭什么能有那么舒舒服服的活儿……我每天都要被人呼来喝去，累死累活，还要成宿成宿跑去参加各地集会，而他们却可以就坐在桌子后面写写东西。"与商人一样，工会领袖也喜欢吹嘘自己的实践经验——对工作台或对工会一线组织活动了如指掌。"这都是书本上学不到的。经验是无可替代的。"从一开始，他就在斗争的风口浪尖上摸爬滚打。而专家则是一个局外人、一个初来乍到的人，对工会斗争或工人心理一无所知，因为这一切他都没有亲力亲为过。"你对这件事的整个想法……真是异想天开。你具备法律思维方式；你来自哈佛、耶鲁或其他什么地方，那里的人都变得一副德行，你不了解工人们的想法。"在这种情况下，专家们有时会自我怀疑、丧失自信，难免会采取静观其变或表里不一的姿态，也就不足为奇了。也许，从诸多方面来看，他们的工作令人振奋，工作氛围和睦而友善，但是，一位研究工会官僚体制专家状况的学者认为，该体制的一个组成部分恰恰是"无处不在的反智主义"[27]。

4

美国有组织的工人运动，都是朝着"资产阶级"的目标发展，因此，知识分子在这样的环境中难免感到一些水土不服，这并不令人感到惊讶。真正令人大跌眼镜的是，在非共产主义左翼阵营中也出现了类似的问题，尤其是在曾因为知识分子而受益良多的社会党内部。

如果认为处于鼎盛时期的社会党是一股反智力量，或者认为它对知识分子不够友好，那就大错特错了。从 1900 年到 1914 年间，美国社会党吸引了大批知识分子，凭借他们给予的宝贵支持以及他们的文字作品所带来的威望，美国社会党得以极大地扩展了自己的影响力。其中不仅有像厄普顿·辛克莱（Upton Sinclair）和约翰·斯帕戈（John Spargo）一类的揭丑者，还有像路易斯·B. 布丹（Louis B. Boudin）、W. J. 根特（W. J. Ghent）、罗伯特·亨特（Robert Hunter）、阿尔吉·M. 西蒙斯（Algie M. Simons）和威廉·英格利希·沃林（William English Walling）这样的作家——他们所撰写的关于社会主义和美国生活各个方面的批判性著作至今仍值得一读。与后来的共产党不同，社会党保持着一种多元化的智识氛围，并创作出并未完全受马克思主义哲学束缚的理论文献。美国社会主义成员的社会构成复杂，在思想上依旧沿袭其一贯的自由乃至大胆的作风。其中一些支持者为它带来了一种轻快的波希米亚风格。《群众》，它的一份期刊这样宣传自己，"有幽默感……享受革命吧。"

但是在一些地区，甚至连社会党也无法在无产阶级崇拜的大潮中独善其身。在党内频繁的派系斗争中，知识分子的代言人常常被贴上中产阶级学者的标签，还被不怀好意地拿来与这场运动的中流砥柱——真正的无产阶级相提并论（当革命热情受到质疑时，知识分子大多数处于左翼阵营，比右翼阵营的知识分子多得多）。社会主义知识分子（通常来自稳固的中产阶级，有时还是富裕阶层）[28]试图从精神上降低自己的社会地位，以便适应马克思主义的无产阶级理想，这不可避免地导致了某种程度的自我贬低与自我疏离。因此，党内的反智阵营并不缺少知识分子代言人。[29]其中之一就是 W. J. 根特。他认为，充满自由主义热情的《群众》太过轻佻，无法在争取工人信仰社会主义这项根本大业中作出真正的贡献：

《群众》毫不费力地把社会主义、无政府主义、共产主义、新芬主义①、立体主义、大男子主义、直接行动主义和破坏主义等或多或少地混合成一锅搅得还算均匀的大杂烩。它尤其是那些不安分的都市小圈子的产物,他们个个心怀鬼胎。即使在疯人院的门口,他们也在寻求泡沫般的新奇。

另一位知识分子罗伯特·里夫斯·拉蒙特(Robert Rives La Monte)认为,尽管党内需要大量的智慧型人才,但是智慧却不应该与拥有"传统的资产阶级教育"画等号。他还总结说,"对知识分子和'客厅社会主义者'的适度怀疑"是"一个最令人欣慰的现象,意味着无产者作为一个阶级正在日趋成熟。"[30]对此,像乔治·H. 戈贝尔(George H. Goebel)这样的右翼忠实干将可能会表示赞同。当需要在知识分子与传教士或教授与工人之间做出选择时,"那个刚从工人阶级的行列中出来的,每天都实际接触到劳动和斗争的人",戈贝尔表示,这样的人才自始至终代表着工人阶级。[31]

社会党内持最极端的反智立场——摆着一副名副其实的流氓无产者姿态——的人,既不是右翼分子,也不是自我疏离的知识分子,而是受到世界产业工人联盟精神影响的西部党员。作为社会党在西部地区的强大的分支之一,俄勒冈分支是这种精神的典型代表。据说,在1912年印第安纳波利斯举行的该党大会上,俄勒冈的代表们拒绝在一家铺有桌布的餐厅用餐。该州社会党书记托马斯·斯莱登(Thomas Sladden)曾经一度将俄勒冈州总部的痰盂全部撤掉,因为他认为,嘴里嚼着烟草的无产阶级硬汉子不需要这些讲究的玩意。还是斯莱登,在《国际社会主义评论》上撰文表达了与知识分子决一死战的决心。在他看来,工人运动属于工人,而不属于其他任何人。社会党和工会"要么向'用胃思考的人'屈服,要么就拿起武器反抗他们"。斯莱登

---

① 新芬主义,北爱尔兰和爱尔兰的新芬党的思想,该党奉行社会主义,主张爱尔兰统一全岛。——编者注

是这样描述真正的社会主义无产阶级的：[32]

> 他有自己的语言，与文明社会接受的语言迥然不同；他看上去粗野无知、没有教养；他遵循自己的道德和伦理准则，但并不被社会所认可；他信仰的宗教，无论正统还是非正统的教会，都未曾宣扬过，那是一个恨的宗教……他拥有的智慧，是那些在他的圈子之外出生、成长和生活的知识分子所理解不了的。
>
> 就像森林里野兽的本能一样，他视野清晰、听觉敏锐、头脑警醒、生性多疑；他的精神不可征服……他会猛地一下子撕毁你们那微不足道的理智和虚伪体面的面纱。作为洞察一切的主宰，他自会决定什么是对的，什么是错的。
>
> 这就是无产阶级……他没受过什么教育，没有礼貌，也不在乎别人对他的看法。他上的学校就是人类经验的艰苦学校。

在这里，对无产阶级的崇拜似乎与另一位西部人士杰克·伦敦（Jack London）未能成功嫁接到社会主义运动中的各种原始主义交织在一起。社会党的领导人尤金·V. 德布斯（Eugene V. Debs）的温和立场更符合非知识分子的感受。德布斯注意到，有许多社会主义者"对知识分子冷嘲热讽，仿佛他是入侵者，与这里格格不入"，他对此表示反对并告诫说，**知识分子**不应该成为一个骂人的词语。运动需要有头脑的人，党应该想方设法去吸引这样的人加入进来。对德布斯来说，重要的是，通常"官员和代表以及公职岗位候选人都应该从工人队伍中选拔。但公职岗位的知识分子应该是例外，就像他们在基层党员中一样"。工人组织不应该由知识分子来管理，正如知识分子组织不应该由工人来管理一样。德布斯认为工人们有足够的能力胜任这些公职岗位。他对知识分子担任公职的担忧，与他对社会主义运动中的阶级分化和官僚主义的担忧是一致的。像典型的杰克逊派人士一样，德布斯坦承自己挂有"职位轮换"的观点。他说："我承认，我对官僚作风持有偏见，我害怕官僚制度。"[33]

5

如果说社会党容纳了一定程度上的多元化，那么共产党就是严格得多：它不接纳任何不遵循其特有的规章制度的作家。此外，在第一次世界大战前，正值社会党最重要时期，加入该党的知识分子主要是一些对马克思主义有独立见解的思想家，他们以理论家的身份在党内担任领导职务。而共产党则吸引了更多有创造力的作家和文学评论家，他们对马克思主义及正统的社会规范知之甚少或一无所知，但至少在一段时间内，愿意接受党组织的监督和教导。20世纪30年代，随着知识分子影响力的扩大，那些在社会党中仅仅显露苗头的某种反智倾向，尤其是对无产阶级的崇拜，已经在共产党内部占据了主导地位。道德力量的平衡发生了戏剧性的变化：在社会党圈子里，每当真正的无产者想起他们中间的知识分子具有的巨大影响力，就会惴惴不安；而在共产党群体中，人们则能够感受到党内以及携手共进的知识分子的极度痛苦——因为无论从职业还是出身上，他们都不属于工人阶级。

早年的美国激进分子，例如爱德华·贝拉米（Edward Bellamy）和亨利·德马雷斯特·劳埃德（Henry Demarest Lloyd），在工人阶级面前不时会显露出一丝监护人般的、略带优越感的态度。但到了20世纪30年代，许多美国作家深受一种极其伤感的思想影响，认为工人阶级所承受的苦难与肩负的"历史使命"赋予了他们比中产阶级知识分子高得多的、内在的道德优越性。这些知识分子中的许多人感到，他们必须把自己献身于工人阶级事业中，以这样或那样的方式为党服务，只有这样，才能弥补他们腐败堕落的阶级出身和中产阶级本性。共产党本身则敏锐地意识到了这些知识分子对党坚定不移、耿耿忠心可发挥的巨大作用，同时也觉察到独立思想的涌入可能对党纪造成的危害，因此采取了利用知识分子的负罪感和自我憎恨的手段来约束他们的策略。一方面，为他们提供了纲领以及人数虽少但会不断增加的听众；另一方面，利用他们心理上的弱点以便避免他们迷失方向。这项策略的结果好坏参半。事实证明，那些最为杰出的作家——德莱塞、辛克莱、斯坦贝克、海明威、麦克利什、多斯·帕索斯——其威望令共产党觊觎已久，但其人也是最难以驾驭的，最不肯乖乖遵从那些无名党徒的命令。那些不那么知名的、自信心稍弱一些、更依赖于党给予他们的群众的作家，则更顺从一些，尽管他们的顺从并不是总能达到党的要求。保罗·罗森菲尔德（Paul Rosenfeld）在1933年抱怨时脑海中就出现了这些作家的影子。他说，他们放弃了自己作为艺术家的天职，转而争先恐后地去比"谁能最迅速地与共产党及所有其他政党共有的俗不可耐穿进一条裤子里"。[34]

如果要将真正的布尔什维克精神灌输给激进的美国作家，就必须摒弃《群众》时期盛极一时的波希米亚主义。必须使作家们意识到，波希米亚主义以及一切纯个人的反抗形式都是不严肃的、微不足道的、神经质的。曾经放荡不羁的约翰·里德（John Reed）充当了这条道路上的排头兵。"这种阶级斗争，"他说，"给你们的诗歌带来一场灾难……如果真是这样，那么毫无疑问，让诗歌滚开吧。"在另一个场合，他宣称，"布尔什维克主义不是为了知识分子，它是为了人民。"他曾经对一个孟什维克理论家说，"你们这群家伙，根本不算生物；你们充其量不过是一些书虫，总是在思考马克思说过什么或打算去说什么。而我们想要的是一场革命，我们必将取得革命的成功——不是通过书，而是通过枪杆子。"里德没能活着看到他这种信念的影响能发扬光大到何种程度。他去世后，迈克尔·戈尔德（Michael Gold）担当了鼓舞鞭策知识分子的角色。多年来，戈尔德一直是党内批评界的操刀手。相比大多数左翼知识分子，他在自我降阶层化与去智识化方面做得更为成功、更为彻底。[35] 弗洛伊德·戴尔（Floyd Dell），该党的支持者，但同时又是一位不可救药的波希米亚人士，认为戈尔德身为文人，"出于某种隐约而不可知的原因，为自己不是工人而感到羞耻……所以他一遇见工人就会对他们毕恭毕敬并且满口都是溢美之词。"对于比戴尔年轻的一代作家来说,这种羞耻和敬畏的原因却并非如此隐约而不可知。

共产党对知识分子作用的看法,使贯穿整个国家道德行为准则的实用性、阳刚气以及原始主义等方面的主旋律上出现了诸多颇具讽刺意味的不同音符。有意思的是,在措辞上做了一些改变后,党规竟与某些商界准则有异曲同工之处。一项重要的、艰巨而又实际的任务就是——发动一场革命。其他一切必须服从于这项任务,艺术与智识如果不能在革命中发挥效用,那就一文不值。按照共产党的典型描述,未能为革命服务的作家是资产阶级的文学娼妓:是"最老迈、最高贵的妓女",还有(用一位无产阶级出身、根正苗红的年轻作家的话说),"文学界寄生虫……像全身抹了香粉的婊子,为了30两银子,就肯跳肚皮舞,或者学着传说中东方女子的样子把自己的肚子扭来扭去。"

发动革命不仅需要更加高尚的道德纯洁性,而且需要一种更为阳刚的男子气概,而这恰恰是太多作家所缺少的。政治所需的实用性和阳刚性再一次与唯美主义的无用性相对立。当一位作家的诗歌和短篇小说被一位党的领导人说成是他下班后的"业余爱好"时,这位作家差点儿惊掉下巴——这说明共产党认为文学从根本上来讲是不严肃的。最糟糕的是那些不愿意面对阶级斗争的残酷现实的作家,他们被指缺乏男子气概。党内知识分子在这个问题上各执己见,但其中最为强硬的一方在对文学界人道主义者的声讨中,毫不留情地将后者的作品斥为"基佬文学"。迈克尔·戈尔德曾经对辛克莱·刘易斯说,这类作家都怀有一种"疯狂的嫉妒",因为他们"被剥夺了男性的经历"。在与桑顿·怀尔德(Thornton Wilder)的一场著名的文学论战中,戈尔德谴责前者在宣扬一种"软弱无力、东拼西凑、浅薄幼稚的宗教,缺乏真正振奋人心的热血与激情,有的只是一场穿着优雅长袍的同性恋人物带着古风在百合花丛间飘来飘去的白日梦而已"。

在最极端的时刻,那些试图制定共产主义文学标准的人呼吁工人阶级作家创作出"无产阶级现实主义"（戈尔德用语）作品，这些作品是那些资产阶级作家所无法创作的。一位工人阶级作家督促道，就让"伐木工、流浪汉、矿工、办事员、护路工、机械师、收割工、服务员来撰写、阅读我们的党报《新群众》吧——对我们来说，这些人可比那些拿工资的三流作家重要得多"，"他们的文字或许有些粗糙，但我们受够了在镜子前涂涂抹抹，往油光发亮的鼻子上扑粉。我们在怕谁呢？怕批评家吗？怕他们会说《新群众》刊登的全是语法不通的东西吗？见鬼，兄弟，报摊上倒是整整齐齐摆满了一堆一堆合乎语法的废纸"。类似言论往往会使作家们对这场运动敬而远之。造成这种局面的原因——正如其中一位所说——是"理想化的无产阶级性的矫揉造作，单调重复的强硬调子，对其他不同层面思想的敌意，对经过适度润饰的作品和批评的蔑视以及对讨论的逃避"。

这些分歧反映了美国共产党在处理与作家和其他知识分子之间的关系时面临的一个重大问题：一方面迫切想要利用他们，另一方面却无力维系一种能够留住他们的氛围。就连迈克尔·戈尔德，其挑起论战的毫无顾忌的放肆言论在很大的程度上使那些原本支持革命的知识分子对共产党避之不及，时而也会对党的领导人看待作家的态度感到不安。他曾经承认，知识分子通常会觉得自己是局外人："'知识分子'这个词成了'杂种'的同义词，在美国共产主义运动中就有类似这种感受。"该党成员也会把这种针对知识分子的态度作为内部斗争的武器：约瑟夫·弗里曼（Joseph Freeman）回忆说，在20世纪20年代的一次派系斗争中，福斯特派对洛夫斯通派发动言论攻击时，依据之一就是后者是一帮大学生、资产阶级和犹太人。这种感受的后果是惊人的。在莫斯科审判期间，马尔科姆·考利（Malcolm Cowley）以大都会一家重要的无党派周刊同行编辑的身份撰文，煞有介事地评价托洛茨基："我从来就不喜欢像他这样的大城市知识分子，他们把每一个人类问题都简化成一个简单的三段论，这样他们在每一个点上总是正确的……"

曾经有那么一段时间，即使在大多数激进作家的一生中只是短暂的一段时间，共产党的准则被接受了，随之而来得出的结论是：知识分子及其培养他们的制度都是不好的。在第一次世界大战期间，约翰·多斯·帕索斯曾经这样写道："我认为我们所有人都有些奶里奶气，我们的茶几信念和我们的激进主义始终局限在一个循规蹈矩的范围内……我真想毁掉我们这些愚蠢的大学，以及里面所有善良的年轻人，还有给他们灌输各种难以消化的混账文化、中产阶级的势利习气的家伙。"吉纳维芙·塔格德（Genevieve Taggard）遵从革命这个紧迫、"实际"的任务，认为作家毫无用处：

> 实干家推动着革命，当你在努力将一支队伍打造成形，或者极力推广一项新经济政策时，身边却有这么一个人，一直眼神呆滞，神情茫然——还有什么比这更让人恼火的吗？要是由我领导一场革命，我会立刻让所有的艺术家卷铺盖走人。我相信幸运的安排，当我完成了一些艰巨的任务后，肥沃的土地会再次结出果实。身为艺术家，我有一种感觉，就像一个孩子看着母亲做家务时的那种感觉。我不想碍手碍脚，只希望当一切归于平静后，我可以拥有自己的一席之地——那里，远离尘嚣，无忧无虑。

很多作家投身于这场运动是因为相信，至少对他们而言，对资产阶级世界的反抗，意味着对资产阶级世界不尊重文化的反抗。但无论人们选择哪个世界，总有一项实际的工作需要优先完成——是资产阶级工业化，还是新经济政策；是追求个人的成功，还是需要将一支队伍"打造"成形。

Anti-Intellectualism
in
American Life

第五部分

民主制度下的教育

PART 5

第十二章
学校与教师

1

如果有人把反智主义说成是美国生活的一大特质，那么这个人便必须考虑到我们国家历史上的一个重要事实——我们对大众教育的效力抱有坚定、强烈、有时甚至颇为感人的信念。无论是过去还是现在，很少有人质疑这种信念的普遍性和真诚性。亨利·斯蒂尔·科马杰（Henry Steele Commager）评价19世纪美国人的主要特征时说，"教育就是他们的宗教"——尽管他很快又补充说，美国人对教育的期望和对宗教的期望一样，都要"实用且能带来回报"。[1] 美国人是近代史上仿效普鲁士建立免费公立学校体系的首个民族。他们最早的法令包括留出一部分公共土地来支持学校制度的土地条例。他们迅速增加的校舍和图书馆证明了他们对知识传播的关注，而他们的书院和肖托夸集会①则表明，这种关注远远没有随着学生时代的结束画上句号，而是延伸到了成人教育方面。

从一开始，美国的政治家们就坚持教育对于共和国的必要性。乔治·华盛顿在他的告别演说中敦促人们推动"普及知识的制度"。在华

---

① 美国非常流行的成人教育运动。在20世纪20年代中期以前，肖托夸集会在美国农业地区广为传播。肖托夸为社区提供娱乐与文化教育，成员包括当时的演说家、教师、音乐家、艺人、牧师和其他各方面专家。——编者注

盛顿看来，就政府对公众舆论的影响力而言，"民意的开明是至关重要的"。年迈的杰斐逊在 1816 年警告称："如果一个国家希望在文明的状态下保持无知和自由，那么它就等于期待着过去和将来都不会发生的事情。"年轻的林肯在 1832 年第一次向选民呼吁时，他告诉桑加蒙县的选民，教育是"我们作为一个民族所能投身的最重要的伟业"。[2] 年少翩翩的林肯卧在篝火前借着摇曳的火光读书，这个形象已俨然化作数百万莘莘学童心中永恒的完美典型（笔者相信，他们对于林肯可能在读什么会情不自禁地浮想联翩）。对于意欲尽情畅谈和宣扬理想主义的主笔或演说家来说，用通俗的言辞赞颂教育永远不失为一大妙招。1836 年，美国中西部某小镇的一位编辑写道：[3]

> 如果有朝一日，高楼大厦摇摇欲坠，如今从火柱中冉冉升起的欢乐灯塔……光芒渐黯，那么众生的无知便是罪魁。如果想让我们的联邦继续存在下去……如果想让你们的田地不被专制的走卒践踏，如果想让我们的国家荣光留世、常承天恩，如果想让太阳那清澈的光芒继续照耀着自由人民的面庞，**就让这片土地上所有的孩子都享受教育吧**。仅凭这一点，就能惊醒梦想着权力的暴君，唤醒被压迫人民沉睡的能量。是智慧支撑起了国家荣耀的巨柱，只有这种健全的道德才能防止它们灰飞烟灭。

但是如果我们从过去的言论转向如今的现实，最让我们震惊的便是那海量的批评。这些批评表明，美国人对教育的热情缺失了某些非常重要的东西。许多教育问题都源于冷漠——教师工资过低、教室过于拥挤、学校的双重课表、教学楼残破不堪、设施不足以及其他某些原因导致的缺点——对运动能力的狂热崇拜、游行乐队、高中鼓乐队女指挥、种族隔离学校、去知识化课程、严肃科目教育的匮乏以及对有学术天赋的孩子的忽视。有时，这个国家的学校似乎被体育运动、商业主义和大众媒体的标准所主导，而这些方面会延伸到高等教育系统,其最严重的缺陷被大胆的俄克拉荷马大学校长所放大,他希望发展一所橄榄球队可以引以为傲的大学。[4] 当然,某些终极教育价值似乎永远无法在美国人身上体现出来。他们耗费无数心血和资金,将相当大比例的年轻人送往高校。但当这些年轻人来到学校,他们甚至似乎对读书一点都不上心。[5]

2

尽管我们言论的字里行间都流露出深切的承诺,但是我们在教育方面的表现始终存在着某些严重缺陷,这一点对于那些秉持着最认真的态度对待我们承诺的教育工作者来说显而易见。我们历史上的教育著述让那些现代教育批判家产生了巨大的质疑——他们太容易怀念过去的美好时光,而显然,过去的时光从来都不那么美好。那些值得人们尊敬的作者留给我们的教育著作,在很大的程度上都是充满着犀利批判和尖刻抱怨的作品。美国人会创建公立学校体系,但不会给予它足够的支持。他们试图在人民当中传播知识,在这方面做的工作可谓全球领先,而然后又雇用流民和不合适的人担任教师,并付给他们卡车司机那样的工资。

美国教育改革史似乎通常就是一部与不和谐环境作斗争的历史。诉说教育哀史是我们文献的一大特色,就如同清教徒布道中的哀诉一样。这种著述就是某种抗议——这本身并不奇怪,因为抗议是任何想要改进的人的责任,但其中也有某种近似绝望的潜流在不断涌动。此外,这种抗议不仅出现在西部教育的前沿地带,或者最黑暗的密西比州,而且还出现在马萨诸塞州,这个在公立学校制度发展中名列前茅、在教育方面从未失去领先地位的州。然而在这个地区,教育改革家詹姆斯·戈登·卡特(James Gordon Carter)在1826年警告说,如果立法机构不改变其政策,那么公立学校将在20年内彻底消失。[6]

贺拉斯·曼(Horace Mann)在1837年之后担任马萨诸塞州教育委

员会秘书期间,对美国最好的学校系统之一所作的批评颇具启发性。他说校舍太小,位置也不好。学校委员会为了省钱而忽视了教科书的统一性,其结果便是,一个班级在一个科目上可能要使用多达8到10本教材。学校委员会既得不到高薪,也得不到社会认可。社区中有一部分人对教育漠不关心,对学校系统毫无帮助,而较富裕的那部分人已经放弃了公立学校,把孩子送入私立学校。许多城镇都不遵守该州对学校的要求。"公立学校普遍缺乏有能力的教师",而现有的教师无论能力如何不足,但也都"符合公众舆论所要求的标准"。"在阅读课上明显欠缺才智"。"在上一代或半代人内的时间里,学校在拼写方面的水准已经倒退"。"在我们学校的阅读课上,超过十二分之一的孩子不明白他们所读的单词的意思。"他担心"玩忽职守的学校委员会、不称职的教师和冷漠的公众可能会继续彼此弱化",直到整个自由学校的理念都被抛弃。[7]

抗议还在继续,这种悲哀的论调从新英格兰蔓延到全国各地。1870年,美国正处于中等教育大发展的前夕,时任明尼苏达州威诺纳一所师范学校校长、后来担任全国教育协会主席的威廉·富兰克林·菲尔普斯(William Franklin Phelps)宣布:[8]

> 它们(小学)主要掌握在无知、无技能的教师手中。孩子们仅凭知识的皮毛过活。他们离开学校,步入没有纪律约束的广阔生活舞台;没有精神力量或道德毅力。……低质量的学校和教师在全国占多数。许多学校太差劲了,如果关闭这些学校对国家也有好处。……他们以公共利益为代价,投身于舞弊的惊天骗局,这是一种愚昧的可悲景象。……我们美国的数百所学校都充斥着不守纪律的青少年暴徒。

1892年,教育改革家约瑟夫·M. 赖斯(Joseph M. Rice)在全国各地考察学校体系,述说了一个又一个城市令人沮丧的情况,唯有几个可喜的例外:教育是选区政治的产物;无知的政客雇用无知的教师;

教学是一种单调乏味的重复程序。[9] 10 年后，当进步运动刚刚起步，纽约《太阳报》却发出了另一种控诉：[10]

> 在我们小时候，孩子们必须在学校做一些功课。没人会耐心地哄他们，什么都是硬来。拼写、写作和算术不是选修课，你必须学它们。在这个比较幸运的时代，初等教育在许多地方已经变成了一场杂耍表演。孩子必须被逗乐，学他喜欢学的东西。许多贤明的教师对旧式的入门教材不屑一顾，而孩子学会读书则被视为一种不幸，也是一种罪恶。

一代人之后，在国家发展了大规模的中等教育体系，并且教育本身已经高度专业化之后，师范学院的托马斯·H. 布里格斯（Thomas H. Briggs）在哈佛的英格里斯演讲中评估了国家在中等教育方面的"巨大投资"，并得出结论称这个投资不幸失败了。"即使在中学课程上，"他说，"也没有取得尚可的成绩。"他认为，其教授的那种数学如果应用到商业领域将导致破产或牢狱之灾。当给定圆周率的值和所有必要的数据时，只有一半的学生能算出圆的面积。学外语的学生既没有获得阅读能力，也没有获得交流能力。完成一年高中法语学习的学生中只有一半能翻译"Je n'ai parlé à personne"（"我没有和任何人说话"）这句话。在选修法语的学生中，只有五分之一的人完成了两年以上的法语学习。在拉丁语方面，成绩同样糟糕。经过一年的古代史学习，学生都说不出梭伦是何许人也。在学习美国历史一年后，学生甚至无法解释门罗主义——尽管这两门学科都是这些课程的重点。英语课程未能让大多数人产生"对所谓的标准文学的永久兴趣"，随之而来的英语写作成绩则"大多数都非常骇人，因为它们证明了学生所达到的成绩有多么不够格"。[11]

今天，我们生活在一个系统考察的时代，我们各种教育失败的证据已经积累到罄竹难书的地步。[12] 而关于该证据的实际意义则是众说纷纭、莫衷一是。许多专业教育学家对此表示接受，认为这进一步证明了他们的观点，即传统的学习课程不适合大众教育体系中的广大儿童。而在教育体系的批评者看来，这些调查结果只是表明需要回到更高的标准并提高我们的教育士气。关于教育失败这个关键事实，争议则较小。这个失败本身也突显了美国生活中的一个悖论：在一个如此热衷于教育的社会里，我们教育制度的成绩却总是令人失望。

3

当然，我们可能会怀疑这些调查结果和批评存在误导。学校官方和教育改革者不断抱怨的历史不就是有益的自我批判的标志吗？这些抱怨之后不都是改革吗？如果美国的公共教育制度不是以某些抽象的完美标准，而是以其建立之初的目标来衡量，难道不应该认为它是成功的吗？关于这一点，无疑有很多内容要讲。美国的公立学校体系旨在吸纳大量而多样、出身和工作各异的流动人口，并将其打造为一个民族，使其具备读写能力，并至少赋予其共和体制运行所需的最低限度公民能力，它所做的便是这些。如果说在19世纪的大部分时间里，美国在高雅文化方面的成就没有惊艳世界，那么美国的学校至少帮助创造了一种被外国观察家们反复赞赏、关注的普遍思考和能力水准。

毫无疑问，美国的教育信条本身需要进一步审视。大众教育的信念主要不是建立在对心智发展的热情上，也不是建立在对学识和文化本身的自豪上，而是建立在所谓教育的政治和经济裨益上。毫无疑问，像贺拉斯·曼这样的顶尖学者和教育改革家确实关心心灵的内在价值，但在试图说服有影响力的人或普通公众相信教育的重要性时，他们主要是小心翼翼地指出教育可能会对公共秩序、政治民主或经济改善作出的贡献。他们明白，"推销"教育最有力的方式，不是强调它在实现高雅文化方面的作用，而是强调它在打造一种可接受的民主社会形式方面的作用。他们采用并在美国人头脑中刻入这样一个理念：在大众政府的统治下，大众教育是绝对必要的。对于那些经常担心教育成本的富人来说，他们把大众教育解释为消除公共混乱，消除缺乏技能和无知的劳动力，消除政府管理不善、犯罪和激进主义的唯一选择。对于中下层阶级，他们则把它说成是大众权力的基础、机会的大门以及在角逐中收获成功的强大武器。[13]

对于广大不善言辞的美国公众来说，除了给孩子们进步的机会之外，他们不可能确切地知道自己对学校体系有什么期望。智识力量的发展并不是我们关注的中心问题，这点似乎很清楚，但也有某些证据表明，笔者在宗教、政治和商业方面描述的反智主义在学校实践中也有所体现。如今似乎存在一种普遍的担忧，即儿童不应该对心智的运用抱有过高的评价。露丝·米勒·埃尔森（Ruth Miller Elson）最近对19世纪教科书内容的研究表明，教科书的编纂者正试图向孩子们灌输对待智识、艺术和学问的态度，而且是那些我们已经意识到在成人社会中广泛流行的态度。[14] 旧式课本中有相当一部分是优秀文学著作，但即便是其中最好的作品，人们也不会从中摘选内容，因为它们会灌输给孩子创造性智识的价值。

正如埃尔森夫人所说，这些书所体现的主要智识价值是实用价值。正如早期的一位读者所言："我们都是实用知识的学者。"地理学家杰迪戴亚·莫尔斯（Jedidiah Morse）在其著名的地理课本中吹嘘道："当许多国家把杰出的天赋浪费在那精巧昂贵又百无一用的纪念碑上，以便使他们的骄傲永世长存时，美国人——遵循共和主义的真正精神——几乎完全投身于在公共和私人方面具有实用的工作。"教科书的作者为美国民主式的知识传播感到自豪，并很乐意付出"缺乏开明或造诣深厚的学者"这样的代价。"这里没有像牛津和剑桥那样的辉煌学府，在那里，文学教授们拿着丰厚的薪水，同时像修士一样无所事事。这个国家的人民还不怎么喜欢炫耀文学——他们更倾向于具有普遍实用性的工作。"还有一种与之类似的自负说法，即与欧洲有所不同，美国的学院和大学不仅致力于知识的教授，而且同样投身于学生的道德培养。美国的大学被人们自满地描述为一个旨在培养性格和灌输正确原则，而非引导追求真理的地方。

公立学校被认为是出于类似目的而建立的。女诗人爱丽丝·凯里（Alice Cary）在 1882 年三年级读本的一篇选段中称："孩子们，你们必须追求善良，而不是智慧。"另一位作者说："人的智识并非他唯一或最美的闪光点。"人们总是把心灵的美德置于头脑的美德之上，这种偏爱在学校读本的英雄文学中也有体现。欧洲的英雄可能是傲慢的贵族，在战场上极具破坏力的士兵，或者是"被供养着奉承权力的大学者，以及用自己的天赋去纵容腐败宫廷恶习的诗人"。但美国的英雄们则以朴实真诚、品格高尚而著称。华盛顿——这类文学作品的中心人物——在某些书中被描绘成白手起家者的榜样，以及对智识生活几乎毫无助益的实干家的典范。"他的认真大于聪明，判断力多于天赋。他对公共生活怀有深深的敬畏，对读书兴致甚浅，也没有任何藏书。"一本 19 世纪八九十年代的历史书这样写道。即使是富兰克林，也没有被刻画成 18 世纪的智识领袖之一，或者是在世界各国首都和贵族中来去从容的杰出科学家，而是被描绘成自立者的典范，满口都是关于节俭和勤奋的华而不实的大道理。

课本收入的关于知识分子的内容也证实了上述情绪。在 19 世纪上半叶是以华兹华斯的反智语录为主，到了下半叶则换作了爱默生的主场。1884 年一本五年级课本引用了爱默生的《再见》：

> 我笑那人类的学问和自负，
> 笑那诡辩家的学校，学术的流派和名分；
> 当人与上帝相遇在荒芜，
> 他们的一切自满均将意义全无。

还有一种偏见是针对智识乐趣的。抵制阅读小说的常规禁令被反复提出，偶尔有人会发出这样的观点，即为了乐趣而读书是一件完全恶劣的事情："把书撕破、弄坏是滥用，仅仅为消遣而读书则是错用。"埃尔森夫人对这些读本深入分析后得出结论："反智主义不是美国文明中的新生事物，不仅如此，它甚至已经完全根植于自共和国成立以来一代又一代学生阅读的课本当中。"

这种对智识的毁损并没有在对艺术的高度重视中得到抵消。当人们谈及音乐和美术的时候，主要是探讨白手起家的艺术家、国家不朽的杰出作品或者赞颂美国的艺术。对课本的编纂者来说，重要的似乎不是艺术家作品美学方面的内容，而是他那证明了勤奋、专注美德的职业生涯。本杰明·韦斯特（Benjamin West）被刻画成一个穷得买不起画笔的男孩，他为了作画不得不从猫尾上拔毛做画笔："因此我们可以看到，通过勤奋、创造性和毅力，一个美国小男孩成为他那个时代美国最杰出的画家。"如果说艺术生涯可以修炼品格，那么它同样具有其危险性。一段源自18世纪英国道德家汉娜·摩尔（Hannah More）的摘录就被发掘出来，其中写道："在所有教养良好的国家，对艺术的全情投入都是妇女堕落的一大根源……过度艺术培养带来的堕落是导致国家衰落的主要原因，并且总能为国家即将而来的衰落提供可靠征兆。"人们通常会以意大利人为例，说明在艺术上卓有成就的民族必然伴随着不健全的民族性格。应该说随着时间的推移，学校课本越来越倾向于把美国艺术和文学的发展作为对欧洲人批评美国文化的回应。当艺术与民族自豪感联系在一起并被认为是一种工具时，它至少是可以为人们所接受的。

当然，我们不知道学校课本的内容对孩子们的思想有多大的影响。但如果哪个孩子接受了这些书中的普遍态度，他就会认为学术和美术是欧洲劣等社会的装饰品，在看待艺术时主要考虑的会是它对于民族的作用，而且几乎会完全根据它对品格的贡献来对它进行判断。正如埃尔森夫人所说，他长大后会成为一个"诚实勤奋、虔诚而有道德的人。他将是一位有用的公民，不受艺术或学术那缺乏刚劲气，甚至或许是危险的影响"。在他的课本中提出的文化概念让他做好了如下准备:"一生致力于追求物质上的成功和完善的品格,而与此同时,只有当智识和艺术成就能够服务于某些实用目的时才会重视它们。"

这些从学校课本字里行间收集到的信息更为清晰地表明了19世纪美国人的教育信仰。也许这种信仰最动人的地方在于其中那充满善意的觉悟,即教育不应该是排外的,而应该是人人都能享有的。这种觉悟得到践行,并取得了辉煌成果:学校成为传播社会和经济机遇的强大机构。美国人对于教育的内部及性质标准不太确定,而且就算他们能够定义这些标准,他们也很难按照自己在教育工作中所设想的那样将之大规模实施。教育在灌输实用技能和扩大社会机遇方面的作用一直很明显。而开发心智以便获得智识或想象力上的成就甚至是沉思的乐趣,这种价值就不那么清晰,也不那么容易获得普遍认同。许多美国人苦于这样一种质疑,即这种教育只适合闲适阶层、贵族和欧洲的往昔时代,这种教育的用处都不如它可能存在的危险明显。对心智发展的过度关注是一种傲慢或自恋的表现,而在人们心中,主要是道德败坏的人才会具有这种傲慢和自恋。

4

美国人不愿意在教育过程中接受智识的价值,这种情绪并不会因为实力强劲而受人尊敬的教师职业而消失,因为这样的职业当时并不存在。大众认为没必要发展这样一种职业,但就算大众认为有必要,在美国生活的形势下,想招募和训练一流的职业教师团队也绝非易事。

学校教师的形象很可能被视为任何现代社会的核心象征。教师是——或至少能够成为——首个或多或少步入大多数孩子的生命中、代表着心智生活的全职专业人士,而孩子对教师的感情、对于社会对教师看法的意识,都构成了他早期初步学习观念形成过程中的关键要素。当然,这些在小学阶段并不十分重要,因为小学的基本任务是教授基本技能。而在中学阶段,孩子的心智则迅速觉醒,并且开始接触思想世界。然而无论在哪个教育层次上，从小学到大学，教师不仅是指导者，而且是学生潜在的个人榜样，是了解成人世界盛行的各种态度的鲜活线索。孩子们从教师那里获得了对心智培养方式的许多认识，通过观察自己的老师是如何受到尊重和褒奖的，他们很快就会意识到社会是如何看待教师这个角色的。

在那些高度重视教育的智识功能的国家，例如法国、德国和斯堪的纳维亚诸国，教师——尤其是中学教师——很可能是当地的某位重要人物，代表着值得效仿的个人和职业理想。在这些国家，教师似乎是有价值的行业，因为教师所做的事情都是有价值的，并且认可度极高。智识上机敏而有教养的教师，对于那些家庭教养程度不高的聪明孩子可能特别重要，这样的孩子没有其他的精神激励来源。然而在美国历史上，学校教师往往没有资格充当引导学生步入智识生活的模范。很多时候，教师不仅没有自己的智识生活，甚至在他本应传授的技能上也不具备足够而精熟的能力。不管教师自身素质如何，他们微薄的工资和普遍缺失的个人自由使教师的角色与剥削和恐吓联系在了一起。

美国教师没有得到很好的褒奖和尊重，这在当代的评论界中几乎是公认的。几年前，当时的卫生教育福利部长马里恩·福尔松（Marion Folsom）指出，教师工资很低这种"国家耻辱"反映了"公众对教学工作缺乏尊重"。[15] "媒体也不断向人们提醒着这个情况。某一天，公众得知密歇根州的一个城市每年付给教师的工资比付给垃圾清洁工的少400美元。另一天又得知，佛罗里达州的一群教师发现州长每年付给他的厨师3600美元，于是写信指出，厨师的工资比该州许多受过大学教育的教师都要高。"[16] 和其他美国人一样，美国教师的生活质量绝对高于欧洲教师，但是他们的年薪相对于美国的人均收入来说，始终低于除了加拿大以外的所有西方国家的教师。1949年，美国教师的平均年薪与人均收入之比为1.9，英国为2.5，法国为5.1，联邦德国为4.7，意大利为3.1，丹麦为3.2，瑞典为3.6。[17]

在美国，学校教师的行业地位低于其他国家，也远低于美国其他各类专门职业。正如教育家迈伦·利伯曼（Myron Lieberman）所言，教师通常来自"下层人口的上层"。上层和中上层人士几乎普遍拒绝把教书作为一种职业。教师常在学年或"暑假"里从事底层工作，作为他们教学收入的补充，他们当过服务员、酒保、管家、看门人、农场工人、寄存处服务员、送奶工、普通劳工等。他们来自文化受限的中下层家庭，在这些家庭中，《星期六晚报》或《读者文摘》可能是很常见的读物。[18] 对大多数教师来说，他们的工作纵使不尽如人意，也代表着他们相对于父母在经济地位上的提高。反过来，他们的孩子也会比他们做得更好，因为他们的孩子会比自己受到更好的教育。

我们有理由相信，尽管《黑板丛林》①带来了轰动效应，诸多城市的贫民区学校也明显混乱不堪，但是美国中学的师生个人关系依然融洽。中层和上层阶级的孩子尤其如此，他们对学校的教育目标积极响应，往往比下层阶级的孩子（即使他们表现出同等能力）更受老师青睐。但关键的事实在于，美国青少年对他们的老师抱有的态度更多是同情而非钦佩。他们知道老师的工资很低，并且迫切希望教师得到更高的工资。其中较有抱负和能力的人也得出结论说学校教学不适合自己。[19] 这样，教师职业的平庸就会长久延续下去。当教师作为智识生活及其回报的代言人站在学生面前时，他无意中便使智识生活显得毫无吸引力。

教师的窘况可以追溯到我们历史的早期阶段。美国人民的教育热情从来没有强烈到让他们愿意大力支持本国教师的地步。在某种程度上，这似乎反映了英裔美国人对于教学职能的共同态度，这与欧洲大陆的普遍理念截然不同。[20] 无论如何，合格劳动力的市场问题在美国始终没有得到解决，早期的美国社群因此很难搜罗并留住合适的男性学校教师。在殖民时代，受过教育者数量极其有限，他们面临着数不

---

① 《黑板丛林》是1955年理查德·布鲁克斯导演的电影，反映了校园暴力和师生对立的社会问题。——编者注

胜数的机会，故而不会满足于一般社群愿意支付给男性学校教师的工资。人们尝试了各种解决方案。妇女会在"家庭小学"教授某些初等教育的内容，这类机构通常为私立，但有时也会部分或大部分由公共资金扶持。虽然直到 19 世纪，美国社群才开始普遍招募女性学校教师。在某些城镇，牧师会兼做教师，或者教师兼任当地各类工作，承担各种城市和教会职责，从为教堂敲钟到担任当地抄写员、镇报员或镇办事员。另一些城镇的人则接受了"长期任职的教师几乎不可能存在"这个事实，并短期、分批雇用有志于从事其他职业——可能是牧师或法律行业——的年轻人。因此，许多社群能够暂时聘请到具有良好品格的有能力的教师，但他们任职的短暂性似乎表明，对于真正有能力、有品格的人来说，教学不过是生活中的一个中转站。

长期任职教师的人似乎往往资质平庸，而且特别无法胜任这份工作。或许是因为通常只有事情病态的那一面才会重新焕发人们对历史的新奇感，威拉德·S. 埃尔斯布里（Willard S. Elsbree）在他的历史著作《美国教师》中描写殖民地学校教师的品性时，主要向读者讲述的都是醉酒、诽谤、亵渎、诉讼和教唆。[21] 但也应该考虑到，殖民地社群有时也的确不得不聘用契约仆役来担任教师。约 1725 年，特拉华州的一位牧师观察到，"当有船沿河驶来时，那些需要为自己的孩子聘请教师的人常常会说这样一句话：走，买老师去喽。" 1776 年，《马里兰日报》刊登广告说，一艘从贝尔法斯特和科克驶来的轮船刚刚抵达巴尔的摩，并列举了船上出售的"各种爱尔兰商品，其中包括教师、牛肉、猪肉和土豆"。大约同一时期，康涅狄格的报纸也刊登了一则广告，悬赏捉拿一名出逃者，并描述其为"学校教师，肤色苍白，短发。他患有严重的疥疮，双腿疼痛发炎"。残疾人因为缺乏更好的用途而常常被聘作教师。1673 年，奥尔巴尼镇将当地的一名糕饼师傅纳入了其现有的三名教师的教学班子中，据说是因为"他的手废了"。[22] 尽管这样的选择可能是出于一种用错了地方的慈善，但也反映出在搜罗合格教师方面一直存在的困难。唯独马萨诸塞州脱颖而出，它拥有足够数量的受过教育的人，因此相当大比例的大学毕业生都成为教师。

尽管不时也会搜罗到称职且敬业的学校教师，但这些格格不入的人士似乎太过惹眼，因此给教师职业树立了某种不受欢迎的形象。"事实是，"一位观察家在1725年写道，"在这里，这类人的职务和品性通常都非常低贱、可鄙，这种状况不会有所改善，除非公众能慎重考虑儿童的教育问题。"[23]这个传统似乎一直延续到19世纪，这时，我们听到了这样一段悲哀的坦白："一个残疾到不能从事体力劳动的人——他或跛、或太胖、或太虚弱、或患了肺结核、或得了癫痫、或懒得工作——他们通常会聘用这些人担任教师，这样就能让这些人从事自己能胜任的工作，享受这些人带来的劳动。"这种状况造成了一系列刻板印象：独眼或独腿的教师，因为酗酒而被逐出牧师团队的教师，跛脚的教师，格格不入、虚度光阴的教师，以及"周六醉酒，周一大闹整个学校的教师"。[24]

不同地区的各大教育家们都普遍关心教师的质量问题。詹姆斯·戈登·卡特在描述1824年马萨诸塞州各校的情况时宣称[25]，男性教师可以分为三类：（1）认为教学比普通劳动更容易，而且可能比普通劳动报酬更高的人。（2）接受良好教育的人，将教书作为某种临时工作，或者为挣钱买生活必需品，或者为留给自己过渡时间以谋求固定工作。（3）那些意识到自己的短板，不再追求卓越，甚至不抱希望通过其他工作来维持生活的人："只要一个年轻人具备不至于让自己被关进国家监狱的道德心，那他想要获得批准担任教师，简直就是易如反掌，不会有任何问题。"

数年后，北卡罗来纳大学校长约瑟夫·考德威尔（Joseph Caldwell）对该州学校教师的招募情况表示愤慨：[26]

一个生而懒惰、惯于懒惰的人，对所有他能够索取支持的人来说，他是否构成了一种负担？有一个办法可以摆脱他，那就是让他当学校教师。在许多人看来，教书无非就是坐着不动，什么也不干。有谁因为轻率和行为不当挥霍了他所有的财产,或落得负债的下场?学校的管理工作为他敞开了大门,而他却在这里陷入困境,因为他没有能力养活自己。有没有人因为放荡、酗酒、诱奸和不正当行为,把自己毁了,并尽其所能败坏别人?不仅如此,他是不是犯过某些违法行为,在耻辱的赎罪后刚从监狱出来?他品德败坏,无法信任,但他现在开办了一所学校,孩子们蜂拥而入,因为如果他愿意以这种身份行事,那我们都会承认,只要他能读能写能算平方根,他便能成为一名优秀的学校教师。

华盛顿·欧文(Washington Irving)笔下的伊卡伯德·克兰当属美国文学中学校教师最主流的刻板形象:

> 克兰(crane,鹤)这个外号当真衬他本人。他像一根瘦竹竿,肩膀窄窄的,长胳膊长腿,从袖子里垂出两只手,晃荡出足有1.6千米,两只脚简直可以当铲子用,整副骨架松垮垮地支棱在一起。他脑袋很小,头顶扁平,扑棱着一双巨耳,一对绿森森的大眼珠子了无生气,鼻子狭长,看上去就像一个风向标,停在他那纺锤形的脖子上,用来指示风向。在刮风的日子里看他沿着一座小山大步流星,周身的衣衫被吹得鼓起、飘动,人们可能会误以为他是降临人间的饥荒之魔,或者是某个从玉米地里逃走的稻草人。

正如欧文所描述的那样,伊卡伯德·克兰并不完全是一个恶人。在四处寄宿的过程中,他尽其所能使自己与农民的家庭和睦相处,承担各种各样的杂务,还喜欢逗弄小孩子,对他们很是宠爱。在这个社区的妇女当中,他可谓重要人物,因为他比她们通常遇到的乡巴佬更有教养一些。但是这种"既有小聪明、又有一颗单纯轻信的心的怪人"在男人们看来可并不是什么值得崇拜的对象。当布罗姆·博恩斯用可怕的伪装把伊卡伯德吓出城镇,并拿南瓜砸在他那易于轻信的脑袋上时，这便也象征着美国男性群体对旧时代的学校教师进行的审判。

5

像考德威尔和卡特这样希望进行教育改革的人的抱怨可能对情况有所夸大，但即便如此，他们也只是反映了教师在美国人民心中根深蒂固的刻板印象。恶性循环已经形成。在美国各类社群看来，想搜罗、培训或雇请优秀教师并非易事。他们将就于他们所能搜罗到的教师，而这些教师大多数都不适应或无法胜任这份工作。他们总会得出这样的结论：教书是一种会吸引流氓的职业，因此，他们不愿意付给流氓超过他们自身价值的报酬。但可以肯定的是——有证据表明——品行良好、有能力的教师一旦被搜罗到便会受到热烈欢迎，很快就会在社群中获得比其他地方的教师更高的地位。但是过了很长一段时间，人们才开始为普遍提高教师质量而百般努力。

分级小学的发展和女性教师的出现使美国教育摆脱了恶性循环。分级学校是对大型城市教育问题的一种回应，于19世纪20年代开始发展，到1860年开始流行。当年，大多数城市都拥有这样的学校，学生6岁入学，14岁毕业离校。这种分级学校在很大的程度上效仿了德国的教学体系，使小型教室能够容纳特征更为相同的学生群体，并赋予了美国教学更优质的基础。它还增加了对教师的需求，并向女性开放了这个行业。直到1830年，大多数教师都是男性，而女性主要负责非常年幼的孩子和暑期班的教学。当时人们普遍认为，女性无法应对班级课堂的纪律问题，特别是大型班级和学生年龄较大的班级。分级学校的出现在一定程度上回应了这些反对意见。在许多社群仍然可以听到反对女性教师的声音，但当有人指出女性教师的工资可以是男性教师的三分之一或一半时，这些反对者们往往很容易就缄口了。美国人那"以廉价的方式让人人都能享受教育"的伟大追求终于有了实现的途径。到1860年，在某些州，女性教师的人数超过了男性教师，而内战也加速了前者对后者的接替。据估计,到 1870 年,女性几乎占教师队伍的 60%,而且她们的人数也正呈迅速上升趋势。到 1900 年,逾七成的教师都是女性,又过了 25 年,这个数字攀至峰值——超过 83%。[27]

对女性教师的接受不仅解决了成本问题,也解决了教师的品格问题,因为可以找到大批值得钦佩的年轻女孩来从事低薪工作,只要她们的个人行为符合学校董事会制定的严格的、有时甚至是清教徒式的标准,就可以留用她们继续任职教师。但这并没有完全解决教师能力方面的问题。新教师都很年轻,而且准备不足。在很长一段时间里,几乎没有能为其提供专门培训的公共场所,为这个目的设立的私立中等学校也不多。在美国对教师培训予以重视之前,欧洲国家已经对此进行了一个多世纪的实验。1839 年,贺拉斯·曼帮助马萨诸塞州建立了第一所公立师范学校,但在内战开始之时,这样的机构也仅有十余家。1862 年之后,这类机构的数量才迅速攀升。然而到 19 世纪末,数量仍然无法跟上对教师迅速增长的需求。1898 年,只有一小部分新教师——大约五分之一——来自这样的公立或私立学校。

此外,这些学校提供的培训质量也不是非常高。他们的录取标准杂乱无章,甚至到了 1900 年也没有将高中文凭作为入学条件。两年的高中教育或同等学力,通常是两到三年师范教育的前奏。四年制师范学校在 1920 年以后才开始流行起来,那时它已经开始被师范学院所取代。甚至在 1930 年,美国教育署的一项调查显示,目前全国师范学院和师范学校的毕业生中只有 18% 完成了四年制课程。其中三分之二接受的是一年制或两年制教育。[28]

尽管在世纪之交及之后,美国各个社群为满足对有能力的教师的需求做出了巨大努力,而同时也在与爆炸性增长的学校人口苦命赛跑,市场上教师的供不应求阻碍了教师预备工作水平的提高。1919—1920 年的最理想估计数字表明,一半的美国教师年龄低于 25 岁,一半在学校工作不超过 4 年或 5 年,一半接受过不超过 4 年的八年级以上教育。

在接下来的几年中，教师教育至少在人数方面呈现出一段快速增长的时期。但在 1933 年，美国教育署公布了《全国教师教育调查》，其中显示，在美国，只有 10% 的小学教师、56% 的初中教师和 85% 的高中教师拥有学士学位。接受过本科以上教育的寥寥无几——除了高中教师以外，但其中也仅有六分之一以上的人拥有硕士学位。一项对美国与西欧部分国家教师教育的比较表明，美国在某些方面处于相当不利的地位，明显落后于英国，而且远远落后于法国、德国和瑞典。该调查的作者写道："让人深感忧虑的是，学生，尤其还有重要的教师群体，并没有比整个人口中的大多数聪明多少。"[29]

有能力的学生退出了教学事业，在多大程度上是因为它的低回报，又在多大程度上是因为教师教育中突显的废话连篇现象，这很难说。很明显，教师在他们打算教授的科目上没有受过足够的培训。但更令人惊讶的是，无论他们在自己的主要兴趣领域准备得多么充分，他们在该领域教书的机会也并不会比其他人多。这项调查对现有研究的整理表明，在某个学术科目上有充分准备的高中教师被分配教授这个学科的概率几乎不超过 50%。这在一定的程度上可能是管理疏忽的结果，但主要原因出在大量浪费资源的小型高中上，詹姆斯·布莱恩特·科南特（James Bryant Conant）在 1959 年仍在抱怨这一点。[30] 当回顾美国教师培训的历史时，我们都会不由得出与埃尔斯布里一致的结论："在努力为公立学校提供充足的师资时，我们牺牲了质量来换取数量。"[31] 当时流行的设想是，每个人都应该接受公立学校的教育，而在除南部以外的地区，这一点基本上得到了实现。践行"人人都接受教育"这个理念的必要条件就是培养训练有素的教师，但是美国没有能力也没有意愿为此做出巨大的努力。人们从不会停止搜罗廉价教师的脚步。学校教师被认为是公职人员，而公职人员的工资不应该过高，这是美国平等主义哲学的一部分。在殖民时代，学校教师的薪资差别很大，总体上似乎大致小于或等于熟练技工的工资，而明显低于专业人员的收入。1843 年，贺拉斯·曼在对马萨诸塞州同一社群不同职业群体的工资进行调查后述称，熟练技工的薪水比同一城镇任何学区教师的工资都高出50%到100%。他发现女性教师的工资要低于工厂女工。1855年，新泽西州的一名学校管理人员认为，尽管教师普遍"不能胜任自己的工作"，但"预备工作做得相当充分，充分得超出了在他们那个薪资水准上应有的程度"。他指出，指望有能力、有出息的人拿着教师的工资从事工作简直可谓痴人说梦，主要原因便是，"一直以来，被人称作教师——从某种程度上来说——就代表着某种耻辱。"许多农民愿意付出比"找一个合适的人来塑造和培养他孩子的品格"更好的价格给他的马钉马掌。[32]

当然，薪水上的不足并未在尊严或地位上得到弥补。此外，女性教师人数日益增多的优势在很大的程度上消除了教师职业品格恶劣这个瑕疵，但也造成了新的严重的问题。在世界上的其他地方普遍存在着这样一种理想——实际上教师的招募情况基本上也符合这个理想——即男性应该在整个教育方面扮演重要角色，并在中等教育中发挥主要作用。美国是西方世界中唯一一个几乎将初等教育完全交给女性的国家，中学教育也基本如此。1953年，在世界各国中，美国教师行业中女性的高占比情况几乎是独一无二的：女性占其小学教师的93%，占中学教师的60%。西欧仅有一个国家（意大利，52%）雇用的女性占其中学教职人员的半数以上。[33]

诚然，笔者的意思并非女性教师的地位不如男性教师（事实是在某些教育等级中，特别是在小学低年级，有理由认为女性教师更受欢迎）。但在美国，教学一直被认为是女性的职业，它并未将男性带到那种完全合乎常规的男性角色高度。因此，"教育和文化是女性关注的问题"这个美国式男性理念因为男孩们的校园经历而得到巩固，并且无疑在很大的程度上也形成于这种经历。他们的教师中往往缺少男性模范或偶像，缺少能身体力行传达这样一种意识的人：从逻辑上讲，思想的世界就该属于男性。也缺少能给他们提供智识探索或文化生活的男性榜样的人。同样缺少被认为在世界上足够成功、足够重要的人，能使精力充沛的男孩们相信可以通过从事教育来谋生。男孩们在成长过程中会认为男性教师或多或少有点缺乏阳刚之气,对他们抱有这样一种离奇古怪的态度——既有文雅的顺从(这是对女性应有的),也有发自内心的男性优越感。[34] 在某种狭隘的意义上,男性教师或许会受到尊重,但他并非"男孩们的一员"。

但教师角色的男性问题只是冰山一角。在 19 世纪,男性从事教书工作,要么属于临时过渡性质,即将之作为成为律师、牧师、政治家或大学教授必经的一步;要么就是在变相承认自己无法谋得那些更有价值的工作。调查显示,即使在当今,最有能力的男性进入教学行业时也往往是怀着这样的期望:或者成为教育管理人员,或者彻底退出这个领域。近几十年来,一个新开辟的领域或许导致了公立中学男性、女性人才的日渐外流:入学人数海量的大专或社区学院的大量涌现,使那些具有更高能力、更充沛训练加持的有胆量的教师可以从高中向上飞跃,或完全避开高中,而转向能为自己提供更轻松的生活方式、更优厚的薪酬以及更高声望的机构。然而他们在这些机构给出的某些教学内容,高效的一流中学同样也可以提供。让某个单独的机构分担第十三年和第十四年的公立教育可能会产生各种各样的裨益,但这种做法本身并不会对增加美国教学人才储备有所帮助。在追寻充沛的训练有素的师资力量过程中,美国陷入了一种怪圈中。上层教育梯级(大学和大专)的回报越充足,进入这类院校的年轻人占比便越高,这个梯级从较低层次的教育体系中汲取人才的能力也就越强。在一个教学事业毫无吸引力的社会中,想找到足够多受过训练的人才为广大民众提供教育,仍然是一项艰巨的任务。

第十三章
生活调整之路

1

职业教育领域掀起的一场极有冲击力的反智浪潮,堪称美国思想的一大显著特色。这场运动对青少年教育产生了重大影响,为了理解这场运动,我们必须着眼1870年以来公共教育的主要变化。19世纪70年代,美国开始大规模发展免费的公立中学教育,而直至20世纪,公立高中才成为某种大众教育机构。

在这一点上,美国教育的某些特点极为重要——其中最重要的当属其民主设想及目标的普遍性。在美国之外,人们并不认为所有的孩子都应该接受这么多年、如此统一的学校教育。坦率来讲,大多数欧洲国家的教育制度都是为自己的阶级制度量身定制的,尽管在我们这个时代,这种"定制性"已然有所减弱。在欧洲,孩子们通常只一起上学到10或11岁,之后他们会分别进入专科学校,或至少进行专科课程学习。14岁以后,大约80%的孩子都完成了正规教育,其余学生进入学术类大学预科学校。在美国,孩子们必须上学到16岁或以上,其中进入大学的人数比例比欧洲国家升入学术类中学的人数比例还要高。美国人也倾向于让本国中学生在同一屋檐下完成学业——通常是综合性社区高中——将学生安排在单一的教育路径上(尽管课程不统一)。理想情况下,人们不会根据社会阶层,在社会地位或学习成绩上对学生有所划分。然而因为贫困和种族偏见的无情社会现实因素的介入，我们的民主教育哲学所否定的大部分关于阶级区分的内容还是被保留了下来。无论如何，在美国不需要像其他国家那样过早对儿童的最终职业出路作出决定，而原因只是在于，这一切还没有因为早期教育分类的要求而变得制度化。在美国，甚至是面向专门职业的预备工作都要推迟到研究生教育阶段，或者最早也是在大学的最后两年开展。美国教育在很长一段时间里都是服务于更广大的群体。它更普遍、更民主，步调更从容，要求更宽松。它也更不知吝惜：以阶级为导向的体制浪费了贫困阶层的人才；美国的教育普遍倾向于将人才挥霍一空。

这种结构上的差异并非总是那么大，尤其是在中学教育里。在大众公立高中出现之前，美国的中学教育实践与我们的民主理论并不太相符，而是与欧洲的阶级区分理念更为合拍。在19世纪，大多数美国人的公立教育结束于分级小学的最后几个学年，甚至还要更早。小学之后的免费教育是1870年以后的30年间才建立起来的。1870年以前，美国和欧洲一样，阶级制度是决定孩子在十三四岁以后受教育程度的主要因素。负担得起学费、对孩子的智识或职业方面怀有抱负的富有家长，可以把孩子送到私立学校，而这些学校通常都是寄宿学校。自富兰克林时代以来，这些学校就开展了传统与"实用"兼具的教育：开设文科古典课程，以拉丁语、希腊语和数学为基础，通常辅以科学和历史。但在许多这样的学校里，学生可以在拉丁语课程和英语课程之间选择，后者是一种更为实用和现代的课程，讲授重点在于那些被认为对商业有助益的内容。这些学校在质量上参差不齐，差的照搬公立学校的部分教育方式，好的则模仿大学的某些教学内容。其中那些最好的私立学校质量着实颇高，其毕业生进入大学后都可能会因为第一学年甚至第二学年课程内容的重复而倍感倦腻。[1]

美国对教育民主作有道德方面的承诺，同时又在中学教育上对私立学校存在严重依赖，这两者之间的出入没有逃过教育评论家的法眼。一方面是向人们普遍开放的公立小学；另一方面是数量飞涨的学院和大学——当然是要收钱的——但价格便宜，且不存在区别对待。填补这两者之间巨大缺口的有几所先驱性公立高中，但主要还是私立学校。据估计，在1850年，私立学校大约有6000所。早在19世纪30年代，这些学校就被谴责为排外、充满贵族气派且不符合美国风俗习惯。对于一个已经致力于打造免费公立学校体系的国家来说，将这个体系延伸到中学教育似乎是合乎逻辑且不可或缺的一步。行业在发展，职业生活变得更加复杂。人们对技能的需求增大，不仅如此，中学阶段的免费公立教育似乎对实现实用和平等都有帮助。

公立高中的倡导者给出了道德和职业角度的有力论据，而其提议的法律依据已然存在于公立学校制度当中。短浅的目光和狭隘的税收意识曾牵制了他们，但这种情况并没有持续太久。1860年以后，公立高中的数量开始大幅飞涨，且还在日益增长。从1890年（从可获取入学人数的年份开始）到1940年，高中的总入学率几乎每10年翻一番。到1910年，17岁的青少年中有35%在上学。如今，这个数字已经高于70%。在这样的发展速度下，高中已经成为几乎所有美国年轻人都能就读的机构，其中大约三分之二的人都能毕业。

美国高中在质量上的表现因地而异，但无论如何评价，都没有人会否认，对年轻人的免费中学教育是教育史上的一项标志性成就。这同时也是一个显著的标志，代表着人们想将学校教育打造为提供大众机遇、提高社会流动性的工具这个希望。后面，笔者对高中的课程问题还有很多内容要探讨，因此在这里似乎有必要强调这个成就的积极价值。同时还要着重点明，不谈教育标准，上一代的欧洲学校体系在某种程度上已经效仿了美国高中的民主特征。

高中发展为大众教育机构，这彻底改变了它的性质。在世纪之交，高中学生虽然较少，但是仍然对其进行严格的区分。学生上高中主要是出于自己本身的意愿，而且也是因为他们及其家长抓住了高中提供的非凡机遇。人们常说，六七十年前，上高中的主要是准备上大学的人，可这种说法并不正确，用来描述过去15年的情况还算中肯。而如今，高中毕业生里大约有半数会进入大学——这个比例着实惊人。笔者不知道在世纪之交有多大比例的高中毕业生真正升入了大学，但有多少人准备如此，这一点还是可以通过资料了解的。在1891年，有29%的毕业生便是如此。到1910年，准备进入大学和其他高等院校的学生比例为49%。此后，该数字始终处于上下浮动状态。[2]

为高中教育带来影响的剧变在于，过去，是否接受高中教育完全是自愿的，因此也具有相当高的区分性。而现在至少对16岁及以下的孩子而言，高中教育属于义务性质，而且也不再具有区分性。在高中开始飞速发展的那些年里，进步派和工会主义者始终在对旧时产业使用童工这种罪恶大加抨击。应对这种做法的最有效措施之一便是提高义务教育的结束年龄。1890年，有27个州要求建立义务教育制度。到1918年，所有的州都设立了这样的法律。立法者也更加急于确定离学的法定年龄。在1900年，在当时那些具有相关法律的州里，平均年龄为14岁零5个月。到了20世纪20年代，这个数字已经接近当今的标准——平均年龄16岁零3个月。此外，福利国家和强大的工会也确保了这些法律得到越来越充分的实施。必须保护年轻人不受剥削，也必须保护他们的前辈，所以坚决不能让年轻人进入劳动力市场。

如今，中学生不仅区分性越来越低，不情愿度也越来越高。他们上高中不是出于继续学习的意愿，而是迫于法律的强制。义务的重担也随之转移：尽管免费高中曾经为那些选择接受这种教育的人提供了无价的机会，但是现在高中则拥有大量其管理者认为有义务满足的稳定受众。正如美国青年委员会下属的某个教育委员会在1940年所写的那样："即使面对某个能力较差的学生，我们也不应该忘记他上中学是身不由己——我们是在帮他未雨绸缪，而这同样也是他有理由要求社会给予自己的一项权利。"[3]

随着时间的流逝，学校里充满了越来越多持怀疑态度的、不情愿的，甚至是充满敌意的学生。据此似乎可以推测学生的能力和兴趣的平均水平都有所下降。很明显，旧式的学术课程不能再像面向1890年的35.9万学生那样，以同样的比例向数百万高中生开设。只要公立教育基本覆盖的是小学阶段的教育，美国人认为人人都可以而且应该接受教育的理念就容易践行。可一旦公立教育囊括了中学教育，大家就不再确定是否人人都能接受教育，而且相当肯定的是，不是每个人都能以同样的方式接受教育。毫无疑问，变革势在必行。

学校管理者的处境很容易引起我们的同情。甚至在20世纪20年代，从很大意义上来说，社会就已经颁布法令委托他们管理准托管机构了。学校必须管控那些对学习毫无兴趣、同时又受法律约束不得不上学的学生，所以也可以算作托管机构。此外，学校面临的压力不仅是要履行法律，还要提高自身吸引力，尽可能长时间地保持尽可能多的年轻人发自内心的拥戴。[4] 教育家们坚定地着手进行自己的任务，开始寻找越来越多可能会唤起年轻人的兴趣并吸引他们的课程，不管这些课程的价值按传统教育标准来看多么值得怀疑。随着时间的推移，他们越来越不关心高中应该培养哪种类型的头脑，对课程的学术方面也更加不上心（无论如何，想上大学的男孩和女孩都不会放弃，他们要取悦的是其他人）。关于中学教育的探讨越来越频繁地夹杂着一种全新的、决定性的表现标准——学校的留人能力。

由于需要接受目标和能力各不相同的大批学生，同时为许多学生行使托管的职能，因此学校必须赋予其课程以多元化的色彩。中学的课程不可能像1890年或1910年那样固定。但对于那些公立教育的领路人来说，问题在于，学校的学术内容和智识标准是否应该根据每个孩子的意愿和能力尽可能地提高，或者是否有充分的理由可以放弃任何这样的目标。想要确实努力维持课程中的智识内容，就需要公众和教育行业坚定地支持智识价值。这需要大量行政管理方面的智谋，在许多社群，这需要比学校实际享有的更慷慨的财政支持。

但所有这一切都只是基于想象。当职业教育领域掀起了一股浪潮，吹捧"数量重于质量、所谓的实用需求重于智识发展"的理念时，数量问题并没有显现。在致力于培养有兴趣、有能力、有天赋的学生的学校体系中，美国教育工作者绝不把那些平庸的、不情愿的或没有能力的学生看作障碍或特殊问题,而是投身于一场社会运动,将那些对学业不感兴趣或没有天赋的孩子拔高成某种文化英雄。他们不满足于说,美国社会生活的现实导致必须妥协于把教育作为发展正规学问和智识能力这个理想。相反,他们激进地宣称,这样的教育是明日黄花、徒劳无益,一个真正民主的教育制度最崇高的目标,就是通过提供一系列即时的实用元素来满足儿童的直接利益。我们需要对这场社会运动的历史多加关注(它在20世纪40年代和50年代多舛的生活调整运动中达到顶峰),因为它以一种实际的方式诠释了人们对于童年和学校教育、性格和抱负以及智识在生活中的地位的普遍态度。

2

这个中等教育新阐释的兴起可以通过国家教育协会和美国教育署下各类委员会的几例准官方声明来追溯。当然,这些声明对于地方学校董事会或者负责人并不具有强制性。它们代表了教育思想的渐变,却不能准确反映课程政策实际发生的变化。

到19世纪末期,有两种截然不同的关于公立高中办学目的的观点已经在为争夺主导地位而相互较量。[5] 其中,早先的观点在1910年之前一直处于优势地位,并在接下来的至少10年里也继续产生着重要的影响。但根据人们对其的看法,这种观点也可以被称为过时或偏重智识。持这种观点的人认为,高中首先应该通过让学生学习学术主题的内容来培养他们的头脑。消息灵通的倡导者非常清楚,大多数学生没有接受过高中以上的教育,但他们认为,这有利于为上大学做好准备的教育,同样也有利于为生活做好准备。因此,即便大学不是儿童的终极目的,中学教育的目标也应该是"心灵文化",正如学术课程的主要倡导者之一威廉·T.哈里斯(William T. Harris)所称的那样。这个理念的代言人强调的是,学生——无论他课程的具体内容是什么——都应该长期研习每门学科,直至真正掌握其内容(在关于教育的持续争论中,"掌握"学科内容这个理想主导着理智主义者的思想,而满足儿童"需求"的理想则成为他们对手的主要理念)。

关于中学教育的学术角度论述,最值得关注的文献当属1893年国家教育协会十人委员会那份著名的报告。该委员会成立的目的是研究大学和中学之间混乱的关系,并就高中课程提出建议。从其组成人员能看出大学教育工作者占有主导地位,且较之后来为类似目的设立的委员会成员,二者呈现出了相当有趣的对比。其主席是哈佛大学校长查尔斯·威廉·艾略特(Charles William Eliot),成员包括教育委员威廉·T.哈里斯、其他四位学院或大学校长、两所杰出私立中学的校长和一位大学教授,只有一位公立中学校长。另外,为了讨论主要学科在高中课程中所占的比重,委员会设立了一系列附属会议,这同样也体现出大学享有完全掌控权。参与会议的虽然有不少中小学校长,但是也有那些大名在美国智识历史上响当当的大学教授——本杰明·I.惠勒(Benjamin I. Wheeler)、乔治·莱曼·基特里奇(George Lyman Kittredge)、弗洛里安·卡约里(Florian Cajori)、西蒙·纽科姆(Simon Newcomb)、伊拉·雷姆森(Ira Remsen)、查尔斯·K.亚当斯(Charles K. Adams)、爱德华·G.伯恩(Edward G. Bourne)、阿尔伯特·B.哈特(Albert B. Hart)、詹姆斯·哈维·罗宾逊(James Harvey Robinson)和伍德罗·威尔逊。

十人委员会向中学推荐了4门备选课程——古典课程、拉丁语-科学课程、现代语言课程和英语课程。这些课程的相异之处主要在于它们对古典文学、现代语言和英语的不同侧重。但所有这些课程都要求学生至少学4年英语、4年外语、3年历史、3年数学和3年科学。在这点上,当代读者会注意到,该课程计划与詹姆斯·布莱恩特·科南特近期在其高中调查里推荐给"有学术天赋的男女生"的最低标准课程计划极度相似。[6]

十人委员会设计的课程表明,他们认为中学是提供学术培训的机构。但他们并没有错误地以为这些学校仅仅是作为大学预科存在。恰恰相反，该委员会甚至夸大与之相反的观点，称"只有极微比例"的高中毕业生会进入大学或科学研究机构。委员会表示，高中的主要功能是"为人生职责做准备"，而不是为上大学做准备，但如果所有的主要科目都"以连贯、透彻的方式教授，……都秉持同样的精神开展……并且都用于训练观察、记忆、表达和推理的能力"，学生就会在智识方面得到锻炼，这对上大学或生活都颇有裨益："中学里的每一门课，都应该以同样的方式和程度教给它的每一个学生——无论他的未来如何，无论他的教育止于哪个阶段。"[7]委员会认识到，最好在高中为音乐和艺术留出更大的空间，但他们显然也认为这些并非首要问题，建议将相关事宜交由地方自行决定。该委员会成员提出，在小学的最后4年应该开始语言教学，而不幸的是，这个提议遭到了忽视。他们意识到，要想有效实施他们的提议，就必须提高中学教师质量。他们敦促提高师范学校水平，并建议大学就教师的充分培训问题给予进一步关注。

事实上，高中并没有完全按照委员会的保守理想发展。甚至在19世纪80年代，实践和职业培训项目——手工培训、车间作业及其他此类研究——就已经相当繁荣了。那些主要关注高中管理和课程设置的人越来越对学术理想的持续主导感到不安，他们相信这源于大学对高中的"支配"和"控制"。他们坚持认为，高中的目的是教育公民履行公共责任，培训产业工作者，而非向大学输送新生。高中应该被视为"人民的大学"，而不是大学的预备学校。他们认为，民主原则要求更多地考虑那些没有上大学的孩子的需求。出于对这些需求的重视，以及对儿童发展原则应有的尊重，人们必须放弃"掌握"的理想，同时青少年应该自由地考查、体验和选择科目，从中获取他们能够记住和利用的内容并传递给其他人。严格要求孩子们学习特定的科目只会增加他们辍学的危险。

历史上的诸多势力都对新派教育家有利。当商业站在教育这一边时，往往会对新派教育家们的行为予以称赞和鼓励。激增的学生人数增强了他们理念的感染力。他们对1890年后正值复苏的民主原则的呼吁引起了公众的共鸣。这些大学本身数量众多、竞争激烈，质量又参差不齐，因此在渴求更多学生的同时，它们已然彻底放弃坚守过去的录取标准。此外，这些大学仍然对其传统古典课程的价值持不确定态度，并从1870年左右开始试验选修课制度和更广泛的研究项目。学院和大学的教育工作者对中学的教育问题不再抱有强烈兴趣，这个领域的改革者也很少受到权威人士的批评或反对。高中的师资越来越多地由新州立师范学院提供。高中教科书曾经是由各领域的大学权威人员编写，现在则由公立学校负责人、高中校长和主管人员，或者是教育方法的研究者编纂。

3

十人委员会对这个新理念流派所作的轻微让步不足以平息不满。它没有能够预见到高中学生数量即将出现的暴增，或者学生群体的日益多样化。很快就可以看出，十人委员会的课程理念正在逐渐失势。到了1908年，国家教育协会的规模和影响力迅速增长。协会通过了一项决议，否定了公立高中主要应该作为为大学"做准备的学校"这个观点（当然，这并非十人委员会的主张），同时敦促高中"适应学生的一般需求，包括智识和产业方面的需求"，并建议学院和大学也应该让自己的课程适应这种需求。[8] 平衡正在被打破：人们不再指望高中能与大学保持协调；相反，大学应该努力接近或适应高中。

1911年，国家教育协会下设的一个新委员会——关注高中与大学衔接问题的九人委员会——提交了另一份报告，其中显示教育思想的变革正在顺利开展。人员上的变化本身就说明了问题。撰写1893年报告的那些著名的大学校长和杰出的教授都消失一空，精英中学的负责人也不见踪迹。九人委员会的主席是布鲁克林体力培训高中的一名教师，其委员会由学校负责人、委员、校长，以及一名教育学教授和一名大学学院院长组成，没有任何基础学科方面的权威。十人委员会是一组试图为中学设计课程的大学人士,而新的九人委员会则是一群来自公立中学的人,他们通过国家教育协会向各大学施加压力:"将'对某特定学科必须具备四年的学习经验'这个要求作为高等院校的入学条件根本就不合逻辑(除非这门学科是所有高中生都必须且应该学习的),并且根据本委员会的判断,这个要求应该即刻予以终止。"

九人委员会认为,高中的任务"是为人们奠定良好的公民品行基础,并帮助他们对自己的职业作出明智选择",但它也应该培养独特和特殊的个人天赋,这"与发展共同的文化元素同等重要"。委员会敦促学校激发"当时每个男生、女生都具有的"主要兴趣。同时它也对通识教育应该先于职业教育的观点提出了质疑:"完整的教育观念要求及早引入对个人实用性的培训,从而让通识教育和职业教育珠联璧合。……"委员会敦促更多地关注机械技术、农业和"家政学"在所有男女生的教育中作为理性因素发挥的作用。在传统观念中,公立高中就是为大学做准备,因此是它[9]

> 将成千上万的男女生从他们适应和需要的追求中,引到他们不适应也不需要的追求中去的。从纯粹的书本式课程中诞生了错误的文化理想。在物质财富的生产者、分配者和消费者之间,一条巨大的鸿沟就这样横亘开来。

到 1918 年,至少从理论层面上讲,中学教育似乎已经成功地从学院理想和大学控制中"解放"出来,尽管这个成果还未能体现在全国的高中课程当中。那年,国家教育协会下设的中学教育重组委员会在一份文件中制定了美国学校的目标,埃德加·B. 韦斯利(Edgar B. Wesley)教授对此评论说:"在教育史上,可能没有任何出版物的重要性能超过这本 5 美分 32 页的小册子。"[10] 这个题为《中等教育的基本原则》的声明得到了美国教育署的正式认可,并将此印制分发了 13 万份。它成为全国范围内探讨教育政策的契机,某些教师培训机构对此高度重视，甚至要求其学生背诵里面的重要部分（因此违反了新教育理论的一条核心准则）。

新委员会指出，进入四年制高中的学生中有三分之二以上没有毕业，而在毕业的学生中，很大一部分没有上大学。这些学生的需求不能忽视。必须重新审视把一般智识训练作为教育目标的旧观念。需要更加关注能力和态度上的个体差异。必须采用全新的学习规则来检验学科和教学方法，这些问题不能再"主要根据具有逻辑条理的科学学科要求"来评判。[11] 简而言之，各种训练的内部结构将被降为某种教育标准，取而代之的是对当时正处于探索状态的学习规则的更多尊重。

此外，人们现在不将儿童视为需要学校培养的理智者，而是由学校培训的公民。新派教育家认为，大家不应该满足于期望拥有更多见多识广、聪明能干的公民，而应该直接去教授公民应有的良好品行、民主和公民美德。委员会制定了一套教育目标，其中既没有提到智识能力的发展，也没有论及中学学科内容的掌握。委员会表示，学校的职责是为民主服务，培养每个学生使自己能够具备公民资质的能力。"因此，我们应该关注优秀家庭成员、职业和公民身份这三个主要目标。"委员会继续主张称："因此，本委员会视以下为教育的主要目标：一，健康。二，基本方法的掌握（在此语境下，这明显指的是基本技能那三个R；委员会无疑自然而然地认为，如今中学阶段有必要继续教授相关内容）。三，成为优秀的家庭成员。四，职业。五，公民身份。六，对闲暇时间有意义的利用。七，道德品格。"

该委员会公正地表示，传统高中在培养音乐、艺术和戏剧的兴趣方面所做甚少——但委员会并未将这些作为智识体系课程的理想补充，而是把它们作为某种备选。委员会表示，高中"一味追求智识训练，而很少关注文学、艺术和音乐，因此没能唤起正确的情感反应、制造积极的欢愉"。此外，高中过于强调对大多数学科的深入学习。应该重新安排课程，每门学科只学一年，"为那些无意深入钻研的人带来确切的价值"。这将使课程"无论对于继续学业者还是辍学者，都能更好地适应他们的需求"。

委员会进一步主张道，学院和大学应该效仿中学，相信自己有必要成为大众机构并对其课程作出相应安排。"考虑到民主的利益，'高等教育应该局限于少数人'的观念将注定走向泯灭"，在这一点上，委员会说中了未来。这就意味着，兼具通识、职业方面兴趣的高中毕业生都理应升入大学，而且一旦进入大学，他们仍然理应享受"对自身和社会都有裨益"的任何形式的教育。为了适应大多数学生，高等院校应该在一定的程度上用高等职业教育取代学术研究。该委员会表示，人们应该支持所有正常儿童上学，如果可能的话最好接受全日制教育，直到 18 岁。

该委员会提出了一项相当合理的主张：高中课程应该多元，并提供广泛的备选方案。但委员会表达这个主张的方式很能说明问题：

> 从广义上讲，多元应该基于职业，由此便能解释那些常见的课程名称，例如农业、商业、神职工作、工业、美术和家政学课程。同时也应该为那些有着独特学术兴趣和需求的人预作安排。

"也应预作安排"这句话把高中的学术方面仅仅说成是其主要目的的附带部分，凭着单单一句话，淋漓尽致地展现了从十人委员会的报告发表以来的 25 年里，关于这个问题的主流思想已经发展到了什么地步。

从报告书的措辞可以清楚地看出，委员们认为自己建议的不是教育上的后退，而是朝着实现民主理想的方向迈进。报告的字里行间都洋溢着进步时代和战争期间的理想主义，表达着"创造一个无害于民主制度的教育世界，并为每个孩子带来充分的机遇"的希望。委员会主张，我们的中学教育"必须以所有年轻人完整而有价值的生活为目标"——到目前为止，教育已经超出了开发心智能力这样一个有限的目标。中学教师被要求"努力探索正在争取优势地位的伟大民主运动的内在意义"。中学在致力于培养个人和不同群体的独特优点的同时，

"必须以同样的热情培养那些共同的理念、共同的理想以及共同的思维、情感和行动模式,使美国通过丰富、统一、共同的生活,为这个在人民和国家之间寻求民主的世界提供最可靠的助力"。

4

《中等教育的基本原则》为随后直至生活调整运动的所有关于中学教育政策的准官方声明确定了基调,并表达了其中普遍的理念。它出炉时正值高中生人数的剧变阶段。1910年的学生人数为110万,在1930年迅速上升到480万。当这份文件公布的时候,所有的州都已经采纳了义务教育法——1918年,密西西比州成为最后一个通过该法的州。

此外,学校多年来一直承担着为1880年至第一次世界大战期间涌入美国的大批移民的子女提供教育的任务,且在今后的许多年里还将继续致力于此。例如,到1911年,在37个大城市的公立学校中,57.5%的孩子的父母都是移民。[12] 移民的子女现在正上中学,他们带来了与小学时相同的阶级问题、语言问题和美国化问题。对许多学校负责人来说,让这些孩子了解美国的生活——往往是了解基本的卫生习惯——似乎比按照老式教育的方式培养他们的思想更重要。因此不难理解,对于一个住在布法罗的波兰移民的孩子来说,完全掌握拉丁语并不是他们的首要需求。不熟悉美国生活方式的移民父母,对其子女需要知道的东西没有提供足够的指导,学校因此现在被迫扮演父母的角色。此外,孩子们上午接受一本正经的古板美国佬女教师的教育,下午就会把行为和卫生方面的指导带回家,让他们的父母牢记在心,可能就这样成为美国化的工具。在这种背景下,我们或许能更好地理解《中等教育的基本原则》对"优秀家庭成员""健康"和"公民身份"的强调。人们常常抱怨,现代学校试图承揽过多包括家庭在内的其他社会机构的功能,而这在很大的程度上正源于教育工作者对上述问题的回应。

职业教育的变化也有利于中学教育的新理念。过去充其量只算教师教育权宜之计的师范学校，如今已经被师范学院和教育院校所取代。教师培训事业和教育过程研究都俨然变得专门化、专业化。而遗憾的是，正如劳伦斯·克雷明（Lawrence Cremin）所观察到的，教育院校和师范学院都是在高度自主的情况下壮大起来的。[13] 在精神世界里，职业教育家与学者渐行渐远。哥伦比亚大学的师范学院与其他学院之间的分歧，延伸出"120街是世界上最宽的街"这句讽刺话，也象征着横亘于美国教育体系中更巨大的裂痕。专业的教育工作者得以发展自己的思想，而不受与大学学者对话可能带来的智识纪律约束。与艾略特时代形成鲜明对比的是，学者们如今对中小学教育问题都不屑一顾，并将之视为笨蛋才会关心的事情。不少教育家都乐于看到他们从这项问题上退出，这样便能在初中和小学的教育计划制订过程中放手践行自己的信条。

《中等教育的基本原则》的理念正渐渐取代十人委员会的观点，与此同时，一种全新的教育正统思想正在形成，它在很大的程度上建立在对"民主"和"科学"的呼吁之上。约翰·杜威（John Dewey）统领着一群把教育民主视为核心问题的人，爱德华·李·桑代克（Edward Lee Thorndike）则主要代表了那些认为应该将"科学所揭示之事"应用于教育的群体。人们一般认为，民主和科学的这种结合没有任何问题，因为大家普遍秉持着一种信念（必须指出的是，桑代克并不怀有这种信念），即这二者之间必然存在着某种先定和谐——既然两者都是好事，那么它们必定服务于相同的目的，必定会带来相同的结局，即事实上，存在着某种民主科学。[14]

关于对杜威观念的利用或可能的滥用，笔者将在下一章进行探讨。不过，有必要在此谈一谈测试技术的运用以及各种心理和教育方面的研究。当然，尽管这些研究大部分未免带有试验性色彩，但都还是非常有价值的。而问题在于，在专业教育的热烈气氛中，本应是单纯的持续性研究，却总是被拔高为某种信仰——而推崇它的，与其说是那些真正从事研究的人，不如说是那些渴望发现研究的实际用途、急于为自己的各种运动援引科学权威的人。美国人似乎非常容易相信，任何可以用数字表达的所谓知识，实际上都与用来表达知识的数字一样具有确定性和准确性。第一次世界大战中的军队测试便是一则很好的例证。人们心中很快就形成了这样一种普遍认知，即军队的甲级测试的确可以测量智力、测出心理年龄，且测试出的心理年龄或智力都是确定不变的。此外人们还相信，大多数美国人的心理年龄只有14岁，因此教育系统应对的必然是大群或多或少有些迟钝的学生。[15] 尽管对这些测试过分自信的阐释总会遭到尖锐的批评——其中就包括来自约翰·杜威的批评——但对这些测试的滥用似乎是美国教育的常态。当然，某些人也从这些测试中得出人类智力低下的看法，如果这种看法得到证实，就可能会带来截然不同的结论。对于那些不热衷于美国民主信条的人来说——爱德华·李·桑代克本人就是其中之一——心智测试的效果就是推动了精英主义理念的发展。[16] 但对于那些坚定信奉"民主"价值的人而言，证明、展示这种所谓的大众心智局限性，只会鼓励他们在教育中寻觅相应的方法和内容，以便适应智力平庸或缺乏学习热情者的需求。那些支持民主教育的人可能会套用林肯的话，称上帝必是爱那些迟钝的学生，因为他创造出了如此多这样的人。精英们可能会对这类庞大的群体冷漠以待、置之不理，但民主教育者会像慈爱的母亲抱她残疾的孩子那样拥抱他们，试着根据想象中他们的需求来制定课程。

在这里，我们再怎么强调进步主义的道德氛围对这种新教育信条的推动作用也不为过，因为这种信条是在某种热情的慈善理念以及浓郁的理想主义氛围中发展起来的，而这种氛围要求对天赋较低者和弱势群体的需求予以慷慨回应。教育家们曾耗时多年探寻某种准则和信条，而人们现在似乎比以往任何时候都更加确定这二者的正确性——道德层面的民主需求，以及智识层面的科学发现仿佛都是证明。这片土地上不断地响起这个信条的战斗口号，其频繁程度史无前例：为民主而教育，为公民资质而教育，为儿童的需求与利益而教育，为所有年轻人而教育。美国的教育家们普遍对于道德过度紧张，又古怪得一本正经，这是那些远离自身精神世界、更为世俗的人可能永远都无法理解的。教育工作者承担的任务越是单调，他们所奏响的乐曲就越是光辉、越是崇高。当他们看到有机会引入一门关于家庭生活或家政的新课程时，便会着手为自己那理想主义的小提琴调弦。当他们自觉即将要为学校门卫谋得"被尊重对待"的权利时，就会变得过分乐观，加快奏乐的节奏。当他们试图确保学校厕所的位置已被清楚标记，就连最迟钝的孩子也能找到时，便会兴奋得头晕目眩，奏起那关于民主与自我实现的狂热华彩乐章。

教育写作的无聊季节如今已然到来。教育的职业化使人们更加注重对每项世俗问题作出符合实际的处理，而教育家们则沉湎于模仿那种学究学术式的迂腐而无法自拔，而且模仿得既拙劣而滑稽，又认真而可悲。他们不喜欢将自己仅仅视为低级实用性的提倡者；他们开始发展包装的艺术，为每一项提议——无论是多么简单合理、符合常识的提议——都披上最崇高的社会或教育目标的外衣。例如，学校教授给孩子们安全知识是可取的吗？如果可取，那么某个学校的校长便可以向国家教育协会宣读一篇矫情的文章，而内容关乎的并非教育孩子注意安全这个重要而（或许）老套的事务，而是某个崇高的主题——"事故预防教学作为统一课程因素的价值"。如此一来便可以佯称，重要的不是让年轻人免于车祸或烫伤，而是向他们教授这些内容，会让所有的知识都具有更高的价值——虽然关于这一点，发言人最后还是承认说："我想说的是，事故预防指导不仅有助于课程的统一，还能减少事故的发生。"[17]

5

如果一名外国旅行者对美国教育的了解仅限于教育改革者的著作，

那么美国的中学体系很可能会留给他这样的印象：死板僵化且一成不变，为学院和大学的要求所束缚，固守着陈旧的学术研究理念，且并不怎么能接受其所管理的各类学生。在1920年国家教育协会的会议上，一位发言者哀叹高中仍然"充斥着大学要求的规则和标准"，且遍地都是"受过学术知识训练，只持有学术观点"的校长和教师[18]，他的这种控诉论调始终萦绕在新派教育家的著作中。事实上，这些革新者在废除高中旧式学术课程方面已经取得了巨大成功。业余人士——甚至是教育领域的专业人士——都很难说出这份成功当中有几分道理。不过有两件事似乎可以肯定：第一，1910年后的课程改革几乎称得上是一场革命；第二，到20世纪40年代和50年代，生活调整主义教育者"撤除学术课程"的要求实际上已经无法得到满足。

在十人委员会的支持下，旧式学术课程在1910年左右发展至顶峰。那年，学习外语、数学、科学或英语其中随便哪门的学生，都比所有非学术科目的学生人数总和还要多。在接下来的40年里，高中课程中的学术科目比例从约四分之三下降到五分之一左右。1910年，在公立高中九至十二年级的学生当中，有49%选修拉丁语，到1949年，这个比例跌至7.8%。现代语言课程的学生总数从84.1%减至22%，代数从56.9%降至26.8%，几何从30.9%降至12.8%，数学科目的学生总数从89.7%滑落至55%。如果剔除一门名为"科学概述"的综合性课程，科学的学生总数从81.7%下滑至了33.3%。如果算上这门课程，则是下降为54.1%。英语科目的学生虽然在纯选修人数上总体保持不变，但是在许多学校体系中都遭到了极大程度的稀释。历史和社会研究的情况太过复杂，无法用数字形容，但不断变动的学生人数使这两者的内容在时间和空间上都日趋狭隘化——也就是说，这些课程变得更为注重近代史和美国史，而不是更遥远的过去和欧洲史。[19]

1893年，十人委员会审查高中课程时发现，美国高中总共设有40门科目，但其中有13门仅在少数学校开设，因此真正构成基础课程的只有27门科目。到1941年，设立的学科总数超过了274门，但其中只有 59 门可以归类为学术研究。最惊人的或许不在于学科数量的 10 倍增长，也不在于学术研究的数目减少至约五分之一这个事实，而在于教育理论家的反应：他们相信，学术研究依然对中学教育有所束缚。在美国教育署的鼓励下，生活调整运动在 20 世纪 40 年代末和 50 年代蓬勃发展。在这个运动中，人们致力于调动全国公立中学的力量，使教育体系更大程度地适应那些在某种意义上被视为"不堪造就"的儿童的需求。[20]

生活调整运动或多或少可以说是自第二次世界大战以来便突显出来的美国青年精神危机的结果。但它的意义还不止于此：这从某种意义上来说代表着教育领袖和美国教育署的某种尝试，目的是让自 1910 年开始的反智主义运动的价值观完全占据主导地位。在第二次世界大战结束后不久，当时的教育专员约翰·W. 斯图德贝克（John W. Studebaker）在纵观美国中学教育时观察到，10 个年轻人中只有 7 人左右进入高中（十至十二年级），而其中只有不到 4 人能毕业。[21] 尽管在过去的 40 年里，学校为增强留人能力做出了努力，但仍有大量年轻人对完成中学教育不抱丝毫兴趣。为丰富学术课程付出的努力似乎付诸东流，未能达到任一主要目标。而如今又有人提出，课程的丰富程度仍然不够。

生活调整运动提出通过促进"教育项目的发展，使其更贴合所有年轻人的生活调整需求"来补救这种情况。实现这个目标的途径便是设计某种教育，"让所有美国青年都能更好地以家庭成员、工作者和公民的身份过上民主的生活，实现自我圆满，为社会带来裨益"。1947 年 5 月，在芝加哥举行的某次全国会议上，与会者通过了一项由明尼阿波利斯邓伍迪学院（一个产业教育机构）主任查尔斯·A. 普罗塞（Charles A. Prosser）博士起草的决议。在最初的版本中（后来为了"避免曲解和误解"而略有修改），该决议表达了与会成员的看法，即中学没有充分满足绝大多数美国青年的需求。该决议还称，20% 的青年正在为上大学做准备，另外 20% 则准备进军技术性行业。但据该运动发言人的看法，余下的60%并不适合上述两种道路，应该接受生活调整教育。生活调整理论者明确地指出了在他们看来，那些遭受忽视、需要生活调整教育的60%的人身上所具有的特质。这些年轻人主要来自无技能或技能有限的家庭，身处拮据的生活和贫瘠的文化环境之中。他们比其他孩子上学晚，在学校里也精神发育迟缓，成绩较差，在智力和成绩测评中得分较低，对学业兴致索然，"情感上也不那么成熟——精神紧张、心神不定"。

在整理出这些学生那一系列令人压抑的特征后，教育署首本生活调整手册的作者们接着表示："罗列这些特征，并非意在给该群体打上任何劣等的烙印。"这些教育者根据自己提出的这种古怪的、自拆台脚的"民主"莫名其妙地断言，来自贫瘠文化环境的那些不成熟、心神不定、精神紧张、发育迟缓的迟钝学生，"在任何意义上都不逊色于"来自优良文化环境的那些更成熟、安稳、自信而天资卓越的儿童。[22] 他们表面上遵从"民主"理念，但实际上似乎是在掩耳盗铃，假装自己并非确信美国大多数儿童都或多或少不堪造就，根本成不了什么气候——用普罗塞决议中的话来说，就是不仅不适合为大学做准备的学术研究，甚至也不适合面向"理想的技术性行业"的职业教育项目。那什么样的教育才适合这不幸的大多数人呢？当然不是智力的培养或知识的积累，而是成为家庭成员、消费者和公民的实践训练。他们必须接受的是这些方面的教育——任何读过《中等教育的基本原则》的人都会非常熟悉这些术语——"伦理和道德生活"，家庭和家族生活，公民资质，对闲暇时间的利用，注重健康，"职业调整"。正如《面向每个青年的生活调整教育》一书的作者所言，这是"一种将生活价值置于知识获取之上的教育哲学"。这个理念隐含的态度是，知识与"人生价值"关系不大，甚至毫无关系——这构成了这整场运动的基本前提。生活调整派教育者一再强调，智识训练对于解决普通青年的"现实生活问题"百无一用。

6

  人们很难从华盛顿教育署编写的相关重复性公告中挖掘出生活调整运动背后的思想。但在这场运动被如此命名之前，经验丰富的职业教育管理者普罗塞博士本人便已经于 1939 年在哈佛大学的英格里斯演讲中提出了这场运动的基本概念。[23] 尽管在已发表版本的演讲稿中偶尔能发现些许蛛丝马迹，表明其受到约翰·杜威对于教育民主所怀热情的影响，但普罗塞主要依靠的是心理学研究，他对"科学"发现表达了某种更为强烈的虔诚之情（生活调整主义教育者会为自己一切的所作所为冠以科学的名义，除了鼓励儿童学习科学）。在普罗塞看来，桑代克及其追随者们已经证明，没有哪种智识训练的益处可以从一种研究、情形或问题转移到另一种研究、情形或问题上。"没有什么比科学更能证明'记忆力、想象力、推理能力或意志力可以作为一种能力进行训练'这个通识教育及其基本理论的信条的谬误性。"而当这种陈旧的观念被抛弃时（这是必然的），剩下的便是形形色色带有具体用途的教育了。不存在什么一般性的机械技能，只有通过实践和运用才能培养出来的具体技能。在心灵上也是如此。例如，不存在记忆这种东西，唯有我们曾经意识到其用处，而以供回想的特定事实和观念。

  因此，与推崇教育即智识训练的陈旧观念相反，大家如今认为不必去培养一般性的精神特质，人们只需要去了解那些具体的事情。而这些事情的可用性和可教性是相辅相成的，一种知识越是直接可用，就越是容易传授。一门学校学科的价值，可以通过其能直接应用的即时、实际的生活情境的数量来衡量。因此，重要的不是教学生如何养成一般概念，而是直接向他们提供日常生活所需的信息——例如，不教学生生理学，而是教他们如何保持身体健康。传统课程仅仅是由某些曾经这样发挥过作用、但如今已不然的科目组成的。"一般的规律似乎是，越是新兴的课程，其内容在课堂之外事务上的实用价值就越大。而越是古老的课程，其内容在满足生活实际需要方面的用处就越小。"

当课程内容从课堂直接、即时地转移到生活中时，学生们便学起来更容易，记住的东西也更多。事实上，正是一门学科的实用性决定了它对精神的训练性价值。"综合上述所有因素，商业演算术优于平面或立体几何；保持身体健康的方法优于法语；择业技巧优于代数；日常生活的简单科学优于地质学；简易的商务英语优于伊丽莎白时代的古典学。"

普罗塞表示，从科学研究中得出的一条不容反驳的结论是，最好的教材是"为生活所作的调整，而不是为教育而进行的教育研究"。那么，为什么高等院校要坚持把那些不可用、不可教的传统科目强加于中学呢？在他看来，除了这些学科教师的既得利益之外，主要原因在于高等教育机构需要某种手段来选拔能力较强的学生，淘汰其他的学生（人们必然会认为，语言和代数等学科的教学，其作用并非教育人，而仅仅是充当栏架，用来绊倒那些能力较差的学生，把他们挡在大学门口）。这种过时的手段需要学生荒度宝贵的四年时间，徒劳地钻研那些所谓的"训练性"科目。普罗塞相信，现在只需要数小时的心智测试就能选拔出适合上大学的学生，这会大大地节省成本，同时保证准确性。这样一来，或许可以说服传统主义者将之"看作某种风险投资"，撤除至少一半面向所有学生的学术课程，仅根据残存的实用性保留少数几门古老的学科。根据这个标准，"所有外语和数学学科都应该从大学预科的必修课程中去除"，取而代之的是更实用的科目——物理科学、英语和社会研究。

课程中应该加入更多具有直接应用价值的新科目：教授"交际技巧"的绝对实用性英语；探讨现代生活的文学；向年轻人传授"日常生活的简单科学"，告诉他们"科学如何增强我们的舒适感……提升我们的生活愉悦感……帮助人们完成工作……增加财富"的科学（仅仅是"性质上的"科学）课程；实用的商业指导以及"面向年轻人简明经济学"，或再辅以"美国青年经济史"的材料；关注"年轻人公民问题"和当地社会问题的公民学；数学——只包括各种应用算术的数学；强调"有益健康的社会文娱活动"、福利设施和礼仪规矩、闲暇时间的利用、青年的社会和家庭问题以及"美国青年社会史"的社会研究；最后当然还有"美术体验""实用性技艺体验"以及职业教育。这样一来，课程设置就能符合现代心理科学所揭示的学习规律，所有孩子都能从中学教育收获更多裨益。[24]

普罗塞在这里以一种相当直白的方式表达了诸多教育家从实验心理学中得出的结论，即"科学"削弱了精神训练理念的有效性，同时也推翻了通识教育理想所基于的根本设想。深谙这点的普罗塞满怀信心地断言称，"**没有什么比**"科学更能证明通识教育设想的谬误性。在这种鲜明的教条主义背后是思想史上颇为重要的一章。19 世纪美国及其他国家所秉持的古典通识教育旧式理想立足于如下两项设想。首先是所谓的官能心理学。其中，心灵被认为是某种由诸多部分或"官能"（例如推理能力、想象力、记忆力等）组成的实体。人们认为这些官能就像身体官能一样可以通过锻炼得到强化。在通识教育中，这些官能就会这样通过持续的精神训练逐渐得以加强。大家还普遍相信的是，某些学科作为精神训练的催化剂具有既定的优越性——其中以拉丁语、希腊语和数学为首。培养这些学科能力的目的不仅仅是为拉丁语、希腊语或数学方面的深造奠定基础，更重要的是训练心灵的各种能力，使它们能够更好地处理可能面临的任何问题。[25]而后来人们发现，官能心理学在哲学分析或者心理官能的科学研究下是站不住脚的。此外，随着知识体系的无尽膨胀和相应课程的延展，相信古典语言和数学在精神训练中独享高位这种曾经的狂妄情绪，如今似乎越来越成为某种古怪而狭隘的目空一切。[26]

但大多数现代心理学家和教育理论家都意识到，官能心理学和古典-数学课程的衰落本身并没有解决这样一个问题：精神训练这类事物是否为教育可以实现的目标？毕竟如果精神训练毫无意义，那么数个世纪以来以通识教育的名义所做的一切基于的似乎就都是某种错误的判断。是否可以对精神进行训练或广泛培养这个问题从官能心理学中流传下来，并呈现出某种新的、更具体的形式：在一种精神活动中开展、建立的训练，能否演化出可以迁移到另一种精神活动中的精神技能？当然，这个概括性问题可以分解为无穷无尽的具体问题：记忆行为（正如威廉·詹姆斯在早期针对自己进行的基本实验中所问的那样）能否促进其他记忆？一种感官辨别能力的训练能增强其他辨别能力吗？拉丁语的学习对法语的学习有帮助吗？如果训练迁移确实发生，那么这种迁移在历经数年严格的通识教育而累积起来后，可能会造就一个从总体上看训练得更为良好的头脑。但若没有发生训练迁移，那么大多数累积性的学术修习——除了这些修习本身所包含的知识以外——都可谓毫无意义。

无论如何，在桑代克的激励下，实验心理学家都确信自己能够阐明这个关键问题，于是在 20 世纪初着手探寻训练迁移的实验性证据。任何读过这些实验记录的人都倾向于得出这样的结论：这些实验缺陷百出，因为它们关注的仅仅是这个问题有限的几个方面；无论是单独某个还是所有这些实验，都没能充分阐明其最终指向的那个重大问题。但在诸多方法巧妙、往往颇具趣味的实验后，确实有某种证据越来越多地积聚起来。其中的某些——尤其体现在桑代克于 1901 年和 1924 年发表的两篇论文当中——被教育思想家们视为决定性证据，用以表明多大程度的训练迁移都不足以证实精神训练理念的合理性。无论如何，某些教育理论家便开始对这个证据及其他研究人员提供的类似证据加以利用。正如 W. C. 巴格利（W. C. Bagley）曾经说过的那样，"任何证明或解释放宽教育标准必要性的理论，都必然会得到支持与接受"，而支持者正是那些并不有意歪曲实验结果，以便实现他们重组高中适应大众这个使命的人。[27]

事实上，越来越多的实验证据最终都被证明是相互矛盾的一团乱麻，而那些坚称"这些研究成果一清二楚，没有什么比这些实验结论更为确凿可靠"的教育学家只是忽略了所有不能证实自身观点的研究结果。他们对实验证据的滥用实际上堪称教育思想史上的一大丑闻。如果量化调查这些实验能得出什么结论，那就是这些教育学家忽视了大部分材料，因为多达五分之四的实验研究都表明在特定条件下存在迁移。杰出的实验心理学家们普遍从未支持过反迁移理念，而这个理念则被普罗塞等教育理论家作为"科学已经证明"的结论性观点。如今，实验心理学也没有给他们带来任何帮助。正如杰罗姆·布鲁纳（Jerome Bruner）在其精彩的小册子《教育过程》中所总结的那样："过去20年来，几乎所有关于学习和迁移本质的证据都表明……通过适当的学习可以实现大规模的普遍迁移，甚至在最佳条件下可以引导人们学会如何学习。"[28] 也许比起实验心理学，通识教育的理想在人类的教育经验中更能得到证明，但就算将这种科学探究上诉到法庭，其裁定也远比生活调整教育宣扬者的陈述内容更能支持那些相信"精神训练存在"的人的看法。

7

"生活调整运动"以一种极端的形式阐明了职业教育持续40余年的呼吁：在一个大众化的中等教育体系里，不可能让大部分学生都接受纯粹性学术训练。这场运动的代言人怀着一种固执己见、确信无疑的态度，将"不堪造就者"的比例设定为60%。其采取的立场非常强硬，甚至在某些批判者看来，这个数字的给出完全是基于武断。这一切似乎仍旧源自那种对"科学"的动人信仰。1940年，普罗塞博士作为国家青年署的一员，与华盛顿方面关于青年问题的观念保持着密切接触。当时，以智力测试成果闻名的心理学家刘易斯·M. 特曼（Lewis M. Terman）在美国青年委员会的出版物《美国青年，过得怎样？》中称，在美国，110的智商是完成传统标准高中课程的必要条件，而60%的美国年轻人的智商都低于这个水平。但无论如何，这个数字都与生活调整派教育学家的计算结果存在巨大出入。[29] 而更重要的是，试图将整个国家的教育政策建立在任何这样的研究结果上，无疑都属于一种极其不负责任的做法。关于个体的智商是否属于某种恒定不变的遗传属性,心理学家们在这个问题上始终存在分歧(直至 1939 年仍在激烈争论)。而如今已有惊人的实验证据表明,个体的智商——如果给予适当的关注和教育——通常可以提高十五到二十个点或更多(如果对贫困儿童给予特别关注,那么结果将尤为叫人拍案。在纽约市的"更高视野"项目中,许多曾在初中阶段智商略低于正常水平或接近智力低下的贫民窟儿童,他们的智商和学业成绩都提高至了为大学所接受的程度,有些甚至还获得了奖学金)。此外,无论在何种情况下,智商本身都不可能成为衡量任何人潜在教育成就的可靠指标。另外还存在其他会随时产生变化而尚未计入考量的变量,例如教学水平、作业总量、学生的精神面貌以及积极性等。即使在现如今教学和教育士气低落的情况下,在美国高中里有多少学生能从学术课程中获益,心理学家和教育家们也还远未明确达成一致意见。[30]

最后要说的是,生活调整运动对于美国青年可教育性看法的貌似可信之处便在于,其忽视了其他国家的中学教育成就。新派教育家们常说,西欧国家的中学课程是"贵族式"、有阶级限制、有选择性且传统的,对美国的民主、普及且前瞻性的中学教育不具有模范价值。正因为如此,美国教育学家宁愿忽略可作为教育政策线索来源的欧洲教育史,而把"现代科学"作为实践指导,将"民主"作为道德鼓舞。欧洲的教育指向明日黄花的往昔时代,科学与民主则面向未来。但这种思维方式在与苏联的科学竞争中受到了冲击。较之美国,苏联的中学教育既不那么普适,也不那么平等。但它树立了某种教育体系的范例,这种体系不能完全被斥为贵族或传统式的教育制度,但仍在很大的程度上效仿了西欧国家的中学系统。该教育体系以一种显而易见的方式表明,让大量学生接受苛刻的学术课程是可行的。

我们绝不能认为,生活调整派教育学家满足于断言他们的教育目标应该仅适用于那被忽视的 60% 的底层青年。在这里,我们不应该低估这个运动充满奋斗精神的理想主义,普罗塞博士在 1947 年生活调整大会的闭幕讲话中便就这种理想主义作了最为充分的阐释。"在整个教育史上,从未有过像这样的会议……与会的大家如此诚挚地相信,此次机会千载难逢,可以让**所有**美国青年重获他们长期以来被剥夺的教育遗产。在座各位的宏图伟业,"普罗塞向与会成员们保证道,"是值得为之奋斗——值得为之献出生命的……上帝保佑你们。"

生活调整派教育学家因此很快就确信,他们崇高的教育理想不应该仅仅适用于被忽视的那 60% 的人:对他们有益的东西,对**所有**美国青年都有益,无论后者多么天资卓越。正如某本生活调整宣传册的作者相当坦率地承认的那样,他们所设计的只不过是"一幅乌托邦中学的蓝图"——他们还补充说,这所学校"唯有那种珍世奇才般的教师方能管理"。[31] 这正像 I. L. 坎德尔所讥讽的那样,生活调整的理念在于"对那 60% 的高中生有益处的——而且据称,这些学生其实在此阶段没有获得任何益处——对所有学生都有益处。"[32] 因此,这些运动斗士成功推翻了标准课程倡导者曾经提出的普及性设想。过去,人们认为通识学术教育对所有学生都有裨益。如今则有一种观点认为,在很大的意义上来讲,所有学生都应该接受最初为迟钝学生设计的那种训练。美国式实用性和美国式民主将在面向**所有**年轻人的教育中实现。生活调整运动将一劳永逸地建立起这样一种观念——迟钝学生"在任何意义上"都不输于那些天资卓越者——并同时确立所有课程科目(就像所有孩子一样)平等的原则。"'学科'不分贵贱,"1952 年,国家教育协会下设的教育政策委员会在描述理想的乡村学校时说,"数学和机械学、艺术和农业、历史学和家政学都地位相等。"[33]

秉持着实用、民主和科学的名义,不少教育者开始将那些人们认为不堪造就或可教程度较低的孩子视为中学领域的中心,而把有天赋的孩子放逐于外围。一群教育学家期待着"贵族式文化教育传统(将)被完全、彻底抛弃"的那一天,他们这样评价那些对智识表现出强烈求知欲的学生:"我们能提供给他们的任何帮助,都是他们应得的,但这些天选之子都是直接通过其周围环境学习的。我们对他们的教育,也只是他们成长过程中无足轻重的附带物。因此,学校没必要尝试让课程贴合那些非凡之人的需求,这同时也是徒劳之功。"[34] 在这种氛围下,正如杰罗姆·布鲁纳所言,"公立学校中排名前四分之一的学生——我们将从中培养出下一代的智识领袖——可能就是近期最为我们学校忽视的群体。"[35] 这些学生确实遭到了诸多教育工作者的无视,甚至在某些教育工作者看来,他们不是教育体系的希望、挑战或者渴望达到的标准,而是代表着离经叛道、无足轻重、异人怪客,有时甚至是代表着某种病态。笔者可能说得有些夸张,但如果不夸张点,就很难理解教育署的某位官员怎么会写出这样一段麻木不仁的话来了:[36]

> 相当多的儿童——估计约有400万——在精神、身体和行为方面都严重偏离规范,需要接受特殊教育。其中包括盲人和视力不全者、聋哑人和听力障碍者、言语缺陷者、跛足者、孱弱者、癫痫患者、智力缺陷者、社会适应不良者和天资卓越者。

8

诸如此类的观点——尤其是其倡导者所主张的普及性——在全国许多地方都总会沦为众矢之的,受到来自家长、学校董事会以及教师们的强烈抵制。而为了贴合新式教育理念,许多初中和高中都对课程进行了"丰富化",引入包括乐队、合唱、驾驶教育、人际关系、家庭与家族生活、"家政学"以及消费教育等新课程。某些社区的美国儿童直至长大成人可能都没有机会知道,他所在公立高中提供的课程并非在任何地方都被视为一种教育,而且可能也完全不适合实现他自己的理想。数年前,耶鲁大学校长 A. 惠特尼·格里斯沃尔德(A. Whitney Griswold)讲述了一则大学招生办人员耳熟能详的案例。有一名来自美国中西部城市的年轻人,他能力非凡,从各方面看都大有可为。但他申请就读耶鲁失败,原因就是其高中最后两年的学术课程仅包含两年的英语和一年的美国历史,其余修过的课程则包括两年的合唱,两年的演讲，一年的打字、体育、新闻、婚姻与家庭以及人格研究。[37]

如果仔细观察公立高中新引入课程的特点和内容，以及新旧教育流派之间争论的说辞，我们就会清楚地发现，关于生活调整的争论点，实际上就是人们更广泛讨论的大众文化问题的教育方面。而毋庸置疑，各流派间的一大争论焦点在于，通过教育，多数高中生能够且应该具备什么样的品格和文化。传统教育立足于对各学科训练价值的基本信念以及这样一种设想：对学科某种程度的掌握可以让学生为实现生活的一般目标开拓思维，并为特定专业、商业或其他理想行业做好准备（大家认为，职业教育可以为那些没有能力或意愿参与这类竞争的人提供帮助）。与新派教育家的说法截然相反，传统教育并非对儿童毫无关注，但其总体设想在于，儿童会从学术规范化教育带来的精神活动中觅得乐趣，并从阶段提升的成就感中获得满足。如果儿童对学习过程感到厌烦，那么通过克服厌烦而形成的自律至少也算是一项实实在在的裨益（毋庸置疑，某些人甚至认为"厌烦"具有极高的内在价值——这种观念所基于的假设，用讽刺的口吻来说就是一个孩子学什么并不重要，只要他不喜欢就行。对这个理念的极端阐述，有助于新派教育者将传统教育塑造成某种充满滑稽色彩的厌人形象）。从政治层面上看，旧派教育具有保守倾向，因为它在接受现有社会秩序的同时要求学生在其框架内伸张自我——这在很大的程度上属于19世纪的个人主义。但旧派教育同样带有民主色彩，因为这种教育通常反对甚至反感这样一种观念：无论是来自社会哪个阶层的多数人民，都必然无法凭借天生的禀赋就有可能进入那充斥着学术竞争、学科精研以及思想与品格训练的世界。

这种新式教育在政治上也具有保守的本质，但其热情洋溢的民主言论以及对待儿童的慈善态度（更不用说这种教育已然成为右翼古怪分子不断侵扰的对象），至少在其倡导者看来是"进步"，甚至是激进的。它自豪于自己承认、接受大众智力局限性的现实态度，以及接受、鼓励和照顾学生群体中能力最差者的理想主义精神。这一切立足于对儿童的基本尊重，并且避免对孩子们的能力过分苛求。新式教育并不指望孩子们在（至少富于挑战性的）智识活动中获得乐趣或者因为成就而感到满足。相反，这种教育的设想在于，学生在学校学习中的乐趣——这也是该教育的主要目标——来自对其需求与兴趣的满足，新式教育乐于把这些兴趣作为教育过程的基础。其代言人并不认为他们忽视了教育孩子如何思考的职责，但相较传统教育学家，他们在"应该鼓励孩子们思考什么，以及孩子们必须积累多少知识、付出多少努力才能进行有效思考"的问题上持完全不同的观点。他们首先认定孩子的世界在很大的程度上已经发展成形，并且满足于在该范围内对孩子的思想提供指导，无论这个世界的时空多么狭隘，深度多么浅薄。他们不承认自己正渐渐放弃对孩子们的品格培养，但坚信自己正在鼓励某种更具有社会性、社交性和民主性的品格。

在审视新派教育学家主张的新课程的范围和内容时——他们在某种程度上实际已经成功设置了这些课程——我们就会认识到，新式教育事实上是在试图培育"儿童整体"，因为其致力于塑造学生的品格和人格。这种教育的主要目的并非在于培养儿童成为充斥着生产和竞争、抱负和职业、创造力和分析思维的世界中受过训练的一部分，而是帮助他们掌握在这满是消费与爱好、享受与社交的世界的生活之道——简而言之，就是教他们学会优雅地适应那种顺从与享乐的风格，一言以蔽之——**调整**。对这个世界来说，重要的是让学生学习如何检测洗涤剂，而非化学；是学习如何驾驶和维修汽车，而非物理学；是学习当地煤气厂的运作，而非历史学；是了解走哪条路能去动物园，而非生物学；是学习如何撰写商业信函，而非莎士比亚和狄更斯的作品。新式教育并非将消费与个人风格方面的问题留给家庭和其他机构，而是把家族和家庭本身变成潜心研究的对象，有时还会以充满攻击性的方式对其进行重新评估（"如何让我的家更民主？"）。某位生活调整派教育学家解释称，他希望孩子们在学校里学会质询（用他的话说，这针对的是某些"有明确学术倾向"的负隅顽抗的教师）："我怎么才能保持健康？我怎样才能呈现最佳状态？我怎样才能和别人相处得更融洽？爱好如何有助于我的社交？"[38]学校灌输这样的理念是为贴合青少年的兴趣，包括那些大众媒体广告灌输给他们的兴趣。请见下例：纽约州某社区曾经反复要求七到十年级的**所有**学生都修习"家庭与家族生活"这门课程。其所涉及的话题包括"培养学校精神""我作为保姆的职责""与大家打成一片""如何讨人喜欢""如何祛痘？""学会整理我的卧室""让我的房间更好看"。八年级学生的判断题包括"只有女孩需要使用除臭剂""肥皂块可以用来洗头"[39]。

生活调整运动这种美国教育力量如今巅峰已过，渐而偃旗息鼓。这在一定的程度上可以归因于美国社会制度中中等教育功能的某种长期性变化。正如马丁·特罗（Martin Trow）所言，美国的中等教育"起初属于精英教育预备体系；在其蓬勃发展的岁月里，它摇身一变，化作某种大众教育结业制度；现在它又不得不在成为大众教育预备系统的道路上进行第二次痛苦的过渡"。[40]如今形势不复从前，新派教育者最初设计的教学计划再无用武之地，也不再有那么多人支持他们的理念。1900年到20世纪30年代这段时期，大多数高中生的父母自己都未曾读过高中，且其中许多人也才是刚刚接触这个国家及其语言。他们倾向于被动地接受新兴教育专家的研究结果和计划安排。如今，通常而言，高中生的父母都至少具有高中学历，且其中还有不少是受过大学教育的中产阶级，这批人都对教育问题持相当警觉的态度。公众对于高中教育有着自己的看法，也具有自身的文化利益，因此不太愿意接受新式教育的信条作为最终定论。

同时，其中有很多人都是那越来越多反对新式教育理念的著作——以亚瑟·贝斯特（Arthur Bestor）和莫蒂默·史密斯（Mortimer Smith）的书为代表——的忠实读者。此外，高中不再是先前的结业教育机构。高中的理念和教育计划必须适应这样一个事实，即其一半毕业生如今正接受某种高等教育，以及比普通白领工作更复杂的技能和专业培训，而这些本应是旧式高中通常提供的项目。家长们越来越意识到，地方学校的水平不足将危及其子女在大学教育中获得优势地位的机会，因此更加倾向于向学校官方施压，迫使其提高教育水平。

最终，苏联发射卫星后的教育氛围激活了那些主张更严苛教育的人士，他们现在可以说，我们正与苏联进行殊死的教育斗争。近年来，这些反对的压力开始发挥作用。但在教育行业或公众心中，那些掀起生活调整浪潮的观念却丝毫没有消失。在职业教育的行政领域及其培训中心，仍有大量人员对高水准学术这个全新要求缺乏热情。美国教育所处的位置有点像某种新兴的政治体制，必须依赖于遍布坚定反对者的行政制度来行使其权力。

第十四章
儿童与世界

1

两大智识支柱撑起了新式教育：对科学的运用或误用，以及对约翰·杜威教育哲学的推崇。在这两者中，杜威的哲学要重要得多，因为它包含着"科学力量会启迪教育思想"的信念，同时还为教育家们提供了某种包容和慷慨的世界观，满足了他们的博爱情怀以及"让教育服务于民主"的渴望。杜威的贡献在于，他创造出某种在 19 世纪末日益具有影响力的儿童观念，并将这些观念与实用主义哲学以及日益增长的社会改革需求成功地联系了起来。他便这样在儿童新观和世界新观之间建立起可喜的纽带。

任何关注新式教育的人都必须考虑到其对杜威理念的运用。在一项反智主义研究中探讨这点，那么很遗憾，人们可能会认为这是在试图将杜威简单地定性为反智者——对于一个如此专注于教孩子如何思考的人而言，这似乎有失偏颇。或许也会有人认为这是在企图找出导致美国教育失败的"罪魁"——而且未免确实会带有这种色彩——但笔者的目的则截然相反：这一切，是为考察杜威迄今最重要的某些观念的趋向及影响。

尝试探讨这些理念的局限性和误用，这不应该被解读为对进步主义教育的全面否定——劳伦斯·克雷明在其历史著作中对此予以细心甄别，显示进步主义教育包含多种思潮和各种倾向。尽管进步主义的声誉受到外围极端分子的无端损害,但是其核心内容的合理性与重要性依然稳如泰山。如今从某种意义上讲,由于诸多"保守的"学校有所区别地借鉴了进步主义的革新内容,所以我们可能很容易忘记旧式保守教学法以往是多么乏味而自满,是如何接受甚至利用儿童在课堂上的被动,给过度专横的教师提供了多么大的空间,又是多么严重地依赖于死记硬背。进步主义的主要力量源自方法上的革新性。它尝试调动儿童的兴趣,尽可能利用儿童的活动需求,让教师和教育工作者更充分地关注儿童的本质。它还尝试建立教学方面的规章制度,对教师施压,使其不再随心所欲地发号施令,同时培养儿童的表达能力和学习能力。进步主义的一大优点在于,在某个无数人都相信所有真理皆已确立的领域,它仍然具有实验性。在实验学校里,你可以找到经过精选的师生,向他们灌输某种奉献和激奋的精神特质。你很可能会取得非凡的结果,就像许多进步派学校过去和现在所做到的那般。[1] 遗憾的是,你不能期待在特殊实验情况下取得的结果能普遍适用,尽管这些结果颇有启发意义。

进步主义的价值在于其实验主义以及对年幼儿童的教导。其软肋则在于,它在致力于宣扬自身学说并促成普遍概念的同时,无法评估自身计划的实际极限,尤其是其还具有分解课程的倾向。这个趋向在大龄儿童的教育中变得最为严重,特别是在中学阶段,由于需要复杂有序的学习计划,所以课程问题变得极其尖锐。到目前为止,笔者有意不提教育中的进步主义,而是去探讨某种本人更愿意称之为"新式教育"的更宽泛、更全面的事物。新式教育旨在将某些进步主义原则阐述成一种信条,并尝试主张将这些原则大范围应用于大众教育体系当中,从主要针对幼儿的实验工作延伸到适用于所有年龄段的公共教育模式,最后演化成某种以"进步主义"为名、针对课程体系及通识教育而发动的攻击。综上所述,人们会始终持续援引杜威的理念。他的术语及种种观念早在 1918 年的《中等教育的基本原则》中就有所体现,在后来每份关于新式教育的文献中似乎也都不乏它们的身影。人们对他既是颂扬又是神化，对他的理念又是套用、又是传播、又是探讨，甚至偶尔还会进行阐释。

人们普遍相信杜威是受到了误解，并一再指出，其本人也必将很快向某些以他的名义开展的教育实践提出抗议。杜威的意图或许会遭到普遍甚至频繁的曲解，但其文字却很难去解读和阐释。他曾经写过一篇笔触非常暧昧、想象空间极广的文章，威廉·詹姆斯将之形容为"遭谴的、甚至可以说遭天谴的"。他的风格让人联想起远方军队的隆隆炮鸣：人们会因此感觉，在遥不可及之处正发生着某些不祥之事，但又无法确定到底发生了什么。这是杜威最重要的教育著作中最鲜明的、甚至是典型性的风格，表明他作为教育代言人的巨大影响，可能在某种程度上源于人们难以领会他表达的确切意义。对于杜威作品的意义，各类教育思想流派都有属于自己的不同解读。尽管人们很容易认为，杜威的作品是遭到了新式教育最具有反智倾向的代言人的粗暴误读，但似乎更公平的做法是承认，即使是生活调整派教育学家也可以通过对杜威公正而聪明的解读来对其理念加以运用。劳伦斯·克雷明曾经表示："无论从《民主制度与教育》到生活调整委员会声明之间的理念道路有多么千回百转，终究还是可以走出来的。"[2]

事实上，这条道路过于曲折，人们有理由对此表示质疑。风格上的严重缺陷从来都并非"单纯的"风格问题，它意味着在观念上存在实实在在的问题。较之"杜威被其迟钝或狂热的追随者执意扭曲"这个看法，更可能的是，他的作品带来的尚待解决的解释问题，代表着思想中真正的模糊和空白，其本身显示了教育理论和我们文化中的某些困难以及悬而未决的问题。无论是否得到杜威本人的完全认可，其诸多追随者所做的都是攻击领导和指导的理念以及文化与反思生活的价值观，从而支持某些自发性、民主性和实用性的概念。从这点看，他们是在教育层面照搬了某些政治平等主义者、宗教福音派和商业实用性倡导者们所宣扬的主题。在试着了解杜威的哲学是如何应用于上述方面之前，我们不妨先看看这种哲学的基本理念及其萌发时的智识背景。

2

　　杜威教育理论的目标与其总体哲学紧密结合，包含一系列渴望实现的目标。首先，杜威试图设计某种关于智力发展和知识作用的、与达尔文主义完全贴合的教育理论。对于一位在《物种起源》出版那年出生、在进化论科学的繁盛时期获得智识方面成长的思想家来说，不具有科学性的现代教育将毫无价值。

　　杜威最初的想法是，个体学习者利用自己的思维工具来解决环境中涌现的各种问题。之后他便以此观念为基础，发展出一套以学习者成长为出发点的教育理论。在他看来，现代教育制度必须在民主、科学和工业主义的时代运作，教育应该努力满足这个时代的要求。而最重要的是，教育需要摒弃那些基于前民主和前工业社会的惯例，因为这些惯例含有闲适与贵族阶层的理念，认为知识就是对恒定真理的沉思。杜威相信，他及其同时代的人如今必须超越从过去时代沿袭下来的一系列人为的二元论。其中最主要的便是知识和行动之间的二元论。对杜威来说，行动包含于知识之中——这并非像某些无知的批评者所指责的"知识服从于行动，次于'实践'"那样，而是说知识属于行动的一种形式，而行动为获取和运用知识的条件之一。

　　除此之外，杜威还尝试探寻与进步性民主社会相辅相成的教育模式。如何能建立一种教育体系，仅仅按照其自身塑造儿童就可以从根本上斩断现有社会一切弊病的延续吗？如果民主社会要真正服务于其所有成员，就必须设计某种学校，使其成员在童年的萌芽阶段能够培养自己的能力，同时学会提高整个社会的各种特质，而不是简单地照搬它们。正是基于这个意义，他将教育视为社会重建的主要力量。而显然，如果要改造社会，那么首先必须寻求儿童能够对社会作出的再生性贡献。杜威认为，唯有将儿童置于学校的核心地位，唯有当儿童自身日渐蓬勃的兴趣与激情取代教师的苛严权威与传统课程的重压，这一切才能够实现。在成年人温和的引导下调动学习的激情和兴趣，既有利于促进学习过程,也有助于形成一种适合社会改革工作的品格和心态。

虽然以上对杜威理论的说明过于简短,但是至少能够展示他是如何表明自己的问题,并将注意力转移到解决问题的核心人物——儿童身上的。我们可以以此作为切入点展开探讨,因为儿童的概念——这不仅是一种智识观念,而且还是一系列深刻情感投入和需求的焦点——便是新式教育的核心内容。接下来笔者将展开详尽的阐述,需要提前说明的一点是,本人认为杜威及其同时代的人所形成的儿童概念(后来并入新式教育潮流)明说是后达尔文主义,本质上其实更具有浪漫主义和原始主义色彩。这种儿童观加之其关于儿童自然成长的种种设想,使杜威及其追随者更难以解决那些他认为应该解决的二元论问题,而且尽管他一直在努力阐明,但也很难调和儿童的核心地位与在教育中仍被视为必不可少的秩序与权威之间的关系。最终,在儿童形象神圣性的光环下,人们很难现实地探讨民主在教育中所扮演的角色。

要理解杜威及其同代人对于儿童的感情投入,有必要在一定的程度上重建世纪之交的智识氛围,当时他那一代人已经开始致力于美国教育的转型。彼时,无论在美国还是欧洲,人们对儿童的兴趣都在与日俱增,与儿童相关的行业的专业人士的感情也产生了新的转变。1909 年,瑞典女权主义者艾伦·基(Ellen Key)写了一本题目颇有深意的书——《儿童的世纪》。这本书集中体现了那些认为儿童重获发现的人的期望。而这种表述正逐渐流行起来。1900 年,佐治亚州公共教育负责人在国家教育协会年会上宣读了一篇题为《儿童未来会成为什么样的人》的鼓舞人心的文章。他在文中宣称:[3]

> 如果问我 20 世纪的伟大发现是什么,我不会说是人们用木石铁铜创造的辉煌成就。我不会说是那一系列的发明:印刷机、织布机、蒸汽机、轮船、海缆、电报、无线电报、电话和留声机。

我不会说是众星中任何一颗被我们归入太阳系的行星。我不会说是有望为人脑和人体研究带来突破性进展的伦琴射线。我不会说是那些使全球产品激增的节省劳力的机器和装置。而在这一切之上，随着时光流逝，世界进步的食指会准确无误地指向那些幼小的儿童，他们才是这个急速落幕的世纪的伟大发现。

在阐述了其对发现儿童的重视后，这位学校官员接着总结了 19 世纪的进步，他认为从那个时代起，教育始终都是"少数专制派独有的特权"，被置于"全能的民主多数派"的支配之下。美国儿童已经获得机遇自由，但进一步的改革仍在进行中。"我们美国人已经发现，旧式教育体系不适合儿童。我们已经不再试图让儿童去适应体系了。我们现在正尝试让体系来适应儿童。"这位官员又借由宗教意象，将美国教师比作基督，因为他们就如同基督释放拉撒路一样把美国儿童从裹尸布和坟墓中解放出来，让他们自由自在地成长。他以非凡的先见之明预言道，在未来，对教师基督式角色的考验将更加艰巨，因为人们会期望教师拯救上帝最卑微的孩子："在过去，教师的能力是通过其能为聪明的男女生提供多大帮助来衡量的。从新世纪开始，这个标准将变成其能为迟钝的、有缺陷的儿童做些什么。对教学能力的真正考验，不是看能为学校里的最优生做些什么，而是看能为那些最差生做些什么——这在整个世界历史上是前所未有的。"[4] 新式教育心理学将是"浪子和迷途羔羊"的心理学。当儿童精通学业，学校发展完善，教育体系能够触及和培养每名美国儿童时，美国生活的"极乐时代"便会降临。"在拯救了所有美国儿童，将他们每个人都塑造为我们这个伟大民主政府财富、智慧和力量的贡献者时，我们便将踏入极乐之境。"

笔者之所以选择展示这些言论，是因为尽管它们出自一位职业教育家而非理论家笔下，却简明扼要地总结了当时最新教育思想中普遍流行的某些观念。其反映了基督教的热情和仁慈；认识到儿童在现代世界的核心地位；注重将民主和机遇作为衡量教育成就的标准；重视迟钝儿童及其对于教育制度的需求；对教育探究和儿童研究秉持乐观态度；认为教育在本质上应该被定义为"成长"；相信正确的教育尽管侧重于每个儿童个体的自我实现，但也会自发地服务于民主社会的成就和救赎。

这位佐治亚州的学校官员很可能读过当时这个领域领军人物的著作，因为他对儿童的看法在很大的程度上贴合这些人在作品中表述的理念。杜威当年四十出头，刚刚开始其教育研究，显然是其中之一，但我们也应该花点儿时间看看其两位前辈——教育家弗朗西斯·韦兰德·帕克（Francis Wayland Parker）和心理学家 G. 斯坦利·霍尔（G. Stanley Hall）——当时为他带来的更深远的影响。帕克曾经被杜威称为进步主义教育之父，他活力非凡，既是卓有成效的教师，也是出类拔萃的学校管理者。19 世纪 70 年代，他成功改造了马萨诸塞州昆西市的学校体系，取得的成果就算以最严格的传统教育成绩标准来衡量也是相当辉煌。不久之后，他担任芝加哥库克县师范学校的校长，在那里更充分地发展了其教育理论和教学技巧，无疑为约翰·杜威和 G. 斯坦利·霍尔树立了重要的榜样。杜威于 1896 年建立自己的"实验学校"之前就对库克县师范学校印象深刻，对其钦佩不已。而霍尔则一度每年定期访问帕克的学校，以便"为他的教育对时"。

帕克在其教育理论中所使用的术语从许多方面来讲都已经过时，无法与新思潮相协调。例如，这些术语完全是前达尔文主义式的，不存在任何更复杂的官能主义心理学的痕迹，杜威的著作正是因为这种心理学而获得了广泛的吸引力。但帕克的儿童观——其在很大的程度上效仿的是德国教育学家福禄贝尔——仍旧备受重视。"儿童，"他称，"是上帝一切造物至臻完美的巅峰"。而对于"何为儿童"这个问题的回答，那便是趋近于理解上帝。"他将自己的神性注入儿童身上，而……这种神性会在借由可见、有形之物探求真理的过程中显现出来。""儿童的自发倾向证明了与生俱来的神性，"他断言道，"我的教师同僚们，我们来到此处的目的只有一个，那就是理解这些倾向，并遵照其本性在各个方向上延续这些倾向。"如果儿童是神性的领受者，是"一切昨日的果实和一切明日的种子"，那么自然而然可以得出这样的结论："所有教育活动的中心皆在于儿童。"我们可以大胆猜测，帕克对儿童自发活动的关注是卓有成效而非徒劳无益的，某种程度上是因为他还相信儿童拥有无限的好奇心，对所有学科都具有天然的兴趣，是可雕琢成形的学者，同时也是天生的艺术家和工匠。他因此提出了一套相当苛刻的课程，与大多数后来的进步派不同，他甚至相信应该在小学所有年级教授语法，因为在他看来，儿童应该"贯通"语法知识。

正如杜威后来所为，帕克也强调学校就是一个社群："学校应该是模范家庭，是完整的社群和萌芽状态的民主社会。"如果利用得当，那么学校便有望实现非凡的变革："我们必须相信，每个儿童都是可以拯救的。公民们的心声应该如此：'我期待着美国公立学校的教学带来整个世界的复兴。'"[5]

就在帕克写下此番言论的那个时代，儿童研究运动领袖 G. 斯坦利·霍尔也表示道："年轻人的监护者首先应该尽力为自然之路让道。……他们应该深刻地体会到，刚诞生的儿童非但没有堕落，而是诠释了最完美之事在人世间的传承。……没有什么比成长中儿童的身心更值得关爱、尊敬和帮助了。"杜威那时曾经说，"儿童自身的本能和能力便是原料，为所有教育提供了起点。"他还表示："我们违背了儿童的天性，难以培育出最优良的道德成果，因为我们过于唐突地把儿童引入一系列与其社会生活无关的特殊学习中，例如阅读、写作、地理等。学校科目彼此联系的真正核心不是科学，不是文学，不是历史，也不是地理，而是儿童自身的社会活动。"[6]

新式教育显然不仅是一种工具，而是作为某种信条呈现于世人面前，它不再局限于"取得各种严格意义上的教育成果"的希冀，而是承诺为个人或民族带来某种终极救赎。例如，我们很快就将了解到，G. 斯坦利·霍尔是如何预见到遵循儿童成长本质设计的教育将培养出未来的能人的。杜威早期关于教育可能性的理念也同样备受颂扬。他撰有一本小册子，标题起得相当精彩——《我的教育学信条》。他在其中写道，教育"是社会进步和变革的根本方法"。因此，教师必须"不仅服务于个体培养，而且也要投身于正确社会生活的塑造"。每个教师都应该视自身为"背负着维护社会体面秩序、确保社会健康发展使命的社会公仆。这样一来，教师便永远是真神的先知，是进入真神国度的引路人。"[7] 显然，这样崇高的期望给所有教育改革提议都带来了沉重的负担。

这个信条——这个充满战斗色彩的信条——必须在面对诸多负隅顽抗的情况下才能确立为占据主导地位的信条。那些认为自己必须参与这样一场社会运动的人，不太可能过多关注细枝末节或者探索自己思想的局限或危险性。遗憾的是，在像教育这样的实践领域中，重要的往往不在于某种哲学或信条的性质，而是在于尝试践行这种哲学或信条时产生的某些关于着重点和程度范围的问题，而人们不可能从大堆观念中自发感知程度与范围。例如，早期新式教育代言人要求尊重儿童，但又很难道清尊重到什么程度不会转变为虚伪的恭顺。尽管杜威本人早在20世纪30年代就开始警告人们不要过度利用或过简利用其理论，但是他仍然发现很难在无悖自己某些基本理念的情况下明确尺度的界限，这个问题即便是在其后期的作品中也未能道明。

3

在这点上，杜威及其同代人儿童观的魅力或许可以归因于对浪漫主义的传承，其影响力之大，甚至超过后达尔文式自然主义的号召力。对这个观念最详尽的阐述来自将浪漫主义理念应用于儿童的欧洲作家——杜威有时会充满敬意地提及卢梭、佩斯塔洛齐和福禄贝尔，就像他提及爱默生那样，后者的文章《文化》为他的许多观点埋下了伏笔。这些教育改革者在世纪之交提出的教育观念都带有浪漫主义倾向，因为他们在个体发展（情感、想象力广度及个人成长的紧迫性）和社会秩序的必要性（要求专门性知识体系、规定性礼仪和道德，以及适合传统与制度的个人素质）之间建立了某种对立关系。他们推崇自然的儿童，反对人为的社会。在这些人看来，儿童是循着光荣的云雾降临这个世界的，而教师的神圣职责就是确保儿童保持自由，而不是助纣为虐，将与之格格不入的条条框框强加于儿童。在他们的设想中，儿童的生活或多或少与自然和活动直接接触，而不应该吸收仅对成年人有意义的种种传统，也不是阅读书籍和掌握技能——这些书籍和技能的选定遵循的并非儿童的希求和兴趣，而是成人社会的要求。[8]

这种教育理念在世纪之交再次于西方思想家中流行起来，美国也相当迅速地接受了这种观念。这个国家对儿童的溺爱始终非常浓烈——这是19世纪旅行者在美国观察到的一个极为普遍的现象。此外，美国教育因为处于某种极不稳定的状态，所以较之欧洲国家根深蒂固的传统教育体系更容易接受这类富有吸引力的新鲜事物。美国的福音派氛围也是一大催化剂：新式教育者关于"拯救"每个美国儿童的言论，以及他们的弦外之音——得到拯救的儿童有望为文明带来救赎——都指向了这个理念。即便是像杜威这样的世俗思想家也是在数十年后才对此失去信心，而在1897年，相信"优秀教师是踏入'真神国度'的领路人"的年轻教育改革家们就曾怀抱过这种强烈的信心。

如果细品新式教育家种种观点的画外音——他们强调自发性、本能、活动和自然等——我们就会意识到教育问题是如何产生的。儿童是兼有自然性与神圣性的奇迹——后达尔文式自然主义和浪漫主义传统在此紧密交织——其需求和本能的"自然"模式成为某种命令，教育者们如果违背它便属于渎神。

我们现在已经可以理解这种新式教育思想中心理念的意义：学校学习的立足点不应该是社会的要求，或者任何关于受过教育的人应该是什么样的概念，而应该是儿童日渐发展的需求和兴趣。这并不单纯意味着儿童的天性对教育过程施加了消极的限制，并且试图克服这些限制是徒劳无益：说这话都是多余的。而是代表着，儿童的天性会为教育过程提供积极指导——儿童自身自然、自发萌生的需求和激情应该使教育过程充满活力。

在1901年一篇颇有启迪意义的文章《基于儿童研究的理想学校》中，G. 斯坦利·霍尔曾尝试阐明这个指导原则的内容。他表示将试着"暂时摆脱当前所有的惯例、传统、方法和理念，去探索如果教育完全建立在关于儿童天性和需求的全新而全面的观点之上，那么教育将是什么样子？"[9] 简而言之，他会摒弃"教育应该是什么样子"的传统观念——这是陈旧往昔的标志——且坚信现代儿童研究结果将更加贴合这个目标。霍尔指出，从词源上看，"学校"一词意为"闲适"，是"远离劳作，是生存斗争开始前原初乐园的延续"。从这个意义上理解，学校代表着健康、成长与传承，"这样的一磅就抵得上一吨的教导"。

因为儿童的健康、闲适和成长是自然而神圣的，因此对其时间的每次侵占及对课程的每种要求，都必须经过反复试验和最终的正确性证明方可施加于儿童身上：

> 我们必须克服对字母表、乘法表、语法、等级表以及书籍崇拜的痴迷，并且必须认识到……卡德摩斯的发明似乎是在大脑中播种真正的龙牙；查理曼大帝和世界上许多其他伟人都不会读书写字；学者们认为科妮莉亚、奥菲莉亚、比阿特丽斯，甚至是我主的圣母都不懂文字。作为中世纪精英领袖的骑士们也觉得写作不过是某种不值一提的文书把戏，他们不屑于用别人的理念搅乱自己的头脑，并相信自己的才智对自身已经足矣。

当然没人会想到，尽管霍尔接受着那个时代最好的教育——而且是在哈佛和德国的大学接受的非常传统的教育，但他会认为新式教育将以颠覆读写能力为目标。[10] 其观点的重要性在于，他相信对书本的考量应该顺从于儿童的发展这个自然而正常的过程。他提出的某些独特建议非常明智,[11]有些在实践中仍然取得了良好效果。同样值得关注的是,就像帕克坚持语法的价值一样,霍尔并不认为这种对自然发展的注重会完全淘汰古典语言的学习。霍尔相信,至少有些儿童应该好好学习语言。对当代读者来说特别有意思的是,回顾过去70年,霍尔始终认为自己能精准把握在儿童发展的哪个阶段对这些科目的学习是"出于自然"。"至于那些已经消亡的语言——如果要教——拉丁语不应该晚于10岁或11岁,希腊语则不应该晚于12岁或13岁。"一代人的时间后,大部分新式教育的支持者对这些语言的耐心都渐渐消磨殆尽,如果看到其中哪门语言从小学就开始教授,那么他们肯定会震惊不已。

霍尔"通过儿童科学研究在教育中实现某些内容"的愿景显然是镜花水月。有了慷慨的拨款和5年的实验,他"没有丝毫怀疑和恐惧",相信有望制订出一套既可满足教育倡导者们的要求、甚至还能说服保守派的教育方案,"因为目前取得的最佳成就便在其中"。

> 但其本质上将以儿童为中心,而非以学校为中心。这或许有点类似宗教改革,坚称安息日、《圣经》和教会都是为人而造,而非人为它们而造。它会与现代科学和心理学研究的实践与结果保持一致;它将使宗教和道德更富有成效;或许最重要的一点在于,它将赋予学校中的个体以符合共和政体形式的充分权利,并帮助民族养成非凡能者应该具备的更完善的素质,有效开展对艺术、科学、宗教、家庭、国家、文学及一切人类制度的至高终极考验。

霍尔对学生10岁开始学拉丁语的期望及其对未来超人的呼吁,无疑都与生活调整派教育者的做派相距甚远——后者曾经发起反对训练性科目的运动,并推荐课堂探讨"我怎样才能让每个人都来参加聚会活动?"或者"我上初中时该约会吗?"这类问题。[12]但这种空想的改良计划总会在其构想者眼皮子底下横遭挫伤。

4

新式教育的浪漫主义和达尔文主义背景让我们更容易理解为什么杜威选择将教育定义为成长。在杜威看来，教育即成长这个概念并非没条没理的界定或毫无根据的比喻：它代表了某种探明并重申教育过程本质的尝试。在《民主制度与教育》中有一段经常被人援引的言论，体现了杜威风格的扰人特质，以及他对教育即成长这个概念的注重。他写道：[13]

> 我们一直忙于研究成长的条件和影响。……有人说教育就是发展，其实一切都取决于如何看待发展。我们的最终结论是，生活就是发展，而发展、成长就是生活。这放到教育层面上就意味着（1）教育过程不具有超越自身的目标；其自身，便是其目标；（2）教育过程是一个不断重组、重构和转化的过程。……
>
> 因为在现实中，除却进一步成长，成长无关乎任何事物；除却进一步教育，教育亦不从属于任何事物。……教育代表着这样一种事业：创造能确保成长或充分生活的条件，无论对象年龄如何。……
>
> 鉴于成长是生活的特色，因此教育与成长是一体的，它没有超越自身的目标。衡量学校教育价值的标准是其能在多大的程度上焕发持续成长的欲望，并满足将这种欲望付诸实际的要求。

我们必须考虑到这背后的弦外之音：他并未让我们相信教育类似于成长，或者与成长有共同之处，或者是某种特殊形式的成长（这点颇具建设性意义）。他敦促我们相信教育**就是**成长，成长就是生活，生命就是发展，而最重要的是，试图为教育设立目标是毫无意义的，因为除却进一步的教育以外，不存在其他可能的、进一步的目标。"教育的目标在于让个体接受进一步的教育。"[14]

教育即成长的观念乍一看令人无以反驳。教育当然不是某种皱缩。说教育是成长，似乎表明学习过程与自然世界之间存在着某种理想的关联。这个概念充满独创性，令人耳目一新。这充分诠释了我们的想法，即教育具有积累性和自我扩展性，会引导我们的思想和品格变得更宽容、更精密、更强大、更美好。但某些批评人士认为，教育即成长的观念是无尽麻烦的根源。笔者也相信，拜杜威的某些追随者所赐，这个观念成为现代教育史上最有害的隐喻之一。成长是一个自然的、动物性的过程，而教育则是社会性过程。从字面上看，儿童的成长是自发进行的，只需要日常的照料和营养，其目标在很大的程度上是由基因遗传预先决定的，教育的目标则是后天形成的。在计议儿童的教育时，我们可以考虑他是否应该学习两门语言，但在规划其自然成长时，则不能考虑他是否应该具有两种头脑。

　　由于成长的概念在本质上属于生物学隐喻及个人主义的概念，因此其效果必将是把注意力从教育的社会功能转向个人功能。它主张的并非儿童的社会地位，而是其相对于社会利益的利益。[15] 成长的理念让教育思想家在自我决定、自我导向的内在成长（好的一方面）和外部塑造（坏的一方面）之间建立了某种有害的对立关系。杜威哲学的研究者会倾向于抵制任何对其教育理念的此般描述：过度倒向生物学及个体，而对集体和社会关注不足。或许有人会问，有哪位教育研究作家曾从如此正面的角度探讨教育过程的社会特性及其终极社会功能？

　　但问题并不在于杜威对教育的社会特性缺乏认识。它产生于这样一个事实：个人成长理念成为那些痴迷于"以儿童为中心的学校"的教育思想家手中的人质。尽管杜威本人并不认为儿童与社会之间的对立关系不可改变——事实上，他希望实现两者的和谐统一——但教育即成长这个概念的实际效果便是拔高儿童的同时忽略了社会问题，因为儿童的成长代表着健康，而社会传统（包括课程传统）则意味着陈腐老旧、过于权威的要求。代表这个传统的某位著名心理学家写道："社会的权威——或社会任何方面的权威——都不会成为儿童行为的指南；儿童的个体经验才会。我们民族关于探索'何种行为方式会令人满意，而何种行为方式不会'的经验，只有在儿童认为合适时方会加以运用。"[16]

杜威本人从未像其批评者和追随者常常认为的那样主张某种毫无方向的教育。至少在这点上，他表示得非常清楚。在杜威早期和晚期的教育著作中，他常称儿童自身如果不受指导，就不可能创造出正确的教育内容。儿童每种表面性的行为或兴趣以及每点偶然的激情，都未必是有价值的；教师必须以某种方式，在不强加"外在"目标的情况下，引导、指导并培养儿童的"前进"冲劲。[17]

而杜威的问题不同于此：他坚持认为，教育便是成长本身，除了进一步的教育以外不存在任何其他目标，但他无法制定一套标准，以便使社会通过教师来引导或指导儿童的冲劲。教师被委以重任，要求对儿童提供指导，并对其激情和需求进行区别，但并未指明方向。[18]儿童的冲劲应该被引导着"向前"——但朝哪个方向？这样一套标准是以教育目标及成人眼光——儿童应该知道什么、应该成为什么样的人——为前提的。杜威主张称："让儿童的天性完成自己的使命。"[19]但如果说儿童有自己的命运，就意味着目的或目标会随时间推移而泯灭且完全出乎儿童自身的预想。正因为如此，后来所谓的进步主义教育，虽然手段往往相当丰富巧妙，但是在目标上却有所欠缺、杂乱无章。许多关于教学方法的内容都具有极高含金量，但对于这些方法应该用于教授什么却不太明确，且往往带有无政府主义色彩。其在调动儿童学习兴趣方面取得了卓有成效的开端，但通常而言，这些兴趣仅仅是将学习取而代之。进步主义教育对其手段越是确定，对其目标就越是模糊——或许从这点来看，进步主义教育就是某种关于美国生活的寓言。

从教育即成长这个概念看，杜威自身对课程的含糊是可以理解的。诚然，在其职业生涯中，杜威撰写过不少关于课程的作品，但很难从其主要教育书籍中探明他心目中美国教育系统的优质课程应该是什么样，或者更确切地说，各种备选课程应该是什么样。这种课程理念的缺失倒是贴合其主张，即教育不应该制定任何目的或目标，因为教育唯一合理的目标便是有能力接受进一步的教育。在撰写《民主制度与教育》的过程中，杜威已经确信"课程总是满载纯粹继承下来的传统内容，如同灌了铅一般"，因此它需要"持续的检验、批判和修正"。杜威还担心，课程"可能代表的是成年人的价值观，而非儿童和青年或者上一代学生的价值观，也不是当今的价值观。"在这点上，他似乎代表了那些秉持着如下观念的人：课程应该从根本上根据儿童表达的意愿来制定，而且课程内容也应该在很大的程度上每隔一代学生就大换血一遍（如果做不到年年如此）——因为他提出的检验和修正并非断断续续，而是"持续性的"。[20]

杜威在某一点上非常直率："只要任何话题能即刻引起共鸣，就没必要问它有什么益处。"在这方面，他向读者作出了其少有的具体阐释："打个比方，'拉丁语**本身**就如学科一样具有抽象价值，可以作为教授拉丁语的充分理由'这种说法根本就不太合理。"说到这里，人们还是很赞同的，但杜威接着表示，拉丁语不需要通过在未来赋予它某种明确用途来证明其合理性。"当学生真正喜欢上学习拉丁语时，这本身就证明了它的价值。"[21]

杜威的此番言论显然并无恶意，因为当时的上下文表明，他只是在表示自己非常重视学生对所学知识的自发性欣赏。这并不意味着他们要学习任何自己喜欢的东西。他在至少一部著作中警告教育者不要试图利用"仅仅是给人带来快乐、兴奋或昙花一现的内容"。[22] 但人们似乎未免会得出这样的结论：如果每门学科的价值都如他所主张的那样取决于学科选择的具体情况，就很难对课程设计所必需的科目进行长期评估。杜威称："在抽象意义上，不存在所谓的程度或价值顺序。"因此："我们不能在不同学科之间建立价值等级体系。"[23]

但如果"等级体系"让人们在头脑中形成这样一种观念，即学科被赋予了某种平等适用于所有学生的永恒价值，那么他们可能就会倾向于认同这种观点。但从这个命题中太容易得出"所有学科彼此平等"

的结论——正如国家教育协会后来主张的那样:"数学和机械学、艺术和农业、历史和家政学都是具有同等地位的学科。"对杜威来说,学生对学习拉丁语的"真正兴趣"就足以证明其价值。如果有人用"拉丁语"来代替"驾驶教育"或"美容文化",并认为所有学科只要能"即刻产生吸引力"就是合理的,那么人们便能意识到后来的教育家在拿杜威的原则玩什么把戏了。杜威本人大概不会做出这种替换,但在他的哲学中,想这样替换不存在任何障碍。

  杜威的哲学对课程体系设计的影响是毁灭性的。即使某个人意识到他可能在学科之间建立的任何价值等级体系的条件性和有限性,他在设计某门持续数年的课程时也必须在头脑中形成这样的等级体系,因为低年级课程在某种程度上必须被视为选择某些高年级课程的先决条件。学习拉丁语或其他类似科目的迫切愿望,并非任何儿童的"自然"激情。用杜威的话来说,儿童只有在如下情况才会"真正喜欢"学习拉丁语:成人社会认定这种选择对其中的某些人有好处,以及他们在什么年龄应该作出这种选择时;成人社会为这些儿童提前安排课程、社会和智识方面的经验,使"学或不学拉丁语"的选择对他们来说可能实现且有意义时。简而言之,便是成人社会中必有一部分人对课程抱有信念,并且愿意据此作出安排的情况。[24]这样的安排方式虽然给儿童留下了相当大的选择余地,但是却逾越了杜威明确限定的课堂式"指引"和"指导"。

5

  成长的理想是杜威关注个体的主要表现,教育为民主服务的理想则是他关于教育社会功能意识的体现。虽然正如笔者所言,成长的理想使许多教育者产生了反社会的偏见,但是这并非杜威对这个问题的看法。在他看来,个体的成长和民主社会秩序的利益,远非不可避免的对立,而更容易趋向某种完全的和谐统一。他认为,新式教育绝非无政府主义或极端个人主义。儿童现已摆脱传统的束缚，但仍可通过教养承担社会责任，但这些将被界定为他对同龄人和未来的责任。与旧式教育相比，新式教育本身将承担更艰巨、同时更具有社会意义的社会责任。其目标在于民主原则的全面实现。杜威在树立这个理想时坚定地站在美国传统的立场上，因为那些建立了公立学校制度的伟大教育改革者也关注其对民主的潜在价值。他也完全与时代合拍，因为美国民主的复兴与扩张是进步党人的根本愿望之一。

杜威认为，传统教育立足的知识和道德发展理论只与前民主社会相适应，而且只要其仍在民主社会中发挥作用，就会阻碍民主理想的实现。自古典时代起，社会就分为两个阶层：第一，闲适的贵族阶级，负责学识管理；第二，受奴役的劳动阶级，投身劳作和实践知识。这便造成知识和行动的严重分离。[25]

而在民主社会中，几乎人人都有自己的职责，且彼此之间具有许多共同的利益和目标，理应有望克服这种分离并对知识达成某种认知，以便充分恰当地处理其中所涉及的社会行动因素。进步性民主社会"必须提供这样的教育：能使个体对社会关系和社会管理萌生个人兴趣，并为他们培养能带来社会变革而不引发混乱的思维习惯"。[26]

杜威从未产生过那种"社会变革的全部重担都可以转嫁至教育过程"的错觉。他在《民主制度与教育》中指出，直接的指导和规劝本身并不能改变思想和品格，这种改变还需要"工业和政治条件"的变革。但他并未明确表示是何种变革。不过教育可以对此做出重大贡献："我们可以将学校打造成我们想要实现的社会缩影，并通过培养与之相适应的思想，逐渐改变成人社会中那些更主要、更顽固的特征。"[27] 这句话简要表达了杜威代表民主对学校要求的本质，同时也显示了其教育哲学的核心问题：他必须假设，在儿童的需求、利益以及"我们想要实现的社会"之间存在着某种先定和谐。否则就必须牺牲教育即成长的理想，或者放弃"塑造心智"的目标，以贴合成人即外在强加的美好社会愿景。

杜威关于教育如何服务于民主的理念与早期教育改革者的构想有所不同。他们期望公立学校制度能为普通人增加机遇,同时赋予全体人民某种大众政府所必需的精神和道德品质。他们站在传统的立场上,因为他们相信成人社会会制定教育目标并设计适合他们的课程。但杜威由于不认同这点,便转而寻求另一种更微妙、更普遍、更"自然"的方式来阐述民主与教育之间的关系。这种观念带来的结果便是,其《民主制度与教育》一书虽然对闲适和工人阶层作出了广泛的探讨,但是几乎没有涉及美国社会的具体阶层结构、教育机遇与这个结构的关系,以及扩大机遇以便增加社会流动性并打破阶级壁垒的方式。简言之,他关于教育和民主问题的看法关乎的既非经济,亦非社会,甚至也不是政治,而是仅仅立足于其最广泛的意义上,其涉及的主要是心理学或社会心理学。在杜威的理论中,民主教育目标的实现仰赖于儿童的社会化——他们将成为合作者而非竞争者,并"满怀"着服务精神。

杜威自伊始便强烈反对基于阶级分层的教育体系,因为有闲有学问的阶级与受奴役或劳动阶级的共存,将导致学识和实用之间的不良分裂。学识与实用之间、思想与行动之间的对立唯有在民主的教育制度中方可消解,这种制度将使不同出身的儿童齐聚一堂,而不试图在他们的学校教育中再现那种社会阶级壁垒。他认为,民主制度"不仅仅是一种政府形式,它更是一种共同生活、共同经验的模式"。[28] 民主教育者需要设法将学校打造成特殊的环境、微型的社群以及萌芽状态的社会,以此尽可能地消除整体社会环境中的那些有害特征。因为开明的社会并非致力于散播其所有成果,而是"仅会散播那些有助于建设更美好社会未来的成果"。[29] 那民主的学校社会又有什么特点?当然,教师将不再作为通过僵化的方式强加外在目标的严苛权威。他会时刻留意儿童自发、自然的激情,同时把握住那些指向建设性目标的激情,并在必要时给予温和指导。学生自己将积极参与到教育目标的制定及其实施的规划当中。学习不再是个人或被动行为,而成为集体和主动行为。在这个过程中,学生将学会分享想法和经验,懂得相互体谅和尊重彼此，同时收获协同合作的能力。这些习惯扩大化后总有一天会重塑整个社会本身，因为正如杜威说过的某句不那么招人待见的话那样："在指导年轻人活动的同时，社会在决定年轻人的未来时也决定了自己的未来。"[30]

民主目标将对教育内容及方法产生深远影响。一旦"学习属于有闲阶层活动"这个传统观念被摒弃，其所代表的教育方式也将受到质疑——它既不适合民主，也不适合工业主义，更不适合科学时代。近代的学识交流消解了其阶级色彩。到处都是能激发智识的活力因子。"纯粹的智识、学术和学习生活的价值因此产生巨变。'学院'和'学术'不再被尊为荣誉的头衔，反而沦为责难的用语。"但我们仍在努力摆脱"中世纪学识观念"的束缚——这种观念"在很大的程度上诉诸的仅仅是我们天性中智识的一面，以及我们学习、积累信息和掌握学问信条的欲望，而不是我们（无论出于实用性还是艺术性）制作、行动、创造、生产的冲劲与倾向。"

实际上，智识类型的教育可能只对少数人有意义："事实很简单——绝大多数人都不具备明显的独特智识兴趣。他们拥有的是所谓的实用性冲劲和趋向。"正因为如此，许多年轻人在学完阅读、写作和算术的基础知识后便会毕业离校。另外，"如果我们以某种更包容的方式设想我们的教育目的和目标，同时在教育过程中引入能够吸引那些主要兴趣为行动和制作的人的活动，我们就会发现学校可以以某种更强烈、更持久、更具有陶冶性的方式吸引学生。"杜威表示，教育已经在朝这个方向改变，而且当这种新趋势"在我们的学校制度中得到全面而透彻的实现"时，教育的未来将是一片光明。"当学校接纳社会中的每个儿童，将他们训练成这样一个微型社会中的一员，同时使他们满怀服务精神，并为其提供有效的自我指导手段时，我们将更能、更好地保障整个社会的价值、美好与和谐。"[31]

杜威及其追随者在尝试实现其社会理想的过程中，终将需要直面他们对成人权威的恐惧及对社会改革的渴望之间的矛盾。正如笔者所指出的，杜威始终支持让成人在课堂上发挥指导作用，而他所反对的观点是，成人应该为教育制定目的或目标，因为成长原则要求教育不设任何目标。但社会改革势力在教育者的队伍中越强大，有一个问题就越明显：社会改革的理想毕竟是成人的目标，它的实现不能想当然地指望儿童能合作。

在大萧条的冲击下，这个事实变得尤为明显。到 1938 年，杜威在撰写《经验与教育》的过程中感到有必要以较之以往更尖锐的口吻警告人们：新式教育已经走向了极端，教师甚至都不敢在课堂上提出自己的建议。他甚至还听过这样的案例：教师在儿童面前摆满各种物品和教材后就完全放手不管了，因为教师觉得指导儿童如何使用这些东西是错误的做法。"那既然材料就代表着某种建议，为什么还要提供材料呢？"但教师的职责只是担当团体活动的领导者，其发布的指令仅仅是为了团体的利益，而非"作为个人权力的展示"。

杜威对成人权威的恐惧仍然挥之不去——这种恐惧在于迫使"年轻人的活动成为表达教师而非学生目的的渠道"。杜威重申，新式教育最合理的地方在于它强调"学习者参与规划'指导其学习过程活动'的目标"。但正如他所言，"目标的规划……是一项相当复杂的智识活动"，他也并未提到，向人们证实"儿童能在这样的活动中发挥重大作用"绝非易事。[32] 杜威不安地意识到，进步派学校在安排课程方面遭遇了极大困难，[33] 但我们不能确定他是否认识到这种困难与"幼儿能够参与到某项相当复杂的智识活动中"这种期望有关。

杜威之所以对成人权威感到焦虑，是因为他想要避免这样一件事情（也是我们如今仍在艰难尝试避免的事情）：向儿童灌输顺从的习惯。如果说有什么是他不想要的，那就是培养顺从的性格。但他认为，顺从的危险仅来自成人社会及其代言人——教师。在谈及传统教育时，他写道：[34]

既然其目标是顺从，那么青年身上的独特个性就会遭到忽略，或被视为祸害及无序的根源。顺从等同于千篇一律。他们因此会对新鲜事物兴致索然、反感进步，同时对不确定性和未知事物持恐惧态度。

杜威将成人的权威视为对儿童的**全部**威胁，因此他很难想象到，其同龄人也会对儿童构成威胁。人们很难相信，他把儿童从成人世界中解放出来的原因，实际上只是为将其扔进某种更杂乱的同龄人文化的魔爪之中。但在杜威的理念中，学校几乎没有留给喜欢沉思或爱读书的儿童任何空间，而这些孩子并不完全乐意将上学作为某种社交活动。"在社交环境中，"杜威赞许道，"青年必须参照他人的举止，并使自身的行为方式与之保持一致。"[35] 正是这样的活动让参与者们形成了共同的认知。他对这个问题的看法是，人们对那些不合群、不愿意参加社交活动、坚持独来独往的儿童，难道就没有一点质疑吗？杜威写道：[36]

> 依赖，意味着某种力量，而非软弱，它关乎的是相互依存。个人独立性的增强永远都带有个体社交能力减弱的风险。独立性在使个体更加自立的同时也会让他更加自满，独立性会导致孤傲和冷漠。它常常使个体在与他人的关系中变得麻木不仁，以致产生某种幻觉，以为自己真能够独立成长、独立行动——这是某种无法名状的精神错乱，孕育了世上绝大部分本可疗愈的苦痛。

此番言论放在 19 世纪的美国背景下是完全可以理解的。在杜威的性格形成时期，他所目睹的猖獗的经济个人主义已经孕育出了某种真正独立的个人类型——这种类型即使没有到疯狂的程度，至少也到了反社会的地步。而在学校里，旧式教育则给了个别严苛专制的教师施展的机会。不要过分期待在 1916 年[①] 会有人预测到儿童身上将出现大

---

① 1916 年杜威的《民主与教育》出版。——编者注

卫·里斯曼（David Riesman）在《孤独的人群》中所断定的同龄群体顺从现象，也不要期待在课堂上和儿童生活管理中能看到成人权威的衰减。如今，当我们对儿童的顺从行为感到烦恼时，我们担心的更多是他们是否服从同龄人的命令和大众媒体的指示，而非是否服从父母或教师。我们也意识到，成人权威的过度衰减甚至可能给儿童带来问题，其严重程度不亚于成人专制带来的问题。

杜威在制定其教育理论时并未将这些纳入考量范畴，但也有可能是其理论本身促成了某种他几乎不愿意看到的局面。核心课程教育者们鼓励儿童在学校探讨"我怎样才能受欢迎？"或者像"为什么我的父母这么严格？""我能拿我守旧的父母怎么办？"以及"我应该随波逐流还是遵从父母的意愿？"这类暗示反抗父母命令的话题时，援引了杜威关于即时、实用和社会学习的原则。[37]这种话题意味着将同龄顺从投射至课程本身，在杜威看来，这种做法必是甚显唐突。顺从和权威的问题确实存在，但并未因为旧式课堂内容的改革而得到解决。

或许杜威有些高估了学习过程中社会的一面。他及同代其他思想家——尤其是乔治·H. 米德（George H. Mead）——都非常注重证实头脑内在的社会属性，并且在这方面取得了显著成功。但从某种意义上说，这种头脑观走向了极端，已经难以证明杜威教育观的合理性。如果头脑活动本质上是社会性的，那么我们最终便可宣称，学习的社会性先决条件可以在各类学习中得到满足，而不仅仅依靠课堂上刻板的社会性协作。一个孩子独自坐在那里阅读哥伦布的航海故事，另一个孩子在学校车间里和其他孩子一起制作航模，这二者的社会经历截然不同，但至少同样复杂，这一点是新式教育家所不愿意看到的。杜威著作中一个重要而很有说服力的观点——事物只有作为社会客体时才有意义——有时会转变为某种更令人质疑的理念，即所有学习过程都必须在社会行动中公开共享。[38]

更重要的是关于教育过程及其结果之间关系的某种理念，而该理念似乎过于呆板，尤其是对于像杜威这样始终希望充分利用生活辩证流动性的人来说。"专断性课堂必然会孕育出顺从的头脑，而社会性学习必然将产生理想的社会化人格"，这种观念乍一看仿佛很吸引人，但其中却蕴含着某种难以付诸生活的僵化理性。打个比方，杜威是否真的相信在整个世界中，传统教育唯独在美国孕育出了一种尤其"对新奇事物兴致索然、反感进步、对不确定性和未知事物持恐惧态度"的头脑？建立在权威基础上的教育是否必会永远培育出顺从的心灵，而教育体制类型又是否必然与其产物性质之间存在一对一的关系？在杜威关于教育过程的观点中，几乎没有提到伏尔泰受过耶稣会教育，也未曾提过清教家族牢固的专制结构孕育出了某种对现代民主发展相当重要的个体类型。"教育能轻而易举培育出理想的个体类型"的期望超出了过去经验所允许的范畴。

最后要说的就是，"教育不应被看作为儿童的未来生活——杜威总称之为'遥远的未来'——做准备，而应该被视为生活本身、生活的某种拟像或者构成生活的某种经历或其预演"这个观念在实践中存在严重的困难。在学校经历和其他经历之间达成某种连续性这个理念似乎没有任何问题。但杜威不仅认为教育**就是**生活，他接着表示，学校应该为儿童提供某种**选择性**环境，尽可能呈现社会公认的优良事物并略去恶劣的内容。但学校在这项工作上做得越成功，就越难以实现代表或体现生活的理想。当我们承认学校呈现给儿童的并非生活的全部时，便等于承认建立了某种由外在目标决定的选择性过程。人们就这样再次接纳了传统观点，即教育毕竟不是致力于充分反映或再现生活，而是作为专门用于某种特殊功能的生活阶段。

如果新式教育者确实意欲在课堂上再现生活本身，那么他们必是对"何为生活"抱有某种极度温和无害的概念。对于所有成年人而言，生活带来的除了某种程度的合作、成就和快乐以外，还有无数竞争、毁灭、挫折和失败。但新式教育者不认为上述事物也会体现在学校为儿童构建的微型社群中。恰恰相反，他们最强烈的欲念在于保护儿童，使他们不会过于敏锐地意识到在成人环境中，其自身局限性可能会使自己付出什么代价。这些人的态度更接近"有机教育"的先驱之一、进步教育协会的创始人玛丽埃塔·约翰逊（Marietta Johnson）的理念，她曾经表示："儿童永远不应该知道失败为何物。……学校应该满足儿童天性的要求，而非提出要求。任何会发生'一个孩子失败而另一个成功'这种情况的学校体系都是不公正、不民主、无深造作用的。"[39] 她在亚拉巴马州费尔霍普的实验学校——约翰·杜威和伊芙琳·杜威（Evelyn Dewey）曾经在《明日学校》中满怀热情地描述过这所学校——因此不设考试和评分，也不存在晋级失败；衡量成功的标准不在于研习了多少学科内容或获得晋级，而在于学习本身的汗水与快乐。相较传统学校，很难说这种教育观念是否会对儿童产生更好的影响，但"它与'生活'的关系更为密切"这个说法明显值得怀疑。

对于这个对立观念，新式教育家作出了某种其自认为令人满意的回击：新式教育并非试图培养儿童去了解或贴合过去那种带有苛刻自利个人主义色彩的生活，而是去理解和适应现在及未来的生活——某种被充满希望地设想为更社会化、更具有协同性且更人性化的生活——也是某种在杜威看来更符合"当今的科学民主社会"的生活。[40]

但这种反驳只会让人们将注意力转向如何设计适合儿童成长的教育，同时又能重塑社会这个问题上。随着时间的推移，某些新式教育家自己也开始怀疑杜威是否成功实现了"教育即儿童成长"和"教育即社会重塑"这两种理念的统一。博伊德·H. 博德（Boyd H. Bode）在1938年观察到，目前的成长学说"有碍（教师）认识到自己实际上需要某种指导性的社会哲学"。[41] 相信杜威确实成功统一了两种理论的前提在于，必须认定儿童天性和民主文化之间存在着先定和谐，而这点并非人人都会认同。在某些批评者看来，我们必须在儿童天性、自发性以及民主教育之中二选一。毕竟，儿童可能会在某个时刻对叛逆产生某种天然的兴趣，而我们不可能强加给儿童对于重建社会或使自己的头脑"充满"对于"服务精神"的天然兴趣。在大萧条时期，整个社会重建流派都倾向于坦率承认，他们身上缺乏这种激情。为了实现社会的未来福祉，教育者必须承认，所有教育都包含一定程度的灌输，这种"外在"目标不可避免地被强加在教育过程中。[42] 虽然在教育领域，社会重建主义并未获得持久影响力，但是它确实在某种程度上让进步主义教育者意识到"外部"目标——也就是成人目标——必然会在学校占据主导地位。对于那些相信教育将如杜威在1897年所说的那样成为"社会进步和变革的根本方法"的人而言，像他所希望的那样将教育交到儿童手中是绝对不可能的。

6

杜威的教育理论基于这样一种希望：正确的教育理论统一可以消除某些古老的对立和二元论教育态度。儿童与社会、兴趣与纪律、职业与文化、知识与行动之间的对立都必须加以消解并最终达到调和——这在如今的民主社会中理应是可以实现的，因为民主社会本身已经超越了最初孕育这些对立关系的贵族精神框架。这种乐观主义对于杜威的教育理论至关重要：在他看来，教育中的二元论并非揭示人类问题本质的线索，而是某种可以摒弃的错误传统。在出版其早期的、最有影响力的教育书籍时，他相信世界确实在进步。杜威认为，科学与民主的时代将比人类所知道的任何时代都更美好、更理性、更明智，它将孕育出某种更优质的教育并从中受益。

这样说来，杜威的教育理念中深藏着某种强烈的乌托邦主义，而正是这种乌托邦元素吸引了众多教育理论家。杜威的乌托邦主义并非立足于其对理想教育体系的描画。他是一个聪明人，不会再去为现成的世界描绘蓝图，而其理念本质——教育是对经验的不断重建——亦与此相悖。其乌托邦主义属于某种方法论：他认为旧式的对立和二元论不具有现实性，不必对此加以抵制、贬低、管控和限制；它属于曾经盛行的错误世界观引发的错误判断。我们能做的不仅仅是诉诸各种有限且注定无望的方式解决这些对立问题，借由更高层次的统一，我们可以完全将之克服。

在这点上，杜威重复了在他之前许多美国思想家用来反对过去的理论。其言辞会给人这样一种印象：他将整个人类经验历史主要看作必须克服的错误的根源。任何现时事业（例如教育）要想保持活力，就必须能够剥离过去的残余。他在《民主制度与教育》中以极有感染力的笔触写道："现在，不仅是过去之后的东西。……而是将过去抛诸脑后的生活本身。"正因为如此，研究过去的文化产物无助于我们理解现在。重要的是过去的生活，而这些文化产物只是过去生活的死水潭——生活本身最好的状态也是超越自身过去的过程。"关于过去及其遗产的知识只有放在现在才具有重要意义。"将对过去的研究作为教育的主要内容，就等于丧失现在与过去之间的重要联系，"就等于将过去置于现在的对立面，同时使现在或多或少沦为对过去的徒劳模仿。在这种情况下，"杜威继续说（此处似乎迎来其理论的高潮），"文化成了某种点缀和慰藉，成了避难所和救济院。"[43] 它因此丧失了能够改善现状、创造未来的能力。

在这里，我们必须回到儿童的问题上来，因为儿童是通往未来的钥匙，他拥有将世界从过去的重压中解放出来的内在力量。但在此之前，儿童自己必须得到解放——在正确的教育制度下，他确实可以得到解放——从世界的压迫、文化机器中的一切僵死之物以及社会对学校的束缚中解放出来。杜威本人非常现实，因此能够认识到并反复重申在该过程中发挥指导作用的儿童自发激情的局限之处。但正是这些激情引起了美国教育者的兴趣。由于杜威的目标是将儿童从过去的桎梏中解放出来，使他们能够以重建的方式运用过去的文化，美国的教育家便因此利用他的理论，以贬低过去的文化及其仅仅作为装饰和慰藉的"产物"，并最终制订出一套能解放儿童、让他们无拘无束成长的方案。杜威曾经非常坚定地将儿童置于教育的核心地位，并把教育界定为无目标的成长，这左右了关于教育目标的探讨，因此即便25年来始终存在各种澄清声明，都未能阻止其理论被曲解为反智主义。

与弗洛伊德一样，杜威也将社会向青年灌输其原则、禁忌和习惯的过程视为对他们的某种干预。但相较弗洛伊德，杜威的设想所预测的情形要更为乐观。弗洛伊德认为，个体社会化的过程就是在向个体提出真正有损于其天性的要求，而可悲之处在于，这从某种意义上来说是不可避免的。杜威则相信，社会会破坏儿童的"可塑性"，而这正是他们"改变流行惯例的力量"的来源。教育以其"傲慢的高压统治、含沙射影的利诱以及教学上的一本正经，消磨着青年的精力，麻木了他们的好奇心"，俨然已经化为"利用青年无助性的艺术"，[44] 而教育本身就是某种为社会所使的手段，用来扼杀其最有益的能力——自我完善。对杜威来说，这个世界是儿童苦难的根源，但在很大的程度上可以通过教育过程来矫正。而在弗洛伊德看来，这两者被固定于某种对立关系之中，这种关系在细节上虽然可以改动甚至得到某种程度的改善，但是在实质上是不可消解的。[45]

超过一代人的进步主义教育实验都证实了弗洛伊德的观点。旧式教育的缺陷已经得到纠正，而且结果往往十分成功，但新的矫正措施却加剧了其他问题。对专断的成人意愿的顺从有所减弱，而对同龄人的顺从如今却愈演愈烈。教师的专断权威得到削弱，但取而代之的是某种微妙的操纵——拜这种操纵所赐，教师不得不自欺欺人，儿童也常常会产生怨恨情绪。对成绩不合格的恐惧尚未消除，而用来消除这种恐惧的方法却由于标准、认可及成就感的缺失而招致了挫败情绪。

在关于教育的最后一则重要声明中，杜威表示："现有体制的驱动力在于同化和扭曲新事物，以便使其与自身保持一致。"他对进步主义教育带来的某些改善予以好评，但同时也遗憾地指出，其助力培养的理念与原则终究也屈服在了这个制度化过程的脚下。"在师范学院等机构，理念与原则已经转化为具有现成规则的固定学科内容，遵循一定的规范化程序进行教授和背诵。……"又是背诵和规范化程序！他表示，"用错误的方式和正确的原则"来培训教师将收效甚微。杜威怀着某种叫人绝对钦佩的果敢勇气，再次也是最后一次提醒进步派教育者，培养教师品格要通过正确的培训方式，而非教授给他们的学科内容或规则。只要方式正确，建立民主社会便并非纸上谈兵。若是遵循"专制主义原则"，教育则只会"扭曲并摧毁民主社会的基础"。[46]因此，探求"某种能对'正确的反制度方式'进行制度化的方式"的道路还将继续下去。

Anti-Intellectualism
in
American Life

第六部分

结论

PART 6

第十五章
知识分子：疏离与顺从

1

　　形形色色的反智主义依旧渗透在美国人的生活中，但与此同时，智识已经被赋予了一种全新的、更加积极的意义，知识分子获得越来越多的认可，同时，在某些方面，他们的地位也得到一定程度的提高。然而，这种全新的接纳与认同却令他们有些无所适从。由于习惯了被人说"不"，并且自认这种状况会一直持续下去，他们渐渐形成了一种积重难返的姿态，很多人已经开始意识到，在外界的否定和排斥面前保持某种疏离是他们唯一能够采取的恰当而不失体面的态度。他们所惧怕的与其说是被排斥或者不加掩饰的敌意（对这些，他们已经学会了坦然应对并且几乎已经把它们视为自己的宿命），倒不如说是惧怕不能再保持这种疏离。令那些最有活力的年轻知识分子最为担心的是，当他们日益被承认、被接纳并且被利用时，他们将只能亦步亦趋、循规蹈矩，从而不再具有创造性、批判性乃至真正的价值。这就是知识分子立场中最根本的悖论——尽管他们对反智主义的种种表现深恶痛绝并将其视为我们社会严重缺陷的标志，但另一方面，外界的认可却给他们带来更深刻的困扰并造成更大的分歧。也许，当今知识界最有争议性的问题就是如何考量在昔日的疏离以及如今的认可之上的价值。让我们首先来探讨一下近年来这个问题是如何形成的，以及知识界在历史上处于何种地位，从而了解其中可能带给我们的启示。

尽管 20 世纪 50 年代反智主义盛行一时，但知识分子本身，尤其是那些中年及老一辈知识分子，并没有像他们在 20 世纪 20 年代那样倾向于对美国价值观奋起反击。相反，具有讽刺意味的是，他们在被指天生反骨而遭受最沉重打击的时刻，却改弦更张，重新投入到自己国家的怀抱。甚至连麦卡锡主义也未能阻止他们：尽管他们对这位参议员及其追随者可能会破坏某些迄今为止被认为是理所当然的价值观心怀恐惧，但正是这种恐惧提醒人们，过去美国价值观中所具有的某些东西的确是弥足珍贵的。而那些勇于反对麦卡锡的老派保守派参议员，则被视为可敬的美国正直品格的象征，深受人们的爱戴。

1952 年，《党派评论》（可以看成美国知识界的一种内部刊物）的编辑对知识分子的全新的态度给予了准官方的认可，当时他们用数期版面的篇幅刊登了一组具有深远意义的专题文集，其显著标题为《我们的国家和我们的文化》。[1] 他们解释说："如今，美国知识分子正以全新的方式看待美国及其制度……许多作家和知识分子都感到，自己与国家及其文化的关系更为密切了……无论是好是坏，大多数作家不再将疏离看作美国艺术家的宿命。恰恰相反，他们渴望成为美国生活的一部分。"

对编辑提出的知识分子与美国关系的问题，25 位撰稿人的回答表明，其中的绝大多数不仅意识到知识分子与社会之间的关系正日益融洽，而且基本对此表示认可。如果忽略了其中的限定条件以及他们给出的切勿为此过度自满的提醒，那么我们可能难免会夸大或歪曲对他们的认可。我们可能会以为知识分子洋洋自得，而事实并非如此。综合这些撰稿人的观点来看，不难看出知识分子阶层中那部分曾经遭受过严重排挤的人是如何改变自己的想法的。大多数撰稿人认为，他们似乎没有理由再沿袭"不断加剧自身疏离"的一贯做法。部分撰稿人认为，疏离是一种历史现象。他们强调说，疏离通常是一种矛盾的感受，正如过去的伟大作家和思想家在抨击美国社会的同时，也对其中许多价值观表示极大的肯定或深刻的认同——事实上，反对及认同之间的矛盾和冲突往往与伟大的成就联系在一起。

没有人怀疑过知识分子作为批评家和反对派这个角色至关重要的价值，也没有人想过他们应该放弃这个角色，而仅仅变成这个社会的代言人或辩护者。但人们普遍承认的是，美国知识分子不再把自己的国家视为必须逃离的文化沙漠，或者，当他们把美国和欧洲相比较时，也不再如一位作家所言，把它看作"青春期的尴尬"。较之二三十年前，如今的知识分子在美国感到更为从容，他们已经与美国的现实达成了妥协。"我们正在见证一个进程，"其中一位这样写道，"这个进程完全可以被描述为美国知识界的**资产阶级化**。"改变的，不只是知识分子，这个国家也有所改变，而且是朝着更好的方向在改变。它在文化上业已成熟，不再需要欧洲的指手画脚。权贵阶层逐渐学会接纳甚至尊重知识分子和艺术家。相应地，美国也成为一个相当令人满意的地方，在这里，人们投身于智识或艺术方面的追求，并由此得到丰厚的回报。即便是一位认为整个专题研讨会过于自以为是的撰稿人也不得不承认："现在看来，认为美国是仅存的唯一一块蛮荒大陆的观点实在是愚不可及。"

2

在参与专题研讨会的25位撰稿人中，只有3位——欧文·豪（Irving Howe）、诺曼·梅勒（Norman Mailer）和C. 赖特·米尔斯（C. Wright Mills）——对编辑的问题的默认态度持绝对反对的意见。另外还有一位，德尔莫尔·施瓦茨（Delmore Schwartz），认为非常有必要对"现在知识分子中盛行的循规蹈矩之风"加以抵制。

对这些反对者来说，重新拥抱美国不过是向当前保守主义和爱国主义的压力屈服，向舒适安逸与自我满足屈服。"**我们的国家**"和"**我们的文化**"这个概念冒犯了他们——"对现状的一种畏畏缩缩的逆来顺受"，C. 赖特·米尔斯说，"一种柔弱又焦虑不安的曲意逢迎"，以及

"试图为知识分子的这种行为开脱而寻找种种借口的徒劳无功的努力"。对于老一代知识分子来说,他们成年后的记忆可以追溯到20世纪30年代的文化争鸣,有些甚至可以追溯到20年代,这不过是一种摒弃曾经因为被误导而深信不疑的对疏离过度简化的承诺的意愿,但在一些年轻的人看来,这是一种无法理解的道德过失。

两年后,在同一份杂志上,当时一名持反对意见的撰稿人、后来在布兰迪斯大学(Brandeis University)担任教授一职的批评家欧文·豪发表了一篇言辞激烈的文章,对《党派评论》之前专题研讨会上占主导地位的观点进行了驳斥。在这篇题为《这个顺从的时代》的文章中,[2] 他断言该专题研讨会释放了"一个令人不安的信号,表明知识分子在文化顺应的方向上漂移了多么远"。他说,资本主义"在其最近的阶段为知识分子谋到了一个体面的位置",他们非但不抵抗被纳入体制,反而对回到"祖国的怀抱"而喜不自禁。"在某种程度上,我们都是循规蹈矩的人。"即使那些仍然坚持批评立场的人也变得"温和而可靠,并且听话"。在大众文化产业以及不断发展的学院和大学体系中,新的工作岗位的激增使知识分子卷入无休止的战争经济当中。"美国的智识自由正遭受严重打击,然而令人痛心的是,在捍卫决定其生存先决条件的权利方面,知识分子总体上却缺乏斗志。"

欧文·豪针对这种自我满足顺应的反理想观念其实由来已久,即波希米亚社区。福楼拜曾经说过波希米亚是"我们这类人的祖国",欧文·豪则相信这也是美国文化富有创造力的基本前提。"美国智识生活中最振奋人心的时期往往与波希米亚的兴盛相吻合。"他断言,然后,似乎对这个命题的困难感到不安,他又补充说:"和谐也是一种波希米亚,集沉静、颠覆和超然物外于一体。"波希米亚曾经是一种斗争策略,其宗旨是将艺术家和作家团结在一起,共同与世界斗争或为世界而斗争。但如今它已经风光不再。"波希米亚作为我们智识生活的背景已经逐渐消失,留下的似乎只是一片虚幻的镜中花或水中月。"波希米亚的解体在很大的程度上加剧了"众多美国知识分子的孤独感,这种沮丧消沉而又孤立无援的感觉削弱了自由主义乐观主义的意识形态"。曾经，年轻作家们一起面对这个世界。而如今，他们"隐没在郊区、农舍和大学城，一蹶不振"。

欧文·豪说，这不是要谴责任何人的"背叛"，或者呼吁知识分子奉行物质上的禁欲主义。问题的焦点在于"在缓慢地消耗中，人们坚定的意志与独立的能力将被逐渐摧毁殆尽"，这一点从一连串微小的妥协中可见一斑。"最令人担忧的是，整个智识事业的理念——献身于无法在商业文明中实现的价值的理念——已经逐渐失去了吸引力。"在他看来，反对商业文明的斗争本身具有重要的价值。因为，如果商业文明和艺术价值之间的冲突不再像我们曾经认为的那样刻不容缓，那么，他断言，"我们必须抛弃20世纪的大量大部分最优秀的文学、批评和思辨思想。"

欧文·豪为"丧失了那些早期独具优势的确定性而感到遗憾，这些确定性至少可以使抵抗变得相对容易"。令他大为光火的是，莱昂内尔·特里林（Lionel Trilling）在研讨会的文章中表示，尽管20世纪50年代的文化状况存在种种缺陷，但是与30年前相比已经有所改善。欧文·豪反驳说，"任何将1923年自由奔放的文化生活与1953年的沉寂悲凉，或者他们的文学成就相提并论的想法"，都不过是异想天开。与其说是财富接纳了知识分子，倒不如说是知识分子已经不再胆敢挑战财富，而是在它面前变得服服帖帖、"卑躬屈膝"了。知识分子的力量比以往任何时候都更微不足道，尤其是新现实主义者，"他们依附于权力的宝座，在那里，他们放弃了自由发声的权利，却并没有换来身为政治人物所应有的影响力。"知识分子一旦"被纳入官方认可的社会体制框架内，就失去了传统的反叛精神，并且在某种程度上，**不再作为知识分子发挥作用**"。几乎任何一种选择都比让他们的才能被人利用要好："彻底远离权力和名望。只要知识分子能够自由地进行抗争，哪怕是盲目地、非理性地否定我们文化的方方面面，都不失为更加明智的抉择。"

欧文·豪的文章不仅仅代表其个人观点，也是左翼知识分子的一种宣言。几年后，一位年轻的历史学家洛伦·巴里茨（Loren Baritz）以相似的视角看待社会规范，阐述了这样一种信念："任何接受并认可自己所在社会的知识分子，都是在出卖自己的才智，是对自己传统的背叛。"他问道："从定义上讲，一个有思想的人是不是必须保持一副批评家的姿态，以及一个真诚地相信并认可社会主流思潮的知识分子，是否能够协调他的思想以便适应这个社会的要求。"[3] 他呼吁知识分子有原则地退出社会制度，摆脱与相关的责任和权力的千丝万缕的联系："知识分子被纳入社会体制，就意味着他面临让自己被社会反噬的严重风险……当他触及权力，他就会被权力所伤。"正确的应对方式是有意疏远社会责任："当知识分子担当起社会责任，而不是智识责任时，他的头脑必须至少失去一部分自由和韧性，而这些是他最基本的能力的一部分。"如果知识分子躲进了象牙塔，那是因为他们"不想肩负对社会及其与之相关的责任。需要来自孤立和疏离的自由"。

3

让我们分别聆听一下来自《党派评论》主题研讨会的主流论调以及来自欧文·豪和其他持不同意见者的论调吧。我们听到的是一段古老而熟悉的对话中的两种声音。对疏离的自觉关注，远远不是我们这个时代的美国知识分子所独有的，而是近两个世纪以来西方世界知识分子群体生活的一个主旋律。在更早的时期，当知识分子的工作、生活与教会或贵族或两者都密切联系在一起时，始终与社会疏离的情形是非常少见的。但是从18世纪开始，现代社会的发展创造出一套新的物质与社会环境并萌发了一种新的意识。在西方世界的每一个角落，处处充斥着早期现代资本主义的丑陋、物质至上以及对他人的无情剥削。这一切无不噬咬着思想者的敏感的心灵。赞助制度的终结以及思想和艺术市场的发展，使艺术家和知识分子与中产阶级观念之间产生了尖锐的、难以调和的矛盾。知识分子通过各种不同方式对新资产阶级世界形势环境进行反击——或通过单打独斗、不切实际的空洞的声讨、联合起来以波希米亚式的团结以及政治激进主义来对抗社会。

比如，在寻找伟大的历史先例时，欧文·豪应该自然而然地转向福楼拜，一位孜孜不倦的、善于揭穿法国资产阶级愚昧行径的行家里手。[4] 在英国，马修·阿诺德在《文化与无政府状态》中尝试用一种不同的方式分析新的文化形势。在美国，先验论者则不断书写着个人情感在适应现代社会时所历经的种种艰难。

对于这个普遍问题，每个国家都存在各自的多样性，正如每个国家都有各自不同的资产阶级发展历程一样。在美国的疏离环境背景下，20世纪的知识分子所采取的毫不妥协的疏离态度显得既名正言顺、理所应当，又符合传统规范。因为在19世纪的美国社会，公认的优秀作家及先锋作家都可能多多少少地保持某种或适度或极度偏激的疏离立场。对于这样一个社会，我们可以肯定地说，到大约19世纪中期，即使那些曾经归属于这个社会的知识分子也感到与它有些格格不入。在我们这个时代，知识分子的角色概念由美国社会的历史所形成，因此，他们认为知识分子理应经历成功或理应与权力建立某种联系的想法是不可思议，甚至令人反感的。

当然，凡事总有例外。在早期，有两类知识分子曾经参与或主导了具有深远社会影响的权力运作：清教神职人员及开国元勋们。但最终这两类群体都失去了曾经的至高无上的地位，部分原因在于其自身的失败，部分原因则因为他们所无法控制的历史大环境。然而，他们每个人也都在历史上留下了独具特色的遗产。清教的神职人员开创了新英格兰智识主义传统的先河；新英格兰人在哪里大规模定居，这个传统就被传到哪里。在整个19世纪到20世纪期间，它为促进美国智识生活的蓬勃发展做出了巨大的贡献。[5] 清教徒的开创者尽管犯下过严重错误，但是他们至少尊重思想和精神的力量，这是他们取得杰出的智识成就所必备的品质。在它存在的地方，这种力量往往发挥出意想不到的振奋人心的巨大作用。

开国元勋们的遗产，本身带有清教思想的色彩，具有同等重要的地位。正值新国家的发展之际，在人们致力于将自己从殖民地位中解放出来并确立一个全新的身份的过程中，知识分子似乎一直扮演着重要的角色。美国启蒙运动的领袖们所做出的杰出贡献无不向世人充分证明了这一点。正是他们，为这个新的共和国提供了一整套持续性的、切实可行的思想体系，并对其身份与理想、历史地位与民族感，以及政治体系与准则都做出了明确的定义。

大约 1820 年之后，以革命和宪法为基础的、联邦主义者和杰斐逊主义者赖以发展壮大的旧共和秩序，被一系列不同的经济和社会变革迅速打破。随着跨阿勒格尼的人口往西部地区迁徙、工业的发展、平等主义思潮在政治上的崛起以及南方杰斐逊势力的衰落，曾经引领并在一定的程度上控制美国民主的贵族阶层日渐式微。平信徒与福音派废黜了既有的建制派神职人员。如今，一种具有全新政治风格及新型民主思想的领导人要把商业－专业阶层从其政治领导地位上赶下台。很快，在商业领域，他们的风头又将被另一类新型的实业家及其促进者完全盖过。

余下的，是拥有可观的财富、大把的闲暇时光、具有相当的文化素养，却相对缺乏一定的权力或影响力的绅士阶层。这个阶层是严肃作品及文化机构的受众与赞助人。其成员阅读正统的美国作家的作品，订阅老式的学术杂志，资助图书馆和博物馆，将自己的子弟送进老式的文理学院学习古典课程。它发展出了自己特有的、温和的、批判社会的传统，因为它对贵族气质的偏爱足以应对最为粗俗的、无处不在的平民民主特征，也具备足够的行为准则反抗新兴资本家和种植园主赤裸裸的物质主义。在美国，最为有力的道德抗争传统皆出自这些毫不妥协的贵族绅士子弟。

但是，如果你认为这个阶层继承了由开国元勋们确立的旧共和秩序的严肃传统，你就会立即发现它的软弱无力。他们保留了贵族阶层的气质、抱负和偏见，相比之下，却未能维护其权威地位。旧共和秩序领袖的思想境界，历经后代贵族的代代传承，已经不再那么生机勃勃、充满力量。笔者愿意将开国元勋们的文化称为超然派文化（mugwump culture）——笔者所说的超然派不是指传统意义上的镀金时代的上层阶级改革运动，而是指风光不再的贵族阶层所表现出的智识和文化观。纵观整个19世纪，那些独立的美国知识分子表达自己思想的受众主要来自这个阶层。[6] 超然派的思想中，新英格兰的影响再次发挥了举足轻重的作用，他们从清教徒那里继承了某种庄严而崇高的理想，却无法维持他们的激情。从开国元勋和美国启蒙运动那里，他们以一种更直接、更迫切的方式继承了一系列追寻智识的信念与对民众的关切。然而，在超然派的氛围中，18世纪共和式的智识美德逐渐减少以至枯竭，其主要原因是，超然派的思想家们通常被剥夺了将这些美德与实际经验建立有机或密切联系的机会。对于开国元勋文化来说，重中之重是必须接受经验的检验，是不得不处理各种严峻而复杂的权力问题，而超然派文化却与两者渐行渐远。

　　超然派的思想复制了开国元勋们的古典主义，这一切体现在他们对秩序的热情和对思想的尊重上，体现在他们希望建设一个合理世界的愿望以及使政治制度成为理性的应用上，还体现在他们对社会地位应该作为政治领袖立身之本的设想以及为个人恰当的社会角色提供范例的含蓄关注上。但是，由于从国家正在发生的最紧迫、最激动人心的变革中抽身而退，贵族阶层逐渐从美国商业和政治核心机构的管理层被排挤出来，并选择不再认同普通民众的愿望。在这种情况下，贵族阶层文化开始变得过度雕琢、干枯、冷漠、势利——每一项都符合桑塔亚那在界定上流社会传统时脑子里给出的定义。它的领导人更关心才智是否值得尊敬，而不是是否具有创造力。G. K. 切斯特顿在另外一个场合所说的话，也可以用在他们身上：他们对拥有智识表现出的自豪，胜过对运用智识而得到的快乐。

　　与大多数美国人不同的是，超然派有着强烈的传统意识，但对他们而言，传统与其说是力量的源泉或起点，倒不如说是一种痴迷。在传统和个人才能之间不可避免的紧张关系中，他们的天平发生了严重的倾斜。他们极力反对任何个人自信或独创的主张，因为他们哲学中的一个重要组成部分就是，这类个人主张必须被视为彻头彻尾的利己主义和自我放纵。他们的批评准则是完全依照那些急于维持自己地位的固有阶层的需要量身定制的。批评的目的在于向人们灌输"正确的品位"和"健全的道德"——品位和道德经过煞费苦心的定义，足以否定任何对现有秩序的反叛，无论是政治上的还是美学上的。文学是"道德"的坚定守护者。所谓的道德，永远是指传统的社会道德，而不是艺术家或思想家因为艺术形式的规律或其对真理的向往而施加于他们自身的独立道德。文学应该致力于乐观主义，更多地展现生活中阳光的一面，而不应该拘泥于现实主义或者着眼于阴暗面。幻想、隐晦、神秘、个性和反叛，都同样不被接受。

华兹华斯与骚塞因此在 1823 年的《北美评论》上遭到美国评论家塞缪尔·吉尔曼（Samuel Gilman）的指责，理由是他们"不愿意参考其所呈现的作品的普通受众具体的智识水平与精神"。吉尔曼认为，这样的作家活该不受欢迎："他们的诗歌都是在自说自话。他们的作品脱离现实，高高在上。他们最初的目的似乎就是为了舞弄一下自己的文笔，满足自己吟诗作赋的嗜好。"[7] 当然，此处所述的对原创性的排斥，与 19 世纪欧洲许多最优秀的诗人所经历的排斥并没有显著的不同。不同之处在于，尽管欧洲也不乏像吉尔曼那样具有批判性哲学思想的欧洲同行，但其环境的复杂性足以给作家们提供在缝隙中发声的空间。而美国的文化环境则更为简单，也更容易受某个单一的、善意的但有一定局限性的阶层的观点所左右。

托马斯·文特沃斯·希金森（Thomas Wentworth Higginson）[①] 与艾

[①] 托马斯·文特沃斯·希金森（1823—1911），美国作家，一神论牧师，废奴运动领袖。——编者注

米莉·狄金森（Emily Dickinson）的关系，是一个最恰当同时也是最糟糕的例子，充分体现了这个阶层在面对真正的天才时的局促不安：他对她如此鼓励、如此亲切，甚至有时能够理解她，但他始终最多将她看作又一位有抱负的女性诗人而已，还时不时地把她称为"我的半疯半傻的阿默斯特（Amherst）女诗人"。他也忍不住向她建议，她可以通过参加波士顿妇女俱乐部的聚会来克服孤独感。[8] 几代人以来，既有批评的意图都是为了使作家迎合一个本身"游离于世俗之外、高不可攀"的社会阶层的鉴赏力。清教徒的强烈信仰，曾经造就了思想激进的异议者和捍卫法律的守护者，如今已经荡然无存。同样失去的，是开国元勋思想曾经赖以形成并经受考验的与具有挑战性的现实紧密的联系以及重要的权柄。当人们还在为清教社区人口稀少、物资极度匮乏忧心忡忡之时，清教社会已经为智识准则的光荣传统奠定了基础，并先后在宗教及政治领域创作出大量具有重要意义的文学作品。开国元勋顶着巨大的政治压力，为世界树立了一个将理性应用于政治的惊人范例。他们这一代人，在推动文学、科学和艺术的发展方面同样做出了突出的贡献。而尽管超然派文化立足于一个更为富足的社会之上，却既不以政治写作而著称，也不因为对科学的兴趣而闻名。流传于世的，是在它具有最高造诣的历史以及纯文学领域的佳作，但它对自发性与独创性的冷淡态度使它倾向给予二流人才而非一流人才更多的支持。它在发掘二流作家的同时，很少给一流作家以最高的肯定。它的目光越过最具有原创性的本土思想家——霍桑、梅尔维尔、爱伦·坡、梭罗、惠特曼——而把最为热烈的掌声献给了库珀，它最杰出的代表人物，以及欧文、布莱恩特、朗费罗、洛威尔和惠蒂尔。人们很容易人云亦云，以轻蔑的态度对超然派说三道四，但毕竟，他们为美国文化生活的很大一部分提供了支持，然而，他们未能欣赏或鼓励这个国家的大多数一流天才人物，也在它的历史上刻下难以抹掉的一笔。

无论如何，对超然派文化特有的与世隔绝及精神空虚对美国文学产生的影响，美国批评界早已充分认识到并对此唏嘘不已。1915年，范·怀克·布鲁克斯抱怨说，美国文学在高雅与低俗之间灾难性的两极分化中苦苦挣扎。最近，菲利普·拉夫借用 D. H. 劳伦斯的描述，写到了分别以亨利·詹姆斯和沃尔特·惠特曼为代表的白脸和红脸之间的两极分化。这些批评家所考虑的是在美国的写作和思考中的分裂现象，一方面是感受力、精致、理论与规则，另一方面是自发性、活力、感官现实以及对机会的把握——简言之，就是精神品质与经验素材两者之间的严重脱节。这种一直追溯到超然派文化的脱节，我们可以从一些思想局限、立场片面的美国作家中探寻到它的踪迹。霍桑曾经这样写道："我没有活过，只是梦想着活着……我对这个世界所见甚少，所以我只能凭空捏造我的故事……"这番话，或许不仅仅是他在为自己鸣不平，更是在为 19 世纪所有受过良好教育、有思想的美国人鸣不平。

所有这些或许有助于我们理解，为什么反智论调会沿用 19 世纪的形式。当坚强勇武、充满男性气概的实用主义代言人，与或高贵、或阴柔、非世俗文化的批评家从容不迫地反对智识时，他们都从各自的观点立场给出了合理的解释。但他们却把周围那些苍白无力的智力表现误以为是智识本身。他们没有看到的是，恰恰是他们自己的所作所为在某种程度上导致智识变成了他们口诛笔伐的样子，即美国智识发展的阻碍其实或多或少来自他们自身对智识的否定——他们所坚持的声名狼藉的民粹主义，以及对"实用性"执迷不悟的盲目崇拜。反智主义者已经具有了自我实现预言的特征。在某种程度上，根据其自身的论断，智识已经与失败的事业联系在一起，它代表了一类被挤压在密不透风的世界里，不断丧失活力及影响力的社会群体。

4

如果我们把关注点从公众转向美国作家本身，我们就会发现，直到 19 世纪末期，美国作家主要关心的基本问题依然是自己的身份与写作技巧。他们必须找到属于自己民族的声音，既要把自己从对英国文学的狭隘的低级模仿中，以及对英国评论意见的过度依赖中解放出来，同时又要规避与之相反的来自文学沙文主义的危险。他们必须调和贵族倾向——除了其中的少数人，其中库珀的例子最为发人深省——与对在他们身边发展的美国民主不可否认的活力、力量与抱负的同情。其中最优秀的人不得不接受并适应自己的孤立处境，这本身就是一个引人关注的主题。他们必须对美国生活提供给原创作家的素材做出自己的回应，这些素材的主题与欧洲作家所获得的截然不同。没有纪念碑，没有废墟；没有伊顿公学，没有牛津大学；没有艾普索姆，没有阿斯科特；没有古物，没有传奇；没有所谓公认的上流社会——从霍桑到亨利·詹姆斯，甚至更多的人都对此愤愤不平，尽管偶尔有一两位作家，例如克雷夫科尔（Crèvecoeur），能够意识到美国得以摆脱封建制度及其压迫的好处，以及像爱默生这样的人坚持认为，只要具备适当的想象力就能发现美国社会作为一个文学主题所蕴藏的全部价值。[9]

此外，完全有必要为作家打造一种职业（当然也为那些学者打造一种职业，他们任教的学院，大多数是简陋不堪、连图书馆都没有的小寄宿处，供那些生活在这个或那个教派控制下的教官和青少年捣乱分子居住）。最初，几乎没有人能从严肃的创作作品中获得多少可观的版税，而使作家捉襟见肘的经济状况更为艰难的，还有来自英国著名作家盗版作品的可怕而残酷的竞争。在没有国际版权公约的情况下，肆无忌惮的印刷小作坊得以以低价向市场倾销盗版作品。直到 19 世纪 40 年代，在朗费罗和惠蒂尔一举成名之前，可能只有欧文和库珀能够从他们的创作中赚到钱，但两人都不太需要依赖版税度日。事实上，每位作家都必须有一项主要的收入来源，而版税只能作为补充，无论是他继承的遗产，还是妻子的信托基金；无论是办讲座、到大学任教，还是在杂志社或报社担任编辑职务，或者像梭罗几年来所做的那样，从事体力劳动。[10] 在这几十年里，美国作家以各种不同的方式表达他们对自身郁郁不得志的落魄境地的不满——隐退、侨居国外、公开批评。但他们更倾向于把自己的疏离看作追求其他价值的结果，而非价值本身。总的来讲，他们完全不需要面对现代思想家必须面对的最紧迫的问题之一，即从相当痛苦的程度上讲他是自己自我意识的产物。他们在自己的社会中经受苦难，但他们并没有被自己的苦难所击倒。这让我们想起梭罗的一段话。他的《关于康科德河和梅里马克河的一周》(A Week on the Concord and Merrimac Rivers) 1000 册中有 700 多册未售出，只能堆在自己的房间里。梭罗对此评论时带着一种令人心酸的、苦涩的幽默："我现在有一个藏书近 900 册的图书馆，其中有 700 多册是我自己写的。作者看到自己的劳动成果不是很好吗？"有哪个当代作家，在经历了同样的失意之后，能不从这种失意中得出一套完整的现代文化理论呢？

当我们把美国作家的处境与那种真正痛苦的疏离相比时——比如乔伊斯与爱尔兰的疏离——似乎就不那么悲凉了。事实上，他们对自己的祖国的情感是相当矛盾的，后来那些沉迷于自身疏离的评论家，可以从这些早期作家的作品中，找到一些可以增强他们归属感的文字。我们很自然地仅仅注意到梅尔维尔说过"我觉得我在这里是一个流放者"，却忽略了他在其他地方表达出的认同感："这是为了国家的利益，而不是为了她的作家，但愿美国能注意她的作家越来越伟大。如果其他国家在她之前为她文坛上的英雄们戴上王冠，那将是多么大的耻辱啊！"总之，我们一定会赞同理查德·蔡斯（Richard Chase）在《党派评论》研讨会上所表达的观点。他说他从不相信"过去那些伟大的美国作家会像许多现代评论家所说的那样感到一半的'疏远'或'褫夺'"。

然而，大约在 1890 年之后，美国作家和其他知识分子形成了一个比以往更有凝聚力的阶层，他们开始对上流社会和保守主义的束缚感到不安并拿起武器进行反抗。从 1890 年到 20 世纪 30 年代，他们为争取新的表达自由和批评自由而展开斗争，他们自身的疏离成为一种号召力，也成为他们审美或政治抗争的一部分。在此之前，美国的智识大多数与维护旧价值观紧密相连。现在，无论是在历史现实中还是在公众意识中，它都与新生事物的传播联系在一起——与政治、道德、艺术和文学中的新思想联系在一起。在19世纪，美国知识分子被局限在岁月静好的理想主义圈子内，而现在，他们相当迅速地确立了知识分子团体的权利，甚至义务，并以现实主义的姿态来讨论腐败与剥削、性与暴力。长期以来，被它的敌对者与拥护者都视为被动和无用的智识，渐渐地再次与权力联系在一起。以往，公众将知识分子与保守阶层及中右的政治观点混为一谈。在1890年之后，知识分子崛起并成为一股有点偏左的力量。在大萧条期间，其中的许多人则倒向了极左翼。

这就涉及了知识分子立场中最为尖锐的一面。反智主义，笔者希望本书的内容已经充分阐明了，是建立在这个国家的民主制度和平等主义的氛围之上的。知识分子阶层，无论是否享有精英阶层的诸多特权，其思维方式与行为模式必然属于精英阶层。直到大约1890年，大多数美国知识分子都来自闲适的贵族阶层，无论在其他方面有着怎样的限制，他们都可以毫不费力地接受自己的精英身份。而1890年之后，在某种程度上，这种情形已经不复存在。身份问题再次成为困扰知识分子的难题，因为在他们的情感和关注点比以往任何时候都更偏离大众的时候，他们却比以往任何时候都更为努力地拥护那些被认为代表人民反对特殊利益集团的政治事业——就这个目的而言，无论这些事业是按照民粹主义、进步主义，还是马克思主义传统构想出来的，都无关紧要了。

因此，20世纪的知识分子发现他们所做的努力是自相矛盾的：他们努力成为充分信任这个民主社会的好公民，与此同时，他们又在抵制这个社会不断产生的庸俗文化。美国知识分子很少能够坦诚面对自己所在阶层的精英特质与自身的民主抱负之间不可调和的矛盾。他们普遍不愿意直面这种矛盾，其极端表现就是，作家在对阶级壁垒发起持续不断的进攻之时，又始终在渴望得到特殊的尊重。既然知识分子与人民的联盟注定不会完美，那么忠于民主的知识分子阶层也注定会不时地遭受各种失望的沉重打击。在政治氛围充满希望和活力的时候——在一些民主事业，就像在进步主义和新政的全盛时期一样蓬勃发展的时候，这些失望可能会被掩盖或遗忘，但这样的时刻并不会持久。进步主义之后是 20 世纪 20 年代的反动，罗斯福新政之后则是麦卡锡主义。迟早有一天，当公众无法满足知识分子的政治或文化诉求时，受到伤害或打击的知识分子就会去寻找能够宣泄自身情绪的方式，但并不会严重到与他们对公众的忠诚彻底决裂的地步。大众文化现象为他们与群众的疏离提供了发泄的出口。对社会主义的希望破灭了，眼下，甚至对任何严肃的社会改革的新运动的希望也都破灭了。这一切，使知识分子对重新构建任何新的**和解**已经不抱有任何期待。为数众多的知识分子痴迷于大众文化的原因之一——完全抛开这个问题的内在严重性不谈——是他们在其中找到了一种合法的（即非政治的）方式来表达他们与民主社会的疏离。值得注意的是，对大众文化最为激烈的批判都出自那些曾经或如今仍然是民主社会主义者的作家。在大众文化的讨论中经常出现的刺耳的甚至是毫无人情味的声音，可以在某种程度上解释为知识分子对辜负了他们期望的民众的一种潜在的不满情绪。

也许 20 世纪知识分子处境发生变化的最重要的显著标志是，在 1890 年以后，知识分子可以被破天荒地当成一个阶层来看待。随着知识界与闲适阶层分离开来，它与社会的整个问题又重新展开。早在 19 世纪初期，就涌现有许多才智兼具的学者及少数专业知识分子，但那时并没有产生能够在全国范围内具备一定的凝聚力与相互沟通能力的众多社会秩序的机构。直到 19 世纪末，美国才发展出了一整套名副其实的大学体系；适合高等研究的大型图书馆；发行量巨大、能够接受新鲜思想并支付作家丰厚报酬的杂志；为数众多的具有强大实力与进取精神的出版社，它们在国际版权的保护下运作，善于挖掘本土作家的潜能并且摆脱了上流社会欣赏品位的束缚；各种学术学科领域组织严密的专业社团；一系列的学术期刊；急需大批训练有素专业人才的不断扩增的政府机构；另外，还有资助科学、学术以及文学的财力雄厚的基金会。如今，在全国范围内出现了一些前所未有的脑力行业。

如果要理解这些变化的规模，那么人们不妨试着想象一下，比如，19世纪30年代的揭丑杂志，或者杰克逊时代的《哈佛法律评论》，又或波尔克时代的古根海姆奖学金，以及克利夫兰时代的公共事业振兴署的戏剧计划。

就在知识分子开始更多、更有效、更有机地参与到美国社会、机构与市场中来的时候，他们对疏离的自我感受也更加深刻。知识分子更早的疏离意识是在超然派文化的特殊条件下形成的。主要来自孤独的、郁郁不得志的作家或失意的贵族，而它发出的最为有力的声音莫过于出现在超然派时代末期的、亨利·亚当斯的《教育》。亚当斯的这本书，在此之前早已完成，但直到1918年才首次公开发行，第一次世界大战后的知识分子将其作为表达他们心声的文献，认为它极有代表性地抒发了知识分子对自身在美国文化中的地位的感慨之情。正是这一代人，肩负起了重新发掘被遗忘已久的梅尔维尔的价值的重任。显而易见的是，第一次世界大战后知识分子对亚当斯的作品产生如此强烈的共鸣，不是因为他们对他独特的人生经历或不幸的个人遭遇多么感同身受，而是因为他笔下所抨击的那个粗俗不堪、物质至上、愚昧无知的美国社会，与他们对20世纪20年代美国社会的感觉不谋而合。虽然超然派与这一代先锋知识分子在疏离感的特殊背景上完全不同，但孤独与不安、挫败与悲哀的共同感受，在两者之间建立了一种精神纽带。至少有一部分人开始看清一个事实：在这个社会中，"民主"知识分子也几乎不会比贵族知识分子自在多少。

具有某种讽刺意味的是，第一次世界大战前的数年间，疏离成了年轻知识分子之间一个约定俗成的原则。此时，正值"小文艺复兴"（Little Renaissance）时期，美国的文学和政治文化似乎再次充满了创意与活力，使所有断定其往昔江河日下的悲观论调沦为笑柄。尽管如此，知识分子与艺术家的疏离，是长期以来一个不可忽视的事实。在他们深陷与自己的民族传统的某种狭隘的斗争中难以自拔时，这种疏离开始逐渐成为一种意识形态。对美国作家来说，真正重要的，似乎不是与通常意义上的现代社会、现代工业主义或现代资产阶级保持疏离，而是与它们在美国所展现出来的东西保持疏离。

范怀克·布鲁克斯（Van Wyck Brooks）分别于 1915 年和 1918 年先后出版的两部极有感染力的文化悲叹作品《美国的成年》（*America's Coming-of-Age*）和《文学与领袖》（*Letters and Leadership*）最能说明这个问题。在书中，布鲁克斯以一种日后令他后悔难当的狂热的激情与感染力，揭露了一个可怕的真相："这个种族从来不曾为自己而培养生活。"他认为，从一开始，美国人的思想就受困于清教徒准则无望的驱使与商业自负武断的严酷现实中，形成了一种病态的两重性，阻碍了一流艺术家和思想家的创作，或者至少阻碍了他们取得成就。

它一方面创造了一个不受任何现实约束的理想与抽象的世界，另一方面又建立了一个没有灵魂的、追求金钱和占有的世界。夹在它们中间的是一个思考的阶层，他们以可怕的速度从青年迈进中年，然后走向缓慢而残酷的衰退。如果一个国家的生活"处于发展停滞状态"，"国民的思想被封闭起来，不去了解文学赖以产生其所有价值的经验"，就会产生大量被埋没的、扭曲的和怀才不遇的天才：[11]

> 在我们社会的这个惊人的缩影中，处处可见发育不良、饥饿、受挫、痛苦，甚至被阻止迈出自我发展的第一步的诗人、画家、哲学家、科学家和宗教界人士。这个社会因为缺乏领袖而停滞不前，与此同时，又无可救药地怀疑领袖的思想，毁坏一切可以孕育、诞生领袖的土壤。

美国的经验没能造就出一种智识传统，也没能培育出一方供其生长的土壤，因此，"我们这个最需要伟人与伟大理想的民族，无法发展我们所拥有的伟大潜力，而且失去了（因为移民）其程度难以估量的伟大性，即便如此，它依然在发展的道路上成就了自己。"一种过度的、猖獗的个人主义阻碍了集体精神生活的形成。倾向于粗暴地获取与征服的拓荒精神，培养了一种与怀疑论或创造性想象力完全对立的物质主义。清教主义强化了拓荒者的理想哲学，这种哲学在蔑视人性的同时既释放了人类贪得无厌的一面又抑制了他们的审美冲动。在拓荒精神、清教主义和边疆投机氛围中发展起来的美国商业，确实比其他地方的商业更具有冒险精神和吸引力，但正因为如此，使它消磨并改变了太多美国人性格中的优点。我们所拥有的是一个还算说得过去的社会，但事实上完全缺乏"有机的本土文化"，因此，"我们的正统文人，无论他们跟随什么样的榜样，都无法超越他们自身的狭隘观念，即他们的艺术要么是娱乐，要么是催眠。"

布鲁克斯的猛烈抨击——从某种意义上说，他对马克·吐温和亨利·詹姆斯的研究可能在某种程度上遵循并记录了他的风格——是与他同时代的一位又一位作家在批评或文学作品中会做出的判断的预演。出于各种不同目的的同样的抨击，以更加刺耳的声音贯穿在更为流行的 H.L. 门肯的指责谩骂以及匙河、温斯堡和泽尼斯的文学作品中——那些对卑微、发育不良、食不果腹的生命以及压抑与专制的美国小镇的小酸海棠文化的刻画与描写。[12] 自 19 世纪 90 年代的温和抗议运动中活跃起来的对美国的看法，在小文艺复兴时期变得更为明朗，如今已经发展成为移居海外的一代人头脑中坚定执着、几近痴迷的信念。1922 年，哈罗德·斯特恩斯（Harold Stearns）编辑了布鲁克斯和门肯参与撰写的著作《美国的文明》（*Civilization in the United States*），几位作者似乎都在争先恐后力证这样的文明根本就不存在。他们代表着整整一代人的思想：以萨科-万泽蒂（Sacco-Vanzetti）案为代表的美国正义，以斯科普斯审判为代表的美国对科学的尊重，以三K党为代表的美国宽容，以禁酒令为代表的美国福利，以大都市黑帮为代表的美国对法律的尊重，以股市狂热为代表的美国最深刻的精神承诺。

5

疏离之风之所以盛行，在于存在这样一个潜在的假设，即认为美国的文化问题并不是现代社会普遍问题的或许更为严重的变体，而是一种彻头彻尾的、美国独有的病态。就好像其他国家不存在与庸俗的资产阶级和叛逆的艺术家之间尴尬的对立，也没有怀才不遇的作家或侨民一样。疏离的盛行就这样颠覆了人们对欧洲－美国两相对照的普遍看法。在大众心目中，欧洲长期以来代表着压迫、腐败和颓废，而美国则象征着民主、纯真与活力。在知识分子眼里，这个相当简单的观点被颠倒过来了，变为：文明的欧洲对应于庸俗的美国。从本杰明·韦斯特和华盛顿·欧文时代开始，艺术家和作家就把这种观念付诸行动，他们一生中大部分职业生涯都是在美国之外的地方度过。20世纪20年代，一部分知识界人士也纷纷效仿，飞赴巴黎。

但到20世纪30年代及以后，这种单纯的欧洲－美国相互对应的关系瓦解了。随着时间的推移，人们痛苦地发现，这种对应关系越来越不成立。如今可以更为真切地看出，它从来就不是完全成立的。像美国一样，欧洲国家也已经实现了机械化，并发展出了大众社会。尽管有些吹毛求疵的欧洲人可能会把这种现象称为欧洲的美国化或可口可乐化，仿佛大众社会不过是美国的输出或入侵，但那些更为明智的、具有托克维尔传统的人可以透过这些现象看出，美国作为工业化和大众文化的先驱者，与其说是创造了欧洲的种种变迁，不如说是预示了它们。

从20世纪30年代开始，美国和欧洲之间的文化对比发生了翻天覆地的变化。大萧条使移居国外的游子重返故里，在这里他们发现了一个正在形成的新美国。到了20世纪30年代中期，全新的道德和社会氛围在这片土地上开始显现并渐渐明朗。美国的政治智慧似乎受到经济崩溃的刺激，从麻木中被唤醒。新政最初饱受知识分子质疑，但最终赢得了绝大多数知识分子的衷心拥护。如今，对于智慧型人才，似乎存在着新的需求及尊重。再次兴起的工人运动的目标不仅在于产生另一个利益集团，还在于成为推动社会重建的力量。

无论是苦难的紧迫感，还是日益显露的反抗旧统治者的自我觉醒，人民本身似乎比以往任何时候都更为活跃。每一个角落都充满了抗争和重新探索智识的味道。20世纪20年代的愤世嫉俗与玩世不恭似乎已经完全过时，它所造成的幻灭和道德上的无政府状态完全不足以对抗国内的反动势力和国外的法西斯主义。当务之急是树立一个积极的信念并从以往的经历中汲取经验教训。

一旦一种旧的情绪消失了，新的氛围就开始形成，其产生的变化影响范围之广，令人惊讶——为数众多的风格各异、动机与出发点迥然不同的思想家和作家，将开始重新团结起来，并围绕一个新的思想核心凝聚在一起。现在，文学民族主义开始了惊人的复苏，阿尔弗雷德·卡津在《在本土》(On Native Grounds)的最后一章中对其特点给出了非常准确的评价。知识分子渴望重新审视美国，去报道它、记录它、拍摄它。作家怀着更为深切的敬意，对了解美国的过去兴致盎然。例如，20世纪20年代构思或创作的传记的一个主要特点就是贬低——就像W.E.伍德沃德对华盛顿的粗暴无礼的攻击，埃德加·李·马斯特斯对林肯的毫不留情的评价，范怀克·布鲁克斯对马克·吐温的处心积虑的批判——而20世纪30年代和40年代的传记作品则多为鸿篇巨制，其特点为语言细腻、温和、内容客观、全面，其中最为恢宏、最令人动容、最具有代表意义的是卡尔·桑德堡对林肯生平的描述。

范怀克·布鲁克斯，这位善于雄辩的疏离预言家，此次承担起引领找回美国之路的重任。随着1936年《新英格兰的繁花》(The Flowering of New England)的问世，他推出了自己的"创造者与发现者"(Makers and Finders)系列，该系列成为我们这个时代最具有里程碑意义的历史巨著之一。为了完成这项工程，他不厌其烦地潜心研究了1800年至1915年美国文学史上所有的一流、二流和三流人物。现在看来，美国文化对他来说已经不再陌生，除了他自己的早期作品以外。他对自己曾经在这些作品中对美国文化激烈抨击感到遗憾。他已经从冷酷无情地指责重要的作家的局限性，转变为真情实意地探求有局限性的作家的重要性。他就像一个家族历史学家或族谱学家一样，因为怀着对家族的过去不离不弃的痴迷之心，所以能够保持无尽的耐心倾听它所有的传说和八卦。他常常有着惊人的洞察力，也极少再以从前的那种批评眼光看待事物。他几乎凭借一己之力重建了整个美国文学史。

当然，布鲁克斯并不是孤军奋战。即便是门肯也无法抗拒怀旧之情。他那红鼻子的散文早已与布鲁克斯对美国的严肃批评形成妙趣横生的对应。诚然，他反对新政之举难免给他打上一个属于过去时代的不可磨灭的烙印：他的不敬，放在哈丁和柯立芝时代，似乎无可厚非，然而在罗斯福时代就成了无礼，而他的喜剧天赋此时似乎也已经黔驴技穷。但当他最后开始撰写那三卷本的自传佳作时，他的文字里则充满了一种足以与布鲁克斯的作品相媲美的温柔的怀旧之情。凡是知道门肯曾经是一个**坏小孩**的人，都不可能在给了他如此大的空间施展他那独特的讽刺搞笑天赋、赋予他如此多的个人成就的环境中，找不到一点有益的东西。辛克莱·刘易斯的《孔雀夫人》也给人留下了新的印象，到1938年，他的美国精神已经不再遮遮掩掩，甚至变得更加自负。在《挥霍的父母》（*The Prodigal Parents*）这部沉闷的小说中，他似乎只不过是在为反对年轻人叛逆的美国资产阶级价值观做辩护。最后，他向一群不相信他的欧洲听众透露了一些美国评论家已经开始怀疑的事情：他之所以写《巴比特》，不是出于恨，而是出于爱。甚至像约翰·多斯·帕索斯这样的年轻作家——他是第一个在激进小说中表达对美国文明厌恶之情的人——也开始在《我们立足的土地》（*The Ground We Stand On*）一书中探索过去，寻找能够孕育新的政治信仰的美德。

这种美国精神的日益增长在一定的程度上是因为，在美国知识分子心目中，欧洲已经逐渐失去了以往的文化和道德中心地位。它与美国文化之间的对应关系已经围绕着轴心慢慢颠倒了过来。T.S. 艾略特、格特鲁德·斯坦因和埃兹拉·庞德成为最后一批移居海外的重要的美国侨民。当大萧条使美国的知识分子回归故里之后，法西斯主义又把流亡的艺术家和学者赶了过来。移民潮的流向因此而发生转变。美国不再是人们逃离的地方，而是成为人们逃往的地方。欧洲知识分子开始将美国当作目的地，并不全是因为他们为求生而逃亡，有时仅仅只是因为他们发现，这是一个可以过上舒适的生活、付出会得到回报的地方。

早在1933年之前，就已经涌现了一股赴美的涓涓细流，很快就形成了汹涌澎湃的浪潮：阿尔道斯·赫胥黎（Aldous Huxley）、W. H. 奥登（W. H. Auden）、托马斯·曼（Thomas Mann）、爱因斯坦、勋伯格（Schoenberg）、斯特拉文斯基（Stravinsky）、米豪（Milhaud）、辛德密特（Hindemith）以及许多不那么知名的人物，还有几乎涵盖所有人文学派的历史学家、政治学家和社会学家，都纷纷漂洋过海，踏上这片土地。美国，曾经的工业领军人物，如今成为西方世界的智识中心，假设可以存在这样一个中心的话。[13] 在许多欧洲人看来，这是他们最无法接受的。无论如何，欧洲与美国之间的对比已经在大西洋两岸失去了大部分的文化意义。欧洲和美国之间以往的对话变得不那么重要了，取而代之的是西方人与作为一个整体的西方社会的观念。

20世纪30年代，欧洲失去了其在政治和道德领域中的权威地位。法西斯主义铁蹄下的政治暴政超出了美国人的认知极限，而民主国家对法西斯主义采取的绥靖政策也暴露了整个西方政治制度的缺陷。1939年签订的《苏德互不侵犯条约》终于让所有人（除了最容易轻信的人）明白，布尔什维克在外交政策上其实和法西斯国家一样冷酷无情，它大大挫伤了与它并肩作战的人们的心态，也让盛行长达近10年之久的民粹主义－自由主义与马克思主义思想之间的混淆难以为继。人们也不再可能从任何外国的政治制度中获得道德或意识形态方面的启示。当战争结束时，在大白于天下的死亡集中营的所有恐怖暴行面前，即使是美国有史以来最为严重的无耻行为也相形见绌。与此同时，欧洲形势的水深火热让人们对美国肩负的责任有了全新的认识。1947年，即美国启动马歇尔计划拯救欧洲的这一年，当埃德蒙·威尔逊，一位最具有创新意识的作家，从欧洲回来后发现可以这样说："目前的美国，在政治上比世界上任何其他地方都要先进。"[14] 他将美国20世纪的文化称为"民主创造性的复兴，这种复兴从共和国诞生的那一天起直到南北战争时期，就始终占据主导地位并持续繁荣发展"。他认为，20世纪带来了"美国艺术和文学的伟大的新生"。

6

现在，让我们按照时间顺序回到《党派评论》专题研讨会的时代，追寻那个时期以及萦绕其间的氛围。在那一代知识分子看来，疏离的观念主要是与20世纪20年代和30年代的某些过度行为联系在一起的，对他们而言，这种观念已经过时。但是，在持不同观点的作家中，旧日的疏离执念再次复苏，这对正在崛起的一代，尤其是对他们最具有活力与批判性的精神来说，有着极为强烈的吸引力。新的持不同意见者有充分的理由相信，今天比任何时候都更需要对智识的异议与自由批评，因此他们认为曾经的疏离信仰仍然具有深远意义。这些作家对当今世界的文化现状和政治状态并不满意——谁又能怪罪他们呢？在这种反感情绪驱使下，他们对思想家、艺术家和知识分子的角色形成了自己独有的观念。然而笔者认为，这种观念过度简化了历史，为智识生活开出的是一剂将其引入歧途的药方。

这些作家提出的问题是，将疏离作为凌驾于一切之上的道德准则，对于对我们的社会状态进行启蒙的使命来讲，究竟是推动还是阻碍？他们的论据表明，无论如何，自20世纪30年代以来，知识分子的不满已经发生了很大的改变。从前，美国学者一直耿耿于怀的是，无论他们的角色还是任务，在人们眼中并不重要，甚至都没有存在的正当理由，因此他们缺乏认可、不受鼓励，也没有体面的收入。然而，在过去的20年里，一种新的论调悄无声息地逐渐融入这个阶段作品的文字中，人们越来越多地听到这样一种说法：那些赢得了一定程度的自由和机会、获得了新的影响力的知识分子，已经在不知不觉间被腐蚀并走向堕落；他在获得认可的同时也丧失了自己的独立性，甚至丧失了知识分子自身的个性。人们将所谓的成功出售给他，他为此付出的却是难以承受的高昂的代价。当他在大学、政府或大众传媒任职时，他的日子会很舒服，甚至可能会相当富足，但相应地他必须不断调整自己以便适应这些机构的各种要求。他失去了作家赖以激发非凡的创造力所必需的愤世嫉俗的珍贵品质，失去了仗义执言的社会批评家所必需的敢于说不与勇于抗争的能力，失去了在科学领域赢得杰出成就所必需的锐意进取与自主独立的精神。

因此，知识分子命中注定的似乎是要么对自己被排斥在财富、成功与声望之外而愤愤不平，要么在克服这种排斥时因罪恶感而愧疚不安。例如，当自己的建议被当权者无视时，知识分子会为此感到烦恼。但当当权者向他们寻求建议时，他们就会因为害怕与腐败同流合污而更加烦恼。还是借用欧文·豪的话，那就是：当资产阶级社会拒绝他们时，这只是再次证明了它的庸俗；当资产阶级社会给予他们一个"体面的位置"时，那就是它在收买他们。知识分子要么被拒之门外，要么被标价出卖。对于任何一个毫无共情之心的人来说，这些自相矛盾的不满情绪看上去似乎有悖常理或滑稽可笑。但事实上，它们是知识分子悲惨境遇的一个特殊的缩影，他们都曾经以这样或那样的方式在自己最崇高的理想与更现实、更直接的野心及利益的纠结中进退维谷。这些持不同意见的作家之所以感到不安，是因为在历史上最迫切需要知识分子，需要他们作为一支独立的力量，担负起民族自我批评使命的时刻，美国社会却似乎在消磨他们的锋芒。笔者认为，他们应该受到责难，不是因为他们感到了不安，而是因为他们缺乏对构成这种不安的悲剧困境的认识。

在西方世界的知识分子中，美国知识分子可能是最容易遭受这种良心的谴责的群体，或许是因为他们觉得有必要不断地为自己的角色正名。而英国和法国的知识分子，举例来说，通常会认为他们所做的一切都是有价值的，他们要求社会对他们有所回报也是理所应当的。但是如今，一直以来困扰着美国知识分子的负罪感有所加重，其原因一方面是这个国家在世界上不断增长的影响力，另一方面则出于他们对我们的政治话语已经被令人难以忍受的无知、盲目与各种假惺惺的伪善所充斥的担忧。（我们有多少政客敢像成年人那样客观理智地谈论中国的问题？）但或许与所有这些当代人所关注的问题同样重要的事实是，就在不久之前，疏离的传统变成了一种严重的道德绑架。老一代知识分子首先接受了这种强制，试图按照其规则行事。但现在，他们发现自己被误导后便不再受其约束。经过20多年的幻灭经历，他们终于获得了释放。当从多个角度审视自身的道德立场问题时，他们就能看出它其实并不简单。就像所有喜欢思考事物复杂性的人一样，他们已经变得不再那么咄咄逼人。年轻一代的知识分子，尤其是那些直接或间接从马克思主义中获得灵感的人，却认为这是不可原谅的，他们开始用混杂着年轻人特有的冷酷残忍本性与左翼人士做作的清教主义风格的语言对它进行谴责。

  如今美国的年轻知识分子常常感到，几乎从职业生涯的一开始，他们就面临着成功带来的烦恼与压力，而这一切都归咎于我们文化生活中一种新的形势。这种新的形势，既令人鼓舞，也令人生厌。活跃在1890年至1914年间那代生龙活虎的知识分子以高昂的热情发起的那场运动早已结出胜利的累累硕果：取得了某种程度上的审美和政治自由，确立了自然主义与现实主义的主张，拥有了可自由地处理性、暴力、腐败以及向权威说不的权利。但如今，胜利的果实已经变味了。我们生活的这个时代，前卫本身被制度化了，并且不再是一支积极的、坚定的、凌厉的反对力量。我们已经很好地学会了如何吸收新鲜事物，以至于吸收能力本身已经变成了一种惯例——"新事物的惯例"。昨天的前卫，就是今天的时髦和明天的老套。在抽象表现主义中探索艺术自由外部界限的美国画家，几年后发现自己的油画已经被卖到了五位数。"垮掉的一代"（"Beatniks"）在大学校园备受追捧，从被视为一种娱乐消遣，到高深莫测的小众文化。在社会批评方面，像万斯·帕卡德（Vance Packard）这样的职业耶利米人士成为畅销书作家；像C. 赖特·米尔斯（C. Wright Mills）这样更为严肃的作家，则在作品中表达了无法克制的对美国生活的方方面面全盘否定的坚决态度。人们争相拜读他的作品并给予了极高的评价。大卫·里斯曼的《孤独的人群》（The Lonely Crowd）是社会学历史上阅读最为广泛的作品，书中对美国人性格演变的描述笔调沉重、压抑，读来令人沮丧，而威廉·H. 怀特的《组织人》文笔辛辣，他在书中对组织人的分析被组织人四处传阅。

不难理解，为什么许多严肃的作家从这些现象中并没有看到希望，而只是感到失望和落寞。看似脱离了现实的成功比失败更可怕。所有这些依赖大量的、自由的中产阶级受众，而他们淡淡的貌似宽容的接纳，与作家所期待的那种积极而有意义的回应相距甚远。对于那些刚刚对他们的生活方式及自我满足的妥协进行了彻底批判的作家，读者现在会说："真有趣！"有时甚至会说"一点也不错！"类似这种敷衍消极的接受只会让一个作家感到愤怒，因为他们在意的，并不是版税的多少，而是希望能对社会的发展产生一定的影响，或者在时代的道德意识中留下鲜明的印记。他们拒绝将严肃的思考仅仅当作一种消遣，而不是挑战。他们常常会扪心自问，问题是否出在自己身上：他们自身的妥协——毫无疑问他们一贯如此——是否削弱了自己所传达的信息的力量，他们是否已经在骨子里变得跟自己所谴责的对象一模一样。[15]

人们可能希望看到，这种真诚的自我反省只会带来好的结果。然而不幸的是，它带来的是某种绝望情绪，它本身或许会博得别人一丝同情，但最终想要的不过是一个"立场"或姿态而已。持不同想法的知识分子似乎经常觉得，身为知识分子，本身就意味着道德上的审判，因此他们便将自己的道德责任首先解读为否定或毁灭的责任。因此人们认为，知识分子的价值取决于其最大限度的否定精神，而非想象力或准确性。首先，知识分子的第一职责并没有被看作是启迪社会，而是提出反对社会的主张——假设几乎所有这样的主张都可能具有启迪性，并且在任何情况下都能够重塑作家的正直和勇气。

倡导疏离的左翼代言人，其目的无疑在为某项重要的抗议政治创造基础，但是一旦谈到知识分子的处境，他们的腔调就会变得尖酸刻薄，就会说"盲目而非理性的否定"也比在道德上妥协要好得多。他们谈起"使抵抗变得容易的早期确定性"，怀念之情溢于言表。他们认为知识分子的第一需要是释放其攻击性。他们还谈到"出卖"或"背叛"知识分子角色的基本义务的危险性以及所谓的社会责任（坏的）与智识责任（好的）之间的对立。这里的重点在于，知识分子的疏离之所以被人们接受，不仅是因为它是追求真理或某种艺术境界的必然结果，还因为它对社会的否定立场或姿态被界定为造就艺术创造力、社会洞察力或道德正直的唯一立场。这种论点并不是建立在知识分子肩负对真理或自身的创造性想象力主要责任的基础上，也不是建立在知识分子必须准备追随这些责任的基础上，即使这些责任可能使他背离他的社会，而是建立在他必须首先承担起的否定——用巴里茨教授的话说——他的社会首要责任的基础之上。人们认为他的疏离不是他必须坦诚面对的风险，而是其履行一切其他义务的先决条件。疏离已不再仅仅是生活的一个事实，而具有了某种治疗或处方的性质，可以使知识分子熟谙安身立命之道。

我们只要跟随疏离信仰，再往前走几步，就会发现其他更为苛求的疏离倡导者。政治左翼派作家并不赞同他们的核心观点，但两者在致力于将疏离作为主要原则的努力上却非常相似——这些人，往好了说是提倡浪漫无政府主义，往坏了讲是诱导"垮掉的一代"青春期的叛逆，或者是鼓吹诺曼·梅勒（Norman Mailer）曾经大肆宣扬的道德虚无主义。这种疏离文学的一个显著特征是，尽管其作者都渴望维护和平、推进民主、培育文化、释放个性，但是他们在探讨政治与文化问题时却出奇地刻板、生硬，既没有幽默感，也缺乏灵活性，有时甚至都没有半点人情味。

持不同政见者所表达的疏离的声音至少具有一定的政治意义，而且，无论有多么过火，他们至少参与了与智识界其他知识分子的某种对话，也感到了对他们肩负的责任。而曾在他们身后忽隐忽现的"垮掉的一代"，如今却凭借自身的实力构成了一个不容小觑的庞大群体，成为我们文化弊病中的一个毒瘤。我们不太可能宣称"垮掉的一代"比持不同政见者更为左倾——用现在的流行语来说，他们只是走得更远。借用笔者曾试图定义知识分子气质的术语，那就是，持不同政见者常常屈服于自身的虔诚，而"垮掉的一代"则宁愿游戏人生。他们在对商业主义、大众文化、核武器和公民权利等社会问题的思考上，倾向于与反对者站在同一观点立场上，但整体而言，他们已经不再参与任何与资产阶级世界进行的严肃的讨论。"垮掉的一代"所代表的疏离，用他们自己的话来说，就是脱离关系。他们远离了呆滞刻板的世界，[16] 其中的大多数放弃了严肃的智识成就与坚持不懈反抗社会都必不可少的使命感。

"垮掉的一代"以自己的方式摒弃了理智主义的道路，转而投身到一种感性的生活之中——劳伦斯·利普顿的提法可能有些太友善，在他那本描述他们生活的极具启发性的《神圣的野蛮人》（*The Holy Barbarians*）书中，正如书名所说，他们过着一种颠倒的圣徒的生活，其特征是心安理得地接受贫穷，并甘愿放弃事业或稳定收入带来的满足感。即使是同情"垮掉的一代"的批评家也倾向于承认，他们几乎没有写出什么好的作品。这一点并不令人吃惊。他们对我们文化最独特的贡献说到底也可能只是一些有趣的隐语或俏皮话。他们在文学上的尝试，不外乎一种形式上的松散，似乎并没有像达达主义者那样展现出某种独树一帜的智慧或想象，也没有像格特鲁德·斯坦因这样的作家那样承诺开启散文创作的新方向。"垮掉的一代"运动似乎始终无法超越其青春期的心血来潮。不知为何，当杰克·凯鲁亚克（Jack

Kerouac）建议"去掉文字、语法和句法上的条条框框"，并建议"除了修辞上的夸张与规劝性的陈述以外，不要有任何限制"时，人们只会觉得他的表述更接近于进步教育中极端的纵容儿童倾向，而不是这些早期的文学尝试。正如诺曼·波德霍雷兹（Norman Podhoretz）所言："'垮掉的一代'的原始主义实际为他们的反智主义提供了掩护，这种反智主义是如此激烈，以至于相比之下普通美国人对蛋头的仇恨都显得温和多了。"[17]

在疏离形式上，"垮掉的一代"延续了波希米亚的传统，但他们在具备足够的幽默感、自我距离感以及对个性的尊重上都与老式波希米亚人相差甚远。哈里·T. 摩尔（Harry T. Moore）曾经说过："天才，通常都是遗世独立的个体，的确如此，尤其是在艺术领域，但成群结队的与世隔绝则是另外一码事。大多数'垮掉的一代'缺乏丰富的历史或政治学正规知识，因此他们无法正确看待这些问题，不过他们对此也根本没有兴趣：对他们来说，不喜欢、不信任那个呆滞刻板的世界，就足够了……"[18]他们关于群体疏离与群体不作为的信条自相矛盾，让人想起一位大学生在一篇严肃的论现代文化的文章中令人难忘的一句话："除非个人一同走出群体，否则世界永远得不到拯救。""垮掉的一代"在大众媒体和其他保守文学作品中常常遭人耻笑的一个特点就是其独特的一致性——他们已经把这种一致性贯彻到拥有自己的特有服饰的地步。他们创造了一种新的悖论：疏离的顺从。他们的言行在很大的程度上成了对疏离姿态的嘲讽，以至于被疏离理念的其他倡导者视为背叛，并且不可原谅。

因此，我们不难理解，"垮掉的一代"被更为坚定而严苛的疏离倡导者们看成一种幼稚的骚动。我们也不难理解，他们不仅被"垮掉的一代"始祖肯尼斯·莱克斯罗斯（Kenneth Rexroth）所愤而否定，而且就连诺曼·梅勒（Norman Mailer）这样天生富有同情心的批评家也持反对态度。梅勒高度赞赏"垮掉的一代"对感观和性欲高潮的追求，但对他们的被动性和缺乏主见则不以为然。梅勒数年前曾经在《异议》

(*Dissent*)杂志上发表过一篇著名的文章,题为《白黑人:浅谈嬉皮士》(*The White Negro: Surface Reflections on the Hipster*),是其对"垮掉的一代"真正意义上的疏远的最直接的表现。梅勒意将嬉皮士的地位置于"垮掉的一代"之上,因为前者对生活终极恐怖的认识类似于黑人,"因为没有哪一个走在街上的黑人,能真正确信自己散步时不会遭遇暴力。"

这种随时准备面对暴力和死亡并与之坦然共存的信念如今成为核心美德,因为我们所处的共同境地是,要么在核战争中瞬间灰飞烟灭,要么在"顺从中慢慢死去"。梅勒说,他之所以欣赏嬉皮士,原因在于他们愿意接受死亡的挑战,这种挑战"让他们脱离社会,如浮萍般无根地存在,开启一段未知的旅程,进入叛逆的自我"。简言之,无论这样的生活是否违法,都是决意去激发自我人格中的病态的一面,去探索某个未知的领域。在那里,安全感意味着单调乏味,因此是病态的……嬉皮士有他们自己的"精神变态的才华",不太容易表述,因为"嬉皮士是巨大丛林中智慧原始人复杂的综合体,具有超出文明人想象的巨大吸引力"。"嬉皮士"的重要性不是因为他们的人数——梅勒估计,自认为属于这个群体的成员不超过 10 万人——而是因为"他们是一群精英,具有精英潜在的冷酷气质;他们有着一种大多数青少年都能够本能地理解的语言,因为这些青少年的经验和反叛欲望与嬉皮士强烈的生存观恰好吻合"。

如果因此促成的生活最终证明实际上是有罪,梅勒表明,假设两个小混混打破了某位糖果店老板的脑袋——当然这种行为不可能称得上勇敢,没有"多少治疗效果",但至少"还是需要某种勇气的,因为这不仅仅是谋杀了一个虚弱的 50 岁老人,而且还谋杀了一种体制,侵犯了私有财产,与警察扯上了关系并将某种危险元素引入自己的生活。因此,混混敢于面对未知的挑战……"[19] 显然,美国早期的疏离倡导者从未有过如此丰富的想象力。

7

对于疏离的恰当形式与表达的局限性,"垮掉的一代""嬉皮士"和左翼代言人都各执己见,但在一点上,他们却不约而同地坚信,必定存在着某些可以采取的恰当的风格、立场或姿态,会以某种方式释放出艺术家的个性和创造性,或维持社会批评家的能力并保护其免受腐败的侵蚀。他们认为疏离本身就是一种价值,这个观念具有来自浪漫派个人主义与马克思主义双重的历史根源。超一个半世纪以来,在资产阶级世界的各个国家和地区创造性人才的地位使我们意识到,创造性个体与社会需求之间存在着持续已久的紧张关系。此外,西方社会的艺术界和智识界对自身地位的自我意识越强烈,他们就越深切地感受到,社会不能按照自己规定的条条框框去评判天才,甚至是杰出天才的作品,而是必须接受它们本来的样子。人们越是观察那些伟大的充满独创性的作品,就越是会明显地发现,具有创造性思维的人通常不是那么"可亲的",或不能很好地适应的,或为人不那么随和,也不怎么温和的,天才往往伴随着某种人格障碍。社会如果想从天才身上获益,就必须接纳这种障碍——埃德蒙·威尔逊在《伤口与弓》(*The Wound and the Bow*)中关于菲罗克忒忒斯(Philoctetes)神话就这个问题进行了我们这个时代最为深刻的探讨。我们对艺术家疏离的高度认识在很大的程度上来自对浪漫主义的继承。马克思主义则为思想家疏离的社会价值构建了正式的体系,认为在资本主义危机的关键时刻,资本主义制度将被许多知识分子抛弃。这些知识分子宁愿与历史上即将到来的新运动结盟,也不愿意依附于一个衰落腐朽的旧秩序。

一旦我们接受了某种观点,认为疏离是某些艺术或政治价值主张的必然结果,就很容易陷入疏离本身就具有价值的假设,就像因为天才通常是"喜怒无常"的,因此假设通过培养喜怒无常的气质就能有天才的表现一样。当然,没有人会一本正经地提议,比方说,一位年轻作家,通过培养痴迷赌博的嗜好,就有望造就出陀思妥耶夫斯基那样的天才。但是，只要这种假设没有被摆到桌面上，人们就很容易陷入这样一个思维误区：知识分子如果不修炼出适当的个人风格，就无法实现自我。就像乖张的性情会被误解为通向才华的途径一样，对世界摆出一副咄咄逼人的好斗姿态也被认为可以替代知识分子行使批判的职责。论述疏离的严肃作家不会认可这种观点，但这确实是他们最为激烈和极端言论的一个基本的假设。

此外，美国生活在文化的各个方面的局限性使美国作家一直在寻找一个想象中的社会秩序，一个可以被作为他们反对现有社会的典范并与他们理想中的智识生活环境相契合的社会秩序。19世纪的美国，学者把目光投向德国的大学，艺术家把目光投向法国或意大利的艺术圈子，而作家则把目光投向法国的文学泰斗。[20] 由于种种原因，这些理想典范如今都已黯然失色，尽管它们曾经在美国文化生活的自我定位与提高方面都切实发挥过非常重要的作用。因此，欧文·豪在追求理想社会的过程中遵循着一个非常古老的传统，在这个理想社会中，作家可以找到一个摆脱个人与社会斗争的避难所，也可以找到一个自信抗议的支撑点。既然欧洲已经无法满足要求，那么对他来说，仍然有一个普世的波希米亚国家，他曾经把它作为典范——很不幸，现在已经抛弃——它提供了通向自由与创造力的钥匙。但关于这一点，我们不得不提出一些反对意见。没有人会否认波希米亚社会具有相当重要的智识和政治价值——但这种价值难道不是主要体现在为个人人生早期的过渡阶段提供了一个避风港吗？在年轻作家或艺术家人生中的某个时刻，一个以实验主义为特征的时刻，寻求身份与风格、寻求不需要担负责任的自由的时刻，是波希米亚式的生活为他们提供了尽情放飞自我的出口。但是，世界上重要的文学作品中，只有一小部分出自生活在波希米亚社区的作家之手，而认为许多知识分子在那里度过了他们的成熟和多产岁月的观点也是经不起历史检验的。

这一点可以从我们自己的民族经历中得到佐证。在美国，一流作家通常比普通作家更为孤独。欧文·豪曾经认为康科德就是一种超验主义的波希米亚，这个说法虽然让人听着不太舒服，作为一种玩笑或许可以接受，但是不能拿来当作历史。康科德是一个乡村隐居之地，在这里，知识分子可以远离他们讨厌的波士顿，但它所提供的并不是人们联想到的那种与波希米亚人有关的社区，而且令人惊讶的是，这里也不存在联系紧密的知识分子团体。例如，人们只需要想起梭罗与爱默生的最终形同陌路，或者霍桑与邻里之间的不相往来，布朗森·奥尔科特的独来独往，就会意识到，难怪尽管康科德的居民们的空间距离都相隔不远，它却很难形成一个知识分子社群。

欧文·豪急于向人们展示自己笔下描绘的康科德波希米亚平和与宁静，但这不仅显示出那里没有波希米亚狂欢，而且也几乎没有什么社交活动。梭罗在他的日记中提道，当他与爱默生"交谈或试图交谈"时，他就会在毫无意义的迷宫般的分歧中"失去了我的时间——不，几乎失去了我的自我"。爱默生则抱怨说，梭罗"只有处在对立状态时才会感觉到自我"。（不知他是否知道，自从《论自然》问世以来，梭罗就几乎不再看他写的东西了。）在概述先验论者时，爱默生写道："他们的研究是孤独的。"[21] 和波希米亚的寻欢作乐相比，与创造性成就更多地联系在一起的往往是某种严苛而坚定的孤独。知识分子之间的团结，特别是在受到外界压力或彼此欣赏与相互鼓励的情况下，不应该被贬低，但也不能把它们与波希米亚生活的标志——面对面轻松愉悦的社交行为混为一谈。真正具有创造性头脑的人在试图与别人交往的时候并不孤单。富有创造力的知识分子，不是依赖波希米亚作为自己与其他人"一起面对世界"的手段，而是始终在开发凭一己之力就可独行天下的资源。共同面对世界是一种政治策略，而独自面对世界则是一种与众不同的创作姿态。

另外，对于那些热衷于表达政治异见的评论家来说，波希米亚的历史并不那么振奋人心。当然，可以肯定的是，在我们自己的历史上，在第一次世界大战之前，确曾有过这么一段辉煌的时期，那时，美学探索、大无畏批判社会的勇气与波希米亚生活似乎融合在一起——例如，马克斯·伊士曼（Max Eastman）时代的旧版《群众》杂志就是其中的代表。但是，总的来说，波希米亚风格的特点已经逐渐侧重于体现个人的浮夸与表达个体的反叛，而不是造成任何规模的政治影响——至少在这方面，"垮掉的一代"与波希米亚传统如出一辙。想到没有波希米亚式的生活，难免令人心灰意冷，但为了严肃的创作或出于某种政治目的就寄希望于非这样的生活不可，又何尝不是压在波希米亚人身上沉重的负担呢？

8

疏离倡导者不愿意参与到任何"官方机构"中，表明了他们对把智识与权力联系起来的发自内心的深恶痛绝。他们认为，当知识分子进入这样的官方机构后，就完全不再是知识分子了（这将把我们所有的大学教授都一股脑排除到智识生活之外），这个想法令人不寒而栗。它可以被看成对一个现实问题的粗略表述：创造性事业与其所在机构两者之间的要求存在着某些差异。学者很早就意识到，在机构内工作所付出的个人代价比没有机构支持所需的生活成本要低。事实上，他们别无选择：他们需要图书馆和实验室——也许甚至还需要学生——而只有机构才能提供这一切。

对于极有想象力的作家来说，这个问题尤为严重。学术生活的种种便利与要求并不完全适合富于想象力的天才，真正具有创造力的思想在这里感到无所适从。此外，学术生活环境也大大缩小了个人经历的圈子。无法想象，如果我们的文学作品都出自那些开设"创作写作"课程的学院教师之手，其经历也主要来自他们自己接受过的此类课程的训练，那将是什么样子。

如果身为委员会成员的才华横溢的诗人，需要把时间花在修订新生作文课程上——就像门肯笔下浸在土豆汤（Kartoffelsuppe）里的蜂鸟，这同样是暴殄天物。尽管如此，事实证明，学院为作家和艺术家所提供的部分或临时的支持，对许多人的职业生涯确实是有所帮助的，否则，社会上就会出现一大批怀才不遇的文化上的流氓无产者。

然而，对于受专业知识问题影响的各学科知识分子来说，大学仅仅象征着智识与权力的关系这个更为广泛且更为紧迫的问题：我们几乎出于本能地反对知识与权力的分离，但是，出于我们的现代信念，我们又反对两者的结合。但情况并非总是如此：古代异教徒伟大的知识分子、中世纪大学的博士、文艺复兴时期的学者，以及启蒙运动时期的哲学家都在寻求知识与权力的结合，并以复杂的、毫不乐观的心态接受其可能带来的风险。他们希望知识可以通过与权力的结合而得到扩展，就像权力可以通过与知识的结合而得到文明的提升一样。笔者曾经也提到过，在开国元勋们的时代，知识和权力的关系与这个理想是一致的：在同样的社会圈子里，尤其是在观念相同的领袖头脑中，两者或多或少是平等共处的。但这并不仅仅是因为，正如一些现代评论家所想象的那样，开国元勋们比我们更优秀，尽管他们可能确实更优秀。也不仅仅是因为杰斐逊读的是亚当·斯密的著作，而艾森豪威尔读的却是西部小说。根本的区别在于 18 世纪的社会是非专业化的。在富兰克林时代，一个人仍然有可能在他的木棚里进行某些具有一定科学价值的实验，拥有政治天赋的业余人士也照样可以从种植园转行进入律师事务所，进入外交部。如今，知识和权力具有了完全不同的功能。当权力求助于知识时（正如它越来越必须这样做那样），它寻求的不是被认为具备自由思辨和批判的功能的智识，而是专业技能，一种能满足其需求的东西。权力往往缺乏对公正应有的尊重，而公正对专家正常发挥其作用至关重要——一个大州的州长曾经召集几位杰出的社会学家开会，就一个当前有争议的问题设计一项民意调查，然后仔细地为他们讲解了希望这次民意调查得出什么样的结果。

如果说典型的当权者只是把知识当作工具，那么现代美国典型的知识代表人物就是专家。笔者早些时候曾经提到过，正是由于知识分子专业知识的重要作用，才使他们得以重新成为美国政治中的一股力量。但与此相关的问题是，作为专家的知识分子是否是真正的知识分子——用 H. 斯图尔特·休斯（H. Stuart Hughes）的话说，他是不是会变成一名仅仅对雇用他的人唯命是从的脑力技工。就像大学和其他官方机构的情况一样，笔者认为这个问题的答案并不简单，也不能一概而论，而且一个真正的答案也几乎肯定不可能感天动地、足以取悦现代知识分子。事实是，美国教育的绝大部分目标都是厚颜无耻地大肆培养根本不是知识分子或文化人的专家，而当这些人进入政府、企业或大学任职时，他们并不会突然就摇身变成知识分子。

真正具备学识方面造诣的人进入权力部门的情况要复杂得多。以反向思维著称的人，仅仅因为他们成为驻印度或南斯拉夫大使或总统的工作人员，就不再是知识分子了吗？毫无疑问，对于那些从接近权力的视角看待世界的人，以及那些认为在获得权力后做出妥协是理所应当的人来说，他们不可能做出知识分子那样的回答。但在笔者看来，这似乎是一种个人的选择，不能被生硬地套进被迫疏离的道德的条条框框中：一个人是否愿意牺牲一些批判自由，从而希望自己的建议更易于被权力接受，或者甚至是为了浮士德式的冲动，去了解世界上一些无法轻易地从学术的角度去了解的东西。

那些抱有完全不想与权力发生任何联系的思想的知识分子十分清楚——几乎是太清楚了——彻底远离权力的状态有利于获得某些真谛。他很容易忘记的一点是，在获得权力并参与解决问题的过程中可能会获得权力的启示。权力的批判者试图通过引导民意来影响世界；权力的关联者则试图直接使权力的运用更符合智识界的思想。两种职能的运作不一定彼此排斥，也不一定相互敌对。两者都涉及某些个体与道德上的风险，而且人们不可能将个体就自身所关注的风险所作出的个人选择，转化为某种普遍的规则。权力的批评者典型的智识失误在于缺乏对权力行使的局限性的认识，典型的道德失误在于过分关注自身的纯洁性。其实，只要不承担责任，纯洁性是可以轻易获得的。

对于为当权者出谋划策的专家而言，他们的典型错误在于不愿意把自己独立思考的能力作为批评的来源。他可能会因为被权力的观点所左右而失去脱离权力的能力。对于长期被排斥在权力和认可之外的美国知识分子来说，与权力的突然联系也伴随着无法回避的危险，即它具有如此难以抗拒的诱惑力，以至于他们丧失了自己智识的判断力。

正如笔者所言，对个体来说，个人的选择是重中之重。但是，对于整个社会来说重要的是，知识分子群体不应该出现无可救药的两极分化现象：一部分是只关心权力的技术人员，默默接受权力开出的条件；另一部分是执意保持疏离的知识分子，他们更关心维护自身的纯粹感，而不是将自己的理念行之有效地付诸实施。

毫无疑问，会有足够多的专家，或许也会有批评家，能够在精神上走出他们的社会，毫不留情地审视这个社会的种种设想，并可以自由地让人们感受到他们的存在。或许，他们之间争论的可能性将继续存在，知识界也将拥有各种不同类型的知识分子，能够在权力世界与批评世界之间进行调停。如果情况果真如此，那么知识分子社会将免于被分裂成相互敌对和老死不相往来的派系的危险。我们的社会在很多方面都是病态的，但它之所以还有健康的一面，是因为它的各个组成部分各种因素具有的多元性，以及这些因素相互作用的自由性。如果所有的知识分子都以服务于权力为目标，那将是这个社会的不幸。但是，如果所有与权力有联系的知识分子都被迫相信自己已经不再属于任何知识分子群体，那么同样也是这个社会的不幸：由此不可避免地得出这样的结论，即他们的责任将只与权力有关。

9

数年前，马库斯·坎利夫（Marcus Cunliffe）曾经撰写了一篇具有深刻见解的论述历史的文章。在文章中，他对曾经在我们的文化中取得智识成就的知识分子进行了分类，一类是知识阶层——这个术语最早由柯勒律治（Coleridge）使用，包括与他们的社会的主流观念极为贴近的作家，在某种程度上充当社会的代言人；另一类是先锋派，他们与这些社会主流观念严重疏离，相距甚远。[22] 我们智识传统的创造性的才华与原创性的力量大部分来自先锋派，但是知识阶层中也不乏自己杰出的代表人物，例如富兰克林、杰斐逊和约翰·亚当斯，库珀、爱默生（至少在其成熟时期）、法学家霍姆斯、威廉·詹姆斯、威廉·迪恩·豪威尔斯和沃尔特·李普曼也名列其中。先锋派的代表人物更是个个大名鼎鼎，但是由于有趣的思想与出众的才华是如此风格各异，以至于还有令人过目难忘的第三份名单。其中的人物，因为动机非常复杂，以至于难以分类。例如，在马克·吐温分裂的心灵中，极端的疏离与极端的接纳并存；亨利·亚当斯与他不相伯仲，但表达方式又有所不同。哦不，真正让我们难以忘怀的，不是这些杰出人物身上可以被简单分类的鲜明特征，而是他们的高深莫测、难以琢磨。在疏离的问题上是如此，在精神状态与生活方式上更是如此。在这里，最让人印象深刻的，是它的广度和模式的多种多样，无论这种模式属于波希米亚还是资产阶级：我们都会想到在阿默斯特深居简出的艾米莉·狄金森，生活丰富多彩、精力旺盛的沃尔特·惠特曼，坐在保险经理办公室的华莱士·史蒂文斯，从事银行与出版工作的 T. S. 艾略特以及投身医疗行业的威廉·卡洛斯·威廉姆斯。当我们比较约翰·杜威与查尔斯·皮尔斯、索尔斯坦·凡勃伦与威廉·詹姆斯、威廉·迪恩·豪威尔斯与亨利·詹姆斯、奥利弗·温德尔·霍姆斯与路易斯·D. 布兰代斯、马克·吐温与赫尔曼·梅尔维尔、爱默生与坡、亨利·亚当斯与 H. C. 李、亨利·米勒与威廉·福克纳、查尔斯·比尔德与弗雷德里克·杰克逊·特纳、伊迪丝·华顿与欧内斯特·海明威、约翰·多斯·帕索斯与 F. 斯科特·菲茨杰拉德时，我们就会发现，想要设定一种模式是徒劳无益的。

任何一位作家或思想家，在发现自己具有潜在的创造性思维之前，就已经经过某种特定的生活环境的潜移默化，其与生俱来的性格和气质通常也很难有所改变。这是命运赋予他的范围，他必须遵从天赐的本性，不可逾越界限。为了理解这一点，我们可以把小奥利弗·温德尔·霍姆斯与索尔斯坦·凡勃伦的生活做个对比——两者是同时代的人，都充满激情、知识渊博、涉猎广泛且颇具超然而深刻的反讽天赋，但除了这些，他们在其他方面却完全不同。难以想象，这两位在开启职业生涯之时会这样重塑自己——无论是霍姆斯加入某个波希米亚社区，摒弃婆罗门传统，还是凡勃伦做个规规矩矩的家伙，试图成为美国经济协会主席。来自一个历史悠久、富有且稳定的社会阶层的霍姆斯，自然而然会以这个阶层的视角看待生活。他最终进入了一个我们所说的"官方机构"。在那里，他自始至终发挥着一个知识分子应有的职能，并为这个世界做了许多有用的工作。他所做的一切赢得了人们的普遍认可。凡勃伦成长于两种文化之间的边缘地带，一种是他永远无法认真对待的洋基文化，另一种是并非真正属于他自己的挪威移民文化。因此，他注定永远是一个边缘人物，与美国的主流观念格格不入。作为一名学者，如果他想拥有自己的职业生涯，就必须在官方机构中谋求一份职业，但在他任职过的每一所大学，他都成为令学校深感不适的源头。笔者认为，也许某种天生拥有的智慧使他与世界保持一定的距离，即使后者向他展现出友好的姿态。他一定已经意识到，他的特殊天才的一部分就隐藏在那些常常给他自己带来麻烦的乖张反常行为中。我们也许可以把他作品中的许多脆弱之处归咎于这些反常行为，但也恰恰是这些反常行为使他得以始终保持着尖锐辛辣的风格，并最终成为重量级的社会学领域的乔纳森·斯威夫特，成为他那个时代最具有独创性的思想家之一。

过去的自由主义社会的一个主要优势在于，它使不同种类、风格迥异的智识生活方式成为可能——我们可以发现一些人以激情和叛逆著称，另一些人以优雅和奢华闻名，或者因为节俭和苛刻、聪明和世故、耐心和智慧而为人所知，还有一些人主要具备观察和隐忍的能力。真正重要的是，我们需要秉持一种开放与包容的态度，我们需要认识到，即使在一个单一而褊狭的社会中，也可以发现各类杰出的人才。

断言自由文化行将就木或高雅文化即将消失的悲观预言是对是错，目前尚无定论。但有一点似乎毋庸置疑：这些充满悲观情绪的预言给人们带来的，更有可能是自怨自艾、绝望伤感，而不是抗争的意志或充分发挥自身创造活力的信心。当然，在现代环境下，选择的道路可能是封闭的，未来的文化也可能被某个信仰单一、非此即彼的人所掌控。这些皆有可能。但是，只要历史的天平上还承载着来自个人意志的重量，我们就有理由坚信，这种事情不会发生。

注释

第一章　我们那个时代的反智主义

1. Arthur Schlesinger, Jr.: "The Highbrow in Politics," *Partisan Review*, Vol. ⅩⅩ (March-April 1953), pp. 162-165; *Time is quoted here*, p. 159.

2. 据笔者所知，唯一对该问题进行广泛研究的美国历史学家是 Merle Curti，见其颇具启发意义的作品 *American Paradox* (New Brunswick, New Jersey, 1956) 及其在美国历史协会上的主席演说 "Intellectuals and Other People," *American Historical Review*, Vol. LX (January 1955), pp. 259-282。Jacques Barzun 在 *The House of Intellect* (New York, 1959) 中主要从当代角度并就知识界和文化界的内部紧张关系探讨了该问题。*Journal of Social Issues*, Vol. Ⅺ, No. 3 (1955) 用了整整一期刊登不同撰稿人对于反智主义的看法。

3. 关于对该定义的趣味运用，见 Morton White: "Reflections on Anti-Intellectualism," *Daedalus* (Summer, 1962), pp. 457-468。White 对反智识者和反智主义者之间作出了有效区分——前者敌视知识分子，后者则是对知识和生活中理性智识的主张持批评态度。他相当详细地探讨了这两者各自的策略及共同点。

4. 这些考虑因素能够强有力地提醒我们，在美国——就像在其他地方一样——存在一种海纳各类观点的知识分子体制。人们对于某个人是处于该体制内还是外通常都心照不宣（虽然也存在边缘情况）。在评判对于知识分子的批判时，该体制有着双重标准：对来自内部的批判普遍予以接受，认为其本质上是善意的，而且更有可能只拣其中好的一面听；但是来自外界的批判——即使是同样的批判——便会遭受憎恨，被认为充满敌意并被贴上反智和潜在危险的标签。例如几年前，许多知识分子批评那些大型基金会将其研究经费过多用于支持大预算"项目"，而非个人学术研究。但是，当里斯委员会穷追不舍地追查起这些基金会时，同一帮知识分子却并不乐意看到同样的批判（其中还包括一些不恰当的批判）被这样的机构提出。这并不是说他们不再主张这种批判，而是他们既不喜欢也不信任这种批判的发起者。

诚然，这并非知识分子独有的行为，这是一种群体生活的普遍现象。政党或少数群体的成员可能会对批判怀有类似的双重标准，这取决于该批判是来自内部还是外部。此外——即使不从逻辑上看——从史实层面来看，这种双重标准也具有一定的合理性，因为批判背后的意图很不幸地成为其适用性的构成因素。那些批评基金会的知识分子这样做是希望（在他们看来）以建设性的方式调整基金会的政策，而里斯委员会开展调查的方式可能会严重削弱或令这些政策毁于一旦。例如，人人都明白，一个关于犹太人或黑人的笑话，由群体内部人士讲和由群体外部人士讲会具有不同的含义。

5. 该词源自 Stewart Alsop 的一篇专栏文章，这位记者在其中记录了与自己兄弟 John 的一段对话。他评论说，许多聪明之士——通常是共和党人——显然都非常钦佩史蒂文森。"那是当然，"他的兄弟说，"所有蛋头都爱史蒂文森。但你认为有几个蛋头呢？" Joseph and Stewart Alsop: *The Reporter's Trade* (New York, 1958), p. 188.

6. Louis Bromfield: "The Triumph of the Egghead," *The Freeman*, Vol. III (December 1, 1952), p. 158.

7. White House Press Release, "Remarks of the President at the Breakfast Given by Various Republican Groups of Southern California, Statler Hotel, Los Angeles … September 24, 1954," p. 4; 黑体字为自加。总统可能从其国防部长查尔斯·E. 威尔逊那里听过类似的话，后者的言论曾经在别处受人援引："蛋头就是那种知道啥也不懂啥的人。" Richard and Gladys Harkness: "The Wit and Wisdom of Charlie Wilson," *Reader's Digest*, Vol. LXXI(August, 1957), p. 197.

8. *The New York Times*, August 1, 1957.

9. *The New York Times*, August 1, 1957.

10. 美国国会，第 84 届国会，第 2 次会议，参议院军事委员会：*Hearings*, Vol.XVI, pp.1742, 1744 (July 2, 1956)；黑体字为自加。

11. 上述各类形象摘自 Immanuel Wallerstein 未发表的硕士论文 "McCarthyism and the Conservative," Columbia University, 1954, pp. 46 ff。其中对 20 世纪 50 年代的那些替罪羊进行了更为详尽的记述。

12. *Freeman*, Vol. XI (November 5, 1951), p. 72.

13. *Congressional Record*, 第 81 届国会 , 第 2 次会议 , p. 1954 (February 20, 1950)。

14. Jack Schwartzman: "Natural Law and the Campus," *Freeman*, Vol. II (December, 1951), pp. 149, 152.

15. "Shake Well before Using," *National Review*, Vol. V (June 7, 1958), p. 544.

16. *Congressional Record*, 第 81 届国会 , 第 1 次会议 , p. 11584 (August 16, 1949); 亦见唐代罗的讲话 "Communism in Our Schools," *Congressional Record*, 第 79 届国会 , 第 2 次会议 , pp. A. 3516–3518 (June 14, 1946), 及其演说 "Communist Conspiracy in Art Threatens American Museums," *Congressional Record*, 第 82 届国会 , 第 2 次会议 , pp. 2423–2427 (March 17, 1952)。

17. William G. McLoughlin, Jr.: *Billy Graham: Revivalist in a Secular Age* (New York, 1960), pp. 89, 212, 213; 关于盖洛普民意测验，见 p. 5。

18. *Judging and Improving the Schools: Current Issues* (Burlingame, California, 1960), pp. 4, 5, 7, 8; 黑体字为自加。这篇饱受抨击的报告为 William C. Bark 等撰写的 *Report of the San Francisco Curriculum Survey Committee* (San Francisco, 1960)。

19. Robert E. Brownlee: "A Parent Speaks Out," *Progressive Education*, Vol. XVII (October, 1940), pp. 420–441.

20. A. H. Lauchner: "How Can the Junior High School Curriculum Be Improved?" *Bulletin of the National Association of Secondary-School Principals*, Vol. XXXV (March, 1951), pp. 299–301. 此处省略号并不代表内容的删减，而是作者原本的标点符号。本段言论是在该协会的某次会议上发表的。见 Arthur Bestor 在 *The Restoration of Learning* (New York, 1955), p. 54 中的评论。

21. "G. E. Moore," *Encounter*, Vol. XII (January, 1959), p. 68; 应该指出，当时的语境表明伍尔夫非常清楚这句话的必要限定条件。

22. *Notes towards the Definition of Culture* (London, 1948), p. 23.

23. 举一个典型的例子，笔者认为探讨 John Dewey 某些教育理论的反智蕴涵及反智影响是无妨的。但如果因此将他说成是一个反智分子，那就未免太荒唐也太不中肯了。

第二章　论智识的不受欢迎

1. 我不想表示这种区别只存在于美国，因为只要某个地方有这样一个阶层把知识分子视为讨厌的东西，而又不愿意放弃自己对智力的主张，这种区别似乎就会普遍存在。例如在法国，在知识分子成为一股社会力量涌现出来之后，人们注意到 Maurice Barrès 在 1902 年这样写道："我宁愿成为有智力者，而不是有智识者。" Victor Brombert: *The Intellectual Hero: Studies in the French Novel, 1880-1955* (Philadelphia, 1961), p. 25.

2. 人们经常提起，吉布斯的境遇是由美国式的态度所造成的。其代表了一种普遍情况，详见 Richard H. Shryock: "American Indifference to Basic Science during the Nineteenth Century," *Archives Internationales d'Histoire des Sciences*, No. 5 (1948), pp. 50–65。

3. W. D. Niven, ed.: *The Scientific Papers of James Clerk Maxwell* (Cambridge, 1890), Vol. II, p. 742.

4. 这是 Julien Benda 在 *La Trahison des Clercs* (1927) 中的部分控诉，他称许多现代知识分子投身于这种弥赛亚式政治，导致了智识价值的严重流失："如今，如果我们提到 Mommsen、Treitschke、Ostwald、Brunetière、Barrès、Lemaître、Péguy、Maurras、d'Annunzio 和 Kipling，我们就不得不承认，现在的'知识分子们'正借助情感的各类特点来运用政治激情——行动倾向、对直接结果的渴望、对理想目的的过度专注、对论理的蔑视以及极端、仇恨与固化的观念。" (Trans lated by Richard Aldington, *The Betrayal of the Intellectuals*, Boston, 1955, p. 32.)

5. 知识分子群体内部的许多讨论都是关于"专业知识的发展对于知识分子来说是否也构成危险"这个话题的。问题在于，知识分子的专家身份，在实际中是否会因为使知识分子沦为纯粹的脑力技工而导致其智识功能遭到破坏？H. Stuart Hughes: "Is the Intellectual Obsolete?" in *An Approach to Peace and Other Essays* (New York, 1962), chapter 10. 我将在最末章继续关于这个问题的探讨。

6. 关于平民政治家与专家对峙时氛围的深入、精妙探讨，见 Edward Shils: *The Torment of Secrecy* (Glencoe, Illinois, 1956)。

7. 1946 年 5 月 28 日、29 日，第 79 届国会，第 2 次会议，众议院，州际及对外贸易委员会附属委员会证词，第 11 页、第 13 页。

8. *Journals* (Boston, 1909–1914), Vol. IX (July 1862), p. 436.

9. 关于"知识分子"一词的前身及其在法国早期的使用情况，见 Victor Brombert: *The Intellectual Hero*, chapter 2。俄语中的对应词为 intelligentsia，该词是在 19 世纪中期后投入使用的，原本的意思是"自由专业人士"，但很快也带上了"政权的反对者"这个内涵。Hugh Seton-Watson: "The Russian Intellectuals," *Encounter* (September, 1955), pp. 43–50.

10. *The Letters of William James* (Boston, 1920), Vol. II, pp. 100–101.

11. 关于这个投入及成效，见 Seymour M. Lipset: "American Intellectuals: Their Politics and Status," *Daedalus* (Summer, 1959), pp. 460–486。Lipset 对于美国知识分子的地位发表有很多中肯的评论，但笔者并不认同其关于"知识分子可以被毫无条件地描述为'地位颇高'"的论调。

12. *Nation*, Vol. 149 (August 19, 1939), p. 228.

13. 参议员 Barry Goldwater 用最为直接也最带有一种讨好意味的方式表达了这种不情愿。他在 1959 年 7 月宣称："我不愿意接受这个国家已经不存在共产党的观点。我认为，如果我们好好挖掘一下，我们就会找到几个。" Quoted by James Wechsler: *Reflections of an Angry Middle-Aged Editor* (New York, 1960), p. 44.

14. 看来，即便在知识分子没有放任自流的时候，情况也依旧如此，证据便是那数量庞大的、在苏联及其东欧卫星国发展起来的地下知识分子组织。

15. *Characters and Events* (New York, 1929), p. xi.

16. "我们总是认为无知的歹人好歹也比有知识的歹人强，"早期印第安纳协会的 B. R. Hall 如此写道，"因此，人们常常试图抹黑一个聪明候选人的道德品格。因为不幸的是，在通常的看法中，聪明和邪恶是天生一对，而无能和善良是地造一双。" Baynard R. Hall: *The New Purchase, or Seven and a Half Years in the Far West* (1843; ed. Princeton, 1916), p. 170. 这种观点就连推崇理性主义和智识精神的清教徒也深以为然。John Cotton 曾经说过："你越有学问、越机智风趣，你就越适合扮演撒旦的代言人。……卸去那份热爱……勿再迷恋耶稣会士的才学、主教职位的荣光以及高级教士的万贯家财。我想说的是，不要被这些展现在肉眼凡胎前的浮夸空洞和美好表象所欺骗，不要被这些人收获的掌声所迷惑。" *The Pouring Out of the Seven Vials* (London, 1642), The Sixth Vial, pp. 39–40.

17. George Ripley 在 1839 年抨击上帝一位论和哈佛大学神学院时写道："我已经了解，真诚的人只要简单地将《福音书》的真理呈现给心灵和良知，便会产生巨大而有益的影响。他们相信灵魂的直觉力量，从而感知其神性。……虽然我很重视正当应用的合理逻辑，但是我确信它不是借助上帝去推倒罪恶坚固堡垒的强大工具。它也许可以检测错误，但它却不能让我们窥见基督的荣耀。它也许可以反驳谬论，但它不能将心灵联结在神圣的爱上。……你们坚持认为，对于那些想在宗教问题上影响他人的人来说，'广博的知识'通常十分必要。但是耶稣在挑选十二门徒的时候，肯定没有考虑到这一点，他将布道的使命托付给了'未受教育而无知'的人，他将最崇高的真理赋予那些最平凡的头脑，就这样，'上帝使世界的智慧变成愚拙。'……基督……看到书籍所传授的智慧在'启迪每个人心灵的光芒'面前微不足道。他的民族历史的整个进程便证明了这样一个事实：'朴实的力学'始终是上帝派给人类的伟大使者。……基督并没有建立使徒学院；也没有复苏已然灭亡的先知学校；他对学问带来的骄傲也并未表现出特别的尊重；事实上，他有时反倒会暗示说，学识是感知真理的障碍；感谢上帝，他向智者和慎重之人隐藏了天国的奥秘，却让那些在学校知识面前如婴孩般懵懂无知者感受到它们。" "The Latest Form of Infidelity Examined," *Letters on the Latest Form of Infidelity* (Boston, 1839), pp. 98–99, 111, 112–113.

这一段的论点与福音派常用的论点相似。首先是摆出一道几乎不容置疑的命题：宗教信仰基本上不是由逻辑或学识传播的。然后可以基于此得出这样一种观点：最好的传播方式（按照基督的判断和历史证据）是通过那些未受教育和无知的人。由此沿着这个思路似乎还可以得出如下结论，即这些未受教育和无知的人所拥有的智慧和真理要优于学识渊博和有教养的人所拥有的。事实上，知识和教育似乎成为信仰传播的绊脚石。鉴于传播信仰是人类面临的头等大事，那些"像婴孩一样无知"的人——在至关重要的品德方面——比那些沉溺于逻辑和知识的人拥有更强大的力量。因此尽管没有那么直截了当地明说，但是仍然可以得出这样的结论，即作为人类的品质，卑陋的无知远胜于有教养的头脑。从根本上说,这个说法尽管存在诸多问题,但是依然与美国福音主义和民主制度高度契合。

18. 关于特纳的原始主义,请参阅 Henry Nash Smith: *Virgin Land* (Cambridge, Massachusetts, 1950) 一书的最末章,其内容颇具见地;下述作品亦收集了一系列关于美国原始主义的极有价值的内容:Charles L. Sanford: *The Quest for Paradise* (Urbana, Illinois, 1961)。

19. *Democracy in America*, Vol. II, pp. 525–526.

20. *Democracy in America*, Vol. II, pp. 642–643.

21. 美国学术界的观察家们经常带着些许苦涩地问,为什么体育领域的卓越表现几乎获得普遍的赞赏和鼓励,而智识上的出类拔萃却被人深恶痛绝。笔者认为,这种深恶痛绝实际上是民主制度间接承认了智识在我们生活事务中的重要性。运动技能被认作短暂而具有专门性,而且在严肃的生活事务中对于我们大多数人来说无关紧要。人们赞扬运动员,因为他们认为运动员娱乐大众,给大家带来快乐,这是他应得的。而智识则相反,(对大多数人来说)它既不具有娱乐性也不够单纯。人人都能看出,它是生活中一项重要而永久的优势,因此它才成为众矢之的,为那些平庸的乌合之众所不容。

第三章 福音派精神

1. 参见 H. Richard Niebuhr:"遭摒弃的是那些受过智识训练且礼拜仪式观念强的神职人员,受青睐的则是那些能更充分地服务于这种宗教(即未受教育和经济上被剥夺权利的阶层的宗教)情感需求的普通传教士;而另一方面,这些传教士并未在文化和利益上与那些统治阶级达成一致——这些统治阶级的优越生活方式显然是以牺牲穷苦人民为代价的。" *The Social Sources of Denominationalism* (Meridian ed., 1957), p. 30.

2. 笔者关于这个问题的评述在很大的程度上参考自 Msgr. R. A. Knox 所著 *Enthusiasm* (Oxford, 1950)。

3. 关于被剥夺祖产者的宗教的大概情况,见 Niebuhr: op. cit., chapters 2 及 3。见 Leo Solt 极有启发性的描述 "Anti-Intellectualism in the Puritan Revolution," *Church History*, Vol. XXIV (December, 1956), pp. 306–316;及 D. B. Robertson: *The Religious Foundations of Leveller Democracy* (New York,

1951)，尤见 pp. 29-40。

4. 正如 Samuel Eliot Morison 所言，激进清教徒中的这种敌意是"一种信条。虔诚的狂热分子称大学为'反基督大杂烩''谎言之所'，'在上帝面前散发着最可憎的恶臭'"。在爱德华·约翰逊看来，安妮·哈钦森"等一丘之貉强烈抵制学识，四处劝人小心别被学识给毁了"。哈钦森的一个追随者曾经对他说："跟我来。……我要带你们去见一位女士，她的福音布道优于你们任何一个上过大学的牧师，她是具有另一种精神的女性，她知晓万事的启示。……比起你们随便哪个博学的学者（尽管他们可能更精通《圣经》），我更愿意听这样一个不搞任何研究、单纯听凭精神活动的人布道。" Edward Johnson: *Wonder-Working Providence of Sions Saviour in New England*, ed. by J. F. Jameson (New York, 1910), pp. 127-128.

5. *A History of American Literature, 1607-1765* (Ithaca, New York: 1949), pp. 85-87.

6. 对这些早期文化成就的热烈辩护和赞赏，见 Samuel Eliot Morison: *The Intellectual Life of Colonial New England* (New York, 1956); 参见 Thomas G. Wright: *Literary Culture in Early New England* (Cambridge, 1920); Kenneth Murdock: *Literature and Theology in Colonial New England* (Cambridge, 1949)。

7. 关于 1680—1725 年间神职人员的状况，见 Clifford K. Shipton: "The New England Clergy of the 'Glacial Age,'" *Colonial Society of Massachusetts Publications*, Vol. XXXII (Boston, 1937), pp. 24-54。

8. 第一批绞刑实行后，在许多嫌犯等待审判的时候，一群神职人员写信给总督和议会，指出"需要一丝不苟、极其**慎重**，以免过于**轻信**只有魔鬼般权威才会认可之事，从而开启通向一连串惨痛后果的大门"。但世俗当局无视这种抗议，继续接受指控嫌疑人的所谓"幽灵证据"。而与此同时，牧师领袖们也没有停下控诉的脚步，其中有 14 个人向菲普斯总督发出请愿。在他们的坚持下，菲普斯开始叫停诉讼。Shipton: "The New England Clergy," p. 42.

9. Perry Miller 就这个衰落的制度和教义方面作出了精彩的论述：*The New England Mind: from Colony to Province* (Cambridge, Massachusetts, 1953)。

10. Edwin Scott Gaustad: *The Great Awakening in New England* (New

York, 1957), p. 27.

11. 关于达文波特，见 Gaustad: op. cit., pp. 36–41。爱德华兹本人在其 *Treatise Concerning Religious Affections* (1746) 这个作品中，用大篇文字表示了自己对这种表现的不赞同。

12. Gilbert Tennent, *The Danger of an Unconverted Ministry Considered in a Sermon on Mark VI, 34* (Boston, 1742), pp. 2–3, 5, 7,11–13.

13. L. Tyerman: *The Life of the Rev. George Whitefield* (London, 1847), Vol. Ⅱ, p. 125. See Eugene E. White: "Decline of the Great Awakening in New England: 1741 to 1746," *New England Quarterly*, Vol. XXIV (March, 1951), p. 37.

14. 查尔斯·昌西将吉尔伯特·坦南特用来反对建制派牧师时使用的一些称呼汇编成册："任凭使唤的狗腿子；蟊贼；咬文嚼字的法利赛人；狡狐、恶狼之流；油头粉面的伪君子；无赖；毒蛇崽子；受魔鬼驱使潜入牧师群体的建筑工；多余的保姆；不会叫的死狗；瞎子；死鬼；被魔鬼附身的人；上帝的反叛者和仇敌；目不能视、耳不能听的向导；撒旦之子……杀人不眨眼的伪善之人。" *Seasonable Thoughts on the State of Religion in New England* (Boston, 1743), p. 249. 这些例子中的大多数似乎来自坦南特的 *Danger of an Unconverted Ministry*。

15. Gaustad: op. cit., p. 103.

16. *Seasonable Thoughts*, p. 226.

17. *Seasonable Thoughts*, pp. 256–258.

18. Leonard W. Labaree: "The Conservative Attitude toward the Great Awakening," *William and Mary Quarterly*, 3rd ser., Vol. I (October, 1944), pp. 339–340, from Tracy: *Great Awakening*, p. 319.

19. Quoted by Labaree: op. cit., p. 345, from *South Carolina Gazette* (September 12–19, 1741).

20. Quoted by Labaree: op. cit., p. 336, from *South Carolina Gazette* (September 12–19, 1741).

21. White: op. cit., p. 44.

22. *Works* (New York, 1830), Vol. Ⅳ, pp. 264–265.

23. 关于新英格兰院校对觉醒运动的反应，见 Richard Hofstadter 及 Walter P. Metzger: *The Development of Academic Freedom in the United States*

(New York, 1955), pp. 159–163。

24. Gaustad: op. cit., pp. 129, 139.

25. 关于南部边远地区的文化状况，见 Richard J. Hooker 编：*The Carolina Backcountry on the Eve of the Revolution* (Chapel Hill, 1953), pp. 42, 52–53, 113. 亦见 Carl Bridenbaugh: *Myths and Realities: Societies of the Colonial South* (Baton Rouge, 1952), chapter 3。

26. Colin B. Goodykoontz: *Home Missions on the American Frontier* (Caldwell, Idaho, 1939), pp. 139–143. 在迁移过程中经历宗教习俗崩溃的不仅仅是新教教派。1849 年，印第安纳的一位牧师在写及他身边的爱尔兰移民时称："他们几乎不知道上帝的存在；他们羞于参加教义问答，即使来了也搞不懂所教授的内容。" Sister Mary Carol Schroeder: *The Catholic Church in the Diocese of Vincennes, 1847–1877* (Washington, 1946), p. 58.

27. Rufus Babcock, ed.: *Forty Years of Pioneer Life: Memoir of John Mason Peck*, D.D. (Philadelphia, 1864), pp. 101–103.

28. Goodykoontz: op. cit., p. 191.

29. Goodykoontz: op. cit., pp. 191–192. 关于早期印第安纳的相似状况描述，见 Baynard R. Hall: *The New Purchase* (1843; ed. Princeton, 1916), p. 120。

第四章　福音主义与信仰复兴主义者

1. 熟悉 Sidney E. Mead 关于美国宗教史的精彩文章的读者将会发现，在下面的几页文字中，笔者着重参考了他的观点，尤其是他那段深入的论述："Denominationalism: The Shape of Protestantism in America," *Church History*, Vol. XXIII (December, 1954), pp. 291–320; 以及 "The Rise of the Evangelical Conception of the Ministry in America (1607–1850),"见 Richard Niebuhr 与 Daniel D. Williams 编：*The Ministry in Historical Perspectives* (New York, 1956), pp. 207–249。

2. 以引人入胜的笔触探究了 19 世纪美国文学中那种想要超越过去的渴望。See R. W. B. Lewis: *The American Adam* (Chicago, 1955).

3. "The Position of the Evangelical Party in the Episcopal Church," *Miscellaneous Essays and Reviews* (New York,1855), Vol. I, p. 371. 本文全面抨击了不符合福音派精神的宗教形式。

4. John W. Nevin: "The Sect System," *Mercersburg Review*, Vol. I (September, 1849), pp. 499–500.

5. 这个历史背景或许有助于解释威尔·赫伯格（Will Herberg）所发现的当代美国宗教的一个显著特征——一方面对宗教笼统意义上的重要性深信不疑，另一方面却对宗教的具体内容漠不关心。（参见艾森豪威尔1952年所发表的言论："我们的政府只有建立在一种深刻体会到的宗教信仰之上才有意义——但我并不关心这种信仰是什么。"）这种对宗教的普通信仰是几个世纪以来宗派融合的产物。Herberg: *Protestant, Catholic, Jew* (Anchor 编, New York, 1960), chapter 5, especially pp. 84–90.

6. 甚至早在1782年，Crèvecoeur就发现，在美国，"如果教派成员不是就近聚居在一起，如果他们与其他教派混住，他们的热忱就会因为缺乏燃料而冷却下来，并很快熄灭。到那时，美国人就会像他们对待国家一样对待宗教，与所有人结盟……所有的教派像各个州一样联合在一起；这样，宗教冷漠在不知不觉间从大陆的一端蔓延到另一端。如今，它成为美国人最显著的特点之一。没有人知道它的影响范围有多大，也许它会留下一个可容纳其他宗教体系的真空地带。迫害、宗教傲慢、对矛盾的热衷，这些都是世人口中所谓的宗教的养分。到了美国这里，它们已经消耗殆尽。欧洲的狂热是有限的，在这里，它也蒸发得无影无踪；在欧洲，它是一小撮封存起来的火药。在这里，它在露天里燃烧，熄灭，无声无息，不留一丝痕迹。" *Letters from an American Farmer* (New York, 1957), pp. 44, 47. 当然，在1790年之后的几十年里，某些宗教狂热现象得以重现，但人们对于重新划分各个宗派间差异的热心大不如从前。

7. William G. McLoughlin: *Billy Sunday Was His Real Name* (Chicago, 1955), p. 158. 像Washington Gladden这样更加见多识广的传教士也可以说，他自己的神学"必须在铁砧上打磨锤炼，以便每天在布道坛上使用"。"它会有用吗？"这个实用主义问题是检验它的唯一标准。*Recollections* (Boston, 1909), p. 163.

8. 芬尼撰写的 *Lectures on Revivals of Religion* (New York, 1835) 中，有一章的标题是"智慧的牧师会成功"，并引用了"智慧的人赢得灵魂"，出自 Proverbs XI, 30。

9. Crèvecoeur: op. cit., p. 45. 这段文字不应该被解读为牧师没有受到尊重。他们不是因为职务受到尊重，而是以能力及所作所为**赢得**尊重。Timothy Dwight 谈到早期康涅狄格的神职人员时说，他们没有官方职权，却拥有相当大的影响力。"在这里，牧师之所以受人尊敬，是因为他们本身以及他们所做的一切，而不是外在于他们身上的某些东西或者他们的职务。"Mead："The Rise of the Evangelical Conception of the Ministry," p. 236.

10. Andrew P. Peabody: *The Work of the Ministry* (Boston, 1850), p. 7. 正是新教神职人员在西部地区基督教传播的问题上表现出的爱国主义热情以及政治家般的关注，使 Tocqueville 得出这样的结论："如果你与这些基督文明的传教士交谈，你会惊讶于听到他们如此频繁地说起这个世界的种种好处，惊讶于你在以为自己会遇到传教士的地方遇到了一位政治家。"*Democracy in America*, Phillips Bradley, ed. (New York, 1945), Vol. I, pp. 306–307.

11. "The Rise of the Evangelical Conception of the Ministry," p. 228.

12. 这种对牧师个人魅力的依赖一直都非常重要。Phillips Brooks 认为："通过个人魅力传达真理，才是我们所描述的真正的布道。"与他同时代的 William Jewett Tucker 对此表示赞同："牧师的个性越强，它的作用就越大，人们对真理的回应就越广泛而深刻。这就是布道的规律。"Robert S. Michaelsen: "The Protestant Ministry in America: 1850 to the Present," Niebuhr and Williams, p. 283.

13. Bela Bates Edwards: "Influence of Eminent Piety on the Intellectual Powers," *Writings* (Boston, 1853), Vol. II, pp.497–498."我们难道不是倾向于把智识与心灵分离开来，让知识和虔诚相互对立，以牺牲理性判断为代价来赞美情感，并造成这样一种普遍印象，即获得知识领域的造诣与领受上帝的恩典是水火不相容的吗？" Ibid., pp. 472–473.

14. 关于各教派的人数、派系分类、神学主张以及相互关系的精彩描述，见 Timothy L. Smith: *Revivalism and Social Reform* (New York and Nashville, 1958), chapter 1, "The Inner Structure of American Protestantism"。1855 年，所有卫理公会组织（含北方和南方）有 150 万人；所有浸信会组织有 110 万人；所有长老会组织有 49 万人；所有路德教、德国归正会及类似组织有 35 万人。公理会人数大约为 20 万；圣公会教徒仅有 10 万人左右。

15. 笔者对信仰复兴主义的论述在很大的程度上参考 William G.

McLoughlin 对整个运动的精彩概述：*Modern Revivalism* (New York, 1959)；也参考 Timothy L. Smith 的 *Revivalism and Social Reform*, 前面曾有引用, 其中关于 1840 年之后的时期及城市复兴运动的部分尤为出色；同样参考 Charles A. Johnson 的 *The Frontier Camp Meeting* (Dallas, 1955), 其中对于 1800—1820 年的原始边疆状况的描述特别发人深省；以及 Bernard Weisberger 的 *They Gathered at the River* (Boston, 1958)。

16. 关于这个时期的共同奋进及衰退，见 Charles I. Foster: *An Errand of Mercy*: *The Evangelical United Front, 1790-1837* (Chapel Hill, 1960)。

17. 关于 1800 年的估计数据见 Winfred E. Garrison 的 "Characteristics of American Organized Religion," *Annals of the American Academy of Political and Social Science*, Vol. CCLVI (March, 1948), p. 20。有关 1855 年及 1860 年的数据见 Timothy L. Smith: op. cit., pp. 17, 20–21。教会成员占人口比例大致从 1855 年的 15% 左右上升到 1900 年的 36%，1926 年达到 46%，1958 年达到 63%。See Will Herberg: *Protestant, Catholic, Jew*, pp. 47–48.

18. 一些关于新教的坊间传言，我们从中可以窥见不同教会所处的社会地位：卫理公会教徒是穿着鞋的浸信会教徒；长老会教徒是上过大学的卫理公会教徒；圣公会教徒就是靠投资为生的长老会教徒。

19. *Memoirs* (New York, 1876), pp. 20, 24; 关于芬尼其人以及纽约西部的狂热。相关描述颇具见地，发人深省。See Whitney R. Cross: *The Burned-Over District* (Ithaca, 1950).

20. *Memoirs*, pp. 100, 103.

21. Ibid., pp. 42, 45–46, 54. 尽管芬尼意识到自己学识尚浅，缺乏独立解读《圣经》的能力，但是他一直保持着这种独立性。其间，他学习了一些拉丁语、希腊语和希伯来语，然而 "从未达到掌握足够的古代语言以至于自认有能力对《圣经》英译本进行独立评价的程度"。Ibid., p. 5.

22. McLoughlin: *Modern Revivalism*, p. 55.

23. *Memoirs*, p. 84; cf. pp. 365–369.

24. 这些观点皆出自芬尼的 *Memoirs*, chapter 7, "Remarks Upon Ministerial Education," pp. 85–97; cf. *Lectures on Revivals of Religion,* pp. 176–178。

25. McLoughlin: *Modern Revivalism*, pp. 118–120. McLoughlin 指出，科学是芬尼唯一认可的教育领域。像旧派清教徒一样，他认为科学不是对宗教的威胁，而是荣耀上帝的一种手段。中西部的各教会学院都一直秉承着这种重视科学的理念，培养了一大批学术领域的科学家。R. H. Knapp 和 H. B. Goodrich 就个中原因进行了探讨，其观点一针见血。See *Origins of American Scientists* (Chicago, 1952), chapter 19.

26. *Lectures on Revivals of Religion,* pp. 435–436.

27. "这是我们的一个基本原则，" Wesley 曾经这样回应一位早期卫理公会的批评者，"放弃理性就是放弃宗教，宗教与理性息息相关，携手并进。一切非理性的宗教都是伪宗教。" See R. W. Burtner and R. E. Chiles, *A Compend of Wesley's Theology* (New York, 1954), p. 26. 然而，正如 Norman Sykes 所言，福音派复兴运动的影响在智识层面上无疑是退步的，原因在于它的兴起部分来自对诞生于神学自由主义运动中的理性主义倾向以及索齐尼派倾向的抵制。与神学自由主义者领袖们相比，Wesley "几乎迷信地认为他生活中的哪怕最平常不过的细节里都存在天意的特殊干预"，Sykes 评论道，"到了 Whitefield 这里，情况变得更糟，因为他丝毫不具备他的同事在教育和教养方面所拥有的影响力……" Norman Sykes: *Church and State in England in the Eighteenth Century* (Cambridge, 1934), pp. 389–398.

关于英格兰的福音复兴运动，A. C. McGiffert 这样写道："在阐释人类及其需求时，它故意将目光转向过去，而不是朝向未来。它使基督教与现代社会之间的问题尖锐化，并加深了这样一种观念，即父辈的信仰与他们的孩子没有任何关系。在许多人心目中，福音复兴运动成了基督教的代名词，它的狭隘以及它的中世纪主义、它的煽情和缺乏智识、它愚不可及的超自然主义、它对《圣经》望文生义的牵强附会以及对艺术、科学、世俗文化的漠不关心，使这些人永久地背离了宗教。尽管福音主义成就了伟大的事业，但是在许多方面其造成的后果却是灾难性的。" *Protestant Thought before Kant* (New York, 1911), p. 175. 论早期美国卫理公会的智识局限性，见 S. M. Duvall: *The Methodist Episcopal Church and Education up to 1869* (New York, 1928), pp. 5–8, 12。

28. 那些早期的牧师们深知，他们所拥有的力量在很大的程度上取决于这样一个因素，即无论在文化还是生活方式上都与他们为之服务的普通信徒保持一致。1825 年，一位对英国圣公会主教尊严做派习以为常的英国旅行者在被介绍给印第安纳州卫理公会主教时震惊不已。他惊奇地发现主教的住所原来是一个普普通通的农舍。当他有些不耐烦地等待主教出现时,一位美国牧师告诉他,罗伯茨主教来了。"我看见有个人在那儿,但不是主教啊。"他说。"那无疑就是主教。"美国人说。"不!不!不可能是主教,那个人只穿着衬衫呢。"罗伯茨主教工作时就一直穿着他这件家当。Charles E. Elliott: *The Life of the Rev. Robert R. Roberts* (New York, 1844), pp. 299-300. 关于边疆地区的主教,见 Elizabeth K. Nottingham: *Methodism and the Frontier* (New York, 1941), chapter 5。

29. George C. Baker, Jr.: *An Introduction to the History of Early New England Methodism, 1789-2839* (Durham, 1941), p. 18.

30. Ibid., p. 14.

31. Ibid., p. 72. 参见下述内容,据说出自康涅狄格的卫理公会一段布道辞:"我的兄弟姐妹们,我坚信:学识不是宗教,教育也不会赋予人圣灵的力量。是来自圣坛的恩典和天赋赐给了我们真正鲜活的能量。圣彼得是一个渔夫——你们觉得他上过耶鲁学院吗?然而,他是基督建立教会的基石。没有,没有上过,亲爱的兄弟姐妹们。当上帝想要吹倒杰利科之墙时,他并没有拿出铜喇叭,或者擦得锃亮的法国号。没有这样的物件,他拿了一只羊角,一只普通的、天然的公羊角——长成什么样就什么样的。所以,当他想要吹倒杰利科的城墙时,他不会带上你们中间某位油头粉面、装腔作势、从大学出来的绅士,而是像我这样如同普通的、天然的公羊角的人。" S. G. Goodrich: *Recollections of a Lifetime* (New York, 1856), Vol. I, pp. 196-197.

32. Baker: op. cit., p. 16.

33. Goodrich: op. cit., p. 311.

34. *Methodist Magazine and Quarterly Review*, Vol. XII (January, 1830), pp. 16, 29-68; Vol. XII (April, 1830), pp. 162-197; Vol. XIII (April, 1831), pp. 160-187; Vol. XIV (July, 1832), pp. 377 ff.

35. La Roy Sunderland: "Essay on a Theological Education," *Methodist Magazine and Quarterly Review*, Vol. XVI (October, 1834), p. 429. David M. Reese: "Brief Strictures on the Rev. Mr. Sunderland's 'Essay on Theological Education,'" *Methodist Magazine and Quarterly Review*, Vol. XVII (January,

1835), pp. 107, 114, 115.

 36. 第一所卫理公会"学院"——马里兰州阿宾顿的考克斯伯里学院的命运或许可以说明这一点。卫斯理的特使托马斯·科克博士（Dr. Thomas Coke）非常看好这个项目，他把他深受牛津大学影响的外来的教育理念带到了美国。尽管阿斯伯里反对这个项目，表示更倾向于卫斯理在金斯伍德创办的那类普通学校，但是在托马斯的成功游说下，卫理公会教徒还是认为应该建立一所学院。该学院创建于1787年，成立伊始就与一所预科学校合并（这类情况在早期美国的学院中非常普遍），但后者远比学院本身成功得多。学院成立不到一年，仅有的三个院系的教员就相继辞职。1794年，学院关闭了大学学部，只保留预科学校。重建学院的计划也因为分别发生于1795年和1796年的两场大火而搁置，并最终被彻底终止。阿斯伯里认为这是对时间和金钱的浪费。"主没有召唤怀特菲尔德先生或卫理公会教徒去建造学院。我想要的只是学校……" *The Journal and Letters of Francis Asbury*, ed. by Elmer T. Clark et al. (London and Nashville, 1958), Vol. Ⅱ, p. 75. See also Sylvanus M. Duvall: *The Methodist Episcopal Church and Education up to 1869* (New York, 1928), pp. 31–36. 弗吉尼亚圣公会福音传教士德弗罗·贾拉特（Devereux Jarratt）对圣公会牧师团体的教育水平有所了解，他对卫理公会在阿宾顿的所作所为感到震惊："说真的，我实在搞不懂，一个考虑周到的人怎么能指望在一个受补锅匠、裁缝、织布工、鞋匠和乡村手艺人等各色人等——或者，换句话说，对学院从形式到内容一无所知的文盲们——领导和控制的神学院获得什么了不起的学问。" *The Life of the Reverend Devereux Jarratt Written by Himself* (Baltimore, 1806), p. 181.

 37. 内森·邦斯（Nathan Bangs）是首位著名的教会史学家。他认为，早期卫理公会教徒对学问的敌意众所周知，而且这种敌意从道理上讲也说得过去。*A History of the Methodist Episcopal Church* (New York, 1842), Vol. Ⅱ, pp. 318–321.

 38. Ibid., Vol. Ⅲ, pp. 15–18.

 39. 第一所此类神学院直到1847年才成立：即卫理公会圣经学院，创建于新罕布什尔州的康科德，之后迁往波士顿，成为波士顿大学神学院。在它之后，是1854年成立于伊利诺伊州埃文斯顿的加勒特圣经研究所。第三所同类学院是德鲁神学院，它等待着著名的华尔街海盗丹尼尔·德鲁（Daniel Drew）的慷慨资助，成立于 1867 年。

40. Charles L. Wallis, ed.: *Autobiography of Peter* Cartwright (New York, 1956), pp. 63–65, 266–268.

41. Charles C. Cole: *The Social Ideas of Northern Evangelists, 1826–1860* (New York, 1954), p. 80. Sam Jones 是镀金时代最成功的信仰复兴主义者之一，他后来说，他更喜欢在南方工作："我发现越是南边的人越容易被打动。他们没有那些严重困扰和危害这个国家其他地区的智识问题。" McLoughlin: *Modern Revivalism*, pp. 299–300.

42. *Religion in the Development of American Culture* (New York, 1952), p. 111.

43. W. W. Sweet, ed.: *Religion on the American Frontier—The Baptists, 1783–1830* (New York, 1931), p. 65n.

44. 参见一段对早期弗吉尼亚浸信会牧师的描写："其中有的唇边毛茸茸，有的眼蒙蒙，有的驼背，有的腿弯弯，还有的走路腿脚不利索，随便哪个看着都不像正常人。" Walter B. Posey: *The Baptist Church in the Lower Mississippi Valley, 1776–1845* (Lexington, Kentucky, 1957), p. 2.

45. Sweet: *Religion on the American Frontier*, p. 72. "我们担心，如今，在太多的传教士眼里，金钱和神学知识似乎成了骄傲的资本。" Ibid., p. 65.

46. Ibid., pp. 73–74. 论浸信会传教士的智识状况以及传教士和普通信徒对教育的抵制，见 Posey: op. cit., chapter 2。

47. Wesley M. Gewehr: *The Great Awakening in Virginia, 1740–1790* (Durham, North Carolina, 1930), p. 256.

48. 关于为教育而做的努力，见 Posey: op. cit., chapter 8。

49. McLoughlin: *Modern Revivalism*, pp. 219–220.

50. Gamaliel Bradford: *D. L. Moody: A Worker in Souls* (New York, 1927), p. 61.

51. McLoughlin: *Modern Revivalism*, p. 273.

52. Bradford: *Moody*, pp. 24, 25–26, 30, 35, 37, 64, 212.

53. *Lectures on Revivals of Religion*, pp. 9, 12, 32. 关于人类能动性在实现复兴中所起的作用，芬尼在这部作品第一章进行了全面的、极为中肯的论述。笔者尚未能对其所有观点进行梳理。

54. 关于穆迪复兴活动运作体系的精彩描述，见 McLoughlin: *Modern Revivalism*, chapter 5, "Old Fashioned Revival with the Modern Improvements"。

55. Bernard Weisberger: *They Gathered at the River*, p. 212.

56. Op. cit., p. 243.

57. *Silhouettes of My Contemporaries* (New York, 1921), p. 200.

58. McLoughlin: *Modern Revivalism*, pp. 167, 269, 278; Bradford: op. cit., pp. 220–221.

59. McLoughlin: *Modern Revivalism*, p. 245; Bradford: op. cit., p. 223.

60. McLoughlin: *Modern Revivalism*, p. 433–434; also *Billy Sunday Was His Real Name*, pp. 127–128.

61. *Memoirs*, pp. 90–91. 在 *Lectures on Revivals of Religion*, chapter 12 中，芬尼用了很长的篇幅阐述自己的布道理念。他要求牧师讲话时需要遵循以下原则："应该是对话式的，必须使用日常生活语言，要富于比喻性——也就是说，从真实或假想的日常生活事件，以及'社会上司空见惯的事情'中选取案例进行说明。"可以重复，但不能千篇一律。

62. Roland H. Bainton: *Here I Stand: A Life of Martin Luther* (New York and Nashville, 1940), p. 354.

63. McLoughlin: *Modern Revivalism*, p. 140.

64. Bradford: op. cit., p. 101. 关于穆迪的布道风格，亦见 McLoughlin: *Modern Revivalism*, pp. 239 ff.; 在 J. Wilbur Chapman: *The Life and Work of Dwight L. Moody* (Boston, 1900) 一书中列举了大量实例。

65. Bradford: op. cit., p. 103.

66. McLoughlin: *Modern Revivalism*, p. 288.

67. 关于桑迪的生平，见 William G. McLoughlin 详尽且极富洞察力的传记：*Billy Sunday Was His Real Name*。

68. McLoughlin: *Billy Sunday*, pp. 164, 169.

69. Weisberger: *They Gathered at the River*, p. 248; McLoughlin: *Billy Sunday*, pp. 177, 179. 此处，桑迪的语言体现了一种新型的暴力的表达方式，这在第一次世界大战期间的牧师中非常普遍。See Ray H. Abrams: *Preachers Present Arms* (New York, 1933).

第五章　对现代性的反抗

1. 与这两者相连的通常是性方面的原教旨主义——其中贯穿着对于正常的和非正常的性的恐惧。人们经常能从后期的原教旨主义布道中感觉到，这些布道文是针对那些惧怕于自身性征的听众们所创作的。追溯福音派文学中对舞蹈和卖淫问题的处理将有助于增进这方面的了解。桑迪认为："方形舞中招摇的角度牵动着身体姿势，由此呈现的姿态在是体面社会所无法容忍的。"除此之外，他还提出一项禁止 12 岁以上儿童上舞蹈学校的法律，以及另一项禁止婚前跳舞的法律。McLoughlin: *Billy Sunday*, pp. 132, 142.

2. McLoughlin: *Billy Sunday*, pp. 141–142, 175, 179.

3. "Denominationalism: the Shape of Protestantism in America," p. 314.

4. 如见 William A. Robinson: *Jeffersonian Democracy in New England* (New Haven, 1916) pp. 128–141，其中探讨了新英格兰浸信会的共和主义。

5. 关于法国大革命后对革命与不信上帝的狂热臆想，最生动形象的描述请见 Vernon Stauffer 的 *New England and the Bavarian Illuminati* (New York, 1918)。尽管在 18 世纪末，一种温和的哲学怀疑主义确实在美国精英阶层中广泛传播，但它主要是一种私人信条，没有任何改变宗教信仰的倾向。在法国大革命和杰斐逊式民主兴起之后，上层理性主义者比以往任何时候都更不愿意在公众中宣传他们的理性主义。像 Elihu Palmer 这样热衷于改革运动的怀疑论者，想在中下阶层将共和主义和怀疑论联合在一起，却发现这并非易事，尽管在纽约、费城、巴尔的摩和纽堡也存在一些自然神论群体。See G. Adolph Koch: *Republican Religion* (New York, 1933).

6. Catherine C. Cleveland: *The Great Revival in the West, 1797–1805* (Chicago, 1916), p. 111. Martin E. Marty 在 *The Infidel* (Cleveland, 1961) 中称，在美国，"无宗教信仰"本身无足轻重，并无多少分量，但在正统布道以及宗教团体之间关于神学事项的相互指责中，它俨然是一个分量很重、非常骇人的词语。

7. 关于神职的不同模式，见 Robert S. Michaelson: "The Protestant Ministry in America: 1850 to the Present," in H. Richard Niebuhr and D. D.

Williams: op. cit., pp. 250–288。

8. McLoughlin: *Billy Sunday*, pp. 125, 132, 138.

9. Bradford: op. cit., pp. 58–60; McLoughlin: *Modern Revivalism*, p. 213; 关于穆迪讲究实际的宽容性，见 pp. 275–276。

10. *Does Civilization Need Religion?* (New York, 1927), pp. 2–3. 笔者相信，读者明白此处探讨的是作为大众运动的原教旨主义，而非那些更有思想的、现代主义的批判者。关于后者，详例请见 J. Gresham Machen: *Christianity and Liberalism* (New York, 1923)。关于原教旨主义在智识方面的发展，见 Stewart G. Cole: *The History of Fundamentalism* (New York, 1931)。

11. McLoughlin: *Billy Sunday*, p. 278.

12. 关于史密斯该方面的成就，请见本人文章："Could a Protestant Have Beaten Hoover in 1928?" *The Reporter*, Vol. 22 (March 17, 1960), pp. 31–33。

13. "The Klan's Fight for Americanism," *North American Review*, Vol. CCXXIII (March–April–May, 1926), pp. 38 ff. 参见 Gerald L. K. Smith 于1943年所言："我们的人民并不经常表达自己的想法，因为在这样的时代，只有少数人能畅所欲言。但在我们人民的心底积压着种种情绪，他们因为担心自己词疏意浅而没有将之表达出来。" Leo Lowenthal and Norbert Guterman: *Prophets of Deceit* (New York, 1949), p. 110.

美国公众内心健全，但美国旧价值观的代言人不知何故缺乏与现代主义的自作聪明之辈相竞争的手段——这种思想贯穿于右翼的论调之中。参见参议员 Barry Goldwater 在 *The Conscience of a Conservative* (New York, 1960), pp. 4–5 中所言："我们的失败……在于保守党在证明上的失败。虽然我们保守党人……确信全国人民都赞同我们，但是我们似乎无法证明保守党原则与当今需求在实际上的关联性。……也许我们对那些大众传播媒体管理者的评断过于敏感。'开明'的评论员每天都将我们推入政治上的湮没无闻之境。"

14. 该两处引用见 Maynard Shipley: *The War on Modern Science* (New York, 1927), pp. 130, 254–255。此类言论总体上吻合福音派的主要传统，但也反映出这个时期该传统问题的日益尖锐。参见美国内战前卫理公会传教士 James B. Finley 较为温和的表述:"我想知道,这海量的书籍是否具有一种有害的倾向,会分散人们对于《圣经》的凝注。"*Autobiography* (Cincinnati, 1854), p. 171.

15. "如今对公立学校系统最大的威胁便在于……其无神论。"——布莱恩的评论,见 *The Commoner*, February, 1920, p. 11。布莱恩接二连三地从全美各地的家长那里听到这样的说法——这个国家的学校正在蚕食他们小孩的信仰,这让他如坐针毡。*Memoirs* (Chicago, 1925), p. 459. 关于反进化论著述中对这个主题的探讨,见 Norman F. Furniss: *The Fundamentalist Controversy*, 1918–1931 (New Haven, 1954), pp. 44–45。

16. Leslie H. Allen, ed.: *Bryan and Darrow at Dayton* (New York, 1925), p. 70; 该作品根据审判记录以及其他材料编撰而成。

17. 黑体字为自加,见 Ray Ginger 关于斯科普斯审判的精彩研究: *Six Days or Forever?* (Boston, 1958), pp. 2, 17, 64, 134, 181, 206。

18. Ginger: op. cit., pp. 40, 181; cf. Bryan's *Famous Figures of the Old Testament*, p. 195; *Seven Questions in Dispute*, pp. 78, 154; *In His Image* (New York, 1922), pp. 200–202; *The Commoner*, August, 1921, p. 3; November, 1922, p. 3.

19. Bryan: *Orthodox Christianity versus Modernism* (New York, 1923), pp. 14, 26, 29–30, 32, 42; 参见 Ginger: op. cit., pp. 35, 40, 181。布莱恩称:"上帝箴言的一大妙处在于,无须专家便能自通。"某些都市报刊指出,由代顿居民组成的陪审团可能不具备裁决疑难问题的能力,布莱恩由此评论说:"根据我们的政府制度,人民是一切事情的当事人,可以信赖他们,依靠人民来定夺一切,我们的陪审团亦是如此。"在他看来,该案件提出了这样一个问题:"少数派能利用法庭把自己的观念强加给学校吗?"在这场争论中,长期渴望胜利的不幸的布莱恩又犯下另一个重大失误。他似乎认为胜利近在眼前。"这是我人生中第一次,"他在一场原教旨主义会议上说,"站在大多数人一边。"Ginger: op. cit., pp. 44, 90. 关于"布莱恩式民主、其对福音派的拥护及其反智主义观念三者之间的关联"视角敏锐的当代评述,见 John Dewey: "The American Intellectual Frontier," *New Republic*, Vol. XXX (May 10, 1922), pp. 303–305。

20. *Orthodox Christianity versus Modernism*, pp. 29, 45–46; cf.

"Darwinism in Public Schools," *The Commoner*, January, 1923, pp. 1–2.

21. Ginger: op. cit., p. 88.

22. W. J. Cash: *The Mind of the South* (New York, 1941), pp. 337–338.

23. 在该项调查中，40% 的人选"否"，35% 的人选"是"，24% 的人选"不知道"。H. H. Remmers 与 D. H. Radler: *The American Teenager* (Indianapolis, 1957). 参见 Howard K. Beale 关于 20 世纪 30 年代进化论教学所承受压力的探讨：*Are American Teachers Free?* (New York, 1936), pp. 296–297。

24. 这种对道德的关注或许经得起进一步的检验。在原教旨主义者看来，孩子们失去信仰只是迈出了道德沦丧的第一步。他们对"人类从低级生命进化而来"这个概念中固有的"纵欲"意味持有不少看法，他们的言辞表明在这场争论中，性恐惧以及其他因素在某种程度上被调动了起来。

25. 关于这一点，我从两项关于美国宗教中社会对立势力的杰出研究中参考良多：Paul Carter 的 *The Decline and Revival of the Social Gospel* (Ithaca, 1954) 以及 Robert Moats Miller 的 *American Protestantism and Social Issues* (Chapel Hill, 1958)。

26. 在 Daniel Bell 编的评估 *The New American Right* (New York, 1955) 的论文集中，包括笔者在内的几位作者或者忽视了原教旨主义在极右翼中的地位，或者对其着墨甚少。但可参见该论文集最新版本中的几篇近期文章，*The Radical Right* (New York, 1963)。关于这个话题信息量最大的作品为 Ralph Lord Roy 的 *Apostles of Discord* (Boston, 1953)，其虽然以揭发和曝光为写作基调，但是旁征博引，运用了海量学术文献。关于其最新进展，见 David Danzig: "The Radical Right and the Rise of the Fundamentalist Minority," *Commentary*, Vol. XXXIII (April, 1962), pp. 291–298。

27. Leo Lowenthal and Norbert Guterman: *Prophets of Deceit* (New York, 1949), pp. 109–110; the quotations are from Gerald L. K. Smith and Charles B. Hudson.

28. On Winrod, Smith, Norris and McIntire, see Roy: op. cit., *passim*; Carter: op. cit., chapter 4; Miller: op. cit., chapter 11; McLoughlin: *Billy Sunday*, pp. 290, 310. 关于原教旨主义与约翰·伯奇协会，见 *The New York Times*,

April 23 and October 29, 1961; Tris Coffin: "The Yahoo Returns," *New Leader*, April 17, 1961。

29. McLoughlin: *Billy Sunday*, p. 281.

30. 据笔者所知，关于普遍偏见思想最有趣的研究出自 E. L. Hartley 的作品，他让大学生根据自己的接受程度对不同国家和种族评级。他的列表上有三个虚构的族群：达尼埃尔人、皮仑人和瓦隆人。对真实种族所表达的偏见和对这些虚构种族的偏见之间呈现出高度的关联性，表明了一种准备对任何事物做出某种敌意反应的心态。E. L. Hartley: *Problems in Prejudice* (New York, 1946). 关于宗教正统与不宽容的各类表现形式之间的关系，见 Samuel A. Stouffer: *Communism, Conformity, and Civil Liberties* (New York, 1955), pp. 140–155; 及 T. A. Adorno 等：*The Authoritarian Personality* (New York, 1950), chapters 6 and 18。

31. 这些段落主要来自埃利斯的文章，"American Catholics and the Intellectual Life," *Thought*, Vol. XXX(Autumn, 1955), pp. 351–388。如果未特别标明，那么信息及引文均出自该文。天主教作家关于相关问题的评述亦见 Thomas F. O'Dea: *American Catholic Dilemma: An Inquiry Into Intellectual Life* (New York, 1958); 及 Father Walter J. Ong, S. J.: *Frontiers in American Catholicism* (New York, 1957); 非天主教作家的探讨请见 Robert D. Cross: *Liberal Catholicism in America* (Cambridge, Massachusetts, 1958), 该作品详细研究了因为适应美国环境而导致的天主教会内部的某些紧张关系。

32. 正如 Ong 神父 (op. cit., p. 38) 所指出的那样，美国天主教徒几乎不可能理解"（受过教育的法国天主教徒）是如何在 20 世纪培养出这种炽烈的虔诚之情，同时又不学习美国天主教学院和大学特有的护教课程的——巴黎、图卢兹或其他地方的天主教研究院（天主教大学院校）对这种护教课程一无所知。当美国天主教徒发现法国的护教倾向于训练年轻的头脑用天主教的方式对现代问题进行**透彻**思考时，他们顿时如坠云雾中……"

33. 天主教会的移民性质点明了一个问题，它存在于所有移民的信仰中，事实上也存在于所有向上层流动的美国群体中——无论是新教还是天主教，移民还是本土人士。这个问题便是，教育的过程非但没有加强两代人之间的联系，反而成为另一道隔阂，这大大增加了为人父母的辛酸。在一个稳定的社会阶层中,先后入读同一所学校通常可以为父母和孩子提供相一致的经验。但在美国,数百万父母几乎是文盲的孩子上了高中,又有数百万父母只受过中等教育的孩子上了大学,孩子的教育过程对父母来说既是一种指望,也是一种威胁。这使人们更加强烈地想要给教育的质量和范围设置一个所谓的上限。父母通常希望大学赋予自己的孩子社会与职业方面的优势,而不是同时灌输给他们与自己成长的家庭环境太遥远的文化抱负。

34. Robert H. Knapp and H. B. Goodrich: *Origins of American Scientists* (Chicago, 1952), p. 24; Robert H. Knapp and Joseph J. Greenbaum: *The Younger American Scholar: His Collegiate Origins* (Chicago, 1953), p. 99.

35. Harry Sylvester 的文章——"Problems of the Catholic Writer," *Atlantic Monthly*, Vol. CLXXXI (January, 1948), pp.109–113——对这个主题展开了饶有趣味的探讨。

36. 关于"天主教神职人员和普通信徒一样,对思想自由和批判自由持不同寻常的敌意态度,甚至在与教条无关的问题上亦是如此"这个说法的根据,见 Gerhardt Lenski: *The Religious Factor* (New York, 1960), 尤见 p. 278。

第六章 绅士的没落

1. Marshall Smelser: "The Federalist Period as an Age of Passion," *American Quarterly*, Vol. X (Winter, 1958), pp. 391–419.

2. [William Loughton Smith]: *The Pretensions of Thomas Jefferson to the Presidency Examined* (n.p., 1796), Part I, pp. 14–15. 此处并非想说他反对的是"真正的学识和智慧",他反抗的只是低劣或堕落的学识和智慧。史密斯认为杰斐逊是伪哲学家,而不是"真正的"哲学家。他只具备哲学家外在的且更为低级的特征,这意味着在政治上"缺乏稳定性,天性寡断且多变,热衷于空想、疯狂和投机的制度,以及各种其他瑕疵点"。Ibid., p.16. 记得阿德莱·史蒂文森竞选活动的人会发现,上述引文听起来似曾相识。

3. Ibid., pp. 4, 6, 16; Part II, p. 39.

4. 关于对杰斐逊最为糟糕的攻击概要,见 Charles O. Lerche, Jr.:

"Jefferson and the Election of 1800: A Case Study of the Political Smear," *William and Mary Quarterly*, 3rd ser., Vol. V (October, 1948), pp. 467–491。

5. [William Linn]: *Serious Considerations on the Election of a President* (New York, 1800).

6. *Connecticut Courant*, July 12, 1800, quoted in Lerche: op. cit., p. 475.

7. *Address to the Citizens of South Carolina on the Approaching Election of a President and Vice-President of the United States. By a Federal Republican* (Charlestown, 1800), pp. 9, 10, 15.

8. Seth Ames, ed. : *The Life and Works of Fisher Ames* (Boston, 1854), Vol. II , p. 134.

9. *The Lay Preacher*, Milton Ellis, ed. (New York, 1943), p. 174; 该文原发表于 *Port Folio*, Vol. I (1801)。

10. 致 Alexander Hamilton 的一封信，引自 J. C. Hamilton 编: *The Works of Alexander Hamilton* (New York, 1850–1851), Vol. VI , pp. 434–435。Hamilton 本人相信杰斐逊远非彻头彻尾的教条主义者，而是一位顺应时势、投机取巧的政治家。

11. 关于该联盟的性质及其最终分崩离析的收场，见 Sidney E. Mead 见解深入的文章，"American Protestantism during the Revolutionary Epoch," *Church History*, Vol. XII (December, 1953), pp. 279–297。

12. Jonathan Elliot: *Debates* (Philadelphia, 1863), Vol. II , p. 102.

13. Samuel Eliot Morison, ed.: *The Key of Liberty* (Billerica, Mass., 1922). 该作品重刊于 *William and Mary Quarterly*, 3rd ser., Vol. XIII (April, 1956), pp. 202–254, 后段引文来自 pp. 221,222, 226, 231–232。

14. 汉密尔顿学院演讲，1844 年 1 月 23 日，引自 Merle Curti: *American Paradox* (New Brunswick, 1956), p. 20; 参见 pp. 19–24。

15. *Writings*, A. E. Bergh, ed., Vol. VI (Washington, 1907), pp. 257–258, August 10, 1787. 杰斐逊正在为侄子的教育行为提供建议，他最关心的是建立这样一个观点：许多道德哲学的研究都是"浪费时间"。他指出，如果道德行为是科学问题，而不是合理冲动，那么数百万没有受过正规教育的人就会比少数受过正规教育的人更缺乏道德。很明显，上帝并没有让人失去道德意识，实现它只需要非常少量的理性或常识。当然，这是我们耳熟能详的信条。杰斐逊很可能是受到了 Lord Kames 作品的影响。然而人们可能会想，如果道德哲学的研究百无一用，那么为什么杰斐逊会在这个领域做大量阅读？关于这个信条在其思想中产生的问题，见 Adrienne Koch: *The Philosophy of Thomas Jefferson* (New York, 1943), chapter 3。

16. 就像在杰斐逊之后一个世纪布莱恩坦率地说："重大的政治问题归根结底是重大的道德问题。" Paxton Hibben: *The Peerless Leader* (New York, 1929), p. 194.

17. 关于杰克逊式民主与知识分子之间的关系，见 Arthur Schlesinger, Jr.: *The Age of Jackson* (Boston, 1945), 尤见 chapter 29。

18. 关于亚当斯的规划，见 J. R. Richardson: *Messages and Papers of the Presidents* (New York, 1897), Vol. II, pp.865–883, 及 A. Hunter Dupree 的评论: *Science in the Federal Government* (Cambridge, 1957), pp. 39–43; 参见 Samuel Flagg Bemis: *John Quincy Adams and the Union* (New York, 1956), pp. 65–70。

19. 杰克逊派文学引文来自 John William Ward: *Andrew Jackson: Symbol for an Age* (New York, 1955), pp. 31, 49, 52, 53, 68。笔者从 Ward 教授对杰克逊形象描述的杰出研究中获益良多，十分感激。

20. Ward: op. cit., p. 73.

21. *Address of the Republican General Committee of Young Men of the City and County of New York* (New York, 1828), p.41.

22. Ward: op. cit., p. 63.

23. 双方的竞选宣传都缺乏真实性和审慎性，亚当斯从未否定其宣传人员对杰克逊夫妇生活的恶毒中伤。亚当斯似乎相信上述内容真实可考。1831 年，他在日记中写道："杰克逊与其妻公然通奸。"大多数婆罗门阶层人士都无法接受杰克逊当总统。哈佛学院在 1833 年的毕业典礼上授予他荣誉法学博士学位，而亚当斯拒绝参加。"我不会出席，"他写道，"看着我亲爱的哈佛给一个连自己名字都不会拼的野蛮人授予博士学位，让自己颜面扫地。" Bemis: op. cit., p. 250; see also Adams's *Memoirs*, Vol. VIII (Philadelphia, 1876), pp. 546–547. 哈佛学院校长昆西告诉亚当斯，他很清楚"杰克逊完全不配获得文学荣誉"，但在给门罗授予学位后就必须也带上杰克逊，以避免表现出"党派性"。现场，杰克逊似乎迷住了敌对观众。而谣言四起，并且还为剑桥和波士顿的轻信人士普遍认同。在这场使用拉丁语举行的典礼上，杰克逊起身对此回应道："购者自慎；犯罪事实；溯及既往；神怒之日；合众而一；自始至终；大熊星座；暴君下场，皆是如此；毫无二致；愿灵安息。"见 Josiah Quincy 回忆录：*Figures of the Past* (Boston, 1926), pp. 304–307。

24. 参见 Glyndon G. Van Deusen 作品中的形势分析：*Thurlow Weed: Wizard of the Lobby* (Boston, 1947), pp. 42–44；及 Whitney R. Cross: *The Burned-Over District* (Ithaca, 1950), pp. 114–117。

25. Hamlin Garland, ed.: *The Autobiography of Davy Crockett* (New York, 1923), p. 90.

26. Hamlin Garland, ed.: *The Autobiography of Davy Crockett* (New York, 1923), p. 180. 这段笑话的主要幽默之处在于已经获得哈佛学位的安德鲁·杰克逊。克罗克特说，"显贵的大人物，妥妥地来自田纳西。"

27. Quoted in Charles Grier Sellers, Jr.: *James K. Polk, Jacksonian: 1795–1843* (Princeton, 1957), pp. 123–124. 关于土地法案，见上，pp.122–128; James A. Shackford: *David Crockett, the Man and the Legend* (Chapel Hill, 1956), pp. 90–99。

28. *Register of Debates*, 第20届国会，第2次会议, pp. 162–163 (January 5, 1829)。在提出挪用资金用于学院的问题时，克罗克特选择了错误的议题——波尔克已经增加"出售土地的收益只能用于普通学校"这一规定试图安抚他了。

29. 关于克罗克特与东部保守派之间的友善关系及其演讲、自传的来源，最贴切的论述为 Shackford: op. cit., pp. 122–129。

30. Charles Ogle: *The Regal Splendor of the President's Palace* (n.p., 1840), especially p. 28.

31. 关于该竞选及引文，见 Robert G. Gunderson: *The Log-Cabin Campaign* (Lexington, 1957), 尤见 pp. 3, 7, 101–107, 134, 162, 179–186, 201–218。

32. *Memoirs of John A. Dix* (New York, 1883), Vol. I, p. 165.

33. Henry T. Tuckerman: *Life of John Pendleton Kennedy* (New York, 1871), p. 187.

34. "The Action of Congress on the California and Territorial Questions," *North American Review*, Vol. LXXI (July, 1850), pp. 224-264.

35. U. B. Phillips, ed.: *The Correspondence of Robert Toombs, Alexander H. Stephens, and Howell Cobb*, American Historical Association *Annual Report*, 1911, Vol. II, p. 188.

36. Leonard D. White: *The Jacksonians*, p. 27. 关于国会及公职制度的劣化，见 pp. 25-27, 325-332, 343-346, 389-398, 411-420。

37. *An Autobiography* (Boston, 1916) pp. 43-44. 当然，这是在布鲁克斯袭击萨姆纳的著名事件发生后没几年。同年在华盛顿，一名国会议员枪杀了一名服务员，原因是他对一家酒店的餐厅服务感到不满。关于19世纪50年代的国会状况，见 Roy F. Nichols: *The Disruption of American Democracy* (New York, 1948), pp. 2-3, 68, 188-191, 273-276, 284-287, 331-332。关于政府衰败的背景，David Donald 的哈姆斯沃思就任演说最富有趣味："An Excess of Democracy: The American Civil War and the Social Process" (Oxford, 1960)。关于南部政治领导阶层的没落的精良记述有 Clement Eaton: *Freedom of Thought in the Old South* (Durham, 1940), 及 Charles S. Sydnor: *The Development of Southern Sectionalism*, 1819-1848 (Baton Rouge, 1948), 尤见 chapter 12。

38. *Writings*, Bergh, ed., Vol. XI (Washington, 1904), pp. 423-424; 黑体字为笔者所加。

39. 笔者关于行政制度历史所作结论，沿袭了 Leonard D. White 极其宝贵的历史著作：The *Federalists* (New York, 1948), *The Jeffersonians* (New York, 1951), 已经引用过的 *The Jacksonians* 及 *The Republican Era 1869-1901* (New York, 1958)。Paul P. Van Riper 在其 *History of the United States Civil Service* (Evanston, Illinois, 1958), p. 11 中评述道："在美国国家政府的形成时期，它的公职系统是世界上最过硬、当然也是最能杜绝腐败的之一。"

40. John Adams: *Works* (Boston, 1854), Vol. IX, p. 87. 这话并非以完全反对的态度来说的。亚当斯本人并没有提议取缔反对派，以免将"国内一些最有能力、最有影响力的最优秀人物"排除在外。

41. Van Riper 评述道，就党派偏见而言，杰斐逊褫夺了太多公职人员的职务，这足以让人们认为他和国家分赃制度的元凶杰克逊没什么两样。但是，就被任命者的水准和社会类型而言，他与其他领导层人士都没有"对'联邦公职系统属于上层社会的实质'造成任何真正的影响"。Op. cit., p. 23.

42. J. D. Richardson, ed.: *Messages and Papers of the Presidents* (New York, 1897), Vol. Ⅲ, pp. 1011-1012. 一些历史学家指出，杰克逊解聘职位的实际数量并不多。其政府更值得注意之处在于它提出了一套解聘的逻辑依据。在后来的几年里，对分赃制度的沉迷已经严重到侵入政党内部派系的地步。19世纪50年代，布坎南民主党便将皮尔斯民主党驱逐殆尽。

43. 事实上，轮换原则不可能像杰克逊派宣言中所说的那样完全实现。随之出现的便是Leonard D. White所称的"二元体系"，即庇护体系和职业体系同时并存。可谓流水的受庇护职员，铁打的常任核心官员。*The Jacksonians*, pp. 347-362.

第七章　改革者的命运

1. *The New York Times*, October 24, 1868. 巴特勒多年来利用婆罗门阶层对他的仇恨作为政治资本。1884年，一位支持者宣称，他赢得选举是因为"所有势利小人和浅尝辄止者都讨厌他，哈佛学院也不会让他成为法学博士"。H. C. Thomas: *Return of the Democratic Party to Power in 1884* (New York, 1919), p. 139.

2. 正是在这次竞选中，巴特勒在达纳和工人阶级选民之间挑拨离间，指责达纳戴着白色手套。达纳承认，他有时确实戴着白手套、穿着干净的衣服，但他向他的听众——林恩的工人们保证，在他年轻时站在桅杆前当水手的两年间，"我和你们所有人一样，都是脏乎乎的。"Benjamin F. Butler: *Butler's Book* (Boston, 1892), pp. 921-922.

3. Adams to C. M. Gaskell, October 25, 1870, in W. C. Ford, ed.：*Letters of Henry Adams* (Boston, 1930), p. 196.

4. J. R. Lowell to Godkin, December 20, 1871, in Rollo Ogden, ed.：*Life and Letters of Edwin Lawrence Godkin* (New York, 1907), Vol. Ⅱ, p. 87; C. E. Norton to Godkin, November 3, 1871, in Ari Hoogenboom: *Outlawing the Spoils* (Urbana, Illinois, 1961), p. 99.

5. George Haven Putnam: *Memories of a Publisher* (New York, 1915), p. 112.

6. 笔者关于改革者的概述，基于哥伦比亚大学一篇未发表的硕士论文中对 191 人的职业因素所作的分析——James Stuart McLachlan: *The Genteel Reformers: 1865–1884* (1958)。他的结论与 Ari Hoogenboom 对行政制度改革者的分析结论有异曲同工之妙，op. cit., pp. 190-197。参见其论文，"An Analysis of Civil Service Reformers," *The Historian*, Vol. XXIII (November, 1960), pp. 54–78。Paul P. Van Riper 强调了这些改革者早先对废奴主义的共鸣，以及他们对个人自由和政治道德的关注；op. cit., pp. 78–86。

7. *The Education of Henry Adams* (New York: Modern Library edition; 1931), p. 265.

8. Charles Francis Adams: *An Autobiography* (Boston, 1916), p. 190.

9. E. L. Godkin: "The Main Question," *Nation*, Vol. IX (October 14, 1869), p. 308.

10. Adams: *Education*, pp. 261, 296, 320. cf. James Bryce: "Why the Best Men Do Not Go into Politics," *The American Commonwealth* (New York, 1897), Vol. II, chapter 57.

11. *Autobiography*, pp. 15–16.

12. "The Government of our Great Cities," *Nation*, Vol. III (October 18, 1866), pp. 312–313; *North American Review*, Vol. CIII (October, 1866), pp. 413–465; Arthur F. Beringause: *Brooks Adams* (New York, 1955), pp. 60, 67; Barbara M. Solomon: *Ancestors and Immigrants* (Cambridge, Mass., 1956). 关于改革派的看法，见 Geoffrey T. Blodgett 笔触充满悟性的讲述："The Mind of the Boston Mugwump," *Mississippi Valley Historical Review*, Vol. XLVIII (March, 1962), pp. 614–634。

13. Adams to Gaskell, quoted in Ernest Samuels: *The Young Henry Adams* (Cambridge, Mass., 1948), p. 182. 参见 Putnam 的观点："我们希望，随着年轻人带着像耶鲁大学的 William Graham Sumner 教授教给他们的那种经济学历史知识年复一年地从大学毕业，我们能够逐渐确保对公众舆论的更大掌控，并通过领导人的影响力让广大选民了解他们自己的商业利益。" Putnam: op. cit., pp. 42–43.

14. Quoted in Eric Goldman: *Rendezvous with Destiny* (New York, 1952), p. 24. 一位行政制度改革的倡导者指出，在"共和国早期"，从内阁官员到下属职员的所有公职人员"一般都选自名门望族"，并认为行政制度改革将重新引入这个做法。Julius Bing: "Civil Service of the United States," *North American Review*, Vol. CV (October, 1867), pp. 480–481.

15. "The Place of the Independent in Politics," *Writings*, Vol. VI (Cambridge, Mass., 1890), p. 190.

16. 关于独立策略，见 James Russell Lowell: "The Place of the Independent in Politics," pp. 190 ff.; 及 E. McClung Fleming: *R. R. Bowker, Militant Liberal* (New York, 1952), pp. 103–108。

17. 关于这个改革的核心，见 Paul P. Van Riper: op. cit., pp. 83–84。

18. See J. Donald Kingsley: *Representative Bureaucracy: An Interpretation of the British Civil Service* (Yellow Springs, Ohio, 1944), pp. 68–71 and *Passim*.

19. Sir Charles Trevelyan to Dorman B. Eaton, August 20, 1877, in Dorman B. Eaton: *Civil Service in Great Britain: A History of Abuses and Reforms and Their Bearing upon American Politics* (New York, 1880), pp. 430–432.

20. 毫无疑问，许多改革者热切希望林肯给予文人的那种认可能够被恢复，但这样的职位都超出或脱离了行政制度系统。而改革者渴望的是选任而非委任职位，这非常具有典型性。大约有一半的改革派领袖曾经担任过公职，但主要都是选任职位。少数人进了国会，但他们大多数的选任职位都是在州立法机构。McLachlan: op. cit., p. 25.

21. 可想想亨利·亚当斯在1869年4月29日写给小查尔斯·弗朗西斯·亚当斯信中的含义："我给不了你职位。我所认识的政府成员都只算熟人，不算朋友，我想我的任何请求都不会得到共鸣。（大卫·埃姆斯·）威尔斯的影响力和我差不太多。他连自己的职员都保护不了。霍尔法官忙得不可开交，不会去管他同事的事。……" *Letters*, p. 157.

22. 然而，有些人认为社会地位在求职竞争中也应该起到作用。Carl Schurz 曾经提出，"仅仅调查（候选人的）性格、背景、社会地位和一般能力就可以代替正式考试。" Hoogenboom: op. cit., p. 115.

23. *Congressional Globe*, 第40届国会, 第3次会议, p. 265 (January 8, 1869)。这表明，在美国经常被批评为不民主的竞争性行政制度，在英国有时也被抨击为过于民主，并在职位竞争中使贵族处于守势。Kingsley: op.cit.,p.62. 其他人则认为这只会提高绅士阶层的士气和格调。Asa Briggs: *Victorian People* (London, 1954), pp. 116-121, 170-171.

24. *Congressional Globe*, 第 42 届国会, 第 2 次会议, p. 1103 (February 17, 1872)。这种与受过大学训练的人的竞争也让退伍军人组织感到不安。Wallace E. Davies: *Patriotism on Parade* (Cambridge, Mass., 1955), pp. 247, 285-286, 311.

25. *Congressional Globe*, 第 42 届国会, 第 2 次会议, p. 458 (January 18, 1872)。当然，许多本土领导和国会议员一样，因为竞争考试对自己规划的影响而倍感不安。"我想，"波士顿领导 Patrick Macguire 反对马萨诸塞州的一项行政制度法称，"如果我有个孩子想在波士顿的某个部门谋得职位，首先，我必须把他送到哈佛学院。他还必须带着最高的荣誉毕业。我想，现在在那里读书的年轻人，当他们接受的教育足以让自己会使镐斧和铲子时，就可以期待在我们这个大都市里享有辉煌的事业，而其他那些没有机会接受良好教育的人，就只能靠边站，另谋高就了。" Quoted in Lucius B. Swift: *Civil Service Reform* (n.p., 1885), p. 10.

26. *Congressional Globe*, 第 42 届国会, 第 3 次会议, p. 1631 (February 22, 1873)。

27. E. L. Godkin: "The Civil Service Reform Controversy," *North American Review*, Vol. CXXXIV (April, 1882), pp. 382-383.

28. William M. Dickson: "The New Political Machine," *North American Review*, Vol. CXXXIV (January 1, 1882), p. 42.

29. Andrew D. White: "Do the Spoils Belong to the Victor?" *North American Review*, Vol. CXXXIV (February, 1882), p. 129-130.

30. Godkin: "The Civil Service Reform Controversy," p. 393.

31. J. R. Richardson: *Messages and Papers of the Presidents*, Vol. X, pp. 46, 48-49.

32. *Congressional Record*, 第 47 届国会, 第 2 次会议, pp. 207-208 (December 12, 1882).

33. Gail Hamilton: *Biography of James G. Blaine* (Norwich, 1895), p. 491. 关于对文人和政治改革家的粗暴攻击，以及他们对专业政客的傲慢态度，

见参议员 Joseph R. Hawley: *Congressional Record*, 第47届国会, 第2次会议, p. 242 (December 13, 1882)。

34. William L. Riordon: *Plunkitt of Tammany Hall* (1905; ed. New York, 1948), pp. 60–61. 这里让人想起了喜人的布鲁克林民主党领袖 Peter Mcguinness 的策略。20 世纪 20 年代初,Mcguinness 的选区领导地位受到一名大学毕业生的挑战。这名毕业生坚持认为,社区应该由一个有文化、有修养的人领导。Mcguinness 对这个新来者采取的态度"是政治策略专家们最喜欢的一种态度。在随后的集会上,他默不作声地站了一会儿,低头瞪着一群穿衬衫的工人和戴胡佛围裙的家庭主妇,直到引起他们的注意。然后他吼道:'所有上过耶鲁或康奈尔的人请举起右手。……耶鲁和康奈尔的可以投票给他。剩下的人都投我一票。'"Richard Rovere: "The Big Hello," see *The American Establishment* (New York, 1962), p. 36.

35. Ibid., p.10.

36. 一封致 *The New York Times* 的信 , June 17, 1880, 引自 R. R. Bowker: *Nation*, Vol. XXXI (July 1, 1880), p. 10。

37. *Congressional Record*, 第 49 届国会 , 第 1 次会议 , p. 2786 (March 26, 1886)。"他们有两种公认的功能,"这位参议员在谈到第三性别时说,"他们用假声演唱,而且常常被选为东方帝王的后宫侍卫。"

38. Matthew Josephson: *The Politicos* (New York, 1938), p. 163. 康克林的话让人想起了那些反对经济改革者的商人,他们将后者称为"慈善家、教授和女百万富翁"。Edward C. Kirkland: *Dream and Thought in the Business Community* (Ithaca, 1956), p. 26.

39. Alfred R. Conkling: *Life and Letters of Roscoe Conkling* (New York, 1889), pp. 540–541; 关于该事件的完整叙述 , 见 pp. 538–549。

40. 亦见 1877 年 10 月 6 日埃尔迈拉的《广告主》(*Advertiser*) 报对柯蒂斯的攻击, 在 Thomas Collier Platt 的 *Autobiography* (New York, 1910), pp. 93–95 中有所记述:这里,"一个名叫柯蒂斯的聪明男孩,他像女孩一样把头发从中间分开",他生活在一个完全女性化的环境中,和一个名叫康克林的阳刚红发男性发生了冲突,康克林打了他,这让柯蒂斯的未婚姑姑和所有的女性邻居都感到愤慨。

41. Horace Bushnell: *Women's Suffrage: the Reform against Nature* (New

York, 1869), pp. 135-136. 参见 p. 56:"要求蓄胡子都不能算多违反天性。"

42. 参见 Bushnell:"我们也知道,当女性一旦心甘情愿地做出让步时,她们往往会表现出一种奇怪的堕落和道德沦丧的能力。男性的堕落是沦落——往下走很容易——而女性的堕落是仓促。或许部分原因在于,人们对女性的期望更多,更期望在女性半基督化的从属状态下找到真理和牺牲之意,而不是在前瞻性的、一意孤行的男性领导状态中找到它们。" Ibid., p.142.

43. *The Bostonians* (1886; ed. London, 1952), p. 289.

44. *An Autobiography* (New York, 1920), pp. 86-87.

45. Henry F. Pringle: *Theodore Roosevelt* (New York, 1931), pp. 65-67.

46. 此处及下文关于罗斯福的媒体评论均摘自1947年哥伦比亚大学的两篇硕士论文中的大量引文,并以对罗斯福剪贴簿的研究查核作为基础——Anne de la Vergne: *The Public Reputation of Theodore Roosevelt, 1881-1897*, pp. 9-16, 45-46; 及 Richard D. Heffner: *The Public Reputation of Theodore Roosevelt: The New Nationalism, 1890-1901*, pp. 21-24, 41-45, 53-54。

47. *Harvard Crimson*, November 10, 1894; 尤见"The Manly Virtues and Practical Politics" (1894) 及 "The College Graduate and Public Life" (1894),引文均出自上述文章,见 *American Ideals* (New York, 1897), pp. 51-77。

第八章　专家的崛起

1. 欲了解当时的真实情况,见 John Reed 记述的对布莱恩的访谈: *Collier's*, Vol. LVII (May 20, 1916), pp. 11 ff。

2. Merle Curti and Vernon Carstensen: *The University of Wisconsin* (Madison, 1949), Vol. I, p. 632. 这本书对威斯康星大学在"威斯康星理念"中的作用进行了全面的阐述。

3. F. J. Turner: "Pioneer Ideals and the State University",此为1910年在印第安纳大学毕业典礼上的演讲,重印于 *The Frontier in American History* (New York, 1920), pp. 285-286; 黑体字为自加。

4. Charles McCarthy: *The Wisconsin Idea* (New York, 1912), pp. 228-229.

5. 关于范·海斯时期的政治紧张关系,见 Curti 及 Carstensen: op. cit.,

Vol. Ⅱ，尤见 pp. 4, 10–11, 19–21, 26, 40–41, 87–90, 97, 100–107, 550–552, 587–592。

6. John R. Commons: *Myself* (New York, 1934), p. 110. 参见麦卡锡："一般情况下，教授们要等到被询问到时才敢对公共问题发表意见。"Op. cit., p. 137；关于参与州务的大学人士名单，见 pp. 313–317。

7. *Autobiography* (Madison, Wisconsin, 1913), p. 32；关于他对大学人士的起用，见 pp. 26, 30–31, 310–311, 348–350。

8. Robert S. Maxwell: *Emanuel L. Philipp: Wisconsin Stalwart* (Madison, Wisconsin, 1959), chapters 7 and 8，especially pp. 74, 76–79, 82, 91, 92, 96–104.《国家》从对该大学的攻击中认识到了关于美国反智主义的令人沮丧的教训。"人民和教授之间，"它哀叹道，"自阿里斯托芬时代起，就横亘着一条误解和无知的鸿沟无法弥合。""Demos and the Professor," Vol. C (May 27, 1915), p. 596.

9. J. F. A. Pyre: *Wisconsin* (New York, 1920), pp. 347–351, 364–365.

10. *The Wisconsin Idea*, pp. 188–189; cf. p. 138. 在实用主义的发展和对老一辈学者的反叛的背景下，可以透彻理解麦卡锡的观点：Morton G. White: *Social Thought in America: The Revolt against Formalism* (New York, 1949)。

11. *Movers and Shakers* (New York, 1936), p. 39.

12. B.P.: "College Professors and the Public," *Atlantic Monthly*, Vol. LXXXIX (February, 1902), pp. 284–285.

13. Joseph Lee: "Democracy and the Expert," *Atlantic Monthly*, Vol. CII (November, 1908), pp. 611–620.

14. 例如，芝加哥包装商 Thomas E. Wilson 在 1906 年向国会委员会申诉："我们反对的，以及我们呼吁你们抗击的是这样一项法案，它将把我们的事业交到理论家、化学家、社会学家等人手中，同时剥夺那些毕生致力于建设、完善这个伟大美国产业的人的管理和控制权。"为了避免大家认为 Wilson 是在反对将包装产业国有化的提议，应该解释一下，他是在反对一项关于纯食品和药品的措施。众议院农业委员会，第 59 届国会，第 1 次会议，*Hearings on the So-Called "Beveridge Amendment,"* (Washington, 1906), p. 5。关于专家在食品药品管制斗争中的实际作用，见

Oscar E. Anderson, Jr. 为 Harvey W. Wiley 所立传记：*The Health of a Nation* (Chicago, 1958)。

15. "Literary Men and Public Affairs," *North American Review*, Vol. CLXXXIX (April, 1909), p. 536.

16. Quoted by Paul P. Van Riper: *History of United States Civil Service*, p. 206; cf. pp. 189–207, and John Blum: "The Presidential Leadership of Theodore Roosevelt," *Michigan Alumnus Quarterly Review*, Vol. LXV (December, 1958), pp.1–9.

17. 参见 1908 年的一封著名信件："我就是无法让自己对那些非常富有的人采取尊敬的态度，虽然很多人显然都抱有这样的心态。我很乐意对皮尔庞特·摩根（Pierpont Morgan）、安德鲁·卡内基或詹姆斯·希尔表示恭敬，但如果说，要对其中的任何一位抱以与对——比如说——Bury 教授、北极探险者 Peary、海军上将 Evans、历史学家 Rhodes、大型猎物猎手 Selous 同样的态度……真怪了，就算我想，我也没办法硬让自己这么做，更何况我也不想。" Elting Morison, ed.: *The Letters of Theodore Roosevelt*, Vol. VI (Cambridge, 1952), p. 1002.

18. *Works*, Memorial Ed., Vol. XIV, p. 128; *Outlook* (November 8, 1913), p. 527; *Works*, Vol. XVI, p. 484; 参见其他类似含义的说法：*Outlook* (April 23, 1910), p. 880; 演说, October 11, 1897, 见 *Two Hundredth Anniversary of the Old Dutch Reformed Church of Sleepy Hollow* (New York, 1898); *Works*, Vol. XVII, p. 3; XII, p. 623。

19. Arthur Link: *Wilson: The New Freedom* (Princeton, 1956), p. 63; 参见 Link 关于威尔逊思想的探讨, pp. 62–70。

20. *A Crossroads of Freedom: The 1912 Campaign Speeches of Woodrow Wilson*, John W. Davidson, ed. (New Haven, 1956) pp. 83–84. 威尔逊关于专家的观点似乎在某种程度上受到了专家在关税争议中所扮演角色的影响，也受到了西奥多·罗斯福执政时关于纯净食品工作的斗争的影响。Ibid., pp. 113, 160–161; 对专家的评述亦见 *The New Democracy: Presidential Messages, Addresses, and Other Papers*, R. S. Baker 及 W. E. Dodd 编, Vol. I (New York, 1926), pp. 10, 16。

21. 在 David F. Houston 担任部长的农业部就是如此，他曾经任华盛顿大学校长，时任得克萨斯大学校长，威尔逊根据豪斯的建议对他予以任命。在其任期内，市场和分配问题得到了比以前更大的关注，农业部成了吸引有能力的农业经济学家的磁石。

关于进步时期政府中专家意见增长的建设性信息，见 Leonard D. White: "Public Administration," *Recent Social Trends in the United States* (New York, 1934), Vol. II, pp. 1414 ff。

应该补充的是，威尔逊坚持着从学者和文人中任命外交人员这个悠久传统。他向哈佛大学校长 Charles William Eliot 两度提出任命，但都遭到拒绝。他曾经派国际事务专家 Paul Reinsch 教授去中国，派 Walter Hines Page（一次不走运的选择）去英国，派 Thomas Nelson Page（一次在政治层面非常适时的任命）去意大利，派普林斯顿杰出超凡的 Henry Van Dyke 去荷兰，还派 Brand Whitlock 去比利时。威尔逊任命的大使水平总体上是令人满意的，但因为布莱恩突然袭击了约翰·海伊、罗斯福和塔夫脱建立起来的有能力的专业外交使团，威尔逊这些任命带来的一切都烟消云散。布莱恩还为"值得褒奖的民主党人"的利益而对这些公使任职进行突击，而威尔逊也对此表示支持，这被 Arthur Link 形容为"20 世纪外交部门最道德败坏的行为"。*Wilson: The New Freedom*, p. 106.

22. Link: *Wilson: The New Freedom*, chapter 8. 关于这个观点的经典表述，见 Walter Lippmann 的 *Drift and Mastery*, especially chapter 7。

23. "Presidential Complacency," *New Republic*, Vol. I (November 21, 1914), p. 7; "The Other-Worldliness of Wilson," *New Republic*, Vol. II (March 27, 1915), p. 195. Charles Forcey 的 *The Crossroads of Liberalism, Croly, Weyl, Lippmann and the Progressive Era, 1900-1925* (New York, 1961) 为《新共和》团体与罗斯福、威尔逊之间的关系提供了颇具启发性的探讨。关于"新自由"在 1914 年似乎陷入的僵局和自由派知识分子的挫败，见 Arthur Link: *Woodrow Wilson*, 及其 *The Progressive Era, 1910–1917* (New York, 1954), especially pp. 66–80。

24. Gordon Hall Gerould: "The Professor and the Wide, Wide World," *Scribner's*, Vol. LXV (April, 1919), p. 466. Gerould 认为，在这段经历之后，对待教授们的态度再也不可能是趾高气扬的了。"教授，"另一个人写道，"……以博学著称，而令所有人倍感惊讶的是，他们原来如此**富于才**

智。""The Demobilized Professor," *Atlantic Monthly*, Vol. CXXIII (April, 1919), p. 539. Paul Van Dyke 相信，大学人士在战争期间成功地表现出了其阳刚、务实，而非软弱或无能。"The College Man in Action," *Scribner's*, Vol. LXV (May, 1919), pp. 560–563. 该文观点与西奥多·罗斯福先前言论之间的对比很有启发意义。

25. 关于研究团及其人员，见其领头人 Sidney E. Mezes 的文章，发表于 E. M. House 及 Charles Seymour 编：*What Really Happened at Paris* (New York, 1921); *Papers Relating to the Foreign Relations of the United States*, 1919, Vol. I, *The Paris Peace Conference* (Washington, 1942); J. T. Shotwell: *At the Paris Peace Conference*, pp. 15–16。关于战争期间对科学的动员，见 A. Hunter Dupree: *Science in the Federal Government*, chapter 16。

26. 这篇知名演讲的字里行间都是反智主义的陈词滥调，尽管很难想象它在当时会有多大的影响力，但它必须被视为反智主义演讲的一个里程碑："……小部分政客被一群爱讲理论、偏执且极其不切实际的知识分子镀上了一层金，这些人还胡编乱造行话术语，简直恶劣至极。……他们吸引了反传统者、怪胎、堕落者……对阳光下的一切都要指指点点的写文章的人……还有为数不少的社会主义者。……什么都要挖掘一番。……拥有 X 射线般眼力的心理学家把不同颜色的手帕扔在桌子上，撒出半品脱菜豆，用阴沉的语气问你 Walter Raleigh 死于什么疾病，要求你在不数数的情况下说出有多少豆荚。你的记忆、感知能力、专注力和其他精神上的杂念都被贴上了标签；你被分门别类，以供将来参考。我在那个时代见过那些心理学家，还和他们打过交道。如果他们被撒到森林里或土豆地里，他们都不会有足够的意识去杀死一只兔子或挖一个土豆来让自己免于饥饿的痛苦。这是一个由教授和知识分子组成的政府。我再说一遍，知识分子安于他们自己的位置便足够好，而一个由教授管理的国家最终注定要走向布尔什维克主义并爆发混乱。"《国会记录》，第 65 届国会，第 2 次会议，pp. 9875, 9877 (September 3, 1918)。

27. Walter Johnson, ed.: *Selected Letters of William Allen White* (New York, 1947), pp. 199–200, 208, 213.

28. Forcey: op. cit., pp. 292, 301.

29. 正如 Paul P. Van Riper 所指出的，这导致了某种影响新政策的特权,他称之为"意识形态庇护"。Op. cit., pp. 324-328.

30. 塔格韦尔的名声及其在新政中的作用在 Bernard Sternsher 未发表的博士论文中得到了充分的阐释:*Rexford Guy Tugwell and the New Deal*, Boston University, 1957。关于其任职的争议极有启发性:《国会记录》,第 73 次国会,第 2 次会议, pp. 11156-11160, 11334-11342, 11427-11462 (June 12, 13, 14, 1934)。亦见 Arthur Schlesinger, Jr.: *The Coming of the New Deal* (Boston, 1958), chapter 21; James A. Farley: *Behind the Ballots* (New York, 1938), pp. 219-220; H. L. Mencken: "Three Years of Dr. Roosevelt," *American Mercury* (March, 1936), p. 264。欲对新政的专家地位有更深入的了解,见 Richard S. Kirkendall 未发表的博士论文:*The New Deal Professors and the Politics of Agriculture*, University of Wisconsin, 1958。

31. *Literary Digest*, Vol. CXV (June 3, 1933), p. 8. 事实上,智囊团作为一个明确的组织是为 1932 年的竞选而成立的,竞选结束后便不复存在。笔者按照当代人的词语用法,对其采取了一种较为模糊的探讨方式。

32. 关于教授们的提议是如何为商业势力在某个领域内所削弱,欲知详情,请参见先前引用过的 Kirkendall 的作品。

33. H. L. Mencken: "The New Deal Mentality," *American Mercury*, Vol. XXXVIII (May, 1936), p. 4.

34. Samuel G. Blythe: "Kaleidoscope," *Saturday Evening Post*, Vol. CCVI (September 2, 1933), p. 7; Blythe: "Progress on the Potomac," *Saturday Evening Post*, December 2, 1933, p. 10; editiorials, *Saturday Evening Post*, December 9, 1933, p. 22, 及 April 7, 1934, pp. 24-25; William V. Hodges: "Realities Are Coming," *Saturday Evening Post*, April 21, 1934, p. 5. See also Margaret Culkin Banning: "Amateur Year," *Saturday Evening Post*, April 28, 1934; Katherine Dayton: "Capitol Punishments," *Saturday Evening Post*, December 23, 1933.

35. "Issues and Men, the Idealist Comes to the Front," *Nation*, Vol. CXXXVII (October 4, 1933), p. 371. 相同观点参见 *New Republic*: "The Brain Trust" (June 7, 1933),pp. 85-86。

36. Jonathan Mitchell: "Don't Shoot the Professors! Why the Government Needs Them," *Harper's*, Vol. CLXVIII (May, 1934), pp. 743, 749.

37. Samuel I. Rosenman: *Working with Roosevelt* (New York, 1952), p. 57.

38. 后续几段中的信息及所引用内容（摘自社论文章和写给报纸的信件），笔者均参考自 George A. Hage 令人受益匪浅的未发表研究：*Anti-intellectualism in Newspaper Comment on the Elections of 1828 and 1952*, University of Minnesota doctoral dissertation, 1958; 可参见同一作者的 "Anti-intellectualism in Press Comment——1828 and 1952," *Journalism Quarterly*, Vol. XXXVI (Fall, 1959), pp. 439–446。

39. *The New York Times*, November 3, 1960.

第九章　商业与智识

1. "The Businessman in Fiction," *Fortune*, Vol. XXXVIII (November, 1948), pp. 134–148.

2. Mabel Newcomer: *The Big Business Executive* (New York, 1955), p. 7; 关于主管声誉的衰败，见 p. 131。

3. Warren G. Harding: "Business Sense in Government," *Nation's Business*, Vol. VIII (November, 1920), p. 13. 柯立芝这句名言引自 1923 年 12 月美国报刊编辑协会会议上的演讲，见 William Allen White: *A Puritan in Babylon* (New York, 1938), p. 253。

4. Edward Kirkland: *Dream and Thought in the Business Community, 1860–1900* (Ithaca, New York, 1956), pp. 81–82, 87.

5. "乘船来到此处的，"爱默生认为，"并非一群没什么差别的欧洲人。大西洋是个筛子，从中通过的仅仅或主要是每个城市、每个氏族、每个家庭中热衷自由、敢于冒险、感觉敏锐、**热爱美国**的那部分人。来的是肤白目蓝的欧洲人，留下的则是黑眼的欧洲人中的欧洲人。" *Journals* (1851; Boston, Riverside ed., 1912), Vol. VIII, p. 226.

6. 参见 Thomas Paine 在 *The Rights of Man* 中所述："从美国在各种改进方面所取得的迅速进步，我们可以合理地得出这样的结论：如果亚洲、非洲和欧洲的各国政府一开始就遵循与美国类似的原则，或者没有过早地因此堕落，那么这些国家此时的境况一定会更加优越，而且优越得多。" *Writings*, Moncure D. Conway, ed (New York, 1894), Vol. II, p. 402.

7. Arthur A. Ekirch: *The Idea of Progress in America, 1815–1860* (New York, 1944), p. 126. 笔者参考了其中第四章，它记录了美国人对技术的信

仰，尽管笔者觉得作者把它简单地说成是对科学的信仰有点错误，因为它主要涉及的是应用科学。整部作品对南北战争前美国人心态的探讨很有启发性。

8. *Writings*, (Boston, 1906), Vol. Ⅵ, p. 210 (February 27, 1853).

9. Ekirch: op. cit., p. 175.

10. Kirkland: op. cit., pp. 86, 106; Irvin G. Wyllie: *The Self-Made Man in America* (New Brunswick, New Jersey,1954), p. 104. 福特对于其言论的诠释极有启发意义："我并非说它是胡扯。对我来说，它才是胡扯……我压根儿不需要它。" Allan Nevins: *Ford: Expansion and Challenge, 1915–1933* (New York, 1957), p. 138.

11. *The Ordeal of Mark Twain* (New York, 1920), pp. 146–147.

12. Emory Holloway and Vemolian Schwarz, ed.：*I Sit and Look Out: Editorials from the Brooklyn Daily Times* (New York, 1932), p. 133.

13. *A Connecticut Yankee* (1889; Pocket Book ed., 1948), p. 56.

14. 在与 Dan Beard 探讨这本书的插画时，他说："你知道，我的这个美国佬既没有大学教育的那种文雅，也没有那种软弱；他是一个完全无知的人；他是一家机械车间的老板；他会造火车头或柯尔特式左轮手枪，会架设和运行电报线路，但他就是一个无知的人。" Gladys Carmen Bellamy: *Mark Twain as a Literary Artist* (Norman, Oklahoma, 1950), p. 314.

15. *The Innocents Abroad* (1869; New York ed., 1906), pp. 325–326.

16. Smyth, ed.：*Writings* (New York, 1905–1907), Vol. Ⅱ, p. 228.

17. Burton J. Hendrick: *The Life of Andrew Carnegie* (New York, 1932), Vol. I, pp. 146–147. 可以与此对比的是，美国商人经常对希望攒够钱尽快退休的欧洲商人表示出惊讶态度。 Francis X. Sutton et al.：*The American Business Creed* (Cambridge, Mass., 1956), p. 102.

18. 在研究 Freeman Hunt 的 *Worth and Wealth: A Collection of Maxims, Morals, and Miscellanies for Merchants and Men of Business* (New York, 1856) 中对商人的种种刻画时，优良商人身上的广泛品质以及三种美德的共存给笔者留下了深刻印象。第一种是典型的清教徒美德，与个人的发展和纪律有关，可以用**雄心勃勃**、**勤俭**、**节约**、**勤劳**、**不屈不挠**、**纪律严明**、**有远见**、**勤奋**、**简单**来表达。第二种是商业－贵族美德，与商业和社会的提升有关，表现为正直、**慷慨**、高尚、文明、人道、仁慈、诚实、负责、自由、文雅、绅士、温和。第三种品质几乎可以被认为是任何事业上的绝对优良品质：清晰、明确、果断、细心、专注、活泼、坚定。

19. *The Merchants' Magazine and Commercial Review*, Vol. I (July, 1839), pp. 1–3; 从 1850 年到 1860 年，杂志名改为 *Hunt's Merchants' Magazine*。更多有关内容，见 Vol. I, pp. 200–202, 289–302, 303–314, 399–413。Jerome Thomases 在其 "Freeman Hunt's America," *Mississippi Valley Historical Review*, Vol. XXX (December, 1943), pp. 395–407 中试图评估该杂志巨大的影响力。他论及了笔者所强调的主题，但也指出该杂志大力宣扬工作、实用和自力更生的原则。到 1850 年，在纽约，"银行家、资本家、经纪人、商业律师、铁路投机者和制造商都称自己为商人"，这似乎是一个重要的标志，表明商人确立了自己的理想地位。Philip S. Foner: *Business and Slavery* (Chapel Hill, 1941), p. vii.

20. Sigmund Diamond 曾经观察到，在 19 世纪早期，社会对企业家的评价通常是基于他对财富的个人使用，无论是慈善还是经济用途。到了 20 世纪，人们更普遍地把商业事业看作一个体系，而不是以它在慈善方面的附带结果来评价它。*The Reputation of the American Businessman* (Cambridge, Mass., 1955), pp. 178–179.

21. *Letters and Social Aims* (Riverside ed.), p. 201. 关于福布斯更多趣味杂闻，见 Thomas C. Cochran: *Railroad Leaders, 1845–1890* (Cambridge, Mass., 1953)。

22. Quoted by Allan Nevins in the Introduction to *The Diary of Philip Hone* (New York, 1936), p. x.

23. *Democracy in America*, (1835; New York, 1898), Vol. I, p. 66.

24. *Civilized America* (London, 1859), Vol. II, p. 320; 但亦见该作者在同一段中表达的疑虑。

25. *Hunt's Merchants' Magazine*, Vol. LXIII, pp. 401–403. 商业杂志的文化史或许能给我们一些启发。*Hunt's Merchants' Magazine* 第一期的首篇文章题目为 "Commerce as Connected with the Progress of Civilization," Vol. I (July, 1839), pp. 3–20; 作者是 Daniel D. Barnard, 他是奥尔巴尼的一名律师和政治家，也撰写过历史宣传册，后来成为驻普鲁士公使。Barnard 的文

章论述了"不断增长、拓展的商业蕴含的人性化优势"。参见 Philip Hone: "Commerce and Commercial Character," Vol. VI (February, 1841), pp. 129-146。可以肯定的是，本期杂志的另一位作家提到了"一种在当今商业阶层中非常普遍的观点，那就是商业和文学是针锋相对、水火不容的；追求其中一种的人必须完全放弃追求另一种"，而该作者也宣称他打算驳斥这个观点，并相信"更自由的观点……正在公众心中迅速成长"。"Commerce and Literature," Vol. I (December, 1839), p. 537. 这种信心似乎很难从 *Hunt's Merchants' Magazine* 自身文化发展的趋势中得到证明——该杂志所提供的资料在 19 世纪 50 年代变得越来越空泛。但毫无疑问，我们必须小心谨慎，不要轻易地从这些证据中推论商人的文化旨趣正呈下降趋势。然而，对这些充当着商人角色的人来说，文化旨趣似乎不再那么关键了——这似乎是事实；以商业对文明的影响作为理由捍卫商业，似乎也不再那么重要了。

26. Francis X. Sutton 等人在他们的 *The American Business Creed* 这个研究中发现物质生产力是最为重要的主题；见 chapter 2 及 pp. 255-256. 商业所提升的非物质价值在于"服务"、个人机遇以及政治、经济自由的价值。某些商人倾向认为，成功足以充当或多或少忽视"自我完善"的理由。出处同上，p. 276. 小商人虽然对自由和民主表现出某种特殊的所有欲望，同时还对大型商业心怀不满，但是他们似乎已经接受了商业普遍强调物质生产力的态度，并将之作为证明商业合理性的核心依据。John H. Bunzel: *The American Small Businessman* (New York, 1962), chapter 3.

27. Edward C. Kirkland: *Dream and Thought in the Business Community, 1860-1900*, pp. 164-165. 这种保守的经济唯物主义在今天与落后国家为独裁统治辩护的激进主义者的思想有着奇怪的相似之处。他们认为，只要战胜贫穷、苦难和粗鄙，政治自由和文化发展的裨益很快就会随之而来。

第十章 自立与励志技术

1. 关于现期美国历史上社会流动的大量文献的概述与评价，可参阅 Bernard Barber: *Social Stratification* (New York, 1957), chapter 16; Joseph A. Kahl: *The American Class Structure* (New York, 1957), chapter 9; Seymour M. Lipset 及 Reinhard Bendix: *Social Mobility in Industrial Society* (Berkeley,

1959), chapter 3。

2. Freeman Hunt: *Worth and Wealth* (New York, 1856), pp. 350–351. 就在数年前，伦敦《每日新闻》(*Daily News*) 发表评论说："现在，百万富翁不必再为自己发家致富而感到羞耻了。如今，暴发户这几个字应该被当作荣耀的赞美之词。" Sigmund Diamond: *The Reputation of the American Businessman* (Cambridge, Mass., 1955), p. 2.

3. Daniel Mallory, ed.: *The Life and Speeches of the Hon. Henry Clay* (New York, 1844), Vol. II, p. 31.

4. Wyllie: *The Self-Made Man in America* (New Brunswick, New Jersey, 1954), chapters 3 and 4.

5. Ibid., pp. 35–36.

6. Anon.: "Why I Never Hire Brilliant Men," *American Magazine*, Vol. XCVII (February, 1924), pp. 12, 118, 122.

7. Charles F. Thwing: "College Training and the Business Man," *North American Review*, Vol. CLXVII (October,1903), p. 599.

8. 关于对教育的态度，参见 Wyllie: op. cit., chapter 6; Kirkland: *Dream and Thought in the Business Community*, 1860–1900 (Ithaca, New York, 1956), chapters 3 and 4; Merle Curti: *The Social Ideas of American Educators* (New York, 1935), chapter 6。

9. Kirkland: op. cit., pp. 69–70.

10. Ibid., p. 101.

11. W. A. Croffut: *The Vanderbilts and the Story of Their Fortune* (Chicago and New York, 1886), pp. 137–138.

12. Burton J. Hendrick: *The Life of Andrew Carnegie* (New York, 1932), Vol. I, p. 60.

13. *The Empire of Business* (New York, 1902), p. 113.

14. Wyllie: op. cit., pp. 96–104.

15. *The Empire of Business*, pp. 79–81; cf. pp. 145–147.

16. Kirkland: op. cit., pp. 93–94.

17. Wyllie: op. cit., p. 113; 关于 1890 年之后商界对教育态度变化的一段精练描述，见 pp. 107–115。

18. Frances W. Gregory and Irene D. Neu:: "The American Industrial Elite in the 1870's: Their Social Origins," in William Miller, ed.: Men in Business (Cambridge, Mass., 1952), p. 203. 19世纪70年代与20世纪第一个十年间两代人数据的对比，见 William Miller in "American Historians and the Business Elite," *The Journal of Economic History*, Vol. IX (November, 1949), pp. 184–208。19世纪70年代，37%的主管接受过某种程度的大学教育；到1901—1910年间，这个数字上升到41%。关于官僚商业职业的兴起，见 Miller's essay: "The Business Elite in Business Bureaucracies," in *Men in Business*, pp. 286–305。

19. Mabel Newcomer: *The Big Business Executive* (New York, 1955), p. 69. 1950年，作者得出以下结论 (p. 77)，"人们普遍认为，学院文凭是在大企业取得成功的通行证，即使大学毕业生最先可能要从体力劳动干起。"

Joseph A. Kahl 在他的 *The American Class Structure*, p. 93 中的评论发人深省，"如果我们想用一种极其简单的方法来取代马克思关于如何划分当代美国阶级差异的理论，那么答案就是：拥有一个大学学位。"

为了对自立自强者的成功理想表现出某种仪式感上的忠诚，老板有时仍会让一名显然会成为高管的新员工从一系列次要岗位迅速晋升，并美其名曰下基层学习业务。此类操作尤其适用于高层管理人员的儿子或女婿。

20. William H. Whyte, Jr.: *The Organization Man* (Anchor ed., 1956), p. 88.

21. Thorstein Veblen: *The Higher Learning in America* (New York, 1918), p. 204; Abraham Flexner: *Universities:American, English, German* (New York, 1930), pp. 162–172.

22. Peter F. Drucker: "The Graduate Business School," Fortune, Vol. XLII (August, 1950), p. 116. 关于这些院校及其问题的概述，参见 L. C. Marshall 编：*The Collegiate School of Business* (Chicago, 1928)，以及 Frank C. Pierson et. al.: *The Education of American Businessmen: A Study of University-College Programs in Business Administration* (New York, 1959)。

23. Ibid., pp. 150, 152, 227–228, 233, 235 and chapter 16 *passim*.

24. *A Guide to Confident Living* (New York, 1948), p. 55.

25. Ibid., pp. viii, 14, 108, 148, 165.

26. "Religious Realism in the Twentieth Century," in D. C. Macintosh, ed.: *Religious Realism* (New York, 1931), pp.425–426.

27. *Popular Religion: Inspirational Books in America* (Chicago, 1958), pp. 4–16; 此段中引用部分可参见 pp. 1, 6, 7, 44, 51n., 58, 61n., 63, 90, 91n., 106, 107。

28. *A Guide to Confident Living*, pp. 46, 55.

29. *Handbook of the New Thought* (New York, 1917), pp. 122–123.

30. 此段以及后续段落中引用部分，可参见 *The Return to Religion* (1936; Pocket Book ed., 1943), pp. 9, 12, 14, 17, 19, 35, 44–45, 54–61, 67, 69, 71, 73, 78–79, 115–116, 147–149, 157。

第十一章　主题的变奏

1. John Taylor: *Arator* (Georgetown, 1813), pp. 76–77; Alexis de Tocqueville: *Democracy in America* (New York, 1945), Vol. II, p. 157; 笔者曾经尝试在《改革时代》第二章中对美国农业中的商业元素进行评估。

2. 关于农业刊物的数量，参见 Albert L. Demaree: *The American Agricultural Press*, 1819–1860 (New York, 1941), pp. 17–19; 关于书籍及期刊，参见 Paul W. Gates: *The Farmer's Age: Agriculture*, 1815–1860 (New York, 1960), pp. 343, 356。

3. 关于乡村博览会这个方面，参见 Gates: op. cit., pp. 312–315; cf. W. C. Neely: *The Agricultural Fair* (New York,1935), pp. 30, 35, 42–45, 71, 183; P. W. Bidwell and J. I. Falconer: *History of Agriculture in the Northern United States* (Washington, 1925), pp. 186–193。

4. Carl Van Doren: *Benjamin Franklin* (New York, 1938), p. 178; Bidwell 及 Falconer: op. cit., p. 119; Avery O. Craven: *Edmund Ruffin, Southerner* (New York, 1932), p. 58; Harry J. Carman, ed.: *Jesse Buel: Agricultural Reformer* (New York, 1947), p. 10; Demaree: op. cit., p. 38; James F. W. Johnston: *Notes on North America: Agricultural, Economic, and Social* (Edinburgh, 1851), Vol. II, p. 281.

5. Demaree: op. cit., pp. 4–6, 10, 48–49. 关于不经济的耕作，参见 Gates: op. cit., 其中罗列了关于地区及种族必要的限定条件。

6. Richard Bardolph: *Agricultural Literature and the Early Illinois Farmer* (Urbana, Illinois, 1948), p. 14; cf. pp. 13, 103.

7. Carman: op. cit., pp. 249–250. 相关评论参见一篇很有指导意义的文章 pp. 234–254, 及 Buel 的论述 "On the Necessity and Means of Improving Our Husbandry," pp. 8–21。

8. Carman: op. cit., p. 53. 关于另一位编辑就从业农民极端实用性倾向给出的温和回复，见："An Apology for 'Book Farmers,'" *Farmer's Register*, Vol. Ⅱ. (June, 1834), pp. 16–19; cf. "Book Farming," *Farmer's Register*, Vol. I (May, 1834), p. 743。

9. Demaree: op. cit., p. 67. 关于自耕农与农业刊物，参见 pp. 112–116; cf. Sidney L. Jackson: *America's Struggle for Free Schools* (Washington, 1940), pp. 111–114, 142–144。农民最喜爱的世俗读物似乎就是他们的历书，而旧时的历书为了迎合他们的反智心理，会登载许多生动的轶事或诗歌，调侃那些异想天开、愚蠢可笑的有学问的人。Jackson: op. cit., pp. 12–13.

10. Gates: op. cit., pp. 358–360.

11. "Agricultural Colleges," reprinted from the *New England Farmer*, n.s. Vol. Ⅳ (June, 1852), pp. 267–268, in Demaree; op. cit., pp. 250–252.

12. Jackson: op. cit., p. 172; cf. pp. 113, 127, *passim*.

13. 1852 年，耶鲁的 John P. Norton 教授写道："即便在本年度内，联邦的任何 6 个州于各自区域里在创建州立农业学校或学院上已经万事俱备——向每个部门大量拨款，为他们配备图书馆、器械器材、博物馆、设备、建筑物和土地，他们也不可能在这片大陆上找到合适的教授和教师队伍来充实它们。"事实上，他怀疑，在纽约的任何一家机构都找不到"完全能够胜任的师资"。Demaree: op. cit., p. 245.

关于改进农业教育的努力的简史，参见 A. C. True: *A History of Agricultural Education in the United States*, 1785–1925 (Washington, 1929)。1851 年，爱德华·希区柯克（Edward Hitchcock）为马萨诸塞州立法机构做了一项关于欧洲农业教育的调查。结果显示，美国各州在这方面与欧洲大陆国家，尤其是德国和法国相比，存在很大的不足。

14. Earle D. Ross: *Democracy's College* (Ames, Iowa, 1942), p. 66.

15. 在就赠地学院原则举行的国会辩论中，出现了相当例外的一幕。

明尼苏达州参议员赖斯表达了对书耕的看法:"如果你想建立农学院,那就给每个人一所他自己的学院,面积为 160 英亩(1 英亩 ≈ 4046.86 平方米)……但不要把土地给各州,让它们拿着公众的钱去为富人的子弟提供教育。我们不需要花里胡哨的农民;我们不想要花里胡哨的机械学……" I. L. Kandel: *Federal Aid for Vocational Education* (New York, 1917), p. 10.

16. Ross: op. cit., chapters 5, 6, 7, and pp. 66, 72, 80, 87, 89–90, 96–97, 108–109. 一篇文章称农学院是"古典学白痴和政治教授的庇护所"。另一篇则认为,必须"清除那些自以为是的神学博士和满脸痤疮的'教授',让那些强烈意识到自己缺乏学问的男男女女取而代之。在这个繁忙的时代,这些男男女女不得不日复一日、疲于应对繁重的世俗劳作"。Ibid., pp. 119–120. Cf. James B. Angell: *Reminiscences* (New York, 1912), p. 123: "农民……是最不肯相信我们对他们能有所帮助的阶层。"

17. Milburn L. Wilson, in O. E. Baker, R. Borsodi, and M. L. Wilson: *Agriculture in Modern Life* (New York, 1939), pp. 223–224.

18. Kandel: op. cit., p. 103; cf. p. 106. 关于这些学院中农业与机械课程学生的人数,参见 p. 102。

19. Henri de Man: *Zur Psychologie des Sozialismus* (Jena, 1926), p. 307.

20. Samuel Gompers: *Seventy Years of Life and Labor* (1925; ed. New York, 1943), Vol. I, pp. 55, 57, 97–98, 180, 382. 一位早期工会知识分子,John R. Commons,也表示对工人运动中其他知识分子缺乏信任,认为工人运动吸引了一类知识分子,但这类知识分子并不适合成为领袖。参见 John R. Commons: *Myself* (New York, 1934), pp. 86–89; 亦可参见其另一部著作 *Industrial Goodwill* (New York, 1919), pp. 176–179。

21. 参议院教育和劳动委员会,*Relations between Labor and Capital*, Vol. I (Washington, 1885), p. 460. Cf。参见 1896 年冈珀斯同样经典的言论:"工会是工薪阶层的商业组织。" *Report of the Sixteenth Annual Convention of the American Federation of Labor*, 1896, p. 12.

22. 笔者此处观点在很大程度上受 Selig Perlman 的 *A Theory of the Labor Movement* 一书的影响 (1928; ed. New York, 1949), pp. viii–ix, 154, 176, 182, 以及 chapter 5, *passim*。参见 C. Wright Mills 的关于工人领袖是白手起家者的极具挑衅性的言论, *The New Men of Power* (New York, 1948), chapter 5。

23. 虽然美国的工人运动一直支持公立学校制度的发展,但是它长期以来对高等文化和高等学府一直持怀疑态度。工人刊物不时地对百万富翁给予博物馆、图书馆和大学的捐赠发表尖酸刻薄的评论,说这些捐赠都是从工人的工资中榨取的——"从劳动者的血汗钱里拿走好几百万美元,送给那些工人及其子女永远无法进入和享受的机构。"他们对高等院校的敌意尤为强烈,因为这些地方是穷人的孩子永远也不会去的,而且在这些地方"每年都有数百万美元花在教富家子弟一些橄榄球比赛新的、野蛮的花拳绣腿上"。工会刊物编辑们的担心可以理解。他们害怕的是,大学会被富豪的捐赠所束缚,不得不在教育学生时粉饰太平,掩盖社会问题,从而使大学成为孕育工贼和罢工破坏者的"温床"。在洛克菲勒捐赠的大学里,我们还能指望他们教什么呢?是人权还是富人的优越感?1905 年,一位作家甚至指出,取代之前的实干家担任行业领导的新"理论学院人士"将与工人们的距离更加遥远,因为他们不是从底层一步一步干起来的。他们"与普通工人毫无共同之处。他们瞧不起工人,就像旧时的贵族瞧不起平民,南方的奴隶主瞧不起黑人一样"。1914 年,*American Federationist* 指出,私人捐赠是"对公立教育制度的威胁",不适合对真理的追求。如果他们不能更好地服务于真理,"那么他们必须让位于由公共资金支持的州立机构。"*American Federationist*, Vol. XXI (February, 1914), pp. 120–121. See *Rail Road Conductor*(November, 1895), p. 613; *Typographical Journal* (June 15, 1896), p. 484; *Boilermakers' Journal* (March, 1899), p. 71; *Railway Conductor* (August, 1901), pp. 639–640; *American Federationist* Vol. X (October, 1903), p. 1033; *The Electrical Worker* (May, 1905), p. 40; *Railroad Trainmen's Journal*, Vol. XXIV (1907), pp. 264–265; (April, 1907), p. 368; *Locomotive Firemen's Magazine*, Vol. XLIV (January, 1908), pp. 86–87.

毫无疑问,美国学术界日益增长的社会同情在一定的程度上消除了这种感受。1913 年,*American Federationist* 认为学院和大学实际上是在"帮助构建一种对社会和实业问题更富有同情心、更民主的理解"。Vol. XX (February, 1913), p. 129. 冈珀斯注意到,作为一名演说家,自己深受各大学的追捧,于是他花了相当多的时间在大学里发展人脉。*Seventy Years of Life and Labor*, Vol. I, pp. 437 ff.

24. See Gompers: *Organized Labor: Its Struggles, Its Enemies and Fool Friends* (Washington, 1901), pp. 3, 4; Gompers: "Machinery to Perfect the Living Machine," *Federationist*, Vol. XVIII (February, 1911), pp. 116–117; cf. Milton J. Nadworny: *Scientific Management and the Unions* (Cambridge, Mass., 1955), especially chapter 4.

25. 关于近期这个联盟内出现的局部分裂，参见 James R. Schlesinger: "Organized Labor and the Intellectuals," *Virginia Quarterly Review*, Vol. XXXVI (Winter, 1960), pp. 36–45。

26. 笔者此处评述以及有关工会领袖和工会专家观点的摘录，均得益于 Harold L. Wilensky: *Intellectuals in Labor Unions* (Glencoe, Illinois, 1956), *passim*, 一书，尤其于 pp. 55, 57, 68, 88–90, 93, 106, 116–120, 132, 260–265, 266n., 267, 273–276。关于工会知识分子权力的局限性，亦可参考 C. Wright Mills: op. cit., pp. 281–287。

27. Wilensky: op. cit., pp. 269, 276.

28. 某些社会主义运动中的富人让 Finley Peter Dunne 啼笑皆非。"Vanderhankerbilk 夫人，" Dooley 先生说，"为女亿万富翁工会联盟的女士们举办了一场音乐会……并由著名的社会主义领袖，百万富翁 Lumley 的继承人 J. Clarence Lumley 发表致辞。这位著名的无产阶级说他是跟随其父亲成为社会主义者的。他无法相信一种能让这样一个人积累 3 亿美元的制度会是正确的……在座的女士们都嫁给了这些产业大亨，所以清楚他们有多么愚蠢，并且知道他们早上的样子……在通过一项要求女主人的丈夫去跳河的决议之后，会议就休会了。" Finley Peter Dunne: *Mr. Dooley: Now and Forever* (Stanford, California, 1954), pp. 252–253.

29. Charles Dobbs 在 *International Socialist Review*, Vol. VIII (March, 1908), p. 533 一文中谈到"智囊"时表示，"恰恰是'知识分子'在攻击那些对'领导层'进行最猛烈抨击的'知识分子'和'领导人'。"

30. David Shannon: *The Socialist Party of America* (New York, 1955), p. 57; Robert R. La Monte: "Efficient Brains versus Bastard Culture," *International Socialist Review*, Vol. VIII (April, 1908), pp. 634, 636. 关于社会主义运动中的知识分子，参见 Shannon: op. cit., pp. 8, 12, 19, 53–58, 281–282; Daniel Bell: "The Background and Development of Marxian Socialism in the United

States," 参见 Donald Drew Egbert and Stow Persons, ed.: *Socialism and American Life* (Princeton, 1952), Vol. I, pp. 294–298; Ira Kipnis: *The American Socialist Movement*, 1897–1912 (New York, 1952), pp. 307–311，及 Bell 就该作品所做的评论，参见 *The New Leader*, December 7, 1953。

31. Bell: "Background and Development," p. 294. 参见右翼领袖 Max Hayes 在 1912 年美国社会党党代会上对客厅社会主义者和理论家的抨击。Socialist Party of America, *Convention Proceedings*, 1912 (Chicago, 1912), p. 124.

32. "The Revolutionist," *International Socialist Review*, Vol. IX (December, 1908), pp. 429–430. 关于 Sladden, 参见 Shannon: op. cit., p. 40; 一位社会主义者回应 Sladden，表示他认为无产阶级乐于接受知识分子，参见 Carl D. Thompson: "Who Constitute the Proletariat?" *International Socialist Review*, Vol. IX (February, 1909), pp. 603–612。

33. "Sound Socialist Tactics," *International Socialist Review*, Vol. XII (February, 1912), pp. 483–484. 在这些言论出现 3 年之后，Robert Michels 发表了 *Political Parties*，就欧洲左翼党派的寡头政治倾向进行了分析。

34. Quoted in Daniel Aaron: *Writers on the Left* (New York, 1961), pp. 254–255. 笔者关于这个观点的大量论述及说明，均借鉴了其深刻而极富洞察力的研究，引文及事例援引自其中下述段落：pp. 25, 41, 65, 93–94, 132n., 162, 163–164, 168, 209, 210–212, 216, 227, 240–242, 254, 308, 337–338, 346, 409, 410, 417, 425。在 1935 年之前，采取的是"统一战线"政策，那时共产党对知识分子的态度要比在这之后严厉得多。

35. 和 20 世纪 50 年代的所有麦卡锡主义者一样，Gold 也是彻头彻尾的反哈佛者，他不得不极力否认自己在那里的一段短暂求学经历。"一些敌人到处散布谣言，说我曾经上过哈佛学院。这是一个谎言。我曾经在哈佛大学所在的城市波士顿的一个垃圾场工作过。仅此而已。"

第十二章　学校与教师

1. Henry Steele Commager: *The American Mind* (New Haven, 1950), p. 10; 参见 pp. 37–38. Rush Welter: *Popular Education and Democratic Thought in*

America (New York, 1962), 该作品的研究主题为美国人对于教育的期待，同时提供了丰富的相关信息。

2. 华盛顿，见 Richardson, ed.: *Messages and Papers of the Presidents*, Vol. I, p. 220; 杰斐逊：*Writings*, P. L. Ford 编, Vol. X (New York, 1899), p. 4; 林肯：*Collected Works*, Roy P. Basler, ed., Vol. I (New Brunswick, New Jersey, 1953), p. 8。

3. R. Carlyle Buley: *The Old Northwest Pioneer Period, 1815–1840* (Indianapolis, 1950), Vol. II, p. 416.

4. 对这些缺陷简练精彩的评论，见 Robert M. Hutchins: *Some Observations on American Education* (Cambridge, 1956).

5. 关于院校内外美国人的读书情况，见 Lester Asheim: "A Survey of Recent Research," in Jacob M. Price, ed.: *Reading for Life* (Ann Arbor, Michigan, 1959); Gordon Dupee: "Can Johnny's Parents Read?" *Saturday Review*, June 2, 1956。

6. *Essays upon Popular Education* (Boston, 1826), p. 41.

7. Horace Mann: *Lectures and Annual Reports on Education*, Vol. I (Cambridge, 1867), pp. 396, 403–404, 408, 413, 422, 506–507, 532, 539. 曼1843年的报告非常值得关注，他在报告中广泛比较了普鲁士的教育情况。他称在普鲁士，"教师职业在公众心目中处于极高的地位，因此人们不会将在其他工作或商业领域失败的人视为管理学校的最佳人选。" *Life and Works*, Vol. III (Boston, 1891), pp. 266 ff, especially pp. 346–348. Francis Bowen 是哈佛的道德哲学教授，他十分赞同曼的观点。他称，新英格兰的学校系统在1857年"已经退化为机械的例行公事，并因为过度俭省而沦于贫瘠。任何一间茅舍都可以当校舍用，任何一本入门读物都可以充当课本，任何一名农夫的徒弟都能够胜任'教书'一职"。*American Journal of Education*, Vol. IV (September, 1857), p. 14.

8. NEA *Proceedings*, 1870, pp. 13, 17. 关于1865年到1915年间与之类似的一系列抗议，见 Edgar B. Wesley: *N.E.A.: The First Hundred Years* (New York, 1957), pp. 138–143。

9. *The Public School System of the United States* (New York, 1893).

10. Marian G. Valentine: "William H. Maxwell and Progressive Education,"

School and Society, LXXV (June 7, 1952), p. 354. 对这个情况的抗议在该时期开始作为对新式教育的回应浮现。见 Lys D'Aimee 的评述，引自 R. Freeman Butts and Lawrence Cremin: *A History of Education in American Culture* (New York, 1953), pp. 385–386。

11. Thomas H. Briggs: *The Great Investment: Secondary Education in a Democracy* (Cambridge, Mass., 1930), pp. 124–128.

12. 在这些调查中，笔者最喜欢的是 1951 年洛杉矶对 3 万名学童所做的调查。除此之外它还显示，几乎每 7 名八年级学生中就有一个人在地图上找不到大西洋，大约同样比例的十一年级学生（16 岁到 18 岁）无法算出 36 的 50% 是多少。*Time*, December 10, 1951, pp. 93–94.

13. 下列作品探讨了教育改革者采用的论据：Lawrence Cremin: *The American Common School* (New York, 1951); Merle Curti: *The Social Ideas of American Educators* (New York, 1935); 及 Sidney L. Jackson: *America's Struggle for Free Schools* (Washington, 1940)。关于美国社会历史最具有启发意义的著作，见 Robert Carlton（Baynard Rush Hall）: *The New Purchase, or Seven and a Half Years in the Far West* (1843; Indiana Centennial ed., Princeton, 1916); 关于旧时中西部民间对于教育的看法，该作品提供了丰富的相关信息。

14. 埃尔森夫人的此篇文章令笔者颇受启发："American Schoolbooks and 'Culture' in the Nineteenth Century," *Mississippi Valley Historical Review*, Vol. XLVI (December, 1959), pp. 411–434; 后续段落的引文皆出自该文，见 pp. 413, 414, 417, 419, 421, 422, 425, 434。

15. *The New York Times*, November 3, 1957.

16. Ibid., March 24, 1957.

17. Myron Lieberman: *Education as a Profession* (New York, 1956), p. 383; 该书的第十二章提供了美国教师经济地位的相关信息。这些数据体现了美国教师的劣势，但也没有考虑到可以从其他方面获得的各种非薪资形式的重要报酬，例如退休津贴和免费医疗。

18. 关于教师职业地位的最佳短述见 Lieberman: op. cit., chapter 14。有研究表明，教师享有的社会地位比笔者所指出的要高，但这些研究基于的是民意调查，在本人看来，通过这种方式得出的关于地位问题的结果质量堪忧。关于教师的地位，亦见 Willard Waller: *The Sociology of Teaching* (New York, 1932)，这是一部被埋没的佳作。

19. 关于青少年对待其老师的态度，见 H. H. Remmers 及 D. H. Radler: *The American Teenager* (Indianapolis, 1957); 关于师生关系中的阶层因素，见 August B. Hollingshead: *Elmtown's Youth* (New York, 1949); 亦见 W. Lloyd Warner, Robert J. Havighurst 及 Martin B. Loeb: *Who Shall Be Educated?* (New York, 1944)。

20. 19 世纪早期英国的劳动力市场或许稍有不同，但其公立教育教师的社会和经济状况似乎并不比美国教师的要好。Asher Tropp: *The School Teachers* (London, 1957). 在这方面，女王陛下的一名巡官 H. S. Tremenheere 在 19 世纪 50 年代访问美国时所作的评述多少能说明一些问题。他写道：**"考虑到这些男女教师的职业性质，任何来参观这些学校的英国人，都会对他们如此之高的社会地位倍感震惊。"** *Notes on Public Subjects Made during a Tour in the United States and Canada* (London, 1852), pp. 57–58. 笔者相信，本人在这里用黑体标出的这段内容，对于英美读者来说容易理解，但会令大多数欧洲大陆的读者感到相当费解。另一位英国观察者发现，尽管美国教师的薪资和英国教师的薪资一样低微，但前者的地位却很高——见 Francis Adams: *The Free School System of the United States* (London, 1875), especially pp. 176–178, 181–182, 194–195, 197–198, 238。

21. *The American Teacher* (New York, 1939), chapter 2.

22. Howard K. Beale: *A History of Freedom of Teaching in American Schools* (New York, 1941), pp. 11–12; Elsbree: op. cit., pp. 26–27, 34.

23. Beale: op. cit., p. 13.

24. R. Carlyle Buley: op. cit., Vol. II, pp. 370–371.

25. James G. Carter: *The Schools of Massachusetts in 1824*, Old South Leaflets No. 135, pp. 15–16, 19, 21.

26. Beale: op. cit., p. 93; 参见早期关于教学的专题论述：Samuel Hall 的 *Lectures on School-Keeping* (Boston, 1829), 尤见 pp. 26–28。关于西南部教师职业的状况（"我们的大多数教师都不过是投机者罢了"），见 Philip Lindsley, in Richard Hofstadter and Wilson Smith, eds.: *American Higher Education: A Documentary History* (Chicago, 1961), Vol. I, pp. 332–333。

27. Elsbree: op. cit., pp. 194–208, 553–554. 到 1956 年，这个数字下降至 73%。在乡村地区，女性学校教师的工资大约是男性教师的三分之二。在城市里，男女教师的薪水都更丰厚，但女性教师的起薪往往只有男性的三分之一多一点。

28. Elsbree: op. cit., pp. 311–334.

29. E. S. Evenden: "Summary and Interpretation," *National Survey of the Education of Teachers*, Vol. Ⅵ (Washington, 1935), pp. 32, 49, 89. 关于进军教育领域的人员质量的后续信息，见 Henry Chauncey: "The Use of Selective Service College Qualification Test in the Deferment of College Students," *Science*, Vol. CXVI (July 25, 1952), pp. 73–79。亦见 Lieberman: op. cit., pp. 227–231。

30. 根据观察，科南特得出结论称："除非一个毕业班至少有 100 名学生，否则必须付出极其高昂的成本才能够开设高级学科课程并为所有的课程设置单独的小班。"他的调查显示，73.9% 的美国高中十二年级的入学人数少于 100 人，并且有 31.8% 的十二年级学生都进入了这类学校。*The American High School Today* (New York, 1959), pp. 37–38, 77–85, 132–133. 当然，未能充分利用教师学术特长的一个重要原因在于，教育课程中明确了对教师资格证书的要求，但对学术方面的要求重视不够。

31. Op. cit., p. 334.

32. Ibid., p. 273; for Mann, see pp. 279–280.

33. Lieberman: op. cit., p.244，给出了 25 个国家的数据。在 4 个西方国家——英国、法国、联邦德国和加拿大当中，女性中学教师的比例范围在 34% 到 45%，平均值为 41%。在苏联，小学有 60%、中学有 45% 的教师为女性。关于这个问题的探讨，见上，pp. 241–255。

34. 见 Waller 所述事件：op. cit., pp. 49–50。"曾经有人说过，"Waller 称，"没有哪个女性和黑人能被白人男性的世界完全接纳。或许我们应该将男性教师也列入受逐者的名单。"教师职业的公众形象笼罩着一层"无性别"的意味，加之长期以来对已婚女性教师的偏见，都使问题变得有些复杂。有一种奇怪的观念盛行于 19 世纪的美国，也许直至近代才渐渐淡去，那就是"教师在其个人生活中都是一些异人怪客"——这种观念在小城镇中很容易变得根深蒂固。毫无疑问，教师与淘气鬼之间的过节加深了这种看法，但它似乎也受到"想让'无性别之人'为孩子们提供教育"这个愿望的影响。即使在我们这个时代，这个愿望仍未消散，依然烦扰着许多完全无辜的女孩，并对那些心地善良的男性教师的生活施加了种种无法打破的限制。参见 1852 年一位学校教师的一封令人动容的抗议信，他坚决反对试图阻止他与其女助手一同上下学的行径。Elsbree: op. cit., pp. 300–302. Howard Beale 的 *Are American Teachers Free?* 就强加于教师的个人限制提供了丰富的相关信息。笔者尤其想谈谈 1927 年南方某社区强迫所有教师履行的誓言，其中有一条是"我承诺不恋爱、不订婚，也不秘密结婚"。Waller: op. cit., p. 43. 即使在如今，Martin Mayer 也观察到："这样一个值得关注的事实，即大多数欧洲学校都分男校、女校，而教师则不分性别，自由往来；大多数美国学校是男女混校，但教师在休息时间却被严格地按性别隔离。" *The Schools* (New York, 1961), p. 4. 最终，过去盛行的对已婚女教师的偏见，普遍已经达到了将已婚教师强制解雇的地步，这导致在许多地方，任职教师的女性都仅限于未婚妇女和非常年轻的女孩。关于禁用已婚妇女任职教师常见的理由，见 D. W. Peters: *The Status of the Married Woman Teacher* (New York, 1934)。

第十三章　生活调整之路

1. 人们没有必要为上大学做准备而就读私立学校，也可以选择不少大学都设有的"预备系"——这些预备系会为潜在的大学申请者培养古典学、数学和英语方面的基础，使他们足以应对大学课程。直到 1889 年，400 所大学中有 335 所仍然设有这样的预备系。这庞大的数字证明，中学的教育水平并不足以满足大学的要求，为那些有志上大学的学生提供准备。Edgar B. Wesley: *N.E.A.: The First Hundred Years* (New York, 1957), p. 95. 关于私立学校，见 E. E. Brown: *The Making of Our Middle Schools* (New York, 1903)。

2. John F. Latimer: *What's Happened to Our High Schools?* (Washington, 1958), pp. 75–78. 关于 1870 年以来中等教育在美国社会中的地位的富于洞见的精简论述，见 Martin Trow: "The Second Transformation of American Secondary Education," *International Journal of Comparative Sociology*, Vol. II (September, 1961), pp. 144–166。

3. *What the High Schools Ought to Teach* (Washington, 1940), pp. 11–12.

4. 当然，大萧条的影响与工会的日益强盛都使这点更加突出。但即便在 1918 年，国家教育协会也在倡导正常儿童接受教育直至 18 岁。*Cardinal Principles of Secondary Education* (Washington, 1918), p. 30.

5. 关于这个争议的总体情况，见 Wesley: *N.E.A.: The First Hundred Years*, pp. 66–77。

6. 科南特推荐 4 年数学、4 年外语、3 年科学、4 年英语以及 3 年历史和社会研究课程。此外，他认为许多有学术天赋的学生可能希望学习第二外语或者额外的社会研究课程。*The American High School Today* (New York, 1959), p. 57. 科南特相信，所有学生的毕业最低标准应该包括修习至少 1 年科学、4 年英语以及 3 到 4 年的社会研究课程。

7. 相关内容参见 *Report of the Committee on Secondary School Studies Appointed at the Meeting of the National Education Association, July 9, 1892* (Washington, 1893), pp. 8–11, 16–17, 34–47, 51–55。委员会认为，如果学生日后决定上大学，那么他们在高中学到的知识应该使其具备升学的能力。大学和科学研究院应该能录取任何中学课程成绩出色的毕业生，无论其教育项目为何。而委员会发现，这在当时看来是不可能实现的，因为这名学生可能修习过这样的中学课程——"百无一用，杂乱无章，学得广而不精，在每个领域都浅尝辄止，没进行过任何可以称之为全面彻底的训练。"

8. N.E.A. *Proceedings*, 1908, p. 39.

9. "Report of the Committee of Nine on the Articulation of High School and College," N.E.A. *Proceedings*, 1911, pp. 559–561.

10. Wesley: op. cit., p. 75.

11. 此处及后续段落引文来自 *Cardinal Principles of Secondary Education*, passim。

12. 关于这个普遍问题，见 Alan M. Thomas, Jr.: "American Education and the Immigrant," *Teachers College Record*, Vol. LV (October, 1953–May, 1954), pp. 253–267。

13. *The Transformation of the School* (New York, 1961), p. 176.

14. 对近期美国政治理念中科学与民主相结合的巧妙分析，见 Bernard Crick: The American Science of Politics (London, 1959)。

15. 关于该测试早期影响的精简论述，见 Cremin: *The Transformation of the School*, pp. 185–192。

16. 如见 Merle Curti 对桑代克观点的探讨：*The Social Ideas of American Educators* (New York, 1935), chapter 14。

17. N.E.A. *Proceedings*, 1920, pp. 204–205.

18. Ibid., 1920, pp. 73–75.

19. John F. Latimer 于 *What's Happened to Our High Schools?* 中对教育署的统计数据进行了汇编整理，用处颇大，笔者参考了其所展示的数据，尤见其第 4 章和第 7 章。值得注意的是，这些百分比形式的修习人数并非意在掩盖这样一个事实：随着中学生人数的激增，尽管中学生里仅有较少部分人在修习这些科目，然而在全国可能有更多的年轻人在学习它们。但从 1933 年到 1939 年，不仅某些科目的学生比例出现下滑，而且绝对学生人数也有所下降，这可谓破天荒。

有一个学科领域在这方面得到了全面考察，我们可以仔细研究一下相关调查结果。在第二次世界大战期间，中学数学教育问题获得了官方一定程度的关注。1941 年，海军军官训练团报告称，在 4200 名大学新生应征者中，有 62% 的人未能通过算术推理测试。仅有 23% 的人在高中修过一年半以上的数学。之后，1954 年的一项调查报告称，美国 62% 的大学发现有必要向新生再次教授高中代数。I. L. Kandel: *American Education in the Twentieth Century* (Cambridge, Mass., 1957), p. 62; and H. S. Dyer, R. Kalin and F. M. Lord: *Problems in Mathematical Education* (Princeton, 1956), p. 23. 不少高中似乎都渐渐接受了一种生活调整理论家普遍秉持的观点，即外语、代数、几何学和三角学"除了作为大学预备内容或用于少数大学课程之外，几乎没有什么价值"，"因此，这些领域的大部分内容应该推迟至大学再教授。" Harl R. Douglass: *Secondary Education for Life Adjustment of American Youth* (New York, 1952), p. 598.

20. 当然，生活调整派教育者不会使用"不堪造就"这个词。这仅是笔者用来表示那些被断言既接受不了学术教育也学不会理想职业技能的中学生的用词。

21. *Life Adjustment Education for Every Youth* (Washington, n.d.［1948?］), p. iii. 该出版物由联邦安全局的教育署印发，由中等教育部及职业教育部

编写。关于后续段落中引用的普罗塞决议及该重复性文件的其他理念陈述，见 pp. 2-5, 15n., 18n., 22, 48-52, 88-90 及 *passim*。

在教育署对生活调整运动予以支持的同时，总统的高等教育委员会在其 1947 年的报告中主张称，大学本身不应该再"特别偏爱那些具有语言才华和理解抽象概念能力的人"，还应该更多地注重培养其他天赋——"比如社会敏感性及复合型才华、艺术能力、运动技能及灵活性，以及机械方面的天资与独创性。" *Higher Education for American Democracy: A Report of the President's Commission on Higher Education*, Vol. I (Washington, 1947), p. 32.

22. 以"民主"的名义抹杀如此多美国年轻人的能力，可谓该场运动最复杂的一个特征。但至少有一名支持者敢于直面其弦外之音，称这个饱受忽视的群体缺乏"焕发的兴趣或明显的天赋"，但这"对于社会来说实乃幸事，因为其中的多数职业都不要求非凡的天赋或强烈的兴趣"。Edward K. Hankin: "The Crux of Life Adjustment Education," Bulletin of the National Association of Secondary-School Principals (November, 1953), p. 72. 这个观点并非空穴来风，也是对生活调整教育影响的某种更现实的评价。但这很难称得上是"民主"。

23. *Secondary Education and Life* (Cambridge, Mass., 1939). 此处及后文所综述的言论，主要来自 pp. 1-49；尤见 pp. 7-10, 15-16, 19-21, 31-35, 47-49。

24. 关于该流派对课程内容全面、权威的最新观点陈述，见 Harold Alberty: *Reorganizing the High School Curriculum* (New York, 1953)。

25. 1828 年的耶鲁报告为这个精神训练理念提供了权威性说法，原刊于 *The American Journal of Science and Arts*, Vol. XV (January, 1829), pp. 297-351. 其大部分内容重载于 Hofstadter and Smith, eds.：*American Higher Education: A Documentary History*, Vol. I, pp. 275-291。

26. 证明低劣教育法合理性之举同样是出于某种自大心理。例如有大量证据表明，旧式大学的古典语言教学完全是基于某种狭隘的语法精神，而并非作为引导学生探索古代文化生活的方式。见 Richard Hofstadter and Walter P. Metzger: *The Development of Academic Freedom in the United States* (New York, 1955), pp. 226-230; Richard Hofstadter and C. DeWitt Hardy: *The*

Development and Scope of Higher Education in the United States (New York, 1952), chapter 1 and pp. 53–56。

27. W. C. Bagley: "The Significance of the Essentialist Movement in Educational Theory," *Classical Journal*, Vol. XXXIV (1939). p. 336.

28. Jerome S. Bruner: *The Process of Education* (Cambridge, Mass., 1960), p. 6. 正如布鲁纳所指出的那样，重要的是学习者对于所学内容的结构性把握。关于精神训练的现代探讨及实验证据史的简短回顾，见 Walter B. Kolesnik: *Mental Discipline in Modern Education* (Madison, 1958)，尤见 chapter 3。

29. 也就是说，如果人们接受特曼的评估结果，那么 60% 的美国年轻人可能都不适合高中的学术性课程，但其中必有相当多的人适合普罗塞决议中所提到的理想行业。

30. 关于学术能力分布及其对教育政策的影响的不同见解，见总统高等教育委员会报告：*Higher Education for American Democracy*, Vol. I, p. 41; Byron S. Hollinshead: *Who Should Go to College* (New York, 1952)，尤见 pp. 39–40; Dael Wolfle: *America's Resources of Specialized Talent* (New York, 1954); 及 Charles C. Cole, Jr.: *Encouraging Scientific Talent* (New York, 1956)。"我相信，"某位教育心理学家写道，"只要教学水平提高……我们高中里半数甚至更多的学生……便能从（标准课程）中受益。" Paul Woodring: *A Fourth of a Nation* (New York, 1957), p. 49.

31. *A Look Ahead in Secondary Education*, U.S. Office of Education (Washington, 1954), p. 76.

32. *American Education in the Twentieth Century*, p. 156; 参见 pp. 173–181。关于生活调整运动的普及性理念，见 Mortimer Smith: *The Diminished Mind* (Chicago, 1954), p. 46。

33. *Education for All American Youth, A Further Look* (Washington, 1952), p. 140.

34. Charles M. MacConnell, Ernest O. Melby, Christian O. Arndt, and Leslee J. Bishop: *New Schools for a New Culture* (New York, 1953), pp. 154–155. 如果从某种意义上解释这个奇怪的说法，那就是美国中学**以现状来看**，总体而言难以为天资卓越或对智识抱有求知欲的学生做多少事情。

35. Bruner: op. cit., p. 10. 参见詹姆斯·B. 科南特所言："我们尤其会忽视那些天赋异禀的年轻人。我们未能及早挖掘到他们，未能提供给他们适当的指导或充分的美国中学教育。"*Education in a Divided World* (Cambridge, Mass., 1948), p. 65; see p. 228. 关于天资卓越者的教育问题，见 Frank O. Copley: *The American High School and the Talented Student* (Ann Arbor, 1961)。

36. 在 20 世纪 50 年代中期，约有 5% 的天才儿童在美国学校得到了特殊关照和正规教育。早前的一项调查（1948 年）显示，约有 2 万名学生就读于为天资卓越者开立的特殊学校或特殊班，而约有 8.7 万名学生入读专门面向智力缺陷者的特殊学校或特殊班。关于上述及关于天才教育项目的其他数据，见 Cole: *Encouraging Scientific Talent*, pp. 116–119。

本段话出自美国教育署高等教育助理委员 Lloyd E. Blauch，载于 Mary Irwin 编：*American Universities and Colleges*，由美国教育理事会出版发行 (Washington, 1956), p. 8; 黑体字为自加。本段言论显示其作者是在提议专门为天才学生设立特殊教育项目，但尽管如此，在笔者看来，这一长串怪异分类背后的弦外之音似乎并未因此有丝毫减弱。

37. *Liberal Education and the Democratic Ideal* (New Haven, 1959), p. 29; 该案例由 Griswold 于 1954 年首次提及.

38. Richard A. Mumma: "The Real Barrier to a More Realistic Curriculum: The Teacher," *Educational Administration and Supervision*, Vol. XXXVI (January, 1950), pp. 41–42.

39. Bulletin of the Council for Basic Education (April, 1957), p. 11. 在学校中，孩子们实际上并不经常研习这类内容，但核心课程教育者却将之奉为教学计划的重中之重。如见 Alberty 推荐作为课程设置基础的学生兴趣列表：*Reorganizing the High School Curriculum*, chapter 15。

40. "The Second Transformation," p. 154.

第十四章　儿童与世界

1. 在这方面，实验学校的情况可以与工业社会学领域著名的霍桑实验相比较。实验目的在于找出何种工作条件可以提高生产率，结果却发现，刺激生产率不断提高的是实验本身的心理条件，而非任何特定装置。

2. *The Transformation of the School*, p. 239.

3. 关于此处及其他引用，见 G. R. Glenn: "What Manner of Child Shall This Be?" N.E.A. *Proceedings*, 1900, pp. 176–178。

4. 这当然与 Charles William Eliot 这样更加传统、更不具有福音倾向的教育家理念相悖。Eliot 曾经写道："无论是什么等级的教育机构，其规章都永远不应该按能力最差的学生的需求来制定。"*Educational Reform* (New York, 1898).

5. Francis W. Parker: *Talks on Pedagogics* (New York, 1894), pp. 3, 5–6, 16, 23–24, 320–330, 383, 434，450.

6. G. Stanley Hall: "The Ideal School as Based on Child Study," *Forum*, Vol. XXXII (September, 1901), p. 24–25; John Dewey: *My Pedagogic Creed* (1897; new ed. Washington, 1929), pp. 4, 9.

7. *My Pedagogic Creed*, pp. 15,17.

8. 联系上下文，人们会想到卢梭在《爱弥儿》中所言："当我摆脱了儿童的功课，我就等于摆脱了他们苦痛的主要根源，那就是他们的书本。读书是童年的诅咒，但这几乎就是儿童唯一能投身的日常事务。12岁的爱弥儿几乎不知道什么是书本。……当阅读真的对他有用处时，我才会承认他必须学会阅读，但在那之前，他只会觉得阅读着实是一件叫人讨厌的事情。"

9. Hall: op. cit., p. 24；黑体字为自加。关于后续段落的引文，见 pp. 25, 26, 30, 39。试与 Francis W. Parker 的观点作比较："我希望下述文字可以用斜体标出——我们并非断言自然是中心，或者历史和文学是中心；**我们主张儿童是中心**，儿童是上帝的至高造物，其肉身、思想及灵魂的法则本身便决定了其成长的本质与条件。"*Discussions at the Open Session of the Herbart Club, Denver, Colorado*, July 10, 1895, pp. 155–156.

10. 这个目标需要等待后世的教育家来制定了。参见前文，第一章，例十二。

11. 在笔者看来，如下这条建议极富见地："富人的子女（尤其是独生子女）通常会过早形成个性或者个性过强，必须加以约束和管控；而穷人的子女则通常个性较弱，应该受到纵容。"——相较 Hall 对"自然"模式的信奉，这条建议则显示了对于社会环境的注重。

12. 此处例子来自 Alberty: *Reorganizing the High-School Curriculum*, pp. 472–473。

13. *Democracy and Education* (New York, 1916), pp. 59–62.

14. Ibid., p. 117. 杜威在早期的一部作品中表示："教育的过程和目标是一回事。在教育之外设立任何目标作为其目的和标准，都形同于褫夺了教育过程的主要意义，同时会使我们在处理儿童问题时依赖于错误和外在因素。" *My Pedagogic Creed*, p. 12.

15. 参见 Boyd H. Bode 的批判：*Education at the Crossroads* (New York, 1938), 尤见 pp. 73 ff. 纵览各类评论，笔者认为上述作品及 I. L. Kandel 的著作最有启发意义：*The Cult of Uncertainty* (New York, 1943)。

16. Goodwin Watson, as quoted by I. L. Kandel: *The Cult of Uncertainty*, p. 79.

17. 可参见 *The Child and the Curriculum* (1902; Chicago ed., 1956) 全书，但尤见 pp. 14–18 及 pp. 30–31 的重要段落，其中，作者表示在儿童的兴趣与其所接受的指导之间存在着某种持续性互动，因此这两者会在某种动态和谐中发生作用。亦见 *Democracy and Education*, pp. 61–62; 及 p. 133："自然或原生的力量会为所有教育带来启动和约束的能力，但不为其提供目的或目标。"某次，在 1926 年，杜威打破了其惯用的温和规劝风格，称某些进步派学校刻意回避指导的做法"着实愚蠢透顶"。

18. "（父母或教师）将'自己'的目的设立为儿童成长的正确目标，这是相当荒谬的行径——这无异于农夫不顾条件如何就设置理想的农事目标。" *Democracy and Education*, p. 125.

19. *The Child and the Curriculum*, p. 31.

20. 这会让人想起 Francis W. Parker 身上同样探索不止的精神："凡事切莫重复。不要重蹈你的覆辙。如果儿童先前站着，那么现在就让他坐着。无论你做什么，都要做那些不同于以往的事。向模式说'不'。千篇一律为死，千变万化为生。" *N.E.A. Proceedings*, 1880.

21. *Democracy and Education*, pp. 283–284.

22. *The School and Society* (1915; ed. Chicago, 1956), p. 136. 该提醒实质上属于某种主张，但主张的并非苛严的学科计划，而是杜威在此称之为"职业工作"的相关持续性研习。关于杜威针对"打击学科内容体系化安排"的抗议，见 Cremin: op. cit., pp. 234–236。

23. *Democracy and Education*, pp. 280-281.

24. 但相反，请见杜威的观点："在教育中，外部强加目的的盛行让人们更加注重'为遥远的未来做准备'，同时使师生双方的行动都变得呆板而盲从。"出处同上, p. 129; 关于教育目的的全部内容，参见 pp. 124-129.

25. 关于杜威对这个主题的详尽阐述，见 *Reconstruction in Philosophy* (New York, 1920)。

26. *Democracy and Education*, p. 115.

27. Ibid., p. 370.

28. *Democracy and Education*, p. 101. 诚然，民主标准不仅适用于政府机构，同样也适用于其他社会机构，但如果鼓励人们将民主视为家庭、学校等机构通用且唯一恰当的标准，就会造成巨大损失。笔者相信杜威对美国教育造成了重大伤害，因为他给出了某种看似权威的认可，用以鼓励那种单调而令人窒息的关于"民主生活"的言论，而美国教育家正是利用这种言论压制了我们对于教育手段及目标的探讨。

29. Ibid., pp. 22-24; cf. *The School and Society*, p. 18.

30. *Democracy and Education*, p. 49.

31. *The School and Society*, pp. 24-29. cf. *Democracy and Education*, pp. 9-10, 46-47, 82-83, 88-89, 97-98, 226, 286-290, 293-305. 一位对"培养民主社会生活技能"甚感兴趣的现代教育家对此作出了某种典型性诠释："学校的民主生活应该与外部生活密切相关，这样学生便能在引领下理解其意义，并努力将之扩展到与他们所相关的一切情境当中。"Alberty: *Reorganizing the High School Curriculum*, p. 50.

32. *Experience and Education*, pp. 84-85; cf. pp. 4, 59, 64, 66, 77, 80.

33. Ibid., pp. 95-96.

34. *Democracy and Education*, p. 60. 杜威理念中的传统教育，有时看起来几乎就像进步主义某些更粗暴的讽刺一样滑稽夸张。就算传统教育往往僵化又乏味，但笔者仍旧质疑杜威的眼光是否完全公正，他将其完全描述为"专制""苛刻"以及"拘束衣和镣铐伺候"；绝对抵制个性培养，仅提供"某种经过消化的材料作为饮食"，且在其所打造的制度之下，个体在获取信息的同时"会失去自己的灵魂：不再懂得欣赏那些有价值的事物，以及那些事物（信息）的相关价值。"*Experience and*

Education, pp. 2–5, 11, 24, 46, 50, 70.

35. *Democracy and Education*, p. 47.

36. Ibid., p. 52.

37. Alberty: op. cit., pp. 470, 474.

38. *Democracy and Education*, pp. 46–48. 杜威在其中充分利用了"社会"一词的双关语义。

39. Marietta Johnson: *Youth in a World of Men* (New York, 1929), pp. 42, 261; 关于 John 及 Evelyn Dewey 对该学校这个特色的赞美，参见 *Schools of To-Morrow* (New York, 1915), 尤见 p. 27。

40. *Schools of Tomorrow*, p.165.

41. *Progressive Education at the Crossroads*, p. 78.

42. 关于对杜威理论中某些政治问题的深刻分析，见 Frederic Lilge: "The Politicizing of Educational Theory," *Ethics*, Vol. LXVI (April, 1956), pp. 188–197。

43. *Democracy and Education*, p. 88. 此处笔者想请读者参考 John Herman Randall, Jr. 针对杜威的哲学史阐释所作的评论，其构思出色，且笔触不无同情。他在文中问道："杜威是否仅仅会因为世界尚未通过行动换上全新面貌，就将那些'让人间变得可爱一点'的想法统统抛弃呢？" P. A. Schilpp, ed.: *The Philosophy of John Dewey* (Chicago, 1939), pp. 77–102, especially p. 101.

44. *Human Nature and Conduct* (1922; Modern Library ed., New York, 1929), p. 64.

45. 与杜威一样，弗洛伊德的理念对于教育也是利害参半。在许多方面，弗洛伊德观点的教育含义甚至比杜威的更容易遭到误解。在20世纪20年代，进步派教育家常常认为，弗洛伊德心理学可以用来支持某种关于本能解放的指导性哲学。从其演化而来的某种教育唯心理论倾向于让人们偏离基本的教学任务，试图使教育过程成为心理治疗的粗浅替代品。诚然，我们很难在作为教育过程一部分的、对学生心理需求的合理关注，以及通过心理关注甚至心理操纵取代教学的倾向之间划清界限。在笔者眼中，关于"弗洛伊德和杜威如何看待本能和冲劲二者与社会的关系"最精简的探讨，见 Philip Rieff 如下作品的第二章：*Freud: The Mind of the*

Moralist (New York, 1959)。

46. "Introduction" to Elsie R. Clapp: *The Use of Resources in Education* (New York, 1952), pp. x–xi.

第十五章　知识分子：疏离与顺从

1. Reprinted as *America and the Intellectuals* (New York, 1953).

2. *Partisan Review*, Vol. XXI (January–February, 1954), pp. 7–33.

3. Loren Baritz: *The Servants of Power* (Middletown, Connecticut, 1960); 可以参见该作者的另一篇文章，发表在 *Nation,* January 21, 1961，以及笔者关于这个问题的论述，"A Note on Intellect and Power," *American Scholar*, Vol. XXX (Autumn, 1961), pp. 588–598。

4. 必须指出的是福楼拜对于自身角色所面临的风险心知肚明。他曾经这样写道："痛骂白痴的人，自己也有变成白痴的风险。"

5. 事实上，人们很少意识到，如果没有来自下述这三方面文化的贡献，这个庞大而多元国家的智识与文化生活将是多么地贫瘠：首先是19世纪居于主导地位的新英格兰文化；其次分别是犹太人文化和以南方作家为代表的文化复兴，后两者在20世纪的智识生活中分别起到了重要作用。

6. 相比通常用来表示这种文化氛围的术语，笔者更喜欢这个名称。它有时被称为婆罗门文化，但就笔者目前论述的目的而言，这个叫法的新英格兰本土色彩又过于浓厚。桑塔亚那的术语"文雅的传统"更合适一些，但笔者相信"超然派文化"这个表述能够更好地契合这种社会秩序广阔的政治内涵。

7. William Charvat: *The Origins of American Critical Thought,* 1810–1835 (Philadelphia, 1936), p. 25. 就笔者所知，最能展现超然派文学和智识氛围的精彩描述当属 Perry Miller 在 *The Raven and The Whale* (New York, 1956) 中开篇的几章。

8. George Frisbie Whicher: *This Was A Poet* (Ann Arbor, 1960), pp. 119–120.

9. 爱默生曾经在19世纪40年代写道，美国还没有出现这样的天才，他能够从野蛮和物质至上的时代中看出另一场"诸神的狂欢"，就像人们在过去的欧洲从荷马时代延续到加尔文主义争端中看到的那样。"银行和关税，报纸和党团会议，卫理公会和唯一神教，在乏味无趣的人的眼中都是无趣而乏味的，但它们就像特洛伊城和德尔斐神庙一样，都建立在神奇的基础之上，而且很快就随风而逝。我们的滚木法，我们的巡回演说以及他们的政治，我们的渔业，我们的黑人和印第安人，我们的小舟和它的残骸，恶棍的愤怒和老实人的懦弱，北方的贸易，南方的种植，西部的开拓，俄勒冈和得克萨斯，都还没有被人歌颂。然而，美国就是我们眼里的一首诗；它广袤的土地令人目眩神迷，心驰神往，赞美它的韵律很快就会响起。" *Complete Works* (Boston, 1903–1904), Vol. III, pp. 37–38.

10. William Charvat 在他关于作家经济状况的值得一读的研究中提到，"1850 年以前，任何一本以书的形式出版的真正原创的文学作品，都没有什么盈利，即使有，也是在很久以后；我们的大多数经典作品都未能扭转亏损局面……" *Literary Publishing in America*, 1790–1850 (Philadelphia, 1959), p. 23.

11. *America's Coming of Age* (New York: Anchor ed., 1958), p. 99; cf. pp. 91–110 and *passim*.

12. 这是一个多么古老的主题啊！1837 年，就连朗费罗也在谈及波士顿时说，它不过是一个"巨大的村子"，在那里，"专制的意见压倒了一切信仰"。四分之三个世纪后，约翰·杰伊·查普曼 (John Jay Chapman) 表达了同样的感受："没有经历过它的人，无法想象美国小镇的暴政。我敢说，与之相比，美第奇家族、教皇或奥地利暴政都是小儿科。" Samuel Longfellow, *Life of Henry Wadsworth Longfellow* (Boston, 1886), Vol. I, p. 267; Jacques Barzun, ed.: *The Selected Writings of John Jay Chapman* (New York: Anchor ed., 1959), p. xi.

13. 参见 Sir Charles Snow 爵士近期的评论："有多少英国人认识到，或愿意认识到，在过去 20 年间，美国已经完成整个西方世界的科学与学术领域大约 80% 的工作？" "On Magnanimity," *Harper's*, Vol. CCXXV (July, 1962), p. 40.

14. *Europe Without Baedeker* (New York, 1947), pp. 408–409.

15. 我并不想说这是一个普遍现象；许多作家只是满足于依赖现状带来的利好。正如阿尔弗雷德·卡津 (Alfred Kazin) 所指出的："如今，有太多的美国人想要完全依附于我们的社会制度，同时又想从对它的一点看似深奥（而且是完全外在的）的批评中获得回报。" *Contemporaries* (New York, 1962), p. 439.

16. 在这一点上，他们把梭罗视为先例，因为梭罗曾经说过，他并不介意被认为是某个社会的一员，除非他不是自愿加入（值得注意的是，反体制主题一直在美国思想中反复出现）。当然，不同之处在于梭罗具有自己的作家的职业使命感。

17. "The Know Nothing Bohemians," in Seymour Krim, ed.: *The Beats* (Greenwich, Conn., 1960), p. 119.

18. 参见关于"垮掉的一代"附言，系为 1960 edition of Albert Parry's Garrets 与 Pretenders: *A History of Bohemianism in America* (New York: Dover ed., 1960), chapter 30 而作。

19. *Voices of Dissent* (New York, 1958), pp. 198–200, 202, 205; 同一文章亦收录于 *Advertisements for Myself* (New York, 1959), pp. 337–358。

20. 法国以外的知识分子仍然把法国视为展现知识分子声望与影响力的理想之地，但即使是法国知识分子，也有他们的异国典范。对司汤达而言，这个曾经的梦想是意大利。而在今天的雷蒙德·阿伦眼中则是英国："在所有西方国家中，英国可能是以最合理的方式对待其知识分子的国家。" *The Opium of the Intellectuals* (London, 1957), p. 234; cf. his critical comments on the position of the French intelligentsia, pp. 220–221.

21. Marcus Cunliffe 在他的 *The Literature of the United States* (London, 1954) 中进行了颇有见解的研究，并对这个状况做出了正确的判断，他这样写道 (pp. 80–81; cf. pp. 90–91):

"从埃德加·爱伦·坡的时代开始，孤独和孤僻就一直是美国作家的特征。即使是热情洋溢的美国人——比如惠特曼——也很少有可以在专业上交往的朋友。这不免让人吃惊。在新英格兰，如果我们不把波士顿人的圈子考虑在内，那么情况尤其如此——爱默生、梭罗和霍桑曾经差不多同时在康科德村住过一段时间，他们和其他名人不断地在彼此的日记和信件中出出进进。然而，说他们互相认识，倒不如说他们互相有所耳闻更确切一些。每个人都袖手旁观，对彼此多多少少有点吹毛求疵、冷嘲热讽，却从不愿意反省自身。爱默生在日记中写道：'但是，我们认识的人都是多么的孤独和可悲啊！'他同时又指出，快乐的作家是那种无视公众舆论，'总是给不知名的朋友写信'的人。

"对于知名的朋友，他说：'我和我的朋友都是各行其是的怪人。与其挽着梭罗的胳膊，倒不如拐着榆树的枝丫。'霍桑去世后，爱默生悲伤不已，说自己其实等待了太久，希望'有一天能征服一段友谊'。"

22. "The Intellectuals: The United States," *Encounter*, Vol. IV (May, 1955), pp. 23–33. 由笔者观点所引发的探讨大多数存在争议、尚无定论，若上述诸位有谁赞同本人观点，则着实叫人意外不已。

一项涵盖领域如此广泛的研究，会与其作者需要借助的各种专题研究一样存在不足之处。但愿本书的注释能表明本人的参考来源，但毋庸置疑的是，这些注释并不足以回馈当代美国历史学术成果带给本人的全部裨益。在大量引用书籍、文章的同时，笔者注意到这些著作几乎清一色完成于过去的 15 年或 20 年间，加在一起也可以算作超大手笔。或许在衡量美国的智识事业时，天平上也不该少了这些著作的分量。

附录　美国历届总统及其任期、党派

1. 乔治·华盛顿　　　　　1789.4—1797.3　　　　无党派人士
2. 约翰·亚当斯　　　　　1797.3—1801.3　　　　联邦党人
3. 托马斯·杰斐逊　　　　1801.3—1809.3　　　　民主共和党人
4. 詹姆斯·麦迪逊　　　　1809.3—1817.3　　　　民主共和党人
5. 詹姆斯·门罗　　　　　1817.3—1825.3　　　　民主共和党人
6. 约翰·昆西·亚当斯　　1825.3—1829.3　　　　民主共和党人
7. 安德鲁·杰克逊　　　　1829.3—1837.3　　　　民主党人
8. 马丁·范布伦　　　　　1837.3—1841.3　　　　民主党人
9. 威廉·哈里森　　　　　1841.3—1841.4（因　　辉格党人
　　　　　　　　　　　　 病去世）
10. 约翰·泰勒　　　　　　1841.4—1845.3（接　　辉格党人
　　　　　　　　　　　　 替已故总统）
11. 詹姆斯·波尔克　　　　1845.3—1849.3　　　　民主党人
12. 扎卡里·泰勒　　　　　1849.3—1850.7（因　　辉格党人
　　　　　　　　　　　　 病去世）
13. 米勒德·菲尔莫尔　　　1850.7—1853.3（接　　辉格党人
　　　　　　　　　　　　 替已故总统）
14. 富兰克林·皮尔斯　　　1853.3—1857.3　　　　民主党人
15. 詹姆斯.布坎南　　　　1857.3—1861.3　　　　民主党人
16. 亚伯拉罕·林肯　　　　1861.3—1865.4（第　　共和党人
　　　　　　　　　　　　 二个任期开始一个
　　　　　　　　　　　　 月后遇刺身亡）
17. 安德鲁·约翰逊　　　　1865.4—1869.3（接　　前期为民主党人，1864
　　　　　　　　　　　　 替已故总统）　　　　　年起加入共和党
18. 尤里西斯·格兰特　　　1869.3—1877.3　　　　共和党人
19. 拉瑟福德·海斯　　　　1877.3—1881.3　　　　共和党人
20. 詹姆斯·加菲尔德　　　1881.3—1881.9（遇　　共和党人
　　　　　　　　　　　　 刺身亡）

21. 切斯特·阿瑟	1881.9—1885.3（接替已故总统）	共和党人
22. 格罗弗·克利夫兰	1885.3—1889.3	民主党人
23. 本杰明·哈里森	1889.3—1893.3	共和党人
24. 格罗弗·克利夫兰	1893.3—1897.3	民主党人
25. 威廉·麦金莱	1897.3—1901.9（遇刺身亡）	共和党人
26. 西奥多·罗斯福	1901.9—1909.3（第一个任期为接替已故总统）	共和党人
27. 威廉·塔夫脱	1909.3—1913.3	共和党人
28. 托马斯·威尔逊	1913.3—1921.3	民主党人
29. 沃伦·哈定	1921.3—1923.8（任内去世）	共和党人
30. 卡尔文·柯立芝	1923.8—1929.3（第一个任期为接替已故总统）	共和党人
31. 赫伯特·胡佛	1929.3—1933.3	共和党人
32. 富兰克林·罗斯福	1933.3—1945.4（第三个任期内去世）	民主党人
33. 哈里·杜鲁门	1945.4—1953.1	民主党人
34. 德怀特·艾森豪威尔	1953.1—1961.1	共和党人
35. 约翰·肯尼迪	1961.1—1963.11（遇刺身亡）	民主党人
36. 林登·约翰逊	1963.11—1969.1（第一个任期为接替已故总统）	民主党人
37. 理查德·尼克松	1969.1—1974.8（第二个任期内因水门事件辞职）	共和党人

38. 杰拉尔德·福特	1974.8—1977.1（接替尼克松）	共和党人
39. 吉米·卡特	1977.1—1981.1	民主党人
40. 罗纳德·里根	1981.1—1989.1	共和党人
41. 乔治·赫伯特·沃克·布什	1989.1—1993.1	共和党人
42. 威廉·克林顿（又称比尔·克林顿）	1993.1—2001.1	民主党人
43. 乔治·沃克·布什（又称小布什）	2001.1—2009.1	共和党人
44. 贝拉克·奥巴马	2009.1—2017.1	民主党人
45. 唐纳德·特朗普	2017.1—2021.1	共和党人
46. 约瑟夫·拜登	2021.1 至今	民主党人